知识产权文献与案例综述研究

（2016）

唐　春　李文红 ◎主　编

尹腊梅　郭鹏鹏 ◎ 副主编

知识产权出版社

全国百佳图书出版单位

图书在版编目（CIP）数据

知识产权文献与案例综述研究.2016 / 唐春，李文红主编. —北京：知识产权出版社，2017.8

ISBN 978 - 7 - 5130 - 4912 - 2

Ⅰ.①知… Ⅱ.①唐… ②李… Ⅲ.①知识产权法—案例—汇编—中国 Ⅳ.① D923.405

中国版本图书馆 CIP 数据核字（2017）第114304号

责任编辑：刘 睿 邓 莹　　　责任校对：王 岩

文字编辑：邓 莹　　　　　　　责任出版：刘译文

知识产权文献与案例综述研究（2016）

Zhishichanquan Wenxian Yu Anli Zongshu Yanjiu（2016）

唐 春 李文红 主编

尹腊梅 郭鹏鹏 副主编

出版发行：**知识产权出版社** 有限责任公司	网　址：http://www.ipph.cn
社　址：北京市海淀区气象路50号院	邮　编：100081
责编电话：010 - 82000860 转 8113	责编邮箱：liurui@cnipr.com
发行电话：010 - 82000860 转 8101/8102	发行传真：010 - 82000893/82005070/82000270
印　刷：北京科信印刷有限公司	经　销：各大网上书店、新华书店及相关专业书店
开　本：720 mm × 960 mm　1/16	印　张：29.25
版　次：2017年8月第一版	印　次：2017年8月第一次印刷
字　数：450千字	定　价：70.00元
ISBN 978 - 7 - 5130 - 4912 - 2	

序　　一

十余年来，我国知识产权事业蓬勃发展，取得了举世瞩目的成绩。在现阶段，如何探索出有中国特色的知识产权教育之路，为我国知识产权事业培养更多知识产权人才，是时代赋予知识产权教育者的使命。作为长期从事知识产权教育的工作者，我很高兴看到有越来越多的高校、学者，投入到这个使命中来。

自2004年以来，华东政法大学知识产权学院在知识产权多个领域和教育环节，进行了有针对性的改革和探索，通过知识产权案例教学和实务教学、学生科创项目、各类专业竞赛、知识产权实习基地等方式，不断开拓知识产权教育的新路径。以知识产权文献和案例综述为切入点，举办研究生学术竞赛活动，是知识产权学院进行知识产权教育改革的又一尝试。研究生教育处于本科教育和博士教育的中间阶段，倡导综述研究风气，既能使学生在本科教育基础上，逐步培养通过分析文献把握学术脉络的习惯；又能帮助学生在综述中完成选题，为进一步的学术创新打下坚实基础，提升毕业论文的规范性。因此，以综述为切入点进行学术引导，承上启下，选点很好，实为知识产权乃至法学研究生教育改革的又一成功尝试。

华东政法大学知识产权学院已成功举办了两届竞赛活动，参赛选手们在老师们的指导下，对专利、商标领域的热点、难点问题的案例、文献进行检索、梳理、归纳、分析，作出了有价值的研究，难能可贵。本文集收录的这些优秀的获奖作品，体现了竞赛组织者、指导老师和参赛选手们孜孜不倦的求索精神，求真务实的学术态度，希望知识产权学院师生把这种精神发扬下去，为知识产权教育事业的发展和繁荣继续做出更大的贡献。

曹文泽　教授

2017年4月24日

序 二

近年来，因应国家层面号召和推动的产业转型升级，知识产权问题已然成为一个社会讨论的热点，这自然是一个令人欣慰的现象。由此而来，各界对高素质知识产权人才的需求越来越迫切，对卓越知识产权人才的培养也日益重视。

众所周知，高素质知识产权人才的一个基本要求是扎实的理论功底和高度的专业研究水平。

作为知识产权研究的一个学术殿堂，华东政法大学知识产权学院出于提高学生的研究能力和专业水平的初衷，迄今已连续举办了两届专利商标学术竞赛活动，受到师生们的广泛好评。集佳律师事务所和我有机会参与到这样一个高水平的竞赛活动中，深感荣幸。在此感谢华东政法大学知识产权学院黄武双教授、唐春副教授、尹腊梅副教授、郭鹏鹏博士等老师，以及集佳上海分所的同事们在此活动中所付出的辛勤汗水与努力。

在科技和经济高速发展的今天，知识产权已经不仅是法律名词，而是将要伴随大学生就业科研等的一项重要内容。高等院校只有培养出更多高素质、复合型的知识产权人才，才能适应时代的需要，才能使他们在日后的激烈竞争中迅速地进入相关工作领域，参与世界竞争。我们欣喜地看到，在学术竞赛活动中，每位同学充分地发挥其潜质与专长，尽情地相互分享着智慧的和闪光的思想。同时我们也很高兴在集佳工作的知识产权律师、专利代理人、商标代理人及其他方面的专业人士将行业中的多年经验及体会与同学们进行分享，并利用业余时间与同学们进行相关的学术研究和深入探讨。能够通过这种实践和学术结合的方式为中国知识产权后备人才的培养做些许贡献，是我们义不容辞的职责所在。

　　为向社会分享学术竞赛活动中涌现出来的优秀作品，同时激励更多的同学积极参与学术研究，拟结集出版作品集，我们乐见其成。也希望"华政·集佳"杯专利商标学术竞赛活动能够一年又一年地延续下去，集思广益，从而有益于社会的发展。

祖侃

2017年4月6日于上海

前　言

2016年5月17日，由华东政法大学知识产权学院主办、北京市集佳律师事务所上海分所赞助并协办的第二届"华政·集佳"杯知识产权综述竞赛正式启动，本系列活动自2015年至今，已成功举办两届。

本次竞赛在华东政法大学研究生教育院副院长张勇教授、华东政法大学知识产权学院院长黄武双教授、北京市集佳律师事务所管理合伙人祖侃律师的支持下，由华东政法大学知识产权学院副院长唐春副教授、北京市集佳律师事务所上海分所李文红主任、华东政法大学尹腊梅副教授、郭鹏鹏老师组成竞赛组委会，承担具体组织安排工作。

众所周知，学术文献和司法案例中，往往蕴含着大量前辈学者和司法实践前行者的智慧和思想。本竞赛希望学生能够综述之而集其大成，温故而知新，集思而广益。故竞赛要求研究生1~3人组成研究小组，针对现实存在的专利与商标法律问题，进行文献综述和研究综述。竞赛的主旨在于促进学生综合学术研究能力。包括：以判例综述为引导，培养分析实际问题、研究司法实践的能力；以文献综述为引导，培养掌握学术文献、把握学术脉络的学术基本功。

在该竞赛过程中，为了能切实提高学生在论文写作和未来实务工作中的综述研究能力，本届活动有幸请到了北京市集佳律师事务所上海分所李文红主任、蔡杰赟律师、李擘律师、艾默生电气集团中国区高级知识产权经理刘永刚老师、浙江苏泊尔股份有限公司法务部副经理李声宏老师、华东政法大学知识产权学院院长黄武双教授、何敏教授、王迁教授、王莲峰教授、王凌红副教授、唐春副教授、尹腊梅副教授、肇旭副教授、侍孝祥老师、贺炯老师、于波老师、郭鹏鹏老师等专业老师以及知名律师事务所、企业的资深人士，组成竞赛的指导老师团队，进行各参赛小组的具体分组指导工作，对每个入围参赛小组的文献综述和判例综述作品，提出针对性的指导意见；还邀请了尹腊梅老师、李璧律师等对综述方法上的共通问题，作了详细的阐述。在此，对前述参与本活动的组织、指导老师表示最诚挚的感谢！同时对积极资助并协助知识产权学术教育事业的北京市集佳律师事务所上海分所表示最诚挚的感谢！

本文集收录了第二届获奖作品和部分第一届优秀获奖作品，共包括14组专利商标领域的特定法律问题的文献综述和案例综述。这些优秀综述作品不仅展现了参赛选手的研究积累，体现了老师们的细致指导，更表现出华东政法大学学生在学术研究道路上孜孜不倦的求索精神。为了保留这笔宝贵的财富，加强优秀论文成果的交流与推广。同时，也为了感谢师生们的辛勤付出，营造更加浓厚的学术氛围，引导更多同学掌握综述思维和方法，让更多学生形成在前人思的基础上创新的良好习惯，以更好地促进知识产权专业水平提升，特编此文集。

本文集作品作者见目录，协助出版社编辑的校对、组织工作，主要由李旭颖、李若源同学负责。

华东政法大学知识产权学院
华政知识产权专业硕士导师组
华政知识产权方向法律硕士导师组
第二届"华政·集佳"杯专利商标学术竞赛组委会

目　　录

专利充分公开的相关制度研究
　　——基于60份相关案例的实证分析（案例综述）
　　…………………………………… 金　莹　何思祺　龚未云 / 1
专利充分公开的相关制度研究
　　——从"小i机器人案"引发的思考（文献综述）
　　…………………………………… 金　莹　何思祺　龚未云 / 13
专利技术类案件司法鉴定问题案例综述………… 李旭颖　单　麟 / 24
专利技术类案件司法鉴定问题文献综述………… 李旭颖　单　麟 / 47
专利侵权案件中生产经营目的的认定和相关系列案例研究案例综述
　　…………………………………………… 阮琛莹　李淑惠 / 65
专利侵权案件中生产经营目的的认定和相关系列案例研究文献综述
　　…………………………………………… 阮琛莹　李淑惠 / 79
电商服务平台的专利间接侵权实证分析
　　………………………… 刘子银　沈一萍　何雨菁　蒋文健 / 96
电商平台的专利间接侵权责任文献综述
　　………………………… 刘子银　沈一萍　何雨菁　蒋文健 / 110
我国专利侵权损害赔偿数额案例调查分析………… 占玉梅　钱　瑾 / 138
专利侵权损害赔偿计算案例综述
　　………………………… 吴玉珍　吴　祎　邹明珠　崔泽夏 / 147
OEM/ODM商业模式下专利侵权责任认定案例综述
　　…………………………………………… 凌　佳　段鹤野 / 166

专利侵权赔偿额及其理由案例综述

…………………………………… 马琳琳　徐笑添　杜鹏爽 / 177

基于100个案例对商标指示性合理使用的实证分析 ………… 张　敏 / 190

检视与重塑：商标反向混淆法律适用检讨

——基于51例判决的实证考察………………………… 毕文轩 / 264

检视与重塑：商标反向混淆法律适用检讨文献综述

…………………………………………………… 毕文轩 / 319

商标反向混淆构成要件研究案例综述

………………… 彭　敏　刘　迪　苏　粲　朱小芳 / 349

商标反向混淆构成要件研究文献综述

………………… 彭　敏　刘　迪　苏　粲　朱小芳 / 362

网络平台服务商的商标侵权责任案例综述………… 汤　韬　蔡宇超 / 374

网络平台服务商的商标侵权责任文献综述………… 汤　韬　蔡宇超 / 387

商标反向混淆侵权及赔偿问题研究案例综述

………………………………… 上官凯云　沈一萍 / 399

商标反向混淆侵权及赔偿问题研究文献综述

…………………………… 上官凯云　沈一萍 / 430

商品状况改变后转售商品商标侵权问题文献综述…………… 李雨竺 / 448

专利充分公开的相关制度研究

——基于60份相关案例的实证分析 （案例综述）

■ 金 莹 何思祺 龚未云

指导老师：郭鹏鹏

【摘要】北京市高级人民法院在2015年4月21日作出（2014）高行知终字第2935号行政判决，撤销一审判决和专利复审委员会第21307号无效决定，自此"小i机器人案"暂时告一段落。学界对"小i机器人案"反映出的说明书充分公开等问题的讨论却并未止步，而且将原来只着眼于不可预测的化学、生物领域的专利说明书充分公开问题，转变为同时关注日新月异的计算机通信领域的说明书充分公开问题。在"案例综述"部分，集中分析了两个问题：（1）说明书中存在的与预计效果不一致的实施例对说明书充分公开性的影响;（2）实施例中涉及数值范围问题的认定。通过对大量法院判决书的归纳总结，可以发现，在判断这些情形是否符合说明书充分公开时，法院首先会遵循专利本身含义，即试图从专利说明书本身找到对于权利要求的支持，并且相关文字描述能够达到"确定""唯一""无歧义"等要求；如不能满足上述要求，此时法院会判断该领域的技术人员面对此说明书时是否需要通过创造性劳动实现专利，当技术人员利用所掌握的现有技术知识、技术常识和常规实验手段并结合说明书内容仍不能掌握实现该发明所需的全部必要技术手段时，即还需其他创造性劳动，此时认定说明书并没有达到充分公开的要求。

引　言

　　"小i机器人案"从苹果公司向专利复审委员会提出无效宣告请求伊始，历经一审、二审，其间引起众多学者专家的关注探讨。随着审判结果的尘埃落定，北京市高级人民法院最终撤销了一审法院的判决，即否定了专利复审委员会作出的专利有效认定。针对本案中说明书充分公开的标准以及相关领域普通技术人员如何界定，更是众说纷纭，莫衷一是。本文以"小i机器人案"为切入点，通过实证分析的方式，研究对比60份类似情形的案件判决，梳理案情及争议焦点，希冀在案件分析的基础上，总结我国法院的基本态度以及对现行制度进行反思完善。

一、"小i机器人案"

（一）基本案情介绍

　　小i机器人是上海智臻网络科技有限公司（以下简称上海智臻）旗下一种应用广泛的智能人机交互系统，基于上述专利研发，上海智臻董事长袁某为该专利第一发明人。2012年6月，上海智臻起诉苹果公司Siri产品侵犯其知识产权，但随后遭苹果公司反击，以说明书不能实现相关技术效果且不符合《专利法》第26条第4款为由提出针对该专利的无效宣告请求。针对该无效宣告请求，专利复审委员会认为根据说明书，本领域技术人员能够了解机器人的构造和相关方案，同时通过对权利要求文字的理解，能够清晰认知描述的技术方案和要求专利保护的范围，因此作出维持专利有效的决定。对于该决定，苹果公司显然难以接受，故一纸诉状将复审委员会起诉至法院。

（二）法院判决

　　1. 说明书是否实现了相关技术效果

　　一审法院认为对于与发明最接近的现有技术的特征一般可不作详细描述，但区别于现有技术的技术特征则应详细描述。因此，针对权利要求中的游戏服务器，技术人员根据说明书和附图以及普通技术知识便能实现相关技术效果。

与此相反，二审法院恰恰认为说明书中仅有设想，而未有实施手段，即使部分内容给出了实施手段，却因方式模糊或不能重复实施而导致不能实现相关技术效果。二审判决认为，说明书公开充分应该是说明书记载的信息量应当足够充分，或者至少提供足够明确的指引，以促使本领域技术人员据此获知相关的现有技术来具体实现本专利的技术方案。

2. 说明书是否符合《专利法》第26条第4款的规定

一审法院认为苹果公司基于2006年《专利审查指南》提出的无效理由❶并不适用，因其属《专利法实施细则》第18条调整范围而非《专利法》第24条调整范围。

二审法院则认为专利说明书公开的基础方案只有一个过滤器，而游戏服务器的有关特征没有得到说明书的支持，故不符合《专利法》第26条第4款的规定。

综上，二审北京市高级人民法院推翻了一审及专利复审委员会的意见，认定涉案专利应宣告无效。

（三）引发问题

通过对上述案件的总结分析，不难发现关于说明书的充分公开判断标准的把握实为一个复杂的问题。在判断说明书是否满足充分公开的要求时，本领域的普通技术人员应具备哪些知识和能力？说明书中出现与预计效果不一致的实施例时，是否能够认定该说明书未充分公开？这些问题都值得研究。

笔者在详读60份判决书的基础上，发现在针对专利说明书未公开充分的举证理由中，有几种情形较为常见，接下来结合实际案例具体分析这几种情况，以及法院针对这些理由的态度立场。

---

❶ 权利要求书得到说明书的支持包括两个部分，即形式上的支持和实质上的支持。

二、60份案例数据统计

笔者在北大法宝上以"专利充分公开"为关键词，从中筛选出60份案例，从法院判决书中总结归纳相关争议焦点，对比分析专利复审委员会以及法院一审、二审针对争议焦点的不同态度，希冀从法院及专利复审委员会的论证过程中得出行政、司法实践中对于充分公开具体问题的确切意见。同时，将其与文献综述相结合，在熟读案例的基础上进行学理研究，从而解决当前有关充分公开的困境并提出完善建议。

首先，笔者从筛选出的60份案例中，统计出经过一审审结的案件共有41例，二审审结的案件共有19例，如图1、图2所示，上诉率达31.7%。具体来说，专利复审委员会、北京市第一中级人民法院和北京市高级人民法院在判断充分公开问题上基本持相同观点，并无较大分歧，具体如图1与图2、表1与表2所示。

表1　60份判决书中一审终审案件的审理结果

结果	结果一	结果二	结果三	结果四
专利复审委员会	说明书没有充分公开	说明书没有充分公开	说明书充分公开	说明书充分公开
北京市第一中级人民法院	说明书没有充分公开	说明书充分公开	说明书充分公开	说明书没有充分公开
数量统计（例）	10	6	25	0
总计（例）	41			

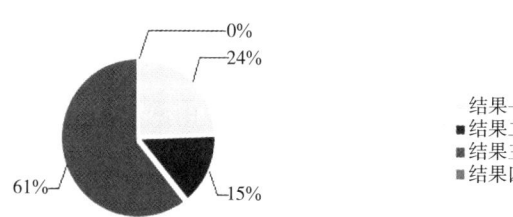

图1　60份判决书中一审终审案件的审理结果

表2　60份判决书中二审终审案件的审理结果

结果	结果一	结果二	结果三	结果四
北京市第一中级人民法院	说明书充分公开	说明书充分公开	说明书没有充分公开	说明书没有充分公开
北京市高级人民法院	说明书充分公开	说明书没有充分公开	说明书充分公开	说明书没有充分公开
数量统计（例）	10	1	1	7
总计（例）	19			

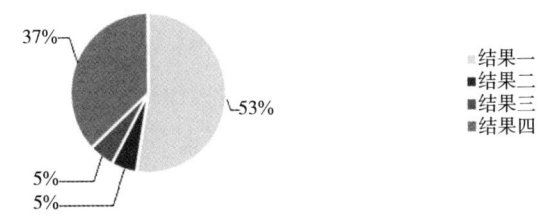

图2　60份判决书中二审终审案件的审理结果

　　其次，根据涉及技术领域的不同，笔者对60份案例进行分类。经过分析，有关专利说明书充分公开的案件，主要集中于化学（包括生物、药学）领域与机械领域，❶ 所占比例分别为30%与45%（见表3、图3）。

表3　案件涉及领域统计

技术领域	化学（包括生物、药学）	电学	计算机与通信	光学	机械
案例统计（例）	18	7	5	3	27
总计（例）	60				

---

❶　此处是以国际专利分类表为依据，结合具体案件中涉案专利的属性进行技术领域的分类。

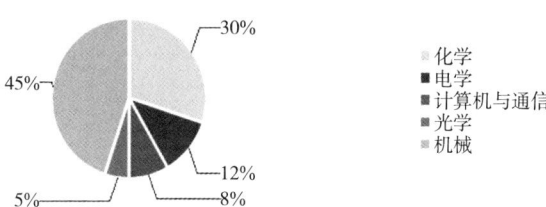

图3　案件涉及领域占比统计

最后，笔者还对化学（包括生物、药学）领域案件中涉及的主要问题进行分析归纳，为下文中对这些问题展开具体分析时提供数据支撑。如图4所示，在所有化学领域案件中，共有6例案件涉及"说明书中存在与预计效果不一致的实施例是否影响说明书充分公开"的问题，共有4例案件属于"实施例数值范围问题"（见表4）。

表4　化学领域案件涉案争议焦点统计分析

焦点问题	实施例与预计效果不一致	实施例数值范围问题	其他
案例统计（例）	6	4	8
总计（例）	18		

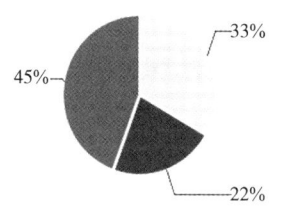

图4　化学领域争议焦点比例统计

三、对案例的归纳与总结——充分公开具体问题分析

（一）说明书中的实施例问题

1. 说明书中存在与预计效果不一致的实施例是否影响说明书充分公开性

2008年由北京市高级人民法院审结的中国专利复审委员会与伊莱利利公司的专利无效纠纷案，❶ 在经历了一审、二审后，最终认定说明书没有达到充分公开的标准。其中，双方争议的焦点在于说明书中的11个实施例是否影响说明书的充分公开性。专利复审委员会查明，在涉案专利的说明书中，包含表格例在内共有104组数据，表格例中有11组数据 β 异头物与 α 异头物之比小于或等于1∶1，即意味着这11组数据实现的是与专利预期相反的效果，而原、被告双方即针对此种情况会否影响说明书的充分公开性展开激烈争议。

北京市高级人民法院认为，权利要求书中的每一项权利要求所要求保护的技术方案应当是所属技术领域的技术人员能够从说明书充分公开的内容中得到或概括得出的技术方案，并且不得超出说明书公开的范围。如果说明书中公开的部分实施例或实施方式不能达到发明目的或发明效果却又被概括纳入权利要求书的保护范围，并且删除该部分实施例或实施方式时权利要求的保护范围相应缩小，则应当认为该权利要求得不到说明书的支持。因此此案中，11个实施例不能达到制得 β 异头物富集的核苷的发明目的或发明效果，而同时该11个实施例的反应原料、溶剂、温度、核碱的结构均落入权利要求1记载的技术特征的范围内，如果将该11个实施例去除，则本专利权利要求1的保护范围相应地缩小。

另外，权利要求的概括应当不超出说明书公开的范围，如果权利要求的概括包含申请人推测的内容，而其效果又难以预先确定和评价，则应当认为这种概括超出了说明书公开的范围。如果权利要求的概括使所属技术领域的技术人员有理由怀疑该上位概括或并列概括所包括的一种或多种下位概念或选择方式不能解决发明或实用新型所要解决的技术问

---

❶ （2008）高行终字第451号。

题，并达到相同的技术效果，则应当认为该权利要求没有得到说明书的支持。

综上所述，北京市高级人民法院认为该案中11组数据的缺陷导致说明书没有完全支持权利要求的内容，因此影响说明书的充分公开性。

无独有偶，在2012年最高人民法院审结的武田药品工业株式会社（以下简称武田会社）与国家知识产权局专利复审委员会专利无效案❶中，原告武田会社拥有"用于治疗糖尿病的药物组合物"的发明专利，在其提供的证据中指出尽管糖吸收抑制剂和胰岛素敏感性增强剂（如吡格列酮）等作为新型糖尿病药物而备受关注，但是无论哪一种药物均因其血糖降低作用缓慢，与单独使用相比，和磺酰脲剂或胰岛素的并用效果更值得期待。因此，说明书中其主张选择吡格列酮或其药理学可接受的盐的胰岛素敏感性增强剂，同时结合磺酰脲或胰岛素进行使用会产生意想不到的技术效果，即协同作用的体现。随后四川海思科制药有限公司以专利缺乏创造性、说明书未充分公开等理由申请专利无效。其主张，就武田会社提供的实验报告分析，其所谓的"协同作用"并不是100%体现在实验对象上，部分实施例并没有取得说明书中意想不到的技术效果——"协同作用"，基于此，说明书针对该部分内容并没有达到充分公开的要求，专利无效。

法院在审理后认为，正如证据1所表明的，针对处于不同糖尿病状态的糖尿病患者个体应尝试不同的治疗方案，在这种情况下，吡格列酮与磺酰脲联用对于一些患者能够显示出协同效果，而对于另一些患者不能显示出协同效果，因此，证据4不能证明本专利权利要求1的技术方案取得预料不到的技术效果。

正如法院指出，根据现有技术，本领域技术人员无法预测请求保护的技术方案能够实现所述用途、技术效果时，说明书应当清楚、完整地记载相应的实验数据，以使所属技术领域的技术人员能够实现该技术方案，解决其技术问题，并且产生预期的技术效果。凡是所属领域的技术人员不能从现有技术中直接、唯一地得出的有关内容，均应当在说明

---

❶ （2012）知行字第41号。

书中予以表述。如果所属领域的技术人员根据现有技术不能预期该技术方案所声称的治疗效果时，说明书还应当给出足以证明所述技术方案能够产生所声称效果的实验数据。在武田会社提供的实验数据中，部分实施例并没有体现主张的技术效果，这使得专利效果处于一种不确定的状态，并不能就此主张专利权的取得。判决书中值得注意的还有，申请日后补交的实验数据不属于专利原始申请文件记载和公开的内容，法院认为以这些实验数据为依据认定技术方案能够达到所述技术效果，有违专利先申请制原则，也背离专利权以公开换保护的制度本质，在此基础上对申请授予专利权对于公众来说是不公平的。

综合上述分析，就此争议点，实施例中协同作用的不一致性影响技术效果的体现，因此影响说明书的充分公开性，法院判定专利无效。

2. 实施例涉及数值范围问题如何判定

在叶某与专利复审委员会的专利无效纠纷案[1] 中，双方就涉案专利说明书中实施例数值范围问题产生分歧。涉案专利是一种包含SiO_2的层压包装材料及其制备方法。争议焦点在于说明书中仅记载了SiO_2比表面积为$80m^2/g$、$170m^2/g$和$220m^2/g$ 3个实施例，权利要求1中概括的$80\sim170m^2/g$是否能够得到说明书支持。

最高人民法院认为参照《专利审查指南（2010）》，[2] 当权利要求相对于背景技术的改进涉及数值范围时，通常应给出两端值附近（最好是两端值）的实施例，当数值范围较宽时，还应当给出至少一个中间值的实施例。该案中专利说明书实施例3公开了$80m^2/g$、$170m^2/g$、$220m^2/g$三种SiO_2比表面积，其中$80m^2/g$和$170m^2/g$两种SiO_2比表面积均可以解决所述技术问题。通常在所述范围的边界点值可以解决所述技术问题，达到技术效果时，根据本领域技术人员的常识，可以预见到通常在所述边界点值所组成的范围内也能够解决所述技术问题。而且，原告也未就中间点值不能解决技术问题进行举证。因此，专利说明书没有给出中间点值并不导致专利权利要求得不到说明书的支持。

---

[1] （2011）高行终字第731号。

[2] 《专利审查指南（2010）》第二部分第三章第2.2.6节。

在2012年由北京市第一中级人民法院审结的潍坊华源内燃机制造有限公司（以下简称华源公司）与专利复审委员会专利无效宣告案❶中，华源公司就华丰公司拥有的"一种柴油机缸套"的实用新型专利提出无效宣告请求，认为权利人在权利要求书中提出"一种柴油机缸套，包括内径为 ϕ100～102mm的中空管体"，权利要求1限定了一个数值范围，通常应给出两端值和中间值的实施例，以得到说明书的支持。但本专利的实施例仅仅给出两个中间值，因此不能支持权利要求中较大的数值范围。基于此，权利人对其说明书并没有进行完整、充分的公开，应当宣告专利无效。针对此请求，专利复审委员会回应，对于权利要求中的数值范围，说明书中并非必须给出中间值的实施例，尤其是在该数值范围并不太宽的情况下。本专利的权利要求所要求保护的技术方案已记载在说明书的具体实施方式中，从属权利要求附加技术特征也已记载在说明书具体实施方式部分第2段及实施例中，因此，本领域技术人员根据说明书中所公开的内容，能够得到或概括得到本专利权利要求的技术方案，说明书达到了充分公开的要求，华源公司无效宣告请求不予认可。

在审理过程中，法院指出，权利要求的撰写并非必须跟某一特定实施例完全一致，权利要求通常由说明书记载的一个或者多个实施方式或实施例概括而成，在判断权利要求是否得到说明书的支持时，应当考虑说明书的全部内容，而不是仅限于具体实施方式的内容。如果所属技术领域的技术人员能够从说明书充分公开的内容中得到或概括得出每一项权利要求所要求保护的技术方案，并且不超出说明书公开的范围，则可以认为权利要求得到说明书的支持。本案中，根据说明书公开的内容，能够得到关于内径为 ϕ102mm的缸套的各项参数值，且内径 ϕ100mm与 ϕ102mm之间仅相差2mm，二者参数值差距仅会有细微差别，本领域技术人员完全可以在此基础上并参考实施例2作调整，得到内径为 ϕ100mm的缸套的各项参数值。因此，说明书已经针对权利要求作了充分公开的说明，并不会导致专利无效。

事实上，北京市第一中级人民法院对于数值范围问题的判定在本案

---

❶　（2012）一中知行初字第1809号。

之前便可窥端倪。在2004年审结的山东红日阿康化工股份有限公司（以下简称红日公司）与专利复审委员会专利无效宣告案❶中，涉案专利为一种"用氯化钾作原料生产无氯复合肥的方法"，红日公司在无效宣告理由中提出，根据《专利审查指南（2010）》对于要求保护一定范围的化学发明的要求，应当在说明书实施例中给出范围的起点、终点和至少一个中间点的实施例，否则得不到说明书的支持。本案专利既然没有限定硫酸浓度的范围，则意味着包括0%～100%的硫酸均可以，但说明书中只给出了75%的浓度，即使如此说明书中也没有给出采用75%浓度的硫酸，其最终产物中氯的含量是多少的试验或计算数据。而且权利要求所限定的氯化钾和硫酸的摩尔比为1：1.2～1.75，也没有得到说明书的支持。

对此法院认为本案专利说明书清楚完整地载明了本案专利的所属技术领域、背景技术、明确了本案专利的发明目的，并结合实施例详细描述了本案专利所需反应原料氯化钾和硫酸的摩尔比、反应温度、反应时间及其反应过程这些基本的化学反应参数、后续用氨中和剩余的酸的工艺过程，虽然本案专利权利说明书并未限定硫酸的浓度，但本领域的技术人员知道此类产品选用较高浓度的硫酸会产生较好的技术效果，因此本领域的技术人员按照本案专利说明书记载的技术内容，结合其掌握的技术常识及常规试验，不需要付出创造性的劳动就能够再现本案专利的技术方案，解决其技术问题，并且产生预期的技术效果。

对比上述案例可以发现，在数值范围问题上，根据《专利审查指南（2010）》要求，当实施例数值范围较宽时，还应当给出至少一个中间值的实施例；但当该范围较窄以致各数值所得参数仅有细微差别时，本领域的技术人员完全可以结合说明书与技术常识得出相应的技术方案，且这一过程并不需要付出"创造性劳动"，因此权利人在这种情况下即使没有给出实施例中间值也不会导致公开充分性的丧失。

---

❶ （2003）一中行初字第416号。

四、总　　结

我国《专利审查指南（2010）》并没有给出如何判断发明所公开的内容是否能够实现的具体判断规则，仅仅列举了5种情况作为能够实现的反例，然而反例难以涵盖复杂的实际情况中的各种可能性。例如，前文所引述的实际案例中，当在化学领域中需要提供实验数据的情形下，如果说明书中存在与预计效果不相一致的实施例。该情形不属于《专利审查指南（2010）》所列举的5种反例之一，那么需要适用何种判断标准？通过对大量法院判决书的归纳总结可以发现发现，在判断这些情形是否符合说明书充分公开的要求时，法院首先会遵循专利本身含义，即试图从专利说明书本身找到对于权利要求的支持，并且相关文字描述能够达到"确定""唯一""无歧义"等要求；如若不能满足上述要求，此时法院会判断该领域的技术人员面对此说明书时是否需要通过创造性劳动来实现专利所要求保护的技术方案，当技术人员利用所掌握的现有技术知识、技术常识和常规实验手段并结合说明书内容仍不能掌握实现发明所需的全部必要技术手段时，即需其他创造性劳动，此时认定说明书并没有达到充分公开的要求。

虽然《专利审查指南（2010）》在支持部分提及"常规实验或者分析方式""合理预测"，以及在创造性部分提及的"有限实验"等概念，但是没有规定明确的判断说明书充分公开的规则，特别是对于要求提供实验数据的化学领域更没有一个针对性的具体判断规则。因而，本文认为对于较为依赖实验数据的化学（包括生物、药学）领域应当规定一个说明书充分公开的具体判断标准，并且在列举若干反例之后增加兜底情形，以此厘清说明书充分公开判断存在的若干问题。

专利充分公开的相关制度研究
——从"小i机器人案"引发的思考（文献综述）

■ 金　莹　何思祺　龚未云
指导老师：郭鹏鹏

【摘要】北京市高级人民法院在2015年4月21日作出（2014）高行知终字第2935号行政判决，撤销一审判决和专利复审委员会第21307号无效决定，自此"小i机器人案"暂告一段落。学界对"小i机器人案"反映出的说明书充分公开等问题的讨论却并未止步，还将原来只着眼于不可预测的化学、生物领域的专利说明书充分公开问题，转变为同时关注日新月异的计算机通信领域的说明书充分公开问题。针对"文献综述"部分，本文关注了说明书充分公开的标准问题，主要落实于化学领域、计算机通信领域的充分公开问题。文献综述将从说明书公开的程度、本领域技术人员的定义、效果数据的充分公开与说明书实施例有关的问题4个方面对实务中如何解读与运用《专利法》第26条第3款展开具体论述。

引　言

与一般专利技术相比，生物、化学等技术领域的专利技术方案往往因其所属领域的特殊而更为晦涩复杂，而我国《专利法》第26条第3款规定："说明书应当对发明或实用新型作出清楚、完整的说明，以所属技术领域的技术人员能够实现为准。"因此，针对此类专利，越来越多的人选择适用《专利法》第26条第3款充分公开的规定提出无效请求。

本篇文献综述即从化学、生物和计算机通信领域为视角，以40篇文献的研究归纳作为切入点，深度梳理与分析《专利法》第26条第3款——说明书充分公开条款在实务中的运用问题。

一、说明书公开的程度问题

《专利法》第26条第3款对专利说明书公开的程度作出概括性规定，该条款规定"说明书应当对发明或者实用新型做出清楚、完整地说明，以所属技术领域的技术人员能够实现为准"，❶ 即本领域的技术人员能够按照说明书公开的内容，不需要进行创造性劳动或者过度劳动❷就能实现其技术方案，解决其技术问题，并且产生预期的技术效果。简单说来，只有说明书达到"充分公开"的程度后，才符合授予专利权的

---

❶　《专利法》第26条第3款。

❷　"过度劳动"一词曾出现在专利复审委员会第9525号无效宣告请求审查决定中，在该决定中复审委员会认为"如果所属技术领域的技术人员根据说明书的教导并考虑本领域普通技术知识，仍然需要进行大量的反复实验或者过度劳动才能确定权利要求概括的除实施例以外的技术方案能否实现"，则认为该权利要求没有得到说明书的支持。在该案的二审中，北京市高级人民法院通过分析认同复审委员会将"反复实验或者过度劳动"作为专利权利要求书是否得到说明书的支持的评判标准问题。实际上，在欧洲，"过度劳动"（Undue Effort或Undue burden）作为能够实现的评价标准。在《欧洲专利审查指南》C部分，第Ⅱ章，第4.9节表述道"欧洲专利申请，不仅要详细描述至少一种实施发明的方式，而且应当包含足够的信息以使所属领域的技术人员在请求保护的整个范围内实施发明，而无须付出过度劳动和创造性技能"。在《专利审查指南（2010）》中，没有引入"过度劳动"作为说明书是否充分公开的判断标准。

制度设计。❶ 就专利法的实际运行效果而言，不同技术领域对专利文献公开充分性的要求也大不相同。《专利审查指南（2010）》也在第二部分第九章、第十章专门对有关计算机程序与化学领域发明的专利说明书充分公开的判定问题作了具体规定。下文将从化学和计算机通信两大领域为切入点，对不同技术领域认定说明书充分公开进行分类讨论。

（一）化学领域说明书的充分公开

《专利审查指南（2010）》第二部分第十章规定，要求保护的发明为化学产品本身的，说明书中应当记载化学产品的确认、化学产品的制备以及化学产品的用途，❷ 以满足专利法对化学领域产品发明说明书公开充分的要求。经过文献检索可知，学者王东勇，张旭东、郭文琴，朱宝华和朱洁、戴年珍等对于上述问题有较好的论述与指引。

针对化学产品的确认问题，王东勇认为"应当实现本领域技术人员在说明书及现有技术的基础上对化学产品的确认，而化学产品的确认往往需要实施例与实验例的双重支持"。❸ 朱宝华通过结合具体案例归纳说明了"在判断化合物权利要求是否满足'能够确认'的要求的问题上，一个通常接受的原则是，该产品不是'可能'被制造出来，而是应

---

❶ 国家给予发明人或者设计人专利权，是以充分公开发明人或设计人技术方案为条件的。专利权是发明者个人与社会公众之间所达成的一个协议。作为协议的一方，发明人必须在申请专利时，通过专利文献详细披露自己的技术方案；作为协议的另一方，以国家专利机关为代表的社会公众，则在有关的发明符合法定条件的情况下，赋予发明人一定期限的专有权利，让发明人排他性地自己利用或者授权他人利用相关的发明。换句话说，专利制度是以授予专利权的方式，换取发明者向社会公开自己的技术方案。而发明人公开自己技术方案的对价，则是社会公众赋予自己一定期限的专利权；以充分公开换取有期限的垄断权。

❷ 《专利审查指南（2010）》第二部分第十章第3.1节："要求保护的发明为化学产品本身的，说明书中应当记载化学产品的确认、化学产品的制备以及化学产品的用途……说明书中应当说明该化合物的化学名称及结构式（包括各种官能基团、分子立体构型等）或者分子式……并应当记载与发明要解决的技术问题相关的化学、物理性能参数（例如各种定性或者定量数据和谱图等），使要求保护的化合物能被清楚地确认……说明书中应当记载至少一种制备方法，说明实施所述方法所用的原料物质、工艺步骤和条件、专用设备等……如果所属技术领域的技术人员无法根据现有技术预测发明能够实现所述用途和/或使用效果，则说明书中还应当记载对于本领域技术人员来说，足以证明发明的技术方案可以实现所述用途和/或达到预期效果的定性或者定量实验数据。"

❸ 王东勇："说明书未对化学产品专利进行确认的应认定公开不充分"，见2013年中华全国专利代理人协会年会暨第四届知识产权论坛论文汇编第四部分，第12页。

该被实际制造出来。为此，必须提供能够确认其被实际制造出来的理化参数（例如熔点等），或者，即使这些化合物未被实际制造出来，但是与申请所原始公开的内容中或者现有技术所已经公开的内容中可以得到那些已经被实际制造出来的、并给出了物性数据等具体资料、从文字上已确认的化学物质相比，结构上高度近似，其结构的共同点构成区别于现有技术的技术特征以及通过相同的反应路线合成且分子结构中的反应位点相同"。❶

针对化学产品的制备问题，张旭东、郭文琴表示"即使没有给出某几种原料之间的比例关系，但所属领域技术人员基于通常的理解确定组分的比例时，可以依照现有技术在限定的总量的范围内通过分析、推理自由选择其比例关系从而实施其发明的技术方案，则这对所属领域的技术人员而言，不会导致无法实施其技术方案。因而，这样的公开即符合法律规定"。❷

针对化学产品的用途，朱洁等指出，"目前审查实践中现有的操作方式过于拘泥于文字表述，并不适用于所有案例并且公开是否充分的判断标准也不统一"，❸ 他们认为应当弱化"本发明化合物"或"实施例化合物"等文字描述判断说明书充分公开性的对应关系。并且主张应当参考日本审查指南的相关规定，对仅仅将效果实验所针对的化合物描述为"多种化合物中的任何一种"的实验数据的有效性予以着重审查，即"如果在原始提交的说明书中所记载的药理试验中所使用的化合物仅仅表示为'多个化合物中的任意一个'，而没有具体限定所使用的具体化合物时，属于药理活性试验结果的公开不充分"。❹

---

❶ 朱宝华：《专利权利要求和说明书审查问题研究——以化学领域专利审查为视角》，中国政法大学2010年硕士学位论文，第20页。

❷ 张旭东、郭文琴："说明书充分公开与创造性劳动"，见2010年中华全国专利代理人协会年会暨首届知识产权论坛论文集，第3页。

❸ 朱洁、戴年珍、杨杰、王勤耕、夏凤娟："关于药物领域公开不充分判断标准的合理性和一致性探讨"，载《中国发明与专利》2012年第10期，第81页。

❹ 《特许·实用新案审查基准》第3章，"医药发明"1.2.1（2）（b）。转引自朱宝华：《专利权利要求和说明书审查问题研究——以化学领域专利审查为视角》，中国政法大学硕士学位论文，2010年。

（二）计算机通信领域的充分公开

《专利审查指南（2010）》第二部分第九章对涉及计算机程序的发明专利申请充分公开作了具体规定，具体表现为"为了清楚、完整地描述该计算机程序的主要技术特征，说明书附图中应当给出该计算机程序的主要流程图……说明书对该计算机程序主要技术特征的描述程度应当以本领域的技术人员能够根据说明书所记载的流程图及其说明编制出能够达到所述技术效果的计算机程序为准"。❶

笔者以"说明书充分公开"为主题，于"中国知网"数据库中进行检索，发现在结果文献中绝大部分学术论文均是从化学、生物、药学等领域出发分析说明书的充分公开问题，而分析计算机通信领域的说明书充分公开问题的论文寥寥无几，并且论文发表时间基本上均在"小i机器人案"发生之后，由此可见，对于计算机通信领域的说明书充分公开问题并未引起理论界的关注与重视。经过筛选可知，以下几位学者的论文对该问题的分析与研究具有较大帮助。

万琦认为，"计算机通信领域专利文件的撰写方式与其产业发展的特点息息相关。当前计算机通信技术日新月异，该领域的发明创造与其他领域不同，它的创造性劳动经常体现于系统架构中……对于系统架构的改进，只要将具体功能予以说明，本领域技术人员就可以根据现有技术来实现"。❷ 他结合"小i机器人案"对上述结论进行论证，其认为涉案专利申请确实存在撰写上的瑕疵——在游戏服务器和实现游戏功能着笔过浅，但是在前述方面有很多成熟的现有实现方式，因此本领域技术人员可以根据说明书，结合现有技术便能够实现涉案发明利用聊天机器人系统的游戏服务器互动游戏的功能。对此，李文红律师则支持二审法院的观点，认为"说明书记载的信息量应当足够充分，或者至少应当提供足够明确的指引，以促进本领域技术人员据此获知相关的现有技术来具体实现本专利的技术方案，而不能脱离说明书记载的技术内容，单纯

---

❶ 《专利审查指南（2010）》第二部分第九章第271页。

❷ 万琦："说明书公开的若干问题研究——以'小i机器人案'为基础"，载《知识产权》2015年第5期，第45页。

以技术方案是否能够实现作为判断说明书是否充分公开的标准"。❶

二、本领域技术人员的定义

"本领域技术人员"是认定说明书是否充分公开的判断主体，对说明书是否充分公开的认定也有至关重要的作用。石必胜法官指出"在具体的案件中，'本领域技术人员'的知识和能力的认定就成为该案件是否符合规定的关键之一"。❷ 例如，在"小i机器人案"中，一审、二审在"本领域技术人员"所具备能力的认定上出现的分歧，也是导致出现截然不同判决的重要原因之一。有关"本领域技术人员"的知识和能力，在《专利审查指南》第二部分第四章第2.4节有详细规定。❸ 通过对文献的检索可知，以下学者对该问题的分析与讨论较为充分。

万琦认为"根据本领域的技术人员的定义，针对专利申请所要解决的技术问题，其具有寻找获知现有技术的能力，不存在说明书必须给出指引的问题"。而按照北京市高级人民法院要求"说明书记载的信息量应当足够充分或者至少应当提供足够明确的指引"的观点，"本领域技术人员"只是对说明书进行死板地审查，如果说明书中描述不够完整或者没有指引，那么，该技术人员也不会主动去检索现有技术，甚至连不需要付出创造性劳动的检索能力也略显不足。这样理解"本领域技术人员"，似乎过于否定其在判断说明书充分公开问题上所拥有的能力。万琦还主张"北京市高级人民法院的该观点实质上提高了对说明书公开的

---

❶ 李文红："能够实现是说明书充分公开的必要非充分条件——以'一种聊天机器人系统'专利无效案为切入点"，载《电子知识产权》2015年第5期，第100页。

❷ 石必胜："本领域技术人员的比较研究"，载《电子知识产权》2012年第3期，第70页。

❸ 《专利审查指南（2010）》第二部分第四章第2.4节"所属技术领域的技术人员，也可称为本领域的技术人员，是指一种假设的'人'，假定他知晓申请日或者优先权日之前发明所属技术领域所有的普通技术知识，能够获知该领域中所有的现有技术，并且具有应用该日期之前常规实验手段的能力，但他不具有创造能力。如果所要解决的技术问题能够促使本领域的技术人员在其他技术领域寻找技术手段，他也应具有从该其他技术领域中获知该申请日或优先权日之前的相关现有技术、普通技术知识和常规实验手段的能力。"

要求……增加了申请文件撰写的难度"。❶

对于"本领域技术人员"的检索能力,杨云峰说:"在公开不充分审查中可以检索,而且应当提倡适当的检索以更好地理解发明,但应当是在说明书指引下的简单检索,而非全面检索,从而判断相关技术手段是否属于所属领域普通技术知识,说明书是否是清楚和能够实现的。"❷ 至于对本领域技术人员"不具有创造能力"的理解,张凡认为"'以所属技术领域的技术人员能够实现为准'其含义是这样的人员在阅读说明书之后,不需要再付出创造性的劳动,就能够理解并实施该发明或者实用新型,解决本发明或者实用新型要解决的技术问题,产生其预期的有益效果"。❸ 张旭东、郭文琴也表达了相同观点,认为"尽管在2006年之后版本的《专利审查指南(2010)》中删除了'不需要创造性的劳动'这样的表述,但实质含义并没有变化,在判断说明书公开是否充分时,仍需要判断怎样的技术方案不需要创造力能够实施……在不需要代替发明人进行其中的部分创造性劳动就能够实现发明创造的技术方案是说明书充分公开的条件"。❹

三、与实施例有关的问题

(一)实施例数值问题

我国学者现有的文章中没有具体关于实施例数值问题的研究,只有一些很笼统的描述,如朱宝华认为对于化学领域而言,还应当遵循以下具体的判断标准:第一,对于通式化合物权利要求,应当以实施例为核心,结合说明书中对于取代基定义范围的描述和本领域普通技术人员所

---

❶ 万琦:"说明书公开的若干问题研究——以'小i机器人案'为基础",载《知识产权》2015年第5期,第48页。

❷ 杨云峰、张春伟:"基于普通技术知识探讨说明书公开不充分的审查",载《中国发明与专利》2013年第4期,第85页。

❸ 张凡:"浅论'本领域技术人员'与说明书公开充分",载《中国科技信息》2013年第16期,第152页。

❹ 张旭东、郭文琴:"说明书充分公开与创造性劳动",见2010年中华全国专利代理人协会年会暨首届知识产权论坛论文集,第6页。

具有的专业知识，概括出一个合理的保护范围。第二，如果一个通式化合物之下的具体化合物有部分实现了发明目的，而另一部分未能实现发明目的，则作为通式整体属于概括不适当。第三，独立权利要求的通式化合物得到说明书的支持，但该通式所包括的某一具体化合物没有具体实施例，则涉及该具体化合物的从属权利要求得不到说明书的支持。❶其他文章仅仅是关于实施例的一些问题。如梁月明等认为申请人在撰写说明书时，应当在具体实施方式中尽量详尽地记载该技术方案的各个部件结构以及实施方式的各个步骤，以规避《专利法》第26条第3款的规定。❷王东勇则对实施例在化学领域的重要性进行阐述，他认为化学发明属于实验性科学，而且其完成往往仅依靠一般性的描述及推理是不够的，尤其是往往有些化学物质是无法进行直接描述的，因此，对于化学发明，实施例及实验例同样重要，往往均是不可或缺的。❸此外，有学者介绍了欧洲以及美国相关规定对于实施例的要求。❹李越则对日本的实施例要求进行详细的介绍，如日本规定对于通常难以根据结构推断如何制造和使用产品的技术领域的发明（例如化学物质），通常有必要存在一个或多个代表性的实施方案或实施例，以使本领域技术人员能够实现发明。而且，对于利用产品特征等的用途发明（例如药品），通常要求支持这种用途的实施例。❺

上述研究成果对于实施例的概念以及重要性等都作了比较详细的研究，学者对于国家间的实施例的具体规定也有研究。但是，对于实施例的具体数值问题研究，只有学者认为应当概括出一个合理的保护范围，对于具体的数值保护问题尚处于空白阶段，这是当前学理研究的空白。

---

❶ 朱宝华：《专利权利要求和说明书审查问题研究——以化学领域专利审查为视角》，中国政法大学2010年硕士学位论文，第44页。

❷ 梁月明、范明瑞、冯振昌："由具体案例浅谈《专利法》第26条第3款的适用"，见2013年中华全国专利代理人协会年会暨第四届知识产权论坛论文汇编第二部分，第8页。

❸ 王东勇："说明书未对化学产品专利进行确认的应认定公开不充分"，见2013年中华全国专利代理人协会年会暨第四届知识产权论坛论文汇编第二部分，第12页；

❹ 刘颖："欧洲和美国关于专利申请说明书公开充分的审查"，见2013年中华全国专利代理人协会年会暨第四届知识产权论坛论文汇编第三部分，第1～4页。

❺ 李越：《专利公开制度研究》，中国政法大学2010年硕士学位论文，第60页。

（二）与预计效果相反或者不相符的实施例问题

对于相反实施例问题，李可认为，当权利要求字面含义所界定的保护范围内存在相反实施例，即达不到本发明目的的实施例时，所述相反实施例在权利要求保护范围内所对应的点即为"坏点"。我们应当对"坏点"采取较为宽松的态度，如对坏点苛责过严，则不能给予发明人与其贡献相适应的专利保护，将背离专利制度的本意。❶

研究相反实施例的学者只有李可一人，他认为应该采取较为宽松的态度。对于相反实施例没有导致公开的研究还是尚未存在的，这也是当前理论界研究的空白。

四、效果数据的充分公开问题

在效果数据的充分公开问题的研究上，朱洁等人的两篇学术论文的分析与探讨较为充分，他们认为，仅从文字表述来判断说明书充分公开与否并不可取，效果实验中具体化合物的具体的实验数据是判断说明书是否公开充分的基础，对于化合物和实验数据均以一个范围表示的效果实验，应从化合物的结构差异、范围大小以及实验数据的范围大小来考察效果数据的合理性及有效性。在审查实践中出现的各种效果实验数据的表述形式，可以分为以下四种情形：第一，效果实验所针对的化合物描述为"本发明化合物"，且其化合物的范围较宽；第二，效果实验所针对的化合物描述为"实施例化合物"，其数量不多且结构差异不大；第三，请求保护的通式仅仅包含有限的几个或几十个结构差异较小的具体化合物，效果实验所针对的化合物描述为"本发明化合物"；第四，请求保护的通式覆盖了结构差异较大的大范围的化合物，说明书公开了成百上千个化合物的制备实施例，效果实验所针对的化合物描述为"实施例的化合物"。对于上述第一种情形，普遍存在的观点是：说明书效果实验中仅笼统地说明使用"本发明化合物"，无法获知实验结果由何

---

❶ 李可："对权利要求'字面范围'中存在'坏点'的讨论"，载https://hao.360.cn/?src=lm&ls=n5884072d9a，2016年5月19日访问。

种样品获得，本领域技术人员无法确信请求保护的化合物具有申请人声称的用途和/或效果，说明书不符合《专利法》第26条第3款的规定。对于上述第二种情形，目前审查实践中的主流观点是：说明书将实验所采用的化合物描述为"优选化合物""制备例的化合物"等，并且说明书中其他部分已经明确记载了它们所代表的具体化合物，则认为说明书中已经清楚地说明了实验所用的具体物质，满足说明书充分公开的要求。对于上述第三、第四种情形，单从文字表述上看，分别依照处理第一、第二种情形操作方式进行处理。但是在审查实践中不难发现"一刀切"地执行上述标准并不符合专利法"公开换保护"的立法本意。因此，作者建议说明书充分公开的化合物应当是具体化合物的具体的效果数据，对于化合物和数据均以一个范围表述的实验结果应当参照"支持"的标准审查效果数据的有效性。❶ 同时他们阐述了效果数据的重要性，认为对于药物领域的发明，该领域技术人员都非常清楚化合物的表征数据相对客观，制备方法的可预期性也远远强于效果/用途，也就是说对于进一步研究而言，效果数据是更为重要的，公众在进一步的研究过程中需要知道每种具体化合物的具体的效果数据才能确保研究方向的正确性，并对美、欧、日的制度进行介绍。❷

当前对效果数据进行研究的学者还非常少，目前的研究仅仅是对效果数据的重要性、效果数据当前的表现形式等进行描述，但是对于具体的效果数据的详细描述等问题尚未研究，这是此问题研究的空白。

五、结　　语

如何把握说明书的充分公开判断标准实为一个复杂的问题。在判断说明书是否满足充分公开时，本领域的普通技术人员需具备哪些知识和

---

❶　朱洁、戴年珍、杨杰、王勤耕、夏凤娟："浅议医药领域化合物充分公开判断中对效果数据的要求"，见2013年中华全国专利代理人协会年会暨第四届知识产权论坛论文汇编第二部分，第229页。

❷　朱洁、戴年珍、杨杰、王勤耕、夏凤娟："关于药物领域公开不充分判断标准的合理性和一致性探讨"，载《中国发明与专利》2012年第10期，第80～81页。

能力？说明书中出现了与预计效果不一致的实施例时，能否认定该说明书未充分公开？这些都是值得研究的问题，希冀通过以上中外文献和案例，能使读者对上述问题有清楚的理解。

专利技术类案件司法鉴定问题案例综述

■ 李旭颖　单　麟
指导老师：郭鹏鹏

【摘要】专利技术类案件司法鉴定中存在的各种问题在理论界和实务界都颇有研究价值，在实务工作中，由于法律规定的不完备造成实务界对于专利技术类案件的鉴定范围、鉴定程序以及鉴定意见的效力都有不同的处理结果。为了对这三方面内容进行进一步探究，在检索最高人民法院对于相关案件的判决基础上，筛选得到有价值的信息并进行统计。从统计结果不难发现我国专利技术类案件司法鉴定中存在重复鉴定、鉴定结果不一致以及对鉴定结果缺少质证过程等诸多问题。实务中暴露出的问题为理论的研究提供了方向和指引。

一、概况及样本来源介绍

为了进一步探究文献综述中所详细阐述的专利技术类案件司法鉴定涉及的鉴定范围、鉴定程序、鉴定结论的证据效力三个问题，本文在文献综述的基础上，通过本案例综述的实证研究，检索和筛选获得涉及技术鉴定的专利技术类案件，作为样本来源，分析其中涉及上文提到的三个关键问题，统计有意义的信息，从而得到一系列反映我国鉴定体制现状的统计数据，并以之作为后续研究的依据。

鉴于全国涉及鉴定的知识产权案件数量非常庞大，本文的检索范围仅限于最高人民法院。研究分析之所以选择最高人民法院判决生效的案件为对象，主要考虑到最高人民法院代表了我国审判的最高水准，其判决的许多案件在全国都具有实践和指导意义，实践中许多具有较大影响力的知识产权案件都是由最高人民法院判决终审的。

（一）样本来源

笔者以北大法意中的中国裁判文书库为数据库，选择高级搜索，将案件类型限定为"知识产权"，案由限定为"知识产权与竞争纠纷"，法院级别为"最高人民法院"，限定全文关键字为"专利"，初步检索为480件，进一步限定关键词"鉴定"，检索得95件。在这一过程中，为了明确司法鉴定在专利案件中的适用程度，笔者对初步检索得出的480个样本中属于同一案件的判决进行一一剔除，剩余399个样本，对进一步限定关键词后得出的95个样本中属于同一案件的判决进行一一剔除，剩余75个样本。

由于进行"专利"及"鉴定"限定后检索的案件中，也会存在以下情况：第一，诉讼中涉及的鉴定仅为一般意义上的鉴定，而非对专利技术进行鉴定，如在深圳市硕星交通电子设备有限公司（以下简称硕星公司）与玉环隆中机车零部件有限公司专利实施许可及技术服务合同纠纷案中，❶ 硕星公司申请对某工作人的工作笔记进行鉴定；第二，判决书中提到"鉴定"二字，但诉讼中未涉及鉴定，如淮南市杰明生物医药研究所与四川隆盛药业有效公司专利侵权纠纷案中，❷ "鉴定"一词出现在《假密环菌的研究——菌种的分离和鉴定》该文章题目中，但检索时，数据库仍自动将其作为结果之一。基于此，本文对最终剩余的75个样本一一阅读分析，最终筛选出真正涉及专利类案件司法鉴定的案件为

---

❶ （2009）民申字第1325号。

❷ （2010）民提字第149号。

34件，该34个样本是本案唯一的样本来源。

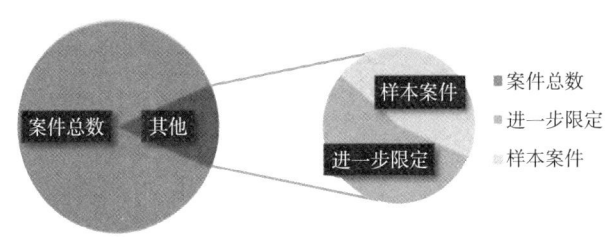

图1　样本案件数量

本文获取信息的方式是阅读案件判决书，法官在判决书中通常会以"经本院查明"来描述案件过程，其中就包括本次案例综述希望统计的要点，即鉴定范围、鉴定程序、鉴定结论；判决书"本院认为"之后的部分，法官还可能会提到对于审判中涉及的鉴定的看法及是否采信，如果是二审／再审的判决书，还会提到一审／原审的审判过程和当事人的上诉／再审理由，其中可能包括对鉴定结论的质疑。

二、统计项目和统计结果

本文在检索时将所有案件的终审法院限定为最高人民法院，审级包括一审、二审、重审、再审等情况。

在统计项目上，本文着重关注委托鉴定范围、鉴定结论的采纳程度（法院判决结果与鉴定结果是否一致、是否被影响）、鉴定次数及鉴定程序（尤其是鉴定的启动程序）、对鉴定结论是否经过质证、上诉／再审理由是否包括质疑鉴定结论，以及具体的质疑点。

（一）委托鉴定范围

委托鉴定范围指委托鉴定时制定鉴定机构予以鉴定的内容。

通过将案件争议焦点与委托的鉴定范围以及鉴定结论的具体内容进行比较试图反映"审判权让渡"问题。

通过法院委托鉴定范围与鉴定结论的对比，考察委托鉴定的鉴定范围是否恰当，即是否造成审判权的让渡。

针对委托鉴定的范围，根据文献综述中所反映出将法律适用问题一并委托的情形，学者们观点不一，众说纷纭，而在检索的案件样本中，若根据学者观点将委托鉴定范围以是否为纯粹的技术事实问题和法律问题进行划分，则在34个样本案件里，只有3个案件是未超范围的（见表1）。

表1　委托鉴定范围是否为纯粹事实问题

鉴定范围	案件数（个）	占比（%）
纯粹的技术事实问题	3	91
包含法律问题	31	9

根据表1的31个包含法律判断和适用问题的案件中，鉴定范围比例最高的是"是否属于等同替代物"及"技术特征是否相同"，在理论界，不少学者认为这是涉及法律适用的问题，而在法院的判决中，该类鉴定均划分到鉴定范围之内。

在宁波市东方机芯总厂诉江阴金铃五金制品有限公司侵犯专利权纠纷案❶中，一审、二审法院均认为被控侵权产品不构成侵权，并驳回原告的诉讼请求。再审法院委托中国科技法学会专家评价委员会对本案所涉及的专业技术问题进行鉴定。即通过对本案被控侵权产品的技术特征与专利权利要求记载的必要技术特征的异同及其功能、效果进行比较，提出二者在技术特征上的不同点是否属于等同物替换的意见。金陵公司对鉴定意见提出异议，认为"是否属于等同替代"的判断应属于人民法院的职权范围，不应通过技术鉴定来确定。最高人民法院认为，金铃公司关于"是否属于等同替代"的判断应属于人民法院的职权范围，不应通过技术鉴定来解决的这一观点是对等同替代性质的一种误解。等同替代或者等同物替换，应属技术事实问题，即专利权利要求中的必要技术特征与被控侵权产品的相应特征相比，在技术手段、功能和效果方面是

❶　（2001）民三提字第1号。

基本相同的；二者的互相替换对本领域普通技术人员来说是无须经过创造性劳动即能实现。人民法院在认定二者是否属于等同物替换时，有时需要借助本领域专业技术人员的判断。等同物替换并非都构成专利侵权，在判断是否构成专利侵权时，仍须考虑其他构成要件。因此，就等同物替换本身认定是否构成侵犯专利权，方系法律问题，应当属于人民法院的职权范围。

实践中，法院只对是否侵权这一问题系法律问题不宜交与鉴定持肯定态度，但是并没有将技术问题与法律适用问题剥离得十分清晰，最高人民法院只在几个案件中指出，知识产权技术司法鉴定的范围只能是技术内容。

在梁某与李某、上海欧纳包装制品有限公司侵犯专利权纠纷案❶中，最高人民法院人民法认同上海市高级人民法院对该案需要鉴定的技术问题的论述，本案需要鉴定的技术问题是被控侵权产品的技术特征与涉案实用新型专利技术方案的技术特征是否等同或者相同，是对技术特征是否相同或者等同的技术问题进行鉴定，而非对专利侵权是否成立进行鉴定。鉴定机构得出的鉴定结论只能是本案的证据之一，专利侵权指控是否成立，需要由法院结合鉴定结论以及结合本案的其他证据进行判定。

此外，在成都优他制药有限责任公司与江苏万高药业有限公司侵犯明专利权纠纷案❷中，最高人民法院指出，对于缺少专利权利要求记载特征的被诉侵权产品、专利权人在专利授权和无效宣告程序中放弃的技术方案等情形，在人民法院司法实践中都已被排除在侵犯专利权之外，2009年12月28日公布的《最高人民法院关于审理侵犯专利权纠纷案件应用法律若干问题的解释》也对此作了明确规定，因此，人民法院只需参照该解释第6～7条规定，直接认定即可，完全属于法律适用问题，无须进行技术鉴定。

就最高人民法院民事裁定书及相关判决书来看，理论上看起来科学

---

❶ （2009）民监字第567号。

❷ （2010）民提字第158号。

的论述或者方式，可能实践中并不能被适用，若按照文献综述中一些学者将技术问题和法律适用问题分得很清晰的话，那么，基本上所有案件中的司法鉴定都是超范围的鉴定。最高人民法院在司法实践中并不会将专利诉讼中明显有关法律适用的问题交与司法机关进行鉴定，并能够较好地对下级法院的错误判决进行纠正。

（二）鉴定次数及鉴定程序

统一诉讼中进行鉴定的次数，包括当事人自行委托鉴定的次数和法院委托鉴定的次数。如果鉴定次数2次以上，考察鉴定结论是否一致。

这里的鉴定程序，主要指鉴定的启动程序，即由当事人提出，还是由法院依职权提出。

统计该项目具有较强的解释力（见表2），可揭示以下两方面问题。

（1）重复鉴定。

鉴定次数统计项的设计旨在以直观的方式凸显重复鉴定的问题。

表2　鉴定书目

鉴定次数	案件数（个）	占比（%）
无须鉴定	2	5.9
一次	24	70.6
两次	7	20.6
三次	1	2.9
合计	34	100

在统计的34个样本案件中，8个案件经过2次及以上鉴定，其中1个案件鉴定次数达到3次，2个案件法院认为无须鉴定，剩余24个案子都只经过1次鉴定，由此可见，23.5%的案件经过2次及以上的鉴定，我国重复鉴定问题在知识产权专利技术类案件中较为严重。

（2）鉴定的规范性、公信力。

实践中，鉴定多次以上的，鉴定结论经常不一致，之所以不一致可能在于法院对鉴定程序的监控不足，鉴定规范性较差，采用的鉴定方法或标准各不相同，而相互矛盾的鉴定结论进一步弱化了鉴定的公信力。因此，将诉讼中多次鉴定相互比较，可以凸显鉴定的规范性和公信力状况。

剔除2个无须鉴定的案件，剩余32个样本案件中，13个案件的鉴定结论和法院的最终判决结果不一致，比例高达40.6%（见图2）。这一高比例的数值表明司法鉴定的公信力存在问题。

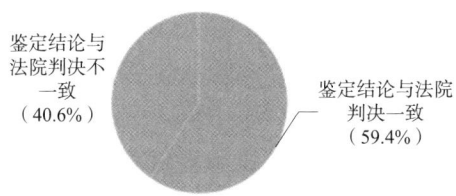

图2　鉴定公信力数据

而经过多次鉴定的案件中，在8个多次鉴定的案件中，鉴定结论不一致的为7个，比例达到87.5%，而不一致性产生的原因有双方当事人自行委托鉴定机构进行鉴定，提供给鉴定机构的鉴定样品实物来源不清，缺少监督程序以及进行其中一次鉴定的界定前提错误等，详情见表3、图3。

表3　多次鉴定案件

案件名称	案号	鉴定结论不一致原因
上海力佳缝纫机有限公司与重机公司	（2013）民申字第939号	鉴定机构第一次界定技术特征有误
益而益（集团）有限公司与迅诚电业有限公司等	（2011）民三终字第1号	双方当事人均进行举证鉴定，但得出不同鉴定结论
冯某与哈尔滨蓝波高科技开发有限公司侵犯专利权纠纷	（2004）民三监字第11-1号	一审法院鉴定结论错误
（美国）伊莱利利公司与江苏豪森药业股份有限公司	（2009）民三终字第6号	一审法院提交给鉴定机构的材料均未经双方当事人庭审质证

（续表）

案件名称	案号	鉴定结论不一致原因
大化集团有限责任公司与山东红日集团有限责任公司、山东红日阿康化工股份有限公司、山东省临沂市化工总厂、庄河市民丰农业物资经销处侵害发明专利权纠纷	（2010）民监字第497号	当事人举证鉴定鉴定材料来源不明
孙某与沈阳市于洪区殡仪馆	（2011）民监字第625号	当事人举证鉴定鉴定材料来源不明
朱某与长春市宏宇电子节能设备开发有限责任公司侵犯实用新型专利权纠纷	（2009）民申字第960号	双方当事人两次举证鉴定材料来源不明、法院启动第三次鉴定程序

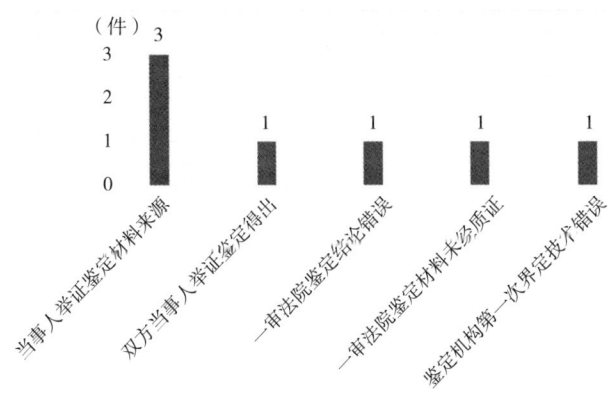

图3 鉴定结论不一致原因的案件数量分布情况

在本小组成员所检索的样本案件中，最典型的就是上海力佳缝纫机有限公司与重机公司侵害发明专利权纠纷案❶中，原审法院就在第一次鉴定机构界定权利要求1有关技术特征有误的情况下，依法委托北京国

---

❶ （2013）民申字第939号。

科知识产权司法鉴定中心进行第二次鉴定，最终法院采纳第二次鉴定的司法鉴定意见书。而在益而益（集团）有限公司与讯诚电业有限公司、东莞长安讯诚电业制品厂、帕西西姆公司、法国罗格朗公司侵害实用新型专利权纠纷案中❶，原、被告均自行委托鉴定机构对涉案专利产品的特征是否相同进行鉴定，并获得两份截然不同的司法鉴定意见书。即使某一司法鉴定意见书是由中级或者高级法院委托出具并经过质证的，最高人民法院也不会直接采纳该鉴定结论，而是对该经鉴定的争议技术内容重新作出阐述。综上，笔者以为，我国专利技术类案件司法鉴定意见的公信力并不高。这反映出我国知识产权司法鉴定程序混乱、鉴定机构资质标准不一等，这些现象导致多次鉴定的出现，更导致当事人举证鉴定结论一概不会被法院采纳，以及下级法院采纳的鉴定结论被上级法院推翻的后果。

（三）鉴定结论的质证及证据效力

专利技术类案件因其特殊性，许多案件中技术问题本身就是争议焦点，因此，解决了技术问题的鉴定结论在很大程度上决定了法院的最终判决，以致一份鉴定结论即可决定原被告的胜败。

1. 鉴定结论的证据效力

在多次鉴定的情况下，上文提到8个多次鉴定的样本，终审法院均采纳的是法院委托得到的鉴定结论。

从法律规定的倾向性，笔者判断举证鉴定的举证效力不如司法鉴定，该统计项旨在以数据量化两种不同鉴定在实践中的证据效力。

最终影响法院判决的鉴定结论都是法院委托的，当事人自行委托鉴定机构进行的鉴定对判决几乎没有影响。

（1）举证鉴定。

举证鉴定情况下，当事人出具的单方司法鉴定书意见在34个样本案件中没有一个被法院采纳。不被采纳的原因为进行司法鉴定的材料来源不明，无法确定鉴定结论的准确性。

例如，深圳盛凌电子股份有限公司与安费诺东亚电子科技（深圳）

---

❶ （2011）民三终字第1号。

有限公司侵害实用新型专利权纠纷案❶ 中，深圳盛凌电子股份有限公司自行委托广东省专利信息中心知识产权司法鉴定所对所涉及的技术内容进行司法鉴定，最高人民法院明确指出，盛凌公司申请再审提交的鉴定报告系二审判决后单方委托形成的，其结论与事实不符，对此证据，最高人民法院不予采纳。在北京市捷瑞特弹性阻尼体技术研究中心与北京金自天和缓冲技术有限公司、王某侵害实用新型专利权纠纷一案❷ 中，捷瑞特中心在二审判决后，单方面提供了一份由工业和信息化部软件与集成电路促进中心知识产权司法鉴定所出具的司法鉴定意见书来支持自己的诉求，但最高人民法院并未采纳该司法鉴定意见。

朱某诉长春市宏宇电子节能设备开发有限责任公司侵犯实用新型专利权纠纷案❸ 中，北京九州世初知识产权司法鉴定中心（简称九州鉴定中心）受朱某委托，于2005年5月9日出具了京鉴字第18616号鉴定报告书，认为被控侵权产品与朱某的专利技术方案构成等同。二审法院审理期间，宏宇公司提供了齐齐哈尔鉴定中心齐科鉴字2007第02号《鉴定意见书》。朱某对该鉴定意见书不予认可。因宏宇公司和朱某均不认可对方自行委托有关部门作出的鉴定结论，法院最终只能进行第三次司法鉴定。

在作者检索到的案例中，还有阿文—蒂斯药物股份有限公司诉江苏恒瑞医药股份有限公司、上海国大东信药房有限公司侵犯发明专利权和不正当竞争纠纷案❹、涂某诉辛集市精工机械有限公司（简称精工机械公司）侵犯外观设计专利权纠纷案❺、牡丹江市弘夏电器设备制造厂诉王某甲、王某乙实用新型专利实施许可合同纠纷案❻、大化集团有限责任公司诉山东红日集团有限责任公司、山东红日阿康化工股份有限公司、山东省临沂市化工总厂、庄河市民丰农业物资经销处侵害发明专利

❶ （2011）民申字第1318号。
❷ （2013）民申字第1146号。
❸ （2009）民申字第960号。
❹ （2009）民申字第861号。
❺ （2005）民三监字第351号。
❻ （2009）民申字第1420号。

权纠纷案❶中涉及当事人举证鉴定，但当事人所提交的鉴定意见均未被法院采纳。

法院不采纳当事人的举证鉴定在一定程度上是合理的，就样本案件而言，在潍坊中云机器有限公司与曼夫瑞德·A.A.鲁波克侵害发明专利权纠纷案中，一审法院依鲁波克申请对涉案技术进行鉴定，但云中公司以设备是早年生产等理由拒绝配合鉴定，使一审法院方面的鉴定工作无法正常进行。中云公司向最高人民法院申请再审时，却提交了北京京洲科技知识产权司法鉴定中心提供的24号鉴定书。经最高人民法院审查，第24号鉴定书中的设备与一审法院中证据保全照片中的被诉侵权设备存在诸多区别，明显属于不同设备。当事人的举证鉴定一般具有明显的偏差性，这也反映出当下司法鉴定程序上存在诸多问题。

（2）职权主义鉴定。

法院可以依职权同意或者拒绝申请人的司法鉴定申请，在34个样本案件中，拒绝申请人申请的案例只有2个。拒绝的主要原因为申请人申请的事项无须经过司法鉴定。

例如，杨某诉陈甲、陈乙侵犯实用新型专利权纠纷案❷是一例法院依职权拒绝当事人鉴定申请的案例。1999年3月，杨某向云南省昆明市中级人民法院起诉称，陈甲、陈乙获知自己的"多用干鲜粉碎机"实用新型专利后，以生产经营为目的，在全国各地制造、使用、销售，并重复申请专利。在专利复审委员会作出无效宣告决定后，仍制造、使用、销售该专利产品，并以专利权人的身份许可他人生产、销售，获取专利使用费。陈甲、陈乙的行为导致杨某的专利产品无法销售，造成巨大经济损失。陈甲、陈乙申请再审称，原再审程序中，陈甲、陈乙曾书面申请法院就专利侵权是否构成的问题委托鉴定，但未获准许。最高人民法院再审认为对于当事人提出的法院委托鉴定以及调查被控侵权产品的市场利润申请，审理法院可以根据案件具体审理情况决定是否准许，云南省高级人民法院未准许当事人的上述申请，亦无不当。因此，驳回陈

---

❶ （2010）民监字第497号。

❷ （2008）民再申字第67号。

甲、陈乙以及杨某的再审申请。

而法院依职权提请的司法鉴定结论一般都会被采纳。

在样本案件中，25个案件的司法鉴定由法院依职权提出。例如奥诺（中国）制药有限公司诉湖北午时药业股份有限公司专利侵权纠纷一案。❶ 为判断午时药业生产的"葡萄糖酸钙锌口服溶液"技术特征是否落入奥诺公司所主张的专利保护范围，原审法院依法委托北京紫图知识产权鉴定中心进行技术鉴定。该鉴定报告结论为："湖北午时药业股份有限公司生产的'新钙特牌'葡萄糖酸钙锌口服溶液药品与811号专利的技术方案相等同。"在对鉴定报告进行质证时，午时药业认为在指定鉴定机构前未经当事人协调、未征求当事人是否申请鉴定人员回避并提出了一些技术性问题。原审法院认为，本次鉴定并非当事人申请，而是由原审法院根据案情指定鉴定机构进行的鉴定，该鉴定程序和鉴定报告内容合法有效，可以作为定案依据。二审法院也认为，原审法院在依职权委托专业机构进行技术鉴定时，未通知当事人的行为，存在不妥之处，但并不构成鉴定程序违法，故该鉴定报告仍可作为本案定案的依据。

此外，在检索到的案例中，法院依职权启动鉴定程序的案例还包括武汉晶源环境工程有限公司诉日本富士化水工业株式会社、华阳电业有限公司侵犯专利权纠纷案❷、阿文—蒂斯药物股份有限公司诉江苏恒瑞医药股份有限公司、上海国大东信药房有限公司侵犯发明专利权和不正当竞争纠纷案❸、于某诉黄某、广西壮族自治区柳州市城中区柳东镇人民政府侵犯使用新型专利权纠纷案❹、沈阳直连高层供暖技术有限公司诉张某、沈阳高联高层建筑供暖联网技术有限公司侵犯实用新型专利权纠纷案❺、西安秦邦电信材料有限责任公司诉无锡市隆盛电缆材料厂、上海锡盛电缆材料有限公司、西谷光纤电缆有限公司侵犯专利权纠纷

❶ （2007）冀民三终字第23号。
❷ （2008）民三终字第8号。
❸ （2009）民申字第861号。
❹ （2002）民三监字第17-2号。
❺ （2009）民提字第83号。

案❶、张某诉吉林省玉顺堂药业有限公司、石药集团中奇制药技术（石家庄）有限公司、石家庄制药集团华盛制药有限公司、石家庄制药集团欧意药业有限公司专利侵权纠纷案。❷

　　法院依职权启动鉴定得到的鉴定结论，也并不一定都会作为证据被法院最终采纳。在25个法院依职权提出司法鉴定申请中，6个案件所得出的司法鉴定结论被在后审理的法院推翻，占24%，如表4所示，法院委托产生的鉴定结果被推翻原因的案件数量分布情况如图4所示。

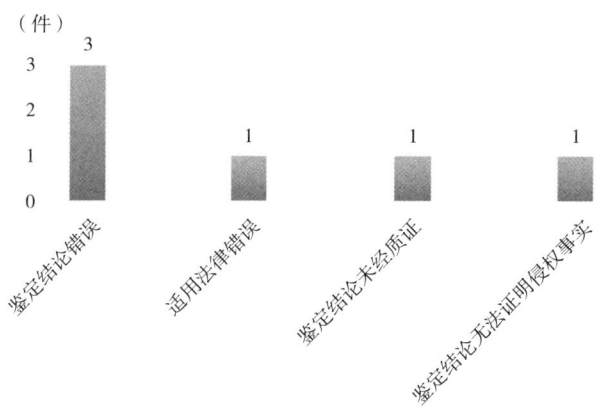

图4　法院委托产生的鉴定结论被推翻原因的案件数量分布情况

表4　法院委托司法鉴定被推翻案件

案件名称	案号	推翻情况
泰山体育产业集团有限公司、国家体育总局武术运动管理中心与福建省伟志兴体育用品有限公司	（2012）民提字第4号	一审、二审法院均采纳、最高人民法院纠正原因：鉴定结论错误
台山先驱建材有限公司与广州新绿环阻燃装饰材料有限公司、付某	（2010）民申字第871号	二审法院推翻一审采纳的鉴定意见原因：鉴定结论错误

---

❶　（2008）民申字第1395号。

❷　（2006）吉民三终字第146号。

（续表）

案件名称	案号	推翻情况
成都优他制药有限责任公司与江苏万高药业股份有限公司专利侵权案	（2010）民提字第158号	一审、二审法院均采纳，再审推翻 原因：适用法律错误
西安秦邦电信材料有限责任公司与无锡市隆盛电缆材料厂、上海锡盛电缆材料有限公司、西谷光纤电缆有限公司侵犯专利权纠纷	（2008）民申字第1395号	一审、二审法院均采纳，再审推翻 原因：鉴定结论无法充足证明侵权事实，适用法律错误
冯某与哈尔滨蓝波高科技开发有限公司侵犯专利权纠纷	（2004）民三监字第11-1号	一审、二审法院采纳了各自委托的鉴定结论，再审推翻二审法院鉴定结论 原因：鉴定结论错误，无法证明侵权事实
王某与黑龙江无线电一厂专利实施许可合同纠纷	（2006）民三提字第2号	二审法院采纳鉴定结论，再审推翻 原因：鉴定结论未在法庭上出示，未经双方当事人质证，违反法定程序

　　例如，王某诉无线电一厂专利实施许可合同纠纷案❶原二审期间，黑龙江省高级人民法院曾就被诉侵权产品是否落入权利人专利权保护范围委托国家科委知识产权事务中心进行技术鉴定。但由于该鉴定意见未在法庭上出示、未经双方当事人质证，就将其作为定案的依据，不符合《中华人民共和国民事诉讼法》第66条、《最高人民法院关于民事诉讼证据的若干规定》第47条的规定，违反法定程序。因此，再审法院对该鉴定结论合法有效的辩解不予支持。此外，成都优他制药有限责任公司与江苏万高药业有限公司侵害发明专利权纠纷案❷中，四川省成都市中级人民法院委托北京紫图知识产权司法鉴定中心进行司法鉴定。该中心作出的北京紫图（2009）知鉴字第007号鉴定报告结论，被一审、二审法院均采纳，但是在再审中，最高人民法院明确指出北京紫图中心作出的第007号鉴定报告结论错误，原审判决采信该鉴定报告，显然不当。

---

❶　（2003）民三监字第8-1号；（2006）民三提字第2号。
❷　（2019）民监字第567号。

在泰山体育产业集团有限公司、国家体育总局武术运动管理中心与福建省伟志兴体育用品有限公司一案❶ 中，最高人民法院认为原一审、二审判决采纳的鉴定结论错误，并在被诉侵权产品缺少对于实现发明目的至关重要的技术特征的情况下，认定被诉侵权产品落入专利权利要求1的等同保护范围，适用法律错误，纠正了原审法院的判决。

法院对其自身委托的司法鉴定一般会采信，但若该案被其他法院审理，那么，该鉴定的采纳度会大大降低，甚至会被彻底推翻，若存在多次鉴定，如果多次鉴定的鉴定意见是由双方当事人委托并出具的，那么无论该鉴定意见多么科学，法院也不会采纳，若多次鉴定均为审理法院委托的，那么若发现第一份鉴定意见存在明显错误的情况下，法院会进行第二次鉴定，例如上文提到的上海力佳缝纫机有限公司与重机公司侵害发明专利权纠纷一案❷ 中，原审法院就在第一次鉴定机构界定权利要求1有关技术特征有误的情况下，依法委托北京国科知识产权司法鉴定中心进行第二次鉴定。

2．鉴定结论的质证

鉴定结论的质证包括鉴定结论是否经过质证，鉴定人是否出庭口头质证。

证人（包括鉴定人）出庭难是我国司法实践中存在的突出问题，根据现有的资料估计，❸ 鉴定人出庭率不会超过证人出庭率的5%。但在本次统计中，在35个样本案件中，有7个样本案件的鉴定人出庭接受询问，比例达到20%。

笔者以为，这和最高人民法院的审判影响力有关。

（1）鉴定人出庭接受询问。

在本小组检索的案件中，法院基本都会对鉴定内容组织质证，对于鉴定人出庭接受询问的，具有代表性的是陕西竞业玻璃钢有限公司与永

---

❶ （2012）民提字第4号。

❷ （2013）民申字第939号。

❸ 潘永久、陈良俊："司法鉴定人出庭作证的法律思考"，见《司法鉴定理论与实务》，人民法院出版社2002年版，第132页。

昌积水复合材料有限公司侵害实用新型专利权纠纷案❶中，一审法院组织司法鉴定所、原、被告到庭，由司法鉴定所当场对鉴定书的有关内容作出解释。

朱某诉长春市宏宇电子节能设备开发有限责任公司侵犯实用新型专利权纠纷案，❷ 该案二审期间，法院委托威龙鉴定中心对被控侵权产品与朱某专利权利要求所记载的技术特征对比进行鉴定。在委托鉴定之前，法院组织宏宇公司和朱某对提交鉴定的材料进行质证，同时有关鉴定人员亦出庭接受询问，对相关问题作出说明。最终法院对该鉴定结论亦予以采纳。

奥诺（中国）制药有限公司诉湖北午时药业股份有限公司专利侵权纠纷案中，❸ 为判断午时药业生产的"葡萄糖酸钙锌口服溶液"技术特征是否落入奥诺公司所主张的专利保护范围，法院委托北京紫图知识产权鉴定中心进行技术鉴定。原审法院在事前曾就鉴定机构经当事人协商非法定程序，就鉴定人问题，给了当事人申请回避的权利，就鉴定程序和鉴定的技术性问题，鉴定机构和鉴定人员均当庭作了合理的解释。

（美国）伊莱利利公司诉江苏豪森药业股份有限公司侵犯专利权纠纷案❹ 中，原审法院经双方当事人同意，委托科技部知识产权事务中心进行技术鉴定。虽然参与鉴定的部分专家出席了庭审，但伊莱利利公司依然认为出庭专家仅是鉴定专家组中的部分成员，致使伊莱利利公司无法对全部专家进行质询。而法院针对这一异议作出回应，法律并未明确规定鉴定专家组的全体成员必须全部出庭接受当事人的质询。出庭专家系代表鉴定专家组到庭接受当事人的质询，其所发表的答复意见应视为鉴定专家组的意见而非其个人意见。且原审法院已要求鉴定机构通知鉴定专家组全体成员出庭，鉴定机构也已出具书函说明其他专家不能出庭的正当理由。故由鉴定专家组部分成员而非全体成员出庭接受当事人的质询，并不违反法律规定。伊莱利利公司不服原审判决，提起上诉，但

❶ （2010）民申字第181号。
❷ （2009）民申字第960号。
❸ （2007）冀民三终字第23号。
❹ （2009）民三终字第6号。

二审法院支持了原审法院的观点。

在笔者检索到的案例中，宁波市东方机芯总厂诉江阴金铃五金制品有限公司侵犯专利权纠纷❶案中，鉴定人也依法出庭接受了当事人的质询。

此外，很多案件上诉、申请重审、再审的原因就是司法鉴定未经质证，例如，深圳市科中大交通建材有限公司与陕西百祥实业有限公司技术合同纠纷案❷中，向最高人民法院提出再审的再审申请人深圳市科中大交通建材有限公司在再审理由中明确认为，一审法院没有出示司法鉴定，也未交由当事人质证，违法法定程序。这反映出司法鉴定意见的质证环节的重要性。

（2）未经质证的鉴定结论被采纳的。

在32个样本案件（剔除2个未进入鉴定程序的案件）中，5个案件的司法鉴定结论未经质证即被法院采纳，比例达到15.6%，且均为法院委托司法鉴定中心获得的鉴定结论。

但这些未经质证的鉴定结论均被上诉人在上诉过程中作为上诉理由之一提出，由于未经质证的鉴定结论违法法定程序并且无法作为证据使用，所以在在后审理的法院审理中，这些鉴定结论均被推翻。

例如冯某诉哈尔滨蓝波高科技开发有限公司侵犯专利权纠纷案，❸原告以被告生产的DT98系列动态无功补偿装置产品侵犯其专利权为由，向一审法院提起民事诉讼。一审法院认定被告构成专利侵权，被告不服提起上诉。二审过程中，原审法院认为有必要进行重新鉴定，并委托科技部知识产权事务中心就本案的有关问题进行鉴定，鉴定结果是被控产品技术特征未落入专利的保护范围，因此撤销一审判决，并驳回原告的诉讼请求。再审申请人称，二审期间，对二审鉴定结论不开庭质证，就作为主要证据，对本案作了判决，违反法定程序，可能影响案件正确判决。最高人民法院经审查，认定二审判决缺乏证据证明，司法鉴定结论未经质证，支持了再审申请人的请求。

---

❶ （2001）民三提字第1号。
❷ （2013）民申字第17号。
❸ （2004）民三监字第11-1号。

王某诉黑龙江无线电一厂签订实施许可合同纠纷案，❶ 原二审期间，黑龙江省高级人民法院曾就无线电一厂生产的S400A型产品技术方案和S400B型专利产品技术是否落入王某等88202076.5单人便携式浴箱专利的保护范围，委托国家科委知识产权事务中心进行技术鉴定。其鉴定结论为没有落入该项专利的保护范围。王某等人不服黑龙江省高级人民法院（2002）黑高监商再字第12号民事判决书，向最高人民法院申请再审。其主要理由是，本案原再审判决严重违反法定程序，不告知合议庭成员，不开庭，将没有鉴定人签字、未经鉴定人质询的鉴定材料当作定案的证据；认定"终止合同协议书"有效错误。再审法院认定，由于上述鉴定结论未在法庭上出示、未经双方当事人质证，原再审判决将其作为定案的依据，不符合《中华人民共和国民事诉讼法》第66条、《最高人民法院关于民事诉讼证据的若干规定》第47条的规定，违反法定程序。

（美国）伊莱利利公司诉江苏豪森药业股份有限公司侵犯专利权纠纷案❷ 中，一审法院基于本案的特殊性，认为如将涉及豪森公司工艺方法的技术资料内容交由伊莱利利公司审查，则可能会使豪森公司的商业利益遭受无法预见和无法弥补的损害。因此，决定对豪森公司工艺方法的技术资料采取变通的质证方式：不将该资料提交伊莱利利公司审查而交独立的鉴定专家组审查其真实性以及与原告专利方法是否相同。一审法院认为，鉴于鉴定结论认为豪森公司改进后的工艺方法以及申报生产的工艺方法与伊莱利利公司专利独立权利要求所记载的保护方法不同，且理由非常详尽，伊莱利利公司关于鉴定意见的质证意见不能成立，也无足够相反证据推翻上述鉴定结论，故该鉴定意见应作为有效的定案证据使用。伊莱利利公司向最高人民法院上诉。二审法院认为，一审法院提交给鉴定机构的所有涉及被上诉人豪森公司生产吉西他滨产品的工艺技术材料均未经双方当事人庭审质证，未能保障上诉人伊莱利利公司获得被上诉人豪森公司吉西他滨产品生产方法不同于专利方法的有关技术

---

❶ （2003）民三监字第8-1号；（2006）民三提字第2号。

❷ （2002）民三终字第8号。

信息的正当诉讼权利，并以未经质证的证据作为委托技术鉴定的依据，违反民事诉讼法关于证据应当经过庭审质证才能够作为定案依据的规定，导致一审判决认定事实不清，证据不足，适用法律错误。

在作者检索到的案例中，于某诉黄某、广西壮族自治区柳州市城中区柳东镇人民政府侵犯使用新型专利权纠纷案、❶ 西安秦邦电信材料有限责任公司诉无锡市隆盛电缆材料厂、上海锡盛电缆材料有限公司、西谷光纤电缆有限公司侵犯专利权纠纷案，❷ 这些案件中的鉴定意见均未经过质证即被法庭所采纳。

（四）上诉／再审理由

本节主要考察上诉／再审理由是否包括质疑鉴定结论，以及具体的质疑点。

该项统计能够较好地反映我国的鉴定结论公信力现状，并通过质疑点的细化，凸显我国鉴定体制存在的诸多问题，包括程序和实体上的各种违法、违规现象。同时，该统计项与其他多项统计项结合后具有很强的解释力，因为鉴定程序中涉及的各种问题，即其他统计项所揭示的各种不规范之处，都能在"上诉／再审理由"中得以反映，所以说，该项能够较为客观地考察当前的鉴定制度安排是否真正有助于澄清案件的技术问题，抑或将争议焦点进一步复杂化。

经统计（见表5），可以看出，73.5%的专利技术类案件上诉或者再审理由都包括质疑鉴定结论。具体质疑点及其比例分别见表6、图5。

表5　上诉／再审理由是否包括质疑鉴定结论案件统计

上诉／再审理由是否包括质疑鉴定结论	案件数量（件）	占比（%）
否	9	26.5
是	25	73.5

---

❶ （2002）民三监字第17-2号。

❷ （2008）民申字第1395号。

表6　上诉/再审理由具体质疑点统计

具体质疑点	案件数量（件）	占比（%）
鉴定程序瑕疵	11	32.4
鉴定结论未经质证	5	14.7
鉴定结论错误	8	23.6
鉴定范围错误	1	3
不应采纳法院的鉴定结论，而应当采纳当事人鉴定结论	1	3
无须进行第二次司法鉴定	1	3
法院不予重新鉴定的行为不合理	2	6
法院不采纳鉴定结论的行为不可理	1	3

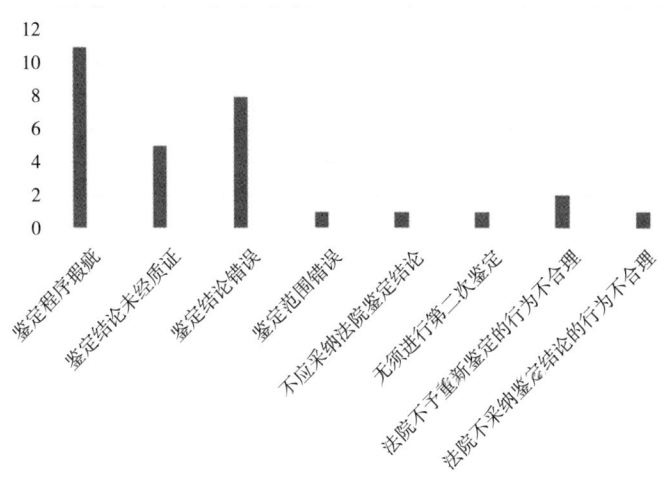

图5　具体质疑点比例分析

　　具体的理由是鉴定在程序或者实体方面不合法，如鉴定机构不具有资质、鉴定的取样、检测不规范、鉴定结论未经质证等，占比最高的是鉴定程序瑕疵，其次是上诉人认为鉴定结论错误。该项分析以实际数据反映出我国鉴定结论公信力普遍较低的现状。专利技术类案件本就比较复杂，而从此项分析结果可以看出，鉴定程序和鉴定结论的不规范是导致案件复杂化的原因之一。

在样本案件中，武汉晶源环境工程有限公司诉日本富士化水工业株式会社、华阳电业有限公司侵犯专利权纠纷案，❶一审中，根据晶源公司的申请，法院委托中国科学技术法学会华科知识产权鉴定中心进行技术鉴定。一审法院采纳了该鉴定结论。但华阳公司对鉴定结论提出质疑并上诉称，晶源公司的专利技术特征与华阳公司使用的技术方法和装置的技术特征不相同也不等同，应重新鉴定。二审中，富士化水、华阳公司向法院提出现场勘验以及技术鉴定的申请，华阳公司还申请对被控侵权技术是否属于现有技术进行鉴定。二审经审理查明，原审判决认定的事实基本属实。根据本案现有证据，可对现有技术抗辩是否成立作出认定，已无必要委托技术鉴定。

阿文—蒂斯药物股份有限公司诉江苏恒瑞医药股份有限公司、上海国大东信药房有限公司侵犯发明专利权和不正当竞争纠纷案，❷一审法院委托科技部知识产权事务中心进行技术鉴定，科技部知识产权事务中心出具技术鉴定报告书，结论是：被控侵权技术方案未落入95专利权的保护范围。但庭审过程中阿文—蒂斯公司对鉴定中未对鉴定专家到恒瑞公司现场提取的样品进行第（1）项检测提出异议，对上述鉴定结论提出异议，就技术鉴定报告书中的有关质谱信号提出疑问，并由此认为技术鉴定报告书没有排除恒瑞公司样品中含有专利侧链酸的可能性。二审中，法院对技术鉴定报告书的鉴定结论同样予以采信。阿文—蒂斯公司遂申请再审，称二审法院错误采信关于专利号为ZL93118203.4专利的鉴定结论且不允许重新鉴定。但再审法院支持二审判决，认为阿文—蒂斯公司的再审理由不能成立。

张某诉吉林省玉顺堂药业有限公司、石药集团中奇制药技术（石家庄）有限公司、石家庄制药集团华盛制药有限公司、石家庄制药集团欧意药业有限公司专利侵权纠纷案，❸针对中奇公司、华盛公司、欧意公司提供的专利申请文件，张某向原审法院提出鉴定申请，要求对该发明专利说明书中记载的化学药物氨氯地平的药物拆分方法进行实验检验。

---

❶ （2008）民三终字第8号。

❷ （2009）民申字第861号。

❸ （2006）吉民三终字第146号。

原审法院依法委托法源司法科学鉴定中心进行鉴定，并在审理中采纳鉴定意见。被告上诉称，原审法院在进行委托鉴定时，既没有告知其最终决定的鉴定单位，也没按照相关法律规定保障当事人提出回避申请的权利，也没有对送检材料进行质疑和质证。鉴定单位也没有按照法律规定的程序，组织相应的通知、回避、质证、陈述和听证活动。这样的鉴定活动显然无法满足基本的程序合法性要求。鉴定结论仅依据上诉人的专利权利要求书中记载的实施例进行验正，其方法不科学，仅凭一两次实验和上诉人专利权利要求书记载的内容不能得出正确的结论。再审中，法院认为通过现场试验结果足以证明法源中心出具的检验报告是错误的，最终支持被告关于该检验报告不能采信的再审理由。

泰山体育产业集团有限公司、国家体育总局武术运动管理中心与福建省伟志兴体育用品有限公司关于侵害实用新型专利权纠纷案❶中，伟志兴公司不服福州市中级人民法院一审判决，在向福建省高级人民法院提起上诉的理由之一就为"本案鉴定结论的程序有严重瑕疵，依法不能作为定案的根据"。

在胡某与金华市日普电动车有限公司、浙江省残疾人康复指导中心关于侵害发明专利权纠纷案❷中，再审申请人胡某认为鉴定浙江省高级人民法院委托司法鉴定机构出具的鉴定报告中的部分鉴定结论缺乏依据为理由之一申请再审。梁某与李某、上海欧纳包装制品有限公司关于侵犯专利权纠纷案，❸再审申请人梁某不服一审判决，向上海市高级人民法院提出上诉的理由之一是认为一审判决存在严重错误。本案鉴定机构和鉴定人暗箱操作，违反鉴定程序，导致不公正的鉴定结果，鉴定机构超越了其被核准的鉴定业务范围，鉴定报告歪曲事实，违背法律等。二审法院对本案事实进行审查后，驳回梁某上诉，维持原判，梁某在向最高人民法院申请再审的理由中就包括认为上海市科技咨询服务中心出具的鉴定报告结论错误。此外，孙某与沈阳市于洪区殡仪馆专利侵权纠纷

---

❶ （2012）民提字第4号。
❷ （2011）民申字第11号。
❸ （2011）民三提字第1号。

案❶中再审申请人孙某在向最高人民法院申请再审就认为原审判决对本案的两次技术鉴定认定不合法，第一次技术鉴定书上没有鉴定人签字，第二次鉴定程序违法，鉴定所有材料均系伪造等。绵阳启明星磷化工有限公司与重庆川东化工（集团）有限公司、重庆市兆辉化工有限公司侵犯发明专利权纠纷案，❷再审申请人启明星磷化工有限公司称，原判认定事实的主要证据未经质证，一审法院仅组织当事人对鉴定报告进行质证，没有对鉴定报告的附件进行质证，剥夺了启明星公司的质证权利。上述典型案件都反映出对鉴定报告、鉴定程序、鉴定结论的质疑是专利上诉或者再审案件的申请人的理由之一，这也从侧面折射出我国知识产权司法鉴定存在诸多问题且公信力不高。

三、小　　结

综上，在实证分析过程中可知，诸多统计项均能很好地反映我国现行鉴定体制存在的问题，从鉴定范围的实践操作与理论上截然不同到法院对当事人举证鉴定的几乎为零的采信度，以及多次鉴定结果的不同比例甚高，这都反映出我国专利技术类案件司法鉴定中存在的诸多问题。本文期待对这些由数据反映出的现象进行进一步探究，扩大检索范围，以求获得更加科学的实证研究数据。

---

❶ （2011）民监字第625号。
❷ （2010）民申字第290号。

专利技术类案件司法鉴定问题文献综述

■ 李旭颖　单　麟
　指导老师：郭鹏鹏

【摘要】在涉及专利技术侵权的知识产权案件中，法官由于受专业知识的限制，无法对技术性很强的专利技术进行事实判断，因此会寻求专业司法鉴定机构的帮助。但知识产权司法鉴定相对于其他鉴定而言是一个比较年轻的领域，因此在程序和立法方面都存在诸多问题亟待完善。针对专利技术类案件司法鉴定中鉴定机构资质、技术鉴定的范围、鉴定费用预交及负担、鉴定的启动主体以及鉴定意见这几个存在较大分歧的问题，本文以大量专业文献和制度规定为依据，首先明晰知识产权案件中技术类案件司法鉴定及相关概念，其次按照司法鉴定从启动到结论的采纳这一顺序对整个专利技术类案件司法鉴定过程中存在的问题进行剖析。最后发现由于我国法律及相关文件没有对上述问题作出明确规定因而导致专利技术类案件司法鉴定的实践与理论相脱节，最终引起学界的争议，这也使得相关研究具有指导实践的重要意义。

一、专利技术类案件司法鉴定问题概述

（一）研究意义

在知识产权案件领域，尤其是专利案件具有法律问题和技术问题高度融合的重要特征，对于这些案件中涉及的很多专门性问题，已经超出了法官的能力范围，因此需要利用司法鉴定来对这些专门性问题作出认定。但就我国目前的法律体系和知识产权诉讼案件中，关于知识产权司法鉴定中鉴定机构资质的标准，技术事实的认定以及与技术相关的法律问题的判断，鉴定的启动主体，鉴定费用预交及负担以及经鉴定的鉴定结论在证据效力等方面，都存在较大的分歧和问题，而对这些分歧和问题的统一意见，是涉及技术问题的知识产权案件公正判决的基础。由于涉及专业技术最明显的专利技术类案件的司法鉴定在知识产权司法鉴定中极为典型，是专利案件诉讼中极重要的一环，基于此，本文将以专利技术类案件的司法鉴定为切入点，着重分析专利技术类案件司法鉴定中鉴定程序、鉴定范围、鉴定结论的证据效力三个方面，以求为专利技术类案件的司法鉴定问题研究提供较为完整的文献参考。

（二）知识产权司法鉴定及相关概念

司法鉴定是指在诉讼活动中鉴定人运用科学技术或者专门知识对诉讼涉及的专门性问题进行鉴别和判断并提供鉴定意见的活动，❶ 全国人大常委会通过的《关于司法鉴定管理问题的决定》以特别法形式正式确立了"司法鉴定"的概念，根据这个概念，司法鉴定的实施主体是司法鉴定人，对象是诉讼涉及的专门性问题，手段是科学或者专门知识，结果是鉴定意见。❷ 而知识产权司法鉴定作为司法鉴定的一种，是指在诉讼过程中，技术专家根据本领域公知技术及相关专业技术的了解，并运用必要的检测、化验、分析手段、对涉案技术争议进行鉴定的活动。❸

---

❶　全国人民代表大会常务委员会《关于司法鉴定管理问题的决定》第1条。

❷　国家认证认可监督管理委员会、司法部司法鉴定管理局：《司法鉴定机构资质认定工作指南》，中国计量出版社2009年版，第6页。

❸　江波、张金平："我国知识产权司法鉴定的思考——以'富比'案中知识产权司法鉴定为视角"，载《知识产权》2008年第5期。

为了对知识产权司法鉴定尤其是技术性最强的专利技术类案件中涉及的司法鉴定问题作一个规范的研究，笔者对相关论文及法律法规等进行了梳理。

（三）样本来源

笔者以中国知网为数据库，利用主题含"知识产权"词频并含"司法鉴定"词频进行精确检索，检索结果为144篇文献，剔除新闻类、专利审查类等无关文献，得69篇有关文献，利用主题含"知识产权"词频并含"技术鉴定"词频进行精确检索，检索结果为121篇文献，剔除无关文献，剩余15篇有关文献，利用主题含"专利"词频并含"司法鉴定"词频进行精确检索，检索结果为24篇文献，剔除无关文献，剩余10篇有关文献，利用主题含"专利"词频并含"技术鉴定"词频进行精确检索，检索结果为448篇文献，剔除无关文献，剩余3篇有关文献。

以北大法宝为数据库，利用"司法鉴定"为法规名称，法规全文含"知识产权"，进行精确检索，得59部相关法律法规，剔除无关规定，得8部有关法律法规，利用"科技纠纷"为关键词，检索得1部有关法律法规，以"专利审判"为关键词，检索得1部有关法律法规。此外，由于鉴定结论为诉讼证据的一种，《民事诉讼法》《关于民事诉讼证据的若干规定》两部法律也在笔者研究范围之内。具体规章列表见附录。

此外，笔者还大量查阅相关专著及网上资源，通过对上述文献的综合梳理，针对专利技术类案件司法鉴定中鉴定程序的启动、鉴定范围及鉴定结论的效力三个问题，撰写此文献综述。

二、专利技术类案件司法鉴定范围的确定问题

随着近年来专利审判实践经验的日渐丰富，在鉴定事项方面已经取得一定的共识，例如委托鉴定的事项只能是专业技术问题，而不能是法律问题，但是在实践中大家对什么是专业技术问题，什么是法律问题，在理解上并不一致。鉴定范围的模糊会造成本应由法官完成的事实认定

和法律适用问题作为委托事项交予司法鉴定机构鉴定，使得整个审判推理过程交由鉴定机构完成，加之法官对鉴定机构出具的鉴定结论的过度依赖，会使得法院的判决从事实认定到法律析理均为鉴定结论的翻版，从而导致审判权的彻底让度。❶ 例如将是否侵权这样的法律判定委托鉴定，成了"法律鉴定"，使得专利诉讼中法院司法审判职能旁落，既不符合独立、公正的司法原则，影响审判质量，也不利于专利审判经验的积累和审判队伍的建设，因此，对专利诉讼中技术鉴定的范围作出科学的界定，在目前专利审判中十分必要。

（一）相关法律规定

笔者以北大法宝为数据库，检索与知识产权案件技术鉴定范围有关的法律法规文件。就笔者检索所及，最早有关专利诉讼中（知识产权）技术类案件鉴定的文件为《最高人民法院关于开展专利审判工作的几个问题的通知》（以下简称《通知》），《通知》指出人民法院在审理专利案件时，可以聘请科研单位、生产部门的专家或者学者担任技术勘定人，还可以邀请他们担任陪审员，直接参与专利审判工作。最早涉及技术合同标的的技术鉴定文件为《〈关于正确处理科技纠纷案件的若干问题的意见〉的通知》，该文件第一次明确技术合同纠纷的鉴定对象。❷ 最早划定知识产权司法鉴定范围的是2000年司法部颁布的《司法鉴定执业分类规定（试行）》，该文件明确将知识产权司法鉴定作为司法鉴定的一类归入司法鉴定分类中，并划定了知识产权司法鉴定的范围。❸ 北京市高级人民法院于2005年颁布《北京市高级人民法院关于知识产权

---

❶ 姜志刚："我国知识产权司法鉴定程序探析"，载《时代法学》2006年第4期。

❷ 最高人民法院于1995年印发《〈关于正确处理科技纠纷案件的若干问题的意见〉的通知》中提出，关于技术合同纠纷诉讼或者仲裁中，对技术合同涉及的技术进行鉴定，应当以合同约定转让方、开发方或者服务提供的技术成果或者技术服务内容为鉴定对象。

❸ 参见《司法鉴定职业分类规定（试行）》第16条。"知识产权司法鉴定：根据技术专家对本领域公知技术及相关专业技术的了解，并运用必要的检测、化验、分析手段，对被侵权的技术和相关技术的特征是否相同或者等同进行认定；对技术转让合同标的是否成熟、实用，是否符合合同约定标准进行认定；对技术开发合同履行失败是否属于风险责任进行认定；对技术咨询、技术服务以及其他各种技术合同履行结果是否符合合同约定，或者有关法定标准进行认定；对技术秘密是否构成法定技术条件进行认定；对其他知识产权诉讼中的技术争议进行鉴定。"

司法鉴定若干问题的规定（试行）》，该文件虽然没有涉及知识产权司法鉴定的范围，但在知识产权司法鉴定史上具有重要意义，随后，各地相继出台了关于知识产权司法鉴定规定的文件。此后，在司法实践的基础上，北京市高级人民法院于2012年颁布《北京市高级人民法院关于规范委托知识产权司法鉴定工作的通知》，对知识产权案件的司法鉴定范围进行进一步的细分，明确了专利案件、技术合同案件以及商业秘密案件、商标案件、著作权案件、不正当竞争案件等司法鉴定的鉴定范围。❶

（二）相关学者观点

最早对知识产权科学技术鉴定进行系统性论述的文章是1999年程永顺撰写的《技术鉴定——知识产权保护中亟待研究的新课题》，❷ 田锡平、何颖所撰写的《知识产权审判中的科学技术鉴定》❸ 与谢冠斌所撰写的《知识产权案件审判中技术鉴定问题的几点思考》。❹ 通过文献阅读，笔者发现专利技术类案件司法鉴定的鉴定范围判断标准的分歧贯穿知识产权司法鉴定发展历史的始终，主要出现几种不同的观点。

1. 涉及技术的内容，只要法官无法解决，皆可进行鉴定

持这类观点的学者不在少数，出现于知识产权司法鉴定发展前期。以田锡平和蒋志培观点最为典型。该观点最早见于1999年田锡平、何颖在《知识产权审判中的科学技术鉴定》一文，该文指出案件争议问题的是非涉及专门的科学技术，而法官受专门知识所限，无法对争议问题的是非进行判断，则可以提起科学技术鉴定。由此可见，作者认为鉴定

---

❶ 该通知指出，专利案件的鉴定：被控侵权产品或方法与专利技术相同或等同鉴定；被授予专利权的发明或者实用新型是否具备新颖性、创造性；被控侵权产品的外观设计是否与原告的外观设计专利相同或者相近似；判定被控侵权技术是否属于原告专利申请日之前已经公开的公知公用技术；发明、实用新型专利说明书是否充分公开技术方案。

❷ 程永顺："技术鉴定——知识产权保护中亟待研究的新课题"，载《科技与法律》1999年第3期。

❸ 田锡平、何颖："知识产权审判中的科学技术鉴定"，载《科技与法律》1999年第9期。

❹ 谢冠斌："知识产权案件审判中技术鉴定问题的几点思考"，载《科技与法律》1999年第9期。

对象确定的主要标准是法官对该问题是否能够依靠自身知识能力解决，如果法官无法解决，那么无论该问题是否包含法律适用，都可以进行鉴定，虽然鉴定结论无须对鉴定问题的法律属性作出结论。

蒋志培在全国专利审判工作座谈会上认为，区分什么是专业技术问题，什么是法律问题，关键看这个问题是否需要利用专业技术人员的专业知识和经验来解决。如果案件涉及的问题需要利用专业技术人员的专业知识和经验来解决，就应当属于专业技术问题，可以委托技术鉴定。❶ 例如，专利侵权案件中所涉及的技术特征之间的技术手段及其功能、效果是否基本相同，如果法官不能解决，无论是否涉及法律适用问题，都可以委托技术鉴定。

2．抛却鉴定事项是否涉及法律适用，直接界定司法鉴定的范围

马晓东、张华在《知识产权诉讼中的专业鉴定问题》❷中并没有以鉴定事项是否涉及法律适用，直接将知识产权诉讼中涉及的专业性问题归纳为客观性专业鉴定的鉴定内容和主观性专业鉴定的鉴定内容。❸ 赵江琳指出专利案件的鉴定范围包括被控侵权产品或方法的技术特征与专利的技术特征是否相同或者等同；公知技术抗辩理由是否成立；被控侵权产品的外观设计是否与外观设计专利相同或者近似；专利是否具备新颖性、创造性；专利说明书是否充分公开技术方案等。❹ 张占疆在《知识产权司法鉴定范围浅析》❺一文中将知识产权司法鉴定范围归纳为12

---

❶ 蒋志培："全国专利审判工作座谈会上的总结讲话"，载《知识产权审判指导与参考（第7卷），法律出版社2004年版，第15页。

❷ 马晓东："知识产权诉讼中的专业鉴定问题"，载《法律适用》2001年第9期。

❸ 客观性专业鉴定的鉴定内容主要有：（1）确定产品的成分，组份及其含量或比例；（2）分析材料的物理化学性质；（3）测定产品的性能指标；（4）确定相关的统计、财务数据；（5）检索专利是否具有新颖性；（6）某些普通专业标准下的比较鉴定等。主观性专业鉴定的鉴定内容主要有：（1）发明创造是否具备专利法所要求的创造性；（2）当事人双方的技术特征是否等同；（3）技术方案是否具有实用性；（4）技术秘密是否在本领域不公知；（5）基于经验对相似性的比较鉴定等。

❹ 赵江琳："知识产权司法鉴定现状浅谈"，载《中国发明与专利》2007年10期。

❺ 张占疆："知识产权司法鉴定范围浅析"，载《经济论坛》2008年第10期。

个方面，❶ 其中将对涉嫌侵权的技术信息是否与属于他人商业秘密的技术信息具有同一性进行鉴定以及对权利人的技术信息、经营信息是否属于商业秘密进行鉴定都划归为知识产权司法鉴定可以鉴定的范围。认为凡是能最终进入诉讼领域的鉴定都是司法鉴定。韩晓林指出，涉案专利技术司法鉴定的具体项目包括专有技术新颖性、创造性、实用性、专有性鉴定，还包括有关专利技术法律状态的鉴定，已经取得的专利权有效性鉴定等。❷

3. 只要有利于判决公平公正，所有知识产权问题都可以作为司法鉴定对象

这类观点出现在2014～2015年发表的文献资料中。张淑亚认为知识产权案件中存在大量非客观标准以及涉及多学科领域，行政机关和司法部门在具体适用时难免出现差异，在这种情况下，知识产权案件交由司法鉴定机构进行综合认定可以最大限度保证司法裁判的准确、公平、公正。❸ 郭艳、刘小成指出，原则上，所有的知识产权问题都可以作为司法鉴定的对象。这更是将司法鉴定的范围作了极大的扩张。❹

4. 纯粹的涉及技术客观事实的内容，属于司法鉴定范围

这里所指的纯碎的技术客观事实内容，是指不包含法律适用的内容。程永顺在《技术鉴定——知识产权保护中亟待研究的新课题》一文中，明确鉴定工作应当针对技术问题事实问题，而不应当针对法律问

---

❶ 根据张占疆在《知识产权司法鉴定范围浅析》一文，其在文中明确地将知识产权司法鉴定范围归纳为如下方面：（1）新产品、新技术、新设计在研究开发时对其新颖性、创造性进行评价；（2）对已取得的知识产权其合法性、有效性进行评价；（3）对涉嫌侵权的技术是否属于公知技术进行鉴定；（4）对涉嫌侵权方适用的商标与他人在先注册商标构成近似进行鉴定；（5）对涉嫌侵权的作品是否与他人享有版权的作品构成实质性相似进行鉴定；（6）对权利拥有人的技术信息、经营信息是否属于商业秘密进行鉴定；（7）对涉嫌侵权的技术信息是否与属于他人商业秘密进行鉴定；（8）对涉嫌侵权方使用的商品名称、包装、装潢是否与知名商品的名称、包装、装潢构成近似进行鉴定；（9）对技术合同争议中涉及的技术问题进行鉴定；（10）对其他争议中涉及的技术问题进行鉴定；（11）对侵犯知识产权行为给权利人的损失进行评估；（12）其他需要鉴定的知识产权问题。

❷ 韩晓林："浅述知识产权司法鉴定"，载《科技信息》2012年第10期。

❸ 张淑亚："知识产权司法鉴定标准之商标近似之辨"，载《太原师范学院学报（社会科学版）》2014年第5期。

❹ 郭艳、刘小成："安徽省专利侵权判定鉴定机制研究"，载《安徽科技》2015年第12期。

题。同年，谢冠斌也提出知识产权案件司法鉴定只鉴定技术问题，不涉及法律问题，但可惜的是，其在论文中对技术鉴定的项目划分所得出的结论与其提出的不涉及法律适用的观点相悖。❶ 这两篇文章都在较早时期对知识产权鉴定范围有了一个初步的正确认识，但是，并没有进一步论述在一个待鉴定的事项中，何为技术事实问题，何为法律问题。

刘红提出要严格掌握纯客观技术问题与涉及技术的法律问题的界限，如是否落入专利保护范围，是否构成侵权等问题，不能作为鉴定的内容，鉴定人也不得对其作出法律性质的评价。❷ 此外，赵吉军、范杰也提出❸，只有客观性鉴定内容才能通过司法鉴定来解决，例如专利技术类案件中，对两个技术特征是否等同，某一方案是否具有创造性进行判断，既需要利用专业知识和经验对技术事实进行认定和评价，还必须结合专利法律的标准才能得出结论，对技术特征是否等同，方案是否具备创造性的判断，实质上是在正确理解技术事实的基础上所作出的法律适用的结果，这并不是一个技术鉴定就能完成的任务，而完全是法官审判的职能所辖。❹ 李军认为，知识产权诉讼中委托鉴定事项表述应当规范，不应当要求鉴定机构对"信息是否属于商业秘密""被告是否构成侵权"等作出鉴定，涉案信息是不是商业秘密、以及被告是否构成侵权不是单纯的事实认定问题，而属于法律判断。❺ 涉及法律判断及法律适用的问题不应当提交司法鉴定。这3篇文章其实是对何为技术事实问题和法律问题作出了一个更进一步的研究，但并没有就划分技术事实问题

---

❶ 谢冠斌："知识产权案件审判中技术鉴定问题的几点思考"，载《科技与法律》1999年第9期。他在文中所列举的技术鉴定项目包括：（1）被诉侵权的技术与相关技术的特征是否相同或者等同；（2）技术转让合同标的是否成熟、实用，是否符合合同约定标准；（3）技术开发合同履行失败，是否属于风险责任；（4）技术咨询、技术服务及其他各种技术合同履行结果是否符合合同约定，或者有关法定标准；（5）技术秘密是否构成法定技术条件；（6）其他知识产权诉讼中的技术争议。这些项目明显包含法律适用问题。

❷ 刘红："浅析知识产权技术鉴定程序"，载《电子知识产权》2004年第11期。

❸ 赵吉军、范杰："目前专利诉讼中鉴定制度的缺陷及其完善"，载《专利法研究》2005年第1期。

❹ 例如，要认定"一房间内温度的精确数值"是可以通过技术鉴定来完成的；但是要判定"该房间内温度的精确值"不能通过鉴定来解决。

❺ 李军：《知识产权诉讼中商业秘密的司法鉴定与保护》，山东大学2015年硕士学位论文。

和法律问题提出自己的方法。

孙海龙、姚建军针对鉴定事项是否落入鉴定范围提出了自己的鉴定方法，❶ 在定义"事实问题"与"法律问题"时应当分别指"纯粹的事实问题"与"需要经法律规范适用而确定的事实问题"。其划分标准为是否需要使用法律规范而确定的事实，如无须适用法律规范即可确认的事实为"纯粹的事实问题"（事实问题）；须经法律规范的使用而确认的事实为"法律问题"。换言之，不论法律如何规定，一个待定事实的结论均不会发生变化即为"事实问题"；如对事实的认定，涉及法律适用或必须通过适用法律规定方能对事实作出认定的即属于"法律问题"。只有法官以自身能力确实无法判断的"事实问题"，而该问题可以借助科学、技术或其他专业知识帮助法官理解的，才能进行委托鉴定。❷ 此外，石必胜在肯定只有事实问题才能进行鉴定的同时，针对鉴定范围中的事实问题和法律问题的区分提供了两种方法。❸ 第一种方法是肯定了孙海龙、姚建军在《知识产权民事审判中的实施问题与法律问题辨析》一文中提出的观点，即根据待定事实的结论是否随着法律法规的变化来区分事实问题与法律问题。若不论法律如何规定，一个待定的事实结论均不会发生变化的即为事实问题；若对事实的认定涉及法律适用或者必须通过适用法律的规定方能作出的即属于法律问题。在此基础上，认为在诉讼中事实与法律彼此间牵连，通过第一种方法难以区分的情况下，就退而求其次，结合司法权力的分配原则进行区分，基于此，提出第二种方法，即根据争议问题是否属于法官的权力范围来区分事实问题与法律问题。若争议问题的认定夹杂了法律、政策和政治的要素，需要进行价值选择或者利益平衡，需要考虑司法政策，则属于法官的权利范围，不应当由鉴定机构通过鉴定来决定，应当由法官来作出。

---

❶ 孙海龙、姚建军："知识产权民事审判中的实施问题与法律问题辨析"，载《电子知识产权》2007年第11期。

❷ 如某待定事项的判断标准是"一般消费者"或者"一般社会公众"，这一判断并不需要专业的技术人员运用专业的知识进行判断，而属于普通人都可以判断的范畴，则法官应当通过自身经验来判断这一事项。

❸ 石必胜："知识产权诉讼中的鉴定范围"，载《人民司法》2013年第11期。

综上文献，笔者以为由于我国法律及相关文件并没有明确知识产权司法鉴定的范围是否涉及法律适用，或直接避开这一争议点，或直接采用列举归纳方式确定知识产权司法鉴定及专利司法鉴定范围，这从一定程度上使得专利技术类案件司法鉴定的实践与理论相脱节，最终引起各学者之间的争议。此外，由于专利技术类案件本身的特殊性，使得技术问题与法律问题紧密相连，在一些情况下无法有明确的界限，这也使得在实践过程中，专利技术类案件的司法鉴定范围比较模糊。

三、专利技术类案件司法鉴定的程序

司法鉴定程序的启动是开启整个鉴定过程的钥匙，越来越多专利技术类案件审理中的事实查明都要依赖司法鉴定机构出具的鉴定意见，因此，司法鉴定程序的启动是知识产权司法鉴定过程的关键一环。

（一）专利技术类案件中司法鉴定程序的启动主体

我国《民事诉讼法》第76条明确了司法鉴定的启动主体："当事人可以就查明事实的专门性问题向人民法院申请鉴定。当事人申请鉴定的，由双方当事人协商确定具备资格的鉴定人；协商不成的，由人民法院指定。当事人未申请鉴定，人民法院对专门性问题认为需要鉴定的，应当委托具备资格的鉴定人进行鉴定。"由此可以看出，我国目前法律规定的司法鉴定启动方式主要有两种，一种是诉讼当事人向法院提出申请，经法院同意后由法院委托鉴定；另一种是法院依职权主动委托鉴定的情况。最高人民法院在《关于民事诉讼证据的若干规定》第25～26条中也进一步具体规定，当事人申请鉴定，应当在举证期限内提出。对需要鉴定的事项负有举证责任的当事人，若在指定期限内不提出鉴定申请，致使对案件争议事实无法予以认定，应当承担举证不能的法律后果。当事人如果申请鉴定，经法院同意后由双方当事人协商确定有鉴定资格的鉴定机构、鉴定人员，协商不成的，由人民法院指定。该规定第25条体现了诉讼当事人依法享有向法庭提出司法鉴定申请的权利，但是从法条中也可以看出，当事人只有启动鉴定程序的申请权，而无决定权。因此，无论是依申请提出司法鉴定要求还是法院依职权提出，在案件审判过程中司法鉴定启动的决定权都掌握在法官手中。

在专利技术类案件司法实践中经常会出现双方当事人都不申请鉴定，导致法庭无法查明案件事实的情况。对于这一问题，虽然《最高人民法院关于民事诉讼证据的若干规定》第25条中规定了举证责任分配的原则，但《民事诉讼法》中也赋予了法院依职权启动司法鉴定程序的权利。❶ 多数学者都认为，在这种情况下，为查清案件事实，准确处理纠纷，法院应依职权启动鉴定程序。江波、张金平认为，简单按照举证责任分配的原则进行处理，没有起到查清事实、厘清关系的目的，不可能从根本上解决双方当事人的矛盾和纠纷，因此作者建议，对于技术合同纠纷类案件，应按照双方合同约定，根据具体情况确定，同时，在明确举证义务主体的情况下，行使法官释明权，书面要求原告必须在指定时间内提出书面鉴定申请，并告知其不提出鉴定申请的法律后果。❷ 董文涛也提到，法院依职权启动司法鉴定程序，是法院委托司法鉴定的非典型形态，只有在当事人不申请司法鉴定而法院认为必须进行司法鉴定的情况下才可以启动。比如在一起技术开发合同纠纷中，诉讼当事人争议焦点在于受托人是否已经完成主要的技术开发任务，因此，作为委托人应当对其按约完成技术开发任务负举证责任，但是在其将"验收会谈纪要"作为证据并据此认为其已经举证充分，而实际上法院对何为"主要的技术开发任务"、何为"非主要技术问题"仍然难以把握时，必须依职权启动司法鉴定，借助司法鉴定对上述技术问题形成清晰认识。❸

---

❶ 《最高人民法院关于民事诉讼证据的若干规定》第25条：对需要鉴定的事项负有举证责任的当事人，在人民法院指定的期限内无正当理由不提出鉴定申请或者不预交鉴定费用或者拒不提供相关材料，致使对案件争议的事实无法通过鉴定结论予以认定的，应当对该事实承担举证不能的法律后果。

《中华人民共和国民事诉讼法》第76条第2款：当事人未申请鉴定，人民法院对专门性问题认为需要鉴定的，应当委托具备资格的鉴定人进行鉴定。

❷ 江波、张金平："我国知识产权司法鉴定的思考——以'富比'案中知识产权司法鉴定为视角"，载《知识产权》2009年第3期。

❸ 董文涛："知识产权诉讼中鉴定意见的司法评价"，载《中国司法鉴定》2012年第3期。

（二）举证鉴定的合理性分析

虽然我国民事诉讼相关法律规定了诉讼当事人有自行委托鉴定的权利，但在实践中，由当事人自行委托鉴定得出的鉴定意见对于法院的判决影响极小。由于担心受到案件利益的影响，法院对于当事人递交的鉴定结论的采纳都存在顾虑，且对方当事人出于自身利益的考量通常也会对鉴定意见提出异议。但是当事人自行委托鉴定还是具备一定合理性的。当事人自行委托得出的鉴定结论可以作为起诉时的证据；另外，当事人可以通过鉴定结果来预估案件的胜诉概率以决定是否起诉；同时，鉴定结果即使最终可能未被采信，但一定程度上可以影响法官的自由心证。❶ 林广海和张学军认为，考虑到我国当事人对于专家证人或者鉴定结论的重要性还缺乏认识及我国长期实行法院职权主义诉讼模式；更重要的是，由于知识产权审判广泛存在技术争议，法官难以具备每门学科的专业知识，因此，笔者认为，我国目前还是应当允许当事人自行委托鉴定。同时为了提高审判效力，也应该限定当事人自行委托司法鉴定和专家证人出庭作证的次数。❷ 但也有学者认为将委托鉴定权赋予当事人并无太大意义，甚至存在诸多弊端。张方对举证鉴定持消极态度，认为赋予当事人委托鉴定权存在鉴定结论的客观公正受到怀疑的问题，不利于查明案件事实。❸

（三）职权主义鉴定的利弊分析

依职权主义得出的鉴定意见在司法实践中更易于被法庭和诉讼当事人采信，但由于对专利技术类案件司法鉴定的鉴定结论客观真实性的判断基本上要依赖鉴定人的专业技能和相关经验，因此极易导致审判权"让渡"的问题。在法庭过分依赖鉴定意见作出判决的情况下，无论哪

---

❶ 黎邈：《知识产权技术鉴定若干问题的研究——从实证分析的角度入手》，北京大学2008年硕士学位论文。

❷ 林广海、张学军："完善知识产权司法鉴定制度之管见"，载《中国发明与专利》2007年第10期。

❸ 张方："从两种鉴定类型的比较看我国司法鉴定委托权的归属"，载《人民检察》2000年第7期。

一方当事人自行委托进行的鉴定都很有可能遭到对方的质疑，而重复鉴定又会造成诉讼金钱和时间成本的累加。郭明生、郭雪青在《法院对外委托司法鉴定存在的问题及对策探讨》中提出，鉴定机构或鉴定人的选择是以当事人双方选择为主、法院依职权指定为辅的原则进行的。实践中，有些法院过分地强调当事人的选择权，以至于出现当事人经通知后不到场或到场后不参与也不见证选择过程的情形，给鉴定增加了难度。因此，作者认为，依职权选择司法鉴定机构或鉴定人的合理性和合法性应当引起重视。但是，职权主义鉴定启动制度也并非没有缺陷。❶黎邈以实例说明了这一启动方式的弊端，如法官随意决定是否委托鉴定，不利于保障当事人诉权和查清案件事实，并且由于鉴定是由法庭进行委托，因此，即使是未经充分质证的鉴定意见，法官也会选择接受。❷

四、鉴定意见的质证和采信

司法鉴定意见的质证是指案件双方当事人在庭审中对鉴定意见进行出示、质疑及辩论的过程。我国《民事诉讼法》第63条规定，证据必须查证属实，才能作为认定事实的根据。第68条也规定，证据应当在法庭上出示，并由当事人互相质证。因此，证据必须经过质证后，才能成为定案的根据。鉴定意见属于证据的一种，并且带有强烈的主观色彩，难免会受到外界因素的影响，导致鉴定结果的偏差，因此对于鉴定意见的质证就显得尤为重要。

（一）鉴定意见的质证内容

专利技术类案件司法鉴定意见的质证内容主要包括对司法鉴定程序的合法合理性、鉴定材料、鉴定结论的质证。《司法鉴定概论》一书就司法鉴定意见质证的内容进行归纳，诉讼双方应主要就鉴定书的内容，围绕鉴定意见的合法性、客观性和关联性等问题进行说明、质疑和辩驳

---

❶ 郭明生、郭雪青："法院对外委托司法鉴定存在的问题及对策探讨"，见《司法鉴定论丛》，北京大学出版社2009年版。
❷ 黎邈：《知识产权技术鉴定若干问题的研究——从实证分析的角度入手》，北京大学2008年硕士学位论文。

质疑和论证。目的是同意、反驳鉴定意见，或指出鉴定意见的不足之处。❶ 黎邈认为，我国在司法鉴定意见的采信过程上，判决书说理论证过程都过于简略，在知识产权领域该问题更为突出。笔者又对比了西方国家完备的鉴定结论采信体系，其可予质证的范围很宽，包括鉴定主体是否适格（鉴定主体选任程序是否合法、鉴定主体能力是否适格、鉴定主体品格是否良好），鉴定事项是否必要，鉴定内容是否具有关联性，送鉴材料是否合法，鉴定过程是否规范，以及鉴定结果是否可靠等。❷ 岳军著书中提出关于我国鉴定意见质证的四大内容，包括鉴定人和鉴定机构是否具有鉴定资质、鉴定委托程序是否合法、委托鉴定事项与鉴定意见是否一致、鉴定报告形式是否合法。❸

而是否所有鉴定材料都需要进行质证，大部分文献中都未提及。郭明生、郭雪青在《法院对外委托司法鉴定存在的问题及对策探讨》❹ 中认为，对鉴定材料的质证应该强调，但不是所有的鉴定材料都必须经过质证这一关，过分强调会费时费力，过于机械。作者认为只要是与当事人双方无利害关系的第三人出具的证据材料，就可以不进行质证，具体指什么根据案件的类型不同而有所差异。

（二）鉴定人的出庭作证义务

我国《民事诉讼法》第78条规定，当事人对鉴定意见有异议或者人民法院认为鉴定人有必要出庭的，鉴定人应当出庭作证。经人民法院通知，鉴定人拒不出庭作证的，鉴定意见不得作为认定事实的根据；支付鉴定费用的当事人可以要求返还鉴定费用。《最高人民法院关于民事诉讼证据的若干规定》第59条也规定，鉴定人应当出庭接受当事人质询。鉴定意见的质证方式包括书面和口头两种形式，其核心是鉴定人是否出庭接受质询。虽然我国《民事诉讼法》明确规定了鉴定人的出庭作证义

---

❶ 杜志淳主编：《司法鉴定概论》，法律出版社2010年版。
❷ 黎邈：《知识产权技术鉴定若干问题的研究——从实证分析的角度入手》，北京大学2008年硕士学位论文。
❸ 岳军要：《司法鉴定程序法规与实务》，郑州大学出版社2014年版。
❹ 郭明生、郭雪青："法院对外委托司法鉴定存在的问题及对策探讨"，见《司法鉴定论丛》，北京大学出版社2009年版。

务，但司法实践中鉴定人的出庭率并不高。由于专利技术类案件的司法鉴定具有很强的专业性和技术性，仅凭书面的鉴定意见而没有经过充分质证，很难得到当事人的信服。

造成鉴定主体出庭难的原因是多方面的。黎邈提出两点原因，第一个是立法上的缺陷，《最高人民法院关于民事诉讼证据的若干规定》第59条规定"鉴定人确因特殊原因无法出庭的，经人民法院准许，可以书面答复当事人的质询"。但是对于"特殊原因"，法条并未明确解释，也没有对于鉴定人不出庭的相关责任条款，故不能有效约束鉴定人。第二个原因在于观念，人们普遍认为出庭接受法官和律师的质询是不太体面的事情。笔者也提出了解决这一问题的初步设想，即将鉴定人不出庭接受质询的处理方式与鉴定人名册制度有效结合，定期对名册中的鉴定机构或鉴定人进行公信力评判。❶ 江波、张金平提到，据其在审判实践中的观察，绝大多数案件只要法官坚持，并向鉴定机构说明需要其出庭的具体理由，鉴定机构一般均会同意派鉴定人出庭。实践中主要出现的问题是关于外地鉴定机构鉴定人出庭费用的负担问题（知识产权有一特点，即技术类鉴定有资质鉴定机构基本集中于北京、上海等少数城市，对多数地方的案件而言，存在鉴定人出庭费用问题）。❷ 虽然作者提出了这一影响鉴定人出庭难的原因，但遗憾的是文中并未就如何解决这一问题提出建设性意见。徐棣枫提出，江苏省高级人民法院在使用专家证人制度方面的具体规则值得借鉴：在庭审时，法庭必须释明专家证人质证的内容，采取先专家后当事人质证方式，使专家之间有充分论证，而出庭质证的过程、所发表的意见以及意见所依据的材料都应当载入判决书。江苏省高级人民法院这一创新性的举措对于庭审中技术事实的查明具有重要意义。❸

---

❶ 黎邈：《知识产权技术鉴定若干问题的研究——从实证分析的角度入手》，北京大学2008年硕士学位论文。

❷ 江波、张金平："我国知识产权司法鉴定的思考——以'富比'案中知识产权司法鉴定为视角"，载《知识产权》2009年第3期。

❸ 徐棣枫："商业秘密侵权诉讼中技术事实的查明"，载《重庆大学学报（社会科学版）》2014年第6期。

（三）鉴定意见的采信

2005年实施的《全国人民代表大会常务委员会关于司法鉴定管理问题的决定》中用"鉴定意见"取代了之前诉讼法中一直使用的"鉴定结论"。❶ 这体现了我国司法界对司法鉴定意见的重新认识，不再盲目笃信鉴定结果的权威性。但是大多数学者依然认为在司法实践中，还是有许多法官对鉴定结果的认定流于形式。广东省高级人民法院具有实务审判经验的林广海、张学军两位法官在《完善知识产权司法鉴定制度之管见》一文中提出，对鉴定结论的认定只作程序审查而不做实体审查，是知识产权司法实践中存在的一个突出问题。在不少数量的判决书中，常常出现这样的表述："鉴定人具有相应的资质，在鉴定过程中也不存在违反程序的事实，原告（或被告）对于鉴定结论虽有异议，但没有提交任何证据予以反驳，故本院对鉴定结论予以采信。"对鉴定结论只作程序审查就予以采信的最大危险在于这种原则将鉴定结论的正确性放到了空前的高度。伍春艳在《中国知识产权司法鉴定制度改革的现状与趋势》一文中也认为知识产权司法鉴定结论的采信率是最值得关注的内容，鉴定结论作出后，必须经过当事人的质证才能决定是否采信。在诉讼中当事人对鉴定意见有异议的，经人民法院依法通知，鉴定人应当出庭作证。樊静平在《司法鉴定概论》一书第11章"司法鉴定意见审核"中也指出，只凭借司法鉴定意见往往只能解决案件部分事实认定问题，对案件事实的整体认定还有赖于大量其他形式的证据。因此，法官在对司法鉴定意见进行认证的工作中，不应当认定司法鉴定意见自然就具有高于其他证据形式的证明力。❷ 那英在《专利权人如何进行知识产权技术鉴定》中专门对专利案件司法鉴定意见的采信标准进行阐述，认为如果被控侵权客体与专利权利要求的保护范围相同或等同，则被控侵权客体落入专利权利要求的保护范围内，专利侵权成立。但是，要经过庭审质证由法官决定是否采信鉴定结论。鉴定结论对法官有一定的约束力，

---

❶ 我国《刑事诉讼法》第42条、《民事诉讼法》第63条、《行政诉讼法》第31条均规定：鉴定结论是法定证据形式之一。

❷ 《司法鉴定概论》，杜志淳（主编），法律出版社2012年出版。

但不是绝对的约束。**❶**

　　大多数学者在其文章中会提到我国目前知识产权司法鉴定意见采信标准的弊端,但很少涉及对这一问题的建设性意见。张英杰和杨雄文提到了关于完善我国司法鉴定意见采信规则的设想。张英杰认为构建我国司法鉴定意见认证规则应当借鉴美国的先进经验,同时结合我国国情,主要包括六大规则:科学性规则、关联性规则、非法证据排除规则、补强证据规则、传闻证据排除规则以及采纳公开规则。**❷** 杨雄文**❸**中也略论关于专利技术鉴定证据的可采性判断因素,正因为对于一般鉴定和专利技术鉴定之间的证据可采性标准不同,决定了对两者在具体的可采性判断因素上的极大不同。作者文中列举出管理标准和科学范例两个典型因素。对于专利技术鉴定来说,创造性作为一种典型的管理标准,是取得专利权的前提。也就是说,法庭必须适用这种管理标准。另外,专利技术鉴定对于突破科学范例的可采性标准保持的是积极态度,突破科学范例即意味着创造性,而没有突破科学范例并不意味着"显而易见"。

五、小　　结

　　综上,笔者以为专利技术类案件司法鉴定中存在的各种问题在目前来看颇有研究价值,鉴定范围、鉴定程序以及鉴定结论的效力,是很多涉及知识产权诉讼尤其是专利技术审判中难以回避的内容,学界虽然对这些问题作了一定的讨论,但都未得出明确的具有公信力的讨论结果。笔者希望以此综述为基础,再次通过阅读中外文献,对这些问题加以更深入的探究和理解,以求为专利案件审判工作提供较为科学和相对完整的文献参考。

---

❶ 那英:"专利权人如何进行知识产权技术鉴定",载《中国发明与专利》2004年第12期。
❷ 张英杰:"司法鉴定意见认证规则研究",见《司法鉴定论丛》,北京大学出版社2009年版。
❸ 杨雄文:"专利创造性标准与司法鉴定制度的协调",载《中国发明与专利》2008年第3期。

附　　录

司法鉴定制度列表

制定机关	名称	颁布日期
全国人大	民事诉讼法	1991/4/9
全国人大常委会	关于司法鉴定管理问题的决定	2005/2/28
最高人民法院	关于开展专利审判工作的几个问题的通知（失效）	1985/2/16
	关于全国部分法院知识产权审判工作座谈会议纪要	1998/7/20
	最高人民法院关于民事诉讼证据的若干规定	2001/12/21
	人民法院对外委托司法鉴定管理规定	2002/3/27
	最高人民法院对外委托鉴定、评估、拍卖等工作管理规定	2006/11/30
	最高人民法院技术咨询、技术审核工作管理规定	2007/8/23
最高人民检察院	人民检察院鉴定规则（试行）	2006/11/30
	人民检察院鉴定人登记管理办法	2006/11/30
	人民检察院鉴定机构登记管理办法	2006/11/30
司法部	司法鉴定执业分类规定（试行）	2000/11/29
	司法鉴定程序通则（2016最新修订）	2001/8/23
	司法鉴定许可证管理规定	2001/2/20
	司法鉴定机构登记管理办法	2005/9/30
	司法鉴定人登记管理办法	2005/9/30
	司法鉴定程序通则	2007/7/18
公安部	公安机关鉴定机构登记管理办法	2005/11/29
	公安机关鉴定人登记管理办法	2005/11/29
北京市高级人民法院	关于知识产权司法鉴定若干问题的规定（试行）	2005/7/18
	关于规范委托知识产权司法鉴定工作的通知	2012/5/8
中国专利局	关于开展专利审判工作的规定（专利局公告第5号）失效	1985/2/27

专利侵权案件中生产经营目的的
认定和相关系列案例研究
案例综述

阮琛莹　李淑惠
指导老师：郭鹏鹏

　　【摘要】专利法是在专利权人的垄断利益与社会公共利益之间进行利益衡量、选择和整合以实现一种动态平衡的制度安排。将"以生产经营为目的"作为侵权的构成要件、设立《专利法》第11条和第69条的制度均可以保障公众对专利技术的适当接近。在保护专利权人垄断权的同时，兼顾社会公众利益与公众行为自由，以恰当地促进科技创新。因此，对"生产经营目的"予以定义的范围宽窄直接影响专利法的动态利益平衡，既不能界定过宽，也不宜过窄。不能由司法任意决定其含义范围，否则有损专利法的利益平衡。我国可以借鉴国外相关的立法，结合我国的司法现状，采取正面定义和反向排除的方法进一步将范围限定得合理化。在案例综述中，第一部分介绍我国司法实践中的现状，以构成"生产经营为目的"和不构成"生产经营为目的"为分界线，列举数个典型案例；第二部分总结我国司法案件经验并指出司法缺陷；第三部分介绍国外司法实践中的典型案例；第四部分对国内外案例进行比较分析。

一、中国司法实践

"生产经营目的"的认定问题无论是在学界还是在司法界都一直饱受争议。忽视司法实践中的现实案例，而泛论"生产经营目的"的认定问题即如空中楼阁。因此，必须对现行司法实践中的关于判定"生产经营目的"案例进行总结分析。

（一）构成"以生产经营为目的"

现将我国法院在司法实践中，认定被控侵权人的行为构成"以生产经营为目的"的案例及认定理由总结如表1所示。

表1　构成"以生产经营为目的"的案例及认定理由

序号	认定理由	案　　号
1	被告为营利性质的企业，在其生产经营场所使用侵权产品，具有生产经营目的	（2011）高民终字第1174号
		（2011）通中知民初字第0060号
		（2010）长中民五初字第0333号
		（2006）渝一中民初字第498号
		（2003）桂民三终字第5号
2	被告的行为具有商业性，有商业价值，获得了经济利益	（2002）济民三初字第39号
		（2005）渝一中民初字第119号
		（2011）高民终字第1638号
		（2014）粤高法民三终字第581号
3	被告以营利为目的制造、销售，使侵权产品流入市场	（2002）苏民三终字第075号
		（2004）成民初字第205号
		（2006）沪二中民五（知）初字第186号
		（2006）粤高法民三终字第331号
		（2009）长中民三初字第0384号
		（2010）辽民三终字第20号
4	特殊情形	（2015）浙知终字第275号

表1是对法院认定被控行为构成"以生产经营为目的"案例的简单概括与分类，下面对具有代表性的案例作详细介绍。

1. "张某诉济宁交警支队案" ❶

张某系"宣传柜橱"外观设计专利权人。康嘉广告艺术中心按照济宁交警支队提供的图样建造了与张某的"宣传柜橱"专利构成近似的三面翻广告牌，所有权归属于济宁交警支队。双方约定广告牌的一面为交通宣传公益广告，其余两面康嘉广告艺术中心可发布商业广告用以冲抵康嘉广告艺术中心的建造费用。在无偿使用期满后，康嘉广告艺术中心享有优先有偿使用权。

法院认为，康嘉广告艺术中心、济宁交警支队未经张某许可，实施其专利的行为，是否出于生产经营目的，是判定两被告是否构成侵权的关键。从两被告的协议看，三面翻广告牌有两面可由康嘉广告艺术中心发布商业广告，故康嘉广告艺术中心商业经营获利目的明显。对于济宁交警支队，其发布公益广告的行为，虽不具有经营目的，但济宁交警支队为广告牌图样的提供方、广告牌的制作委托方和广告牌产权的所有者，其未实际出资或支付建造费用，却成为广告牌的产权人，实际上是以一定期间广告牌的免费使用，来换取广告牌的建造费用。广告牌建成后，康嘉广告艺术中心仅在约定的期间内免费使用，期限届满后，该广告牌即变为有偿使用，只不过享有优先使用权。由此可见，济宁交警支队的行为具有商业经营性质。基于上述分析，济宁交警支队、康嘉广告艺术中心的行为均具备经营目的，共同侵犯了张某的专利权。

2. "红林大酒店案" ❷

原告美泰利公司为"建筑装饰栏杆（三）"的外观设计专利权人。被告红林大酒店从原告处购买了一批建筑装饰铸铁栏杆及铸铁方柱，用于安装其酒店围墙。两年后，被告因管理需要，增加了围墙的长度，围墙栏杆增加的部分，安装了与原告的专利产品"建筑装饰栏杆（三）"相同的铸铁栏杆。

原审法院认为，被告作为营利性质的企业，设置围墙是为了管理需要，实际上亦是为了经营的目的。二审法院认为，《专利法》第63条第

---

❶ （2002）济民三初字第39号。

❷ （2003）桂民三终字第5号。

2款规定的"为生产经营目的"并不包括使用外观设计专利。不论是否为生产经营目的使用，甚至可以不问使用外观设计专利侵权产品的目的，使用外观设计专利侵权产品都不构成侵权。

3．"广州金鹏案"❶

原告广州金鹏公司享有"多功能槽型龙骨"实用新型的专利权。被告重庆铠恩公司在铠恩国际家居名都A幢工地大量使用侵犯原告专利权的龙骨产品。

法院认为，被告重庆铠恩公司的企业法人营业执照记载其经营范围包括研究、设计、生产、销售家具产品及材料、销售装饰材料、化工产品（不含化学危险品）、电器、五金交电、建筑机械、家居用品、物业管理（凭资质证书执业）。重庆家具市场铠恩国际家居名都A幢装修工程完工后，被告重庆铠恩公司将从事上述经营活动，使用了侵权龙骨的重庆家具市场铠恩国际家居名都A幢将会给其带来经济利益。由此认为，被告重庆铠恩公司的行为应界定为以生产经营目的使用侵权产品的行为。

4．"吉祥大厦案"❷

英特莱摩根公司是名称为"防火隔热卷帘用耐火纤维复合卷帘及其应用"的发明专利的专利权人。吉祥大厦公司在乐天银泰百货商场内使用了大量侵犯原告专利权的无机特级防火卷帘。

原审法院和二审法院均认为，虽然吉祥大厦公司使用防火卷帘系履行《中华人民共和国消防法》等法律规定的义务，具有维护社会公共安全的目的，具有一定的公益性，但并不能由此排除该使用的生产经营目的。并且吉祥大厦公司并非只有使用被控侵权产品才能履行其法定义务。未经专利权人许可以生产经营为目的非法使用侵犯他人发明专利权的产品，并不以该使用具有一定的公益性就否定其侵权性质，尤其是在市场上存在多种可供选择的商品时，侵权产品的使用者应为其对侵权产品的选择承担相应的法律责任。

---

❶ （2005）渝一中民初字第119号。

❷ （2011）高民终字第1174号。

5．"谢某诉佳兴案" ❶

原告谢某为"彩色艺术围栏"实用新型专利的专利权人。被告佳兴房地产公司系"格林星城"楼盘的开发商，其由长沙湘景环保科技有限公司承包了格林星城小区外围围栏的施工建造工程。所建造的楼盘外围的艺术围栏侵犯了原告的专利权。

法院认为，被告佳兴房地产公司作为"格林星城"楼盘的开发商，销售房产是其主要生产经营目的，出于美化和安全目的，将具备原告涉案专利全部必要技术特征的艺术围栏安装在其公司开发的商业楼盘中，艺术围栏构成其建造商品房产不可分割的一部分，被告虽然将此围栏的安装任务委托给他人实施，但并不影响本案技术特征比对及承担责任的确定。被告的行为属于以生产经营为目的，制造并使用被控侵权产品的实施原告专利的行为。

6．"如意火炬案" ❷

原告北京动力机械研究所经宁波星箭航天机械厂授权，有权以专利权人名义独立行使"气相稳压装置"的实用新型专利的专利权。被告中山华帝公司制造了2200把"如意"火炬，赞助给第十一届全运会。火炬中的相应装置侵犯了原告的专利权。

一审法院认为，中山华帝公司捐赠"如意"火炬的行为明显具有广告宣传的效果和影响，具有商业性，系出于生产经营目的。二审法院亦认为，虽然中山华帝公司称其将2200把"如意"火炬捐赠给第十一届全运会委会的行为属于无偿赠予的性质，并无生产经营目的，但是根据北京动力机械研究所提供的公证书中记载的关于互联网上的相关报道及宣传资料等证据可以看出，其捐赠"如意"火炬的行为明显具有广告宣传的效果和影响，对中山华帝公司而言，具有商业价值，故其关于制造被控侵权产品并无生产经营目的的主张不能成立，法院不予支持。

7．"吉之岛案" ❸

赵某为"多功能婴幼儿游泳圈"实用新型专利的专利权人。吉之岛

---

❶　（2010）长中民五初字第0333号。

❷　（2011）高民终字第1638号。

❸　（2006）粤高法民三终字第331号。

公司代销了贝特宝公司生产的"马博士"泳圈，该泳圈侵犯了原告的专利权。

法院认为，吉之岛公司未经赵某的许可，以营利为目的，销售侵犯赵某专利权的侵权产品，侵犯了赵某的专利权，但其所销售的侵权产品有合法来源，且无证据证明其明知该产品为侵权产品，故依据法律的规定，吉之岛公司无须承担赔偿责任，应承担停止侵权的民事责任。

8. "拱宸桥街道案" ❶

原告方某系名称为"墙面垂直绿化箱"的实用新型的专利权人。被告拱宸桥街道办事处采取包工包料方式将拱宸桥街道办事处生态文明办公大楼的绿化工程发包给春天公司承建，春天公司将采购的绿化箱种植花草后安装于拱宸桥街道办事处生态文明办公大楼外立面。所安装的绿化箱侵犯了原告专利权。

法院认为，拱宸桥街道未经专利权人许可，为生产经营目的在其办公大楼上使用涉案侵权产品，其行为构成使用侵权。另由于拱宸桥街道在本案中已经提供合同、付款凭证等有效证据证明其使用的侵权产品具有合法来源，且方某不能证明拱宸桥街道明知是侵权产品仍予以使用，故拱宸桥街道作为使用者无须承担赔偿责任。

9. "盐田工程局案" ❷

原告万向泰富公司系一种名称为"三维排水联结扣装置"的发明专利的专利权人。被告盐田工程局通过公开招标的方式将深圳市盐田区海滨栈道—盘山路及大梅沙段工程发包给粤山公司，该工程为"广东省绿道网"的组成部分，是盐田区重点及民生工程。粤山公司在该工程的盘山路段使用了侵犯原告专利权的联结扣。

法院认为，我国《专利法》第11条、第70条所称为生产经营目的，是指为工农业生产或者商业经营等目的，不限于以营利为目的，也不限于发明创造的实施与行为人的主营目的有直接关系，但不包括以个人使用为目的。盐田工程局作为涉案工程的建设单位，将涉案工程发包给粤

---

❶ （2015）浙知终字第275号。

❷ （2012）深中法知民初字第1114号，（2014）粤高法民三终字第581号。

山公司，涉案工程使用了被诉侵权产品，其使用性质为商业使用，亦构成侵权。

10."艾克赛尔栅栏案"❶

原告艾克赛尔公司系"装配式方管栅栏"实用新型的专利权人。被告康奈特公司将位于启东市滨海工业园江枫路的土建工程交由中柱公司施工，厂区围栏亦由中柱公司提供并安装。中柱公司所安装的厂区围栏侵犯了原告的专利权。

法院认为，在涉案专利的保护期内，康奈特公司未经许可以生产经营为目的使用被控侵权栅栏，构成专利侵权。即认为，厂区使用栅栏的行为构成"以生产经营为目的"。

（二）不构成"以生产经营为目的"

现将我国法院在司法实践中，认定被控侵权人的行为不构成"以生产经营为目的"的案例及认定理由总结如表2所示。

表2 不构成"以生产经营为目的"的案例及认定理由

序号	认定理由	案号
1	国家机关为了维护公众利益、社会公益使用侵权产品，不具有生产经营目的	（2006）宁民三初字第125号
		（2014）济民三初字第25号
		（2014）川知民终字第27号
		（2015）民申字第609号
2	国家机关为更好地履行法定职责	（2004）粤高法民三终字第288号
3	为满足国家相关部门对药品注册行政审批的需要	（2006）二中民初字第04134号
		（2007）二中民初字第13419号

表2是对法院认定被控行为不构成"以生产经营为目的"的案例的简单概括与分类，下面对具有代表性的案例作详细介绍。

1."杨某诉成都市公安局案"❷

杨某系名称为"警用快速防爆阻隔装置"的实用新型专利权人。成

---

❶ （2011）通中知民初字第0060号。

❷ （2014）川知民终字第27号，（2015）民申字第609号。

都市公安局采购了铁丝阻拦网（铁丝阻隔网）30个，并向青羊区分局调拨了3个。青羊区分局在四川省成都市天府广场使用了该产品。杨某主张成都市公安局与青羊区分局的行为侵犯其专利权。

一审法院及二审法院认为，成都市公安局、青羊区分局属于国家行政机关，其在辖区范围内使用被控产品，在于维护社会正常秩序及公共安全，即为了维护社会公众的共同利益，属于履行其行政职能，而非以生产经营为目的，故此种使用行为不属于专利法所述的"实施专利行为"。再审法院亦认为，第一，青羊区分局被诉的侵权产品来自成都市公安局的调拨行为，据此并不能认定成都市公安局具有销售行为。第二，成都市公安局、青羊区分局在辖区范围内使用被控侵权产品是为了维护公共安全，并非以生产经营为目的。

2. "李某诉拱北海关案" ❶

原告李某是三项方法专利的专利权人。三项施工方法专利分别是"土体支护及其施工方法""建筑物基坑边坡支护的施工方法"以及"挡土墙的成形方法"。被告拱北海关经政府有关机关批准开工建设"业务技术综合楼"，其委托深圳市勘察测绘院进行设计，由江苏公司施工承建。原告主张深圳市勘察测绘院设计的基坑支护设计方案侵犯了其专利权。

一审法院认为，国家批准拱北海关建设海关业务技术综合楼，目的是保障其更好地履行法定职责。拱北海关建设业务技术综合楼不是进行工农业生产和从事商业活动，拱北海关的行为没有生产经营目的。另外，拱北海关委托其他单位进行设计，并将设计的图纸交给施工单位施工，该行为不具有"实施专利行为"所具有的法律特征。二审法院认为，拱北海关无须承担专利侵权法律责任，是由于拱北海关在本案中不存在实施专利方法的侵权行为，并不取决于拱北海关作为国家行政机关的地位，也不取决于其行为不具备"以生产经营为目的"的要件。

---

❶ （2003）珠法民三初字第8号，（2004）粤高法民三终字第288号。

3．"巴楚县建设局案" ❶

原告燎原公司系"白玉兰"路灯外观设计的专利权人。被告巴楚县建设局将在巴楚县巴莎公路与光明北路上安装路灯的工程发包给恒源公司。后查明，是案外人金田私刻恒源公司公章后参与投标，恒源公司并非真正承包人。但金田所安装的"玉兰灯"系被告恒源公司生产制造并销售，并且所安装的"玉兰灯"侵犯了原告的专利权。

法院认为，被告巴楚县建设局虽然是侵权产品的使用者，但其系国家行政机关，其使用侵权产品并无生产经营的目的，故不构成侵权。

4．"三共株式会社诉万生公司案" ❷

三共株式会社系名称为"用于治疗或预防高血压症的药物组合物的制备方法"发明专利的专利权人。被告万生公司为在国家药监局申请新药注册，生产"奥美沙坦酯片"。"奥美沙坦酯片"的结构式与原告专利所涉及的产品结构式相同，二者属于相同产品，被告万生公司使用的方法与原告专利方法也基本相同。原告主张被告在申请新药注册和生产许可的过程中生产了大量"奥美沙坦酯片"产品，侵犯其专利权。

法院认为，涉案药品"奥美沙坦酯片"尚处于药品注册审批阶段，虽然被告万生公司为实现进行临床试验和申请生产许可的目的使用涉案专利方法制造了涉案药品，但其制造行为是为了满足国家相关部门对于药品注册行政审批的需要，以检验其生产的涉案药品的安全性和有效性。被告万生公司的制造涉案药品的行为并非直接以销售为目的，不属于《中华人民共和国专利法》所规定的为生产经营目的实施专利的行为，故认定被告万生公司的行为不构成对原告专利权的侵犯。

5．"伊莱利利公司诉甘李公司案" ❸

原告伊莱利利公司系名称为"含有胰岛素类似物的药物制剂的制备方法"发明专利的专利权人。被告甘李公司向中国药监局申报了"双时相重组赖脯胰岛素注射液75/25"药品的注册申请。原告主张被告的行为侵犯其专利权。

---

❶ （2006）宁民三初字第 125 号。

❷ （2006）二中民初字第04134号。

❸ （2005）二中民初字第6026号，（2007）高民终字第1844号。

法院认为，虽然被告甘李公司实施了临床试验和申请生产许可的行为，但其是为了满足国家相关部门对于药品注册行政审批的需要，以检验其生产的涉案药品的安全性和有效性。被告甘李公司制造涉案药品的行为并非直接以销售为目的，不属于《中华人民共和国专利法》所规定的为生产经营目的实施他人专利的行为。

二、中国司法案件经验总结

（一）司法经验

从上述的案例中可以发现，我国司法实践中认定被控行为构成"以生产经营为目的"的理由主要为被控行为具有商业性。"营利性质的企业在生产经营场所使用侵权产品、以营利为目的使侵权产品流入市场、被控侵权人获得经济利益"等理由的最终落脚点都可归结于"商业性"。司法实践中认定被控行为不构成"以生产经营为目的"的情形主要包括："国家行政机关为了维护社会公众利益使用侵权产品且未从中获利、为满足国家相关部门对药品注册行政审批的需要制造涉案药品"等情形。

另外，在司法实践中，判定被控侵权人的行为是否具有生产经营目的时，首先考虑的是被控侵权人的行为模式。对于销售行为，法院一般直接认定为具有生产经营目的，在判决中对"具有生产经营目的"的认定理由也不加以论述，如"曹某诉马某案"。❶ 对于制造行为，法院一般结合行为主体及行为目的进行综合考虑，常用的排除生产经营目的的理由是"为满足国家相关部门对药品注册行政审批的需要进行制造"，如"三共株式会社诉万生公司案"。❷ 对于使用行为，法院一般综合考虑行为主体、行为目的及是否获得经济利益。对于营利企业的使用行为，都统一认定为具有生产经营目的，如"吉祥大厦案"；❸ 对于国家行政

---

❶ （2015）鲁民三终字第144号。

❷ （2006）二中民初字第04134号。

❸ （2011）高民终字第1174号。

机关的使用行为，若其为公众利益加以使用，且未从中获得经济利益，则认定为不具有生产经营目的，如"杨某诉成都市公安局案"；❶ 若国家行政机关虽为公共利益而使用，但从中获得经济利益，具有商业性，则认定其具有生产经营目的，如"张某诉济宁交警支队案"。❷

（二）司法缺陷

通过对上述多个案例的实证研究可以发现，法院在判定被控行为人是否具有生产经营目的时仍然存在以下两个缺陷。

1. 经营行为与消费行为相混淆

消费行为的实质是索取，通过对产品的消耗实现该产品的利用价值，而经营行为的实质是交换，通过将产品进行交换以谋取经济利益。这二者本质上是不同的。但在判定是否具有生产经营目的时，法院总是将经营行为和消费行为混淆。例如，"艾克赛尔栅栏案"❸ 中企业厂区安装了侵犯他人专利的栅栏作为围护设施以及"吉祥大厦防火卷帘案"❹ 中大厦为防火灾在商场内安装了侵犯他人专利的防火卷帘，二者的行为都最终被认定为"经营行为"。只因这些行为的最终目的是企业的生产经营，为企业提供更强的市场竞争力，从而构成侵权。但实际上，企业安装栅栏将自身经营场所围护，与普通公民购买防盗铁窗用于房屋之上的行为本质完全一致，就是纯粹的消费行为，并不给企业带来任何额外的经济利益。司法实践中的这种观点会使经营行为和消费行为的界限变得愈发模糊：只要行为人是参与市场经济运作的经济主体，即使行为人是自然人如个体工商户业主，那么其一切行为都有可能被认定为是为其经营活动提供便利或帮助。长此以往，会形成对专利权的泛滥保护，造成专利侵权在社会生活中无孔不入的混乱现象。

2. 经营目的的判定标准模糊

司法实践中，并没有判定"经营目的"的明确具体的标准，从而

---

❶ （2014）川知民终字第27号，（2015）民申字第609号。

❷ （2002）济民三初字第39号。

❸ （2011）通中知民初字第0060号。

❹ （2011）高民终字第1174号。

导致出现了同案不同判的现象。比如，在"拱北海关案"❶中，法院认为，拱北海关在其业务技术综合楼中使用侵权设计，不是进行工农业生产和从事商业活动，其行为没有生产经营目的，不构成侵权。但在"盐田工程局案"❷中，法院认为，"为生产经营目的"不限于发明创造的实施与行为人的主营目的有直接关系，盐田工程局作为涉案工程的建设单位，涉案工程使用了被诉侵权产品，其使用性质为商业使用，构成侵权。二者同为国家行政机关，案情基本相似，但判决截然不同。由此可见，现行司法实践中，认定"为生产经营目的"的标准尚不明确，从而产生一些难以解决的问题。

三、国外司法实践

国外虽未将"为生产经营目的"作为专利侵权的构成要件之一，但也并不是所有未经专利权人许可实施专利的行为都构成侵权，大部分国家都有类似于"为生产经营目的"的规定，以对专利权予以限制。比如，美国的"政府豁免"制度（Governmental Immunity）以及英国的"王室使用"制度（Crown Use）。

（一）美国"政府豁免"制度

在Zoltek Corp. v. United States 案❸中，Zoltek诉称，美国空军在为B-2轰炸机和F-22战斗机生产碳纤维板材的过程中侵犯其享有的专利权。美国政府则向法院申请了部分即决判决，主张美国法典28 §1498（C）给予了政府豁免权，其可以免于受到专利侵权的责任追究。❹ 在Iris Corp. v. Japan Airlines Corp 案❺中，原告IRIS公司享有一项名称为"制作高级安检装置的方法，包括非接触式信息输入部件"的专利的专

---

❶ （2004）粤高法民三终字第288号。

❷ （2014）粤高法民三终字第581号。

❸ Zoltek Corp. v. U.S.，672 F.3d 1309（2012）.

❹ 最终法院并未支持美国政府的主张，是因为被告部分方法专利步骤发生在美国以外，不构成直接侵权。

❺ Iris Corp. v. Japan Airlines Corp.，United States Court of Appeals，Federal Circuit，No. 2010-1051 Case Date 21 October 2014.

利权。IRIS诉称，被告日本航空集团公司（JAL）在美国的一些检查护照、为乘客办理登机手续的设施侵犯其专利权。JAL认为，是联邦法律要求其检查护照，其已获美国政府的准许，IRIS应根据28 U.S.C. 1498（a）❶的规定，向美国政府主张救济。地方法院认为，美国政府已明确授权（或同意）JAL的涉嫌侵权活动，且JAL的检查护照的举措有利于加强美国边界安全、有利于加强政府对进出人口的监控，使美国从中获益，因此，根据28 U.S.C. 1498（a）的规定，驳回原告的诉讼。IRIS的唯一补救措施是向美国政府主张经济赔偿。美国上诉法院认可原审观点，支持了原判决。

（二）英国"王室使用"制度

在Dory v. Sheffield Health Authority案❷中，原告Dory主张，其享有治疗肾结石的碎石机的专利权，根据1977年国家卫生服务法案的规定被告谢菲尔德卫生局侵犯其专利权。被告谢菲尔德卫生局认为，其利用该机器的行为是1977年《英国专利法》第55条中所允许的为王室服务而使用专利产品的行为。最终，法院认可了被告的主张，依据《英国专利法》第55条的规定："任何政府部门和政府部门以书面形式授权的任何人为了王国的工作需要，并按照本条可在联合王国对一项专利发明采取任何如下行为，毋须取得专利权人的同意，即……"❸驳回原告的诉讼请求。

---

❶　美国（the United States）在未经权利人许可而使用或制造美国专利，或者为了美国的利益而使用或制造美国专利的情况下，权利人为了获得合理、全部的赔偿，可以在联邦法院向美国政府提起的诉讼中要求获得救济。28 U.S.C. § 1498（a）："Whenever an invention described in and covered by a patent of the United States is used or manufactured by or for the United States without license of the owner thereof or lawful right to use or manufacture the same， the owner's remedy shall be by action against the United States in the United States Court of Federal Claims for the recovery of his reasonable and entire compensation for such use and manufacture."

❷　Dory v. Sheffield HA，［1991］F.S.R. 221（1988）。

❸　《英国专利法》（1977）第55条第1款， "Notwithstanding anything in this Act， any government department and any person authorized in writing by a government department may， for the services of the Crown and in accordance with this section， do any of the following acts in the United Kingdom in relation to a patented invention without the consent of the proprietor of the patent， that is to say..."

四、中外案例比较分析

国外未将"以生产经营为目的"作为判断专利侵权的构成要件，而是规定了与之有些类似的特殊豁免情形。在司法实践中比较容易确定被控侵权人的行为性质，不存在判定标准模糊的问题。比如，美国的"政府豁免"制度与英国的"王室使用"制度，都对为政府利益的实施专利行为予以一定程度的豁免。但两国制度之间也有区别，英国政府根据"王室使用"条款实施专利的行为不构成专利侵权，而美国政府依据"政府豁免"条款实施专利的行为构成专利侵权，只不过对该侵权行为的救济方式只限于经济赔偿。

另外，美国在Whittemore v. Cutter案❶ 中，首次提出实验实施免责的概念。在"Jones v. Pearce"❷ 案之后，确定"出于满足自身的求知、好奇心以及娱乐的目的使用"属于实验性使用，免于承担专利侵权的责任。其"实验性使用"条款与我国《专利法》第69条第4款规定的"专为科学研究和实验而使用有关专利的"情形类似，都将"实验性使用行为"不视为侵权专利权。但美国的"实验性使用"条款采取的是严格狭隘的解释，法官严格适用纯粹以娱乐、好奇、理论探究为目的的实验例外原则，只要使用专利的行为有商业意图，就排除该原则的适用，❸ 如Madey v. Duke大学案。❹ 再者，美国的"实验性使用"条款与"政府豁免"条款在美国法上是并列存在的关系；而在我国关于"以生产经营为目的"的广义说中，"非生产经营目的"抗辩与《专利法》第69条的特殊抗辩，二者包含关系。

---

❶ Whittemore v. Cutter 29 Fed.Cas. 1120, 1121, （C.C.D.Mass.1813）.
❷ Jones v. Pearce, Webster'Ss Patent Cass 122（K.B.1832）.
❸ 范晓波、孟凡星："专利实验使用侵权例外研究"，载《知识产权》2011年第2期。
❹ 266F.Supp 2d 420, 428.

专利侵权案件中生产经营目的的认定和相关系列案例研究文献综述

■ 阮琛莹 李淑惠

　　指导老师：郭鹏鹏

　　【摘要】发明和实用新型专利被授权后，在未经专利权人许可的情况下，为生产经营目的的使用行为构成侵权。然而由于我国相关立法未正面定义"为生产经营目的"这一概念，仅从反向解释为"为私人目的使用的不属于生产经营目的"，而为"为私人目的的使用"实际上也并不明确。这就直接导致司法实务中法官在判定何为"生产经营目的"时没有可遵循的普遍适用原则，在界定何为"生产经营目的"时引发诸多争议。在《最高人民法院关于审理侵犯专利权纠纷案件应用法律若干问题的解释（二）》颁布之前，有关起草部门曾意图对生产经营目的进行正面定义然而未能实现。本文将通过对现存判决中存在的争议以文献综述和案例综述的形式分别介绍理论界和实务界对生产经营目的的认定方式，以期对"生产经营目的"的认定提出一些合理建议。

　　在文献综述中，第一部分论述国内外对生产经营目的的立法情况；第二部分介绍国内外理论界对生产经营目的的正面认定和反向解释；第三部分对比我国"非生产经营目的"抗辩的广义说和狭义说，以及国外现存的对"生产经营"目的的抗辩制度和豁免制度；第四部分列举目前实务中在生产经营目的认定中存在的焦点并加以分析；第五部分提出总结和建议。

一、生产经营目的之概念

（一）研究意义

《专利法》第11条规定："发明和实用新型专利权被授予后，除另有规定的以外，任何单位或者个人未经专利权人许可，都不得实施其专利，即不得为生产经营目的制造、使用、许诺销售、销售、进口其专利产品，或者使用其专利方法以及使用、许诺销售、销售、进口依照该专利方法直接获得的产品。"从这项条款中，可以发现专利法禁止的是未经专利权人许可且以生产经营为目的的使用行为。然而，何为生产经营目的？上述条文看似清晰实则模糊，其并未明确阐述生产经营目的的概念以及界定生产经营目的的相关方法，这直接导致司法实务中法官对判定为生产经营目的没有普遍的适用原则，继而引发一个现象，即不同法官依据自由裁量权在判定同一类型案件中得出前后矛盾的判决结果，招致诸多争议。这对相关的审判实务工作造成一定的压力，也容易致使部分侵权人落为漏网之鱼。因此，对于合理认定专利侵权案件中的为生产经营目的具有重要意义。

（二）生产经营目的之法律概念

1. 我国相关法律对生产经营目的的解释

我国《专利法》仅在第11条❶和第70条❷提及"为生产经营目的"这一概念，但上述条文均未给出对其明确的定义。同时《专利法实施细则》以及相关司法解释也未对此作出明确的解释。只有最高人民法院《关于审理专利侵权纠纷案件若干问题的规定》❸以及《关于处理专利

---

❶　《专利法》第11条规定："发明和实用新型专利权被授予后，除另有规定的以外，任何单位或者个人未经专利权人许可，都不得实施其专利，即不得为生产经营目的制造、使用、许诺销售、销售、进口其专利产品，或者使用其专利方法以及使用、许诺销售、销售、进口依照该专利方法直接获得的产品。"

❷　《专利法》第70条规定："为生产经营目的使用、许诺销售或者销售不知道是未经专利权人许可而制造并售出的专利侵权产品，能证明该产品合法来源的，不承担赔偿责任。"

❸　《关于审理专利侵权纠纷案件若干问题的规定（会议讨论稿2003.10.27～2003.10.29）》第26条第1款，《专利法》第11条和第63条第2款所称'为生产经营目的'，是指为工农业生产或者商业经营等目的，不限于以营利为目的，但不包括个人使用或者消费目的。"

侵权纠纷案件有关问题解决方案草稿》❶ 对"为生产经营目的"有所涉及，其给出的解释是，"为工农业生产或者商业经营等目的，不限于以营利为目的"。由此可见，我国目前对于定义生产经营目的的立法存在严重缺失。

2. 国外相关法律对生产经营目的的定义

全世界大部分国家的专利法中都有类似于为"生产经营目的"的规定。各国大多从反向定义的方式限制"为生产经营目的"的范围。例如《德国专利法》第11条❷、《法国知识产权法典》第L.613-5条、《英国专利法》第60条第5款均规定，专利权的效力不及于"以私人方式和为非商业目的而进行的行为"，《欧共体专利公约》第27条第（a）项也作了同样的规定。❸ 从中可以总结出，在欧洲国家为了不落入"为生产经营目的"的侵权使用行为必须满足两个条件，第一是以私人方式进行；第二是属于非商业目的。这二者之间是"和"的关系，而不是"或"的关系，必须同时满足，不符合其中任何一项条件都不能豁免行为人侵犯专利权的责任。

除此之外，《日本专利法》第68条表述与我国比较接近，规定构成专利侵权必须以实施专利"为业"，❹ 即"以营业方式实施专利"。日本国内的通说认为，作如此规定是为了将个人性质或家庭范围内实施专利排除在专利侵权范围之外。

综上所述，虽然各国的专利法表述略有差别，但主要都是将个人实施而且是非商业目的的专利排除在专利侵权之外。

---

❶　《关于处理专利侵权纠纷案件有关问题解决方案草稿（征求意见稿 2003.7.9）》第 58 条第 1 款，《专利法》第11条和第63条第2款所称为生产经营目的，是指为工农业生产或者商业经营等目的，不限于以营利为目的，但不包括个人消费目的。

❷　《德国专利法》（1998）第11条："The effects of patent shall not extend to: 1，acts done privately and for non-commercial purpose; 2，acts done for experimental purpose relating to the subject-matter of the patented invention..."

❸　《欧共体专利公约》第27条第（a）项："The rights conferred by a Community patent shall not extend to acts done privately and for non-commercial purposes."

❹　《日本专利法》（2005）第68条的表述是："特許権者は、業として特許発明の実施をする権利を専有する。ただし、その特許権について専用実施権を設定したときは、専用実施権者がその特許発明の実施をする権利を専有する範囲については、この限りでない。"

二、对生产经营目的之认定

如前所述，鉴于我国相关法律条文对于生产经营目的这一概念存在着缺失，因此，目前我国现有的对生产经营目的的解释多源于审判相关案件的法官和法学学者。

（一）我国对生产经营目的之理论解释和认定

我国的法官和学者对于生产经营目的的认定多效仿他国专利法的反向定义法，而对于为生产经营目的进行正面定性的学者屈指可数。

1. 正面认定生产经营目的

国家知识产权局条法司主编的《新专利法详解》一书中如是描述："所谓以生产经营为目的，是指以工农业生产和商业经营为目的，其范围十分广泛。为生产经营目的不能被理解为以盈利为目的，后者的范围要狭隘得多，对专利权的保护不应施加如此严格的限制。"❶ 该书又进一步阐述判断为生产经营目的的方法，即"某一行为是否属于为生产经营目的而进行的，通常可从三个角度进行判断：一是行为方式，二是行为主体，三是行为的性质和范围"。具体分析而言，首先，从行为方式上看，许诺销售和销售行为无论其行为主体是单位抑或个人，一般都具有为生产经营目的的性质；而对于制造、使用和进口行为，则既可能是具有生产经营目的的行为，又可能是不具有生产经营目的的行为。其次需要通过考虑行为主体方面，例如企业和营利性单位的行为一般都具有为生产经营目的的性质；而国家机关、非营利性单位、社会团体的行为一般不具有为生产经营目的的性质。最后，有关行为的性质和范围则需要根据行为的实际情况作出具体判断。姜丹明在其主编的《知识产权法精要与依据指引》中亦赞成上述观点。❷

汤宗舜早前曾在《专利法解说》一书中将生产和经营拆分开来解释。他指出，"生产，是指工农业生产。经营，是指商业、服务业，也包括一些事业的经营，有以营利为目的的，也有不以营利为目的的，如

---

❶ 国家知识产权局条法司主编：《新专利法详解》，知识产权出版社2001年版，第65页。

❷ 姜丹明主编：《知识产权法精要与依据指引》，人民出版社2005年版，第146页。

环境保护、气象预报、道路和航道的维护等"。● 这是大部分专利法教材中出现的普遍解释。其后他又在所著的《专利法教程》中进一步解释将"为生产经营目的"扩大到非经营目的是有利于保护专利权人。以挤占专利产品市场为标准判断是否是"为生产经营目的",较仅限于营利目的判断标准更具有合理性。❷

2. 反向解释非生产经营目的

尹新天在其所著的《专利法详解》中指出正面穷举哪些类型的行为具有"为生产经营目的"十分困难,与其正面地阐述它包括什么,不如反过来讨论它不包括什么。他以《欧共体专利公约》中"以私人方式且非商业目的实施专利"的例外条款为依据,试图从反面解释何种行为不是"为生产经营目的"。他认为有两种较为典型的"非生产经营目的"的使用行为:第一种是以私人方式进行的实施专利的行为;第二种是政府机关、社会团体和其他组织在公共服务、公益事业、慈善事业中实施专利的行为。❸ 这是学界的主流观点。

高山行在《知识产权理论与实务》中指出,"非为生产经营目的的利用,主要指在非商业性的科学研究、教学中或个人有限的对专利技术的利用,不视为侵犯专利权,无须得到专利权人的许可"。❹ 他认为《专利法》第69条所规定的行为,不视为侵犯专利权,之所以规定这一合理使用的范围,目的是促进科学技术的发展,增进公共利益。

(二)国外对生产经营目的的理论解释

国外学者基于各国的专利法,普遍将"以私人方式且非商业目的实施专利"以及"专为科研、实验使用专利"排除于生产经营目的之外,并进一步对"私人方式""非商业目的"和"实验性使用"进行细化解释,同样也是从反向定义居多。仅查询到日本学者对生产经营目的进行了正面阐述。

---

❶ 汤宗舜:《专利法解说》,知识产权出版社2002年版,第72页。
❷ 汤宗舜:《专利法教程》,法律出版社2003年版,第166页。
❸ 尹新天:《专利法详解》,知识产权出版社2011年版,第125~128页。
❹ 高山行:《知识产权理论与实务》,西安交通大学出版社2014年第2版,第67页。

1. 正面认定生产经营目的

纹谷畅男在其著作的《专利法50讲》中对《日本专利法》第68条中的"为业"进行解释，他认为"为业"其目的不一定必须为营利，其行为也不一定必须具有反复可能性。加上"为业"这一限定的目的是将个人性的、家庭内的实施从专利权的效力中排出，因此，这里讲的"为业"，指上述情况以外的情况。❶ 另一日本学者川口广谷（Hiroya Kawaguchi）也认为，法律本身并未对"为业"定义，但在实践中，对此术语的解释非常宽泛，以致只能排除个人行为。❷

2. 反向解释非生产经营目的

在《特雷尔谈专利法》（*Terrell on the Law of Patents*）一书中，"act done privately"指以私人方式（非公开、公共方式）实施专利，"non-commercial"可以解释为非营利目的。两者以"且"连接，含义非常明确。按照这样的规定，政府机关、大学、科研机构等主体即使不是出于营利目的，在未经许可实施专利也是构成侵权的，因为他们不是以私人方式的。❸

马克·戴维森（Mark J. Davison）等所著的《澳大利亚知识产权法》（*Australian Intellectual Property Law*）一书比较详细地介绍了"个人使用"（Private Act）的理论基础，即"No-harm"（或称"Injurious"）理论。西方理论界普遍接受的"No-harm"理论认为，最初授予发明人以垄断权是作为促进贸易与商业发展的一项例外。❹ 马克·戴维森认为专利权本质上是排他权，属于消极权利，是为了加强商业贸易并克服普通法上的限制而被批准的一项例外。所以专利权不像物权，其界限是受到严格限制的。只有在他人的行为"损害"到专利权人时，才能被认定为侵权。至于什么情况才能构成"损害"，该书指出，

---

❶ ［日］纹谷畅男著，魏启学译：《专利法50讲》，法律出版社1984年版，第168页。

❷ Hiroya Kawaguchi, *The Essential of Japanese Patent Law*, Kluwer Law International, 2006, p.61.

❸ Richard Miller, Richard Miller, QC; Guy Burkill, QC; His Honour Judge Birss, QC; Douglas Campbell, Sweet & Maxwell, 17th Revised edition（December 1, 2010）.

❹ Mark J. Davison, Ann L. Monotti, Leanne Wiseman, *Australian Intellectual Property Law*, Cambridge University Press, 2008, p.541.

在商业领域实施专利都是有"损害"的。专利侵权只有未经许可的第三人在商业领域内实施专利的行为构成对专利权人实施专利权的干扰，阻碍了专利权人享有本应从专利权的实施中取得利益的情况下才能成立。换句话说，专利权人只能排除他人实施的"损害专利权人"的行为，任何以"私人方式"和"非商业目的"实施专利并非在市场上使用发明，不会对专利权人造成损害，因而这类行为被排除在专利权范围之外。

同样的理论在丽贝卡·艾森伯格（Rebecca S. Eisenberg）的《专利与科技进步：专有权与实验性使用》（*Patent And The Progress of Science: Exclusive Rights and Experimental Use*）一文中也有介绍，"如果专利权人可能从他人实施专利的行为中获取报酬，则他人的行为对专利权就是有损害的"。❶

三、"非生产经营目的"抗辩

我国将以生产经营为目的作为侵权构成要件的立法目的在于，由于以生产经营为目的的专利实施行为会侵占本来属于专利权人的市场份额，从而给专利权人带来实质上的损害，因此专利法需要保护专利权人对其发明创造在产业上的应用所获得的经济利益。❷ 但是如果行为不以生产经营为目的，其对专利权人的产业利益就几乎无影响，自然没有加以禁止的必要，例如私人方式且非商业性目的的使用行为，以及政府机关、社会团体和公益组织等出于对国家政策和公共利益的考量而未经权利人许可以生产经营目的使用侵权产品的行为。上述行为都构成"非生产经营目的"抗辩。

（一）我国"非生产经营目的"抗辩

我国"非生产经营目的"抗辩存在广义说和狭义说。狭义说认为，"非生产经营目的"抗辩仅将私人目的且非商业性的使用排除在生产经

---

❶ Rebecca S Eisenberg， Patents and the Progress of Science: Exclusive Rights and Experimental Use，*Intellectual Property Rights: Critical Concepts in Law*，Vol. 3， 2006.

❷ 张耕：《知识产权民事诉讼研究》，《知识产权法：法律中的关键概念》法律出版社2004年版，第504页。

营目的之外，而广义说认为除了个人非商业性使用之外，《专利法》第69条❶中规定的5种行为亦不视为侵权，可以构成"非生产经营目的"抗辩。

1. 狭义说

尹新天在《专利法详解》一书中赞成狭义说。他认为狭义上，"非生产经营目的"抗辩主要有两种，第一种是以私人方式且非商业目的进行的实施专利的行为。第二种是政府机关、社会团体和其他组织在公共服务、公益事业、慈善事业中实施专利的行为。可见，他理解的"非生产经营目的"抗辩和《专利法》第69条的特殊抗辩之间是两种不同类型的抗辩。

祝建军认为"《专利法》第69条第（4）项规定专为科学研究和实验而使用有关专利的不视为侵犯专利权，该行为之所以不视为侵犯专利权，并非出于该行为不是为了生产经营目的的缘故，而是因为该行为是针对获得专利技术本身进行科学研究和实验，从而判断专利技术是否可行或确定实施专利技术的最佳方案等。上述制度与第11条是完全不同的制度，各自调整不同的对象范围"。❷

（1）以私人方式且非商业目的进行的实施专利的行为。

例如，一项涉及某种家具的专利权被批准之后，某人按照专利说明书及其附图的记载，自己制作这种家具供其家庭使用，可以认为该行为不是为商业目的，是以私人方式进行的，因而不构成侵犯该专利权的

---

❶ 《专利法》第69条 有下列情形之一的，不视为侵犯专利权：

（一）专利产品或者依照专利方法直接获得的产品，由专利权人或者经其许可的单位、个人售出后，使用、许诺销售、销售、进口该产品的；

（二）在专利申请日前已经制造相同产品、使用相同方法或者已经作好制造、使用的必要准备，并且仅在原有范围内继续制造、使用的；

（三）临时通过中国领陆、领水、领空的外国运输工具，依照其所属国同中国签订的协议或者共同参加的国际条约，或者依照互惠原则，为运输工具自身需要而在其装置和设备中使用有关专利的；

（四）专为科学研究和实验而使用有关专利的；

（五）为提供行政审批所需要的信息，制造、使用、进口专利药品或者专利医疗器械的，以及专门为其制造、进口专利药品或者专利医疗器械的。

❷ 祝建军："专利纠纷中'非生产经营目的'免责抗辩成立的条件"，载《人民法院报》2014年7月23日第007版。

行为。❶

又如病人为了治病而服用某种专利药品，从专利法的意义上说，就是使用专利产品的行为。然而，即使该药品的制造、销售未经专利权人许可，使用该药品的人也不应当承担侵犯专利权的责任，因为服用者的目的绝非"生产经营目的"。世界上没有任何国家会认为个人服用专利产品的行为构成侵犯专利权。❷

（2）政府机关、社会团体和其他公益组织为了公共利益实施其专利的行为。

自2016年4月1日开始施行的《最高人民法院关于审理侵犯专利权纠纷案件应用法律若干问题的解释（二）》中第26条规定，"被告构成对专利权的侵犯，权利人请求判令其停止侵权行为的，人民法院应予支持，但基于国家利益、公共利益的考量，人民法院可以不判令被告停止被诉行为，而判令其支付相应的合理费用。"这条司法解释将政府机关、社会团体和公益组织为了国家和公共利益使用专利产品的行为排除于生产经营目的之外。

其实，在我国法律实践中早就有这样一种观点，认为为公益事业实施专利或者被控侵权人是政府机关是不可能构成"为生产经营目的"。❸政府部门作为非营利机构是社会的管理者，代表着公共利益，其宗旨是促进整个社会的福祉。政府基于公共利益的考虑而实施专利是个特殊的问题。"专利法的立法目的在于通过保护专利权促进科学技术的进步，一方面，如果过分强调专利权的保护，政府必须在得到专利权人的授权后才能实施其专利，可能会侵害到社会公众的利益；另一方面，如果政府可以未经专利权人的许可任意实施其专利，甚至不需要支付经济赔偿，这无疑是侵犯了专利权人的权利"。❹

---

❶ 尹新天：《专利法详解》，知识产权出版社2011年版，第126页。

❷ 同上书，第127页。

❸ （2005）昆民六初字第25号、（2006）宁民三初字第125号、（2006）沪二中民五（知）初字第186号。

❹ 赵成鉴：《专利法中"为生产经营目的"的认定——基于我国审判实践的实证研究》，华东政法大学2011年硕士学位论文。

典型案例如杨某与成都市公安局、成都市公安局青羊区分局侵害实用新型专利权纠纷案❶、史某与滨州市滨城区建设局、山东三晶照明科技有限公司侵犯外观设计专利权纠纷案❷、宁波燎原工业股份有限公司诉扬州宝德照明器材有限公司等侵犯专利权纠纷案等。❸

2. 广义说

广义说认为"非生产经营目的"抗辩与《专利法》第69条的特殊抗辩是包含的关系。

程永顺法官的《中国专利诉讼》在专利诉讼实务界颇具影响力。该书认为，"专为科学研究和实验而使用有关专利的"就等于非"为生产经营目的"，理由是，为科研、实验使用是非营利性的。❹其中蕴含的观点是将"为生产经营目的"与营利目的画上了等号，认为为科研、实验使用属于非生产经营目的，属于广义说。

高山行编著的《知识产权理论与实务》一书指出"非为生产经营目的的利用，主要指在非商业性的科学研究、教学中或个人有限的对专利技术的利用，不视为侵犯专利权，无须得到专利权人的许可"。❺他以《专利法》第69条第（4）项专为科学研究和实验而使用有关专利的行为不视为侵犯专利权为例，阐述之所以规定这一合理使用的范围，目的是促进科学技术的发展、增进公共利益。具体分析而言，科学研究和实验目的的利用，是为了考察取得专利的发明创造有无技术效果或者经济效果，或者是为了在该发明创造的基础上进一步作出新的改进，这种利用有助于推动技术进步。科技史上有不少影响巨大的发明，正是在原有技术上进一步研究的成果。而教育目的的利用是为了培养新一代技术人员，亦是为了公共的利益。至于个人或者家庭的利用，无损于专利权人的利益，也就无须经过专利权人的许可。由此可见，他将《专利法》第69条纳入了对非生产经营目的之抗辩的范围中。

---

❶ （2014）川知民终字第27号、（2015）民申字第609号。

❷ （2014）济民三初字第25号。

❸ （2006）宁民三初字第125号。

❹ 程永顺：《中国专利诉讼》，知识产权出版社2005年版，第225页。

❺ 高山行：《知识产权理论与实务》，西安交通大学出版社2014年版，第67页。

郑成思在《知识产权法教程》中指明："这里所说的为科学研究和实验而使用专利，是指非工业方式的使用或非营利目的的使用。其中还可能包括为了教学的目的以及为了个人和家庭的兴趣而利用了具有专利权的发明创造等。这种利用，无非是为了发展科学技术，教育培养人才，对发展公共利益有利，又不损害专利权人的利益。因此，这种不是为了生产经营目的而利用专利产品或方法，不应视为侵犯专利权。"❶

（二）国外对"生产经营目的"之豁免制度

国外的相关立法亦对生产经营目的有所豁免，除了与我国相同的认定个人方式且非商业性目的的使用专利产品构成侵权的例外，国外对于政府机关未经权利人许可使用专利产品的行为专门规定了豁免制度，如美国的"政府豁免"制度（Governmental Immunity）和英国的"王室使用"制度（Crown Use）。

1. 美国的"政府豁免"制度

"政府豁免"制度规定在《美国法典》第28编第1498条之下。❷ 其主要内容是，美国在未经权利人许可而使用或制造美国专利，或者为了美国的利益而使用或制造美国专利的情况下，权利人为了获得合理、全部的赔偿，可以在联邦法院向美国政府提起的诉讼中要求获得救济。❸第 1498 条下的"政府豁免"制度具有两个特征：（1）美国未经许可实施专利构成专利侵权；（2）对美国提起的专利侵权诉讼的救济方式只局限在经济赔偿，不包括颁发禁令。

由于主权豁免原则的庇佑，政府得以免于专利侵权的责任追究，只需承担经济赔偿责任。《美国法典》第28编第1498条的存在被视为政府放弃了就专利直接侵权的主权豁免。政府"侵犯"专利权被认为是对非

---

❶ 郑成思：《知识产权法教程》，法律出版社1993年版，第212页。

❷ 28 U.S.C. § 1498（a）："Whenever an invention described in and covered by a patent of the United States is used or manufactured by or for the United States without license of the owner thereof or lawful right to use or manufacture the same, the owner's remedy shall be by action against the United States in the United States Court of Federal Claims for the recovery of his reasonable and entire compensation for such use and manufacture."

❸ F. Scott Kieff, Pauline Newman, Herbert F. Schwartz, Henry Smith, *Principles of Patent Law*, Foundation Press, 2008, 4th edition, p.1286.

排他性许可权的"征用"（Taking），美国不承担专利教唆侵权或帮助侵权的责任。 ❶

2. 英国的"王室使用"制度

英国及英联邦国家的专利法都有关于"王室使用"的规定，即为王国服务的专利发明使用不构成侵权。例如《英国专利法》第55条规定，"任何政府部门和政府部门以书面形式授权的任何人为了王国的工作需要，并按照本条可在联合王国对一项专利发明采取任何如下行为，毋须取得专利权人的同意，即……" ❷

科恩尼克（W.R. Cornish）和大卫·莱维林（David Llewelyn）认为"王室使用"制度使得英国政府获得了专利权人的排他权的特别豁免。政府在特定情况下，例如国家安全、公共卫生等涉及重大公共利益无须获得实施专利的许可，而只有支付赔偿的义务。 ❸

"王室使用"与"政府豁免"最大的不同在于，政府根据"王室使用"条款实施专利的行为不构成专利侵权。而美国政府依据"政府豁免"条款的行为则构成专利侵权，只不过对该侵权行为的救济方式上只限于经济赔偿而已。总的来说，"王室使用"与"政府豁免"的制度目的是基本一致的。

（三）国外对"生产经营目的"之抗辩制度

除豁免制度之外，许多国家将为科研、实验目的的使用行为排除于生产经营目的之外。"实验性使用"（Experimental Use）的规定仍然是立足于"非侵害"（No-harm）理论。丽贝卡·艾森伯格认为使用专利进行单纯的学术研究，在没有商业因素的情况下对专利权人因专利获得经

---

❶ Peter D. Rosenberg, *Patent Law Fundamentals*, Clerk Boardman Company, 1984, 2nd edition, p.12-32~12-33.

❷ 《英国专利法》（1977）第55条第1款， "Notwithstanding anything in this Act, any government department and any person authorized in writing by a government department may, for the services of the Crown and in accordance with this section, do any of the following acts in the United Kingdom in relation to a patented invention without the consent of the proprietor of the patent, that is to say..."

❸ W.R. Cornish, David Llewelyn, *Intellectual Property: Patents, Copyrights, Trademarks and Allied Rights*, Sweet & Maxwell, 5th Revised edition, 2003, p.302.

济利益几乎没有影响。❶

1. 美国的"实验性使用"制度

美国的判例中对"实验性使用"的解释相当狭窄。在Whittemore v. Cutter一案中，法官认为，"实验性使用具有其传统的限制，除非行为人出于满足自身的求知、好奇心以及娱乐的目的使用专利才能使其免于承担专利侵权的责任"。❷ 随后，在Sawin v. Guild案中，该法官针对实验使用作进一步阐述。他认为，判断对享有专利权保护的制造、使用或出售行为是否构成专利侵权必须满足行为人必须以营利为目的的条件。❸ 按照这样的解释，被控侵权人很难依实验性使用抗辩成功，特别是公司这样一个商业实体作为被告以此抗辩基本都会被法院拒绝。

2. 英国的"实验性使用"制度

《英国专利法》第60条第5款（b）项规定了"实验性使用"制度，对于与发明内容有关的实验行为，不视为侵犯专利权。英国法院对"实验性使用制度"适用的条件作了较为宽松的解释，并且认为虽然非商业研究最终都要应用到实践，即进行商业化生产，但是在符合某些要求的条件下，这些研究行为可以适用实验例外原则，不构成专利侵权。而法院认为，使用他人专利技术测试或证明其他产品或方法的行为，不适用实验例外原则，因为这些行为与专利发明本身并无关系。❹ 另外，《英国专利法》在第60条第5款（a）项规定了"非以营利为目的"的私人使用行为不侵犯专利权。❺

---

❶ Rebecca S Eisenberg， Patents and the Progress of Science: Exclusive Rights and Experimental Use， *Intellectual Property Rights: Critical Concepts in Law*， Vol. 3， 2006.

❷ Whittemore v. Cutter 29 Fed.Cas. 1120， 1121， （C.C.D.Mass.1813）.

"Experimental use" has its traditional limits that is infringement will be established unless the actor's done is just for the purpose of "gratifying a philosophical taste， or curiosity， or for mere amusement".

❸ Sawin v. Guild 21 F.Cas. 554 （C.C.D. Mass. 1813） （No. 12， 391）.

❹ 范晓波、孟凡星："专利实验使用侵权例外研究"，载《知识产权》2011年第2期。

❺ 《英国专利法》第60条第5款（a）项与（b）项的规定："（5）An act which， apart from this subjection， would constitute an infringement of a patent for an invention shall not do so if （a）It is done privately and for purposes which are not commercial;（b） It is done for experimental purposes relating to the subject-matter of the invention."

四、在认定生产经营目的中存在的争议焦点

（一）单位可否提出非生产经营目的之抗辩

目前，自然人有权提出非生产经营目的免责抗辩这一结论已形成共识，但自然人以外的单位能否成为非生产经营目的免责抗辩的主体，还存在较大争议。这是因为，自然人的非生产经营目的比较容易识别，而单位非生产经营目的则相对比较难把握。

祝建军认为回答上述问题应该回归专利法的宗旨。他指出"专利法的宗旨是专利保护既要有助于技术创新与传播，又要使专利技术的创造者与使用者相互受益并以增进社会福利的方式，实现各方权利与义务的平衡。因此，为促进社会公益事业并避免不合理地限制专利权人的利益，单位主张非生产经营目的免责抗辩，应被限定在非常小的范围内，即未经许可制造、使用、进口他人的专利产品（包括专利方法），应仅限于纯粹为公共服务、公益事业和慈善事业等，且不能从中直接或间接获得任何经济利益"。❶

（二）企业自用行为是否必然构成生产经营目的

企业购买了侵犯他人专利的饮水机用于员工的日常所需的行为是否必然构成侵权在实务界尚存争议。因为实践中大多认为，此类企业自用行为是在为整个企业的运作提供优质的工作环境，是保障工作安全、提高工作效率的辅助手段，最终是为了企业的生产经营，加强企业市场竞争力，因而此类行为构成对他人专利权的侵犯。

毛荔萍和刘颖江在《"为生产经营目的"之认定》一文中针对"艾克赛尔栅栏案"❷否定了上述逻辑，"企业在正常运作中从事的行为与生产经营目的有着太多的联系，可以说企业的所有行为究其最终目的，都是围绕于企业的生产经营而服务。这样的观点会使经营行为和消费行为的界限变得愈发模糊：只要行为人是参与市场经济运作的经济主体，

---

❶ 祝建军："专利纠纷中'非生产经营目的'免责抗辩成立的条件"，载《人民法院报》2014年7月23日第007版。

❷ （2011）通中知民初字第0060号。

即使行为人是自然人如个体工商户业主，那么其一切行为都有可能被认定为是为其经营活动提供便利或帮助。按照如此思维不难推出如果购买侵犯他人外观设计专利权的时钟挂设于经营场所，会被认为是用于提醒经营者从事一定经营行为的时间点如赴约商谈业务，亦免除不了被指控为服务于生产经营的目的；企业员工自己购买消费品是为了提高生活质量，进而为了提高工作热情，最终还是服务于某企业的生产经营。长此以往，会形成对专利权的泛滥保护在社会生活中无孔不入的混乱景象"。❶ 因此，作者建议严格区分经济主体的经营行为和消费行为。企业自用侵权产品的行为，若实质为该企业的消费行为，则该企业不应承担侵权责任。

（三）善意使用人是否仍需停止使用

《专利法》第70条规定，使用者、许诺销售者、销售者合法来源抗辩成立时，免除其赔偿责任。在《最高人民法院关于审理侵犯专利权纠纷案件应用法律若干问题的解释（二）》（以下简称《解释（二）》）颁布之前，上述条文最大的争议在于，善意的使用者在证明合法来源且已支付合理对价的情况下是否还应停止使用。实践中，侵权产品的使用者通常不知道也不应当知道其购买的是侵权产品，因使用者在侵权行为链条的末端，容易被权利人发现，故权利人往往选择起诉使用者，致使善意使用者的利益受到损害。

韩赤风和刘庆辉曾在《非法使用专利产品之责任形式检讨》一文中指出"在经营者善意购买并使用侵权产品，形成了生产秩序之后，如果责令其停止使用，既会冲击其生产秩序，影响经济效益，又会造成侵权产品浪费的问题，整个侵权事件处理的成本提高。为了降低侵权事故成本，实现良好的经济效益，理想的做法是对专利权人进行充分的经济赔偿，同时不停止使用行为。再者，专利权人获得了经济赔偿后还要求使用人停止使用行为，使用人为此不得不再次支付价钱购买专利权人的产品，这相当于专利权人在这个专利产品上获得两份收益，这是不公平

---

❶ 毛荔萍、刘颖江："'为生产经营目的'之认定"，载《人民法院报》2012年2月1日第007版。

的"。❶ 作者认为专利权人的利益得到过度满足，而使用人的利益受到过度剥夺，违反了利益平衡的基本法理。

宋晓明在最高人民法院2016年3月22日发布会上对《解释（二）》第25条进行了解读。"在起草过程中，有一种意见认为：该条免除了善意使用者不停止使用的责任，与《专利法》第70条存在冲突；另一种意见则认为：在制度本意上，设立合法来源抗辩制度是为了打击侵权源头，而制造者才是侵权的主要源头。TRIPS协议亦未要求善意使用的行为应被禁止。使用者在主观上是善意的，在客观上提供了合法来源，且在获得该侵权产品时向销售者支付了合理对价，理应阻却专利权禁止力的延伸。专利权排他性强，但不等于可以无限扩张。专利法不仅仅是专利权人的法，一味地强调专利权人单方的利益，置善意使用者的正当利益于不顾，将侵占善意使用者的合理空间、妨碍交易安全，这并非《专利法》第70条的原意，也有违利益平衡的法律基本精神。"❷ 因此，在征求有关立法部门意见的基础上，《解释（二）》起草部门最终采纳了第二种意见。

五、总　　结

首先，我国于1950年曾颁布《保障发明权与专利权暂行条例》。该条例第7条规定了专利权人享有的各项权利，其第3款规定："非得专利权人许可，他人不得采用其发明，违反者应依法赔偿专利权人之损失。"在该条中，并未提及"以生产经营为目的"的要件。1984年《专利法》首次将该要件写入立法，此后的1992年、2000年、2008年《专利法》均未予以改变。该要件虽保留了30余年，但我国仍缺乏对认定生产经营目的的相关立法和权威性解释。审判实务界和学界对生产经营

---

❶　韩赤风、刘庆辉："非法使用专利产品之责任形式检讨"，载《云南师范大学学报》2015年第6期，第87页。

❷　"最高人民法院民三庭庭长宋晓明在最高人民法院2016年3月22日发布会上对《最高人民法院关于审理侵犯专利权纠纷案件应用法律若干问题的解释（二）》解读"，载http://www.chinacourt.org/article/detail/2016/03/id/1826733.shtml，2016年5月31日访问。

目的的解释又存在着层次不齐的状况，导致司法实践中产生诸多问题和争议。

其次，专利法是在专利权人的垄断利益与社会公共利益之间进行利益衡量、选择和整合以实现一种动态平衡的制度安排。❶ 将"以生产经营为目的"作为侵权的构成要件、设立"实验例外"制度均可以保障公众对专利技术的适当接近。在保护专利权人的垄断权的同时，维护公众利益，促进科技创新、社会进步。因此，对"生产经营目的"予以定义的范围宽窄直接影响到专利法的动态利益平衡，既不能界定过宽，也不宜过窄。不能由司法任意决定其含义范围，有损专利法的利益平衡。

最后，对于非生产经营目的之抗辩存在广义说和狭义说，至今未有定论。针对《专利法》第11条的"为生产经营目的"之抗辩和《专利法》第69条的专利侵权排他事由之间到底是何种关系，仍有待于进一步探讨和分析。就目前而言，我国亟须出台认定生产经营目的的相关司法解释以减轻司法审判的压力和解决争议焦点问题。

---

❶ 冯晓青："专利法利益平衡机制之探讨"，载《郑州大学学报》2005年第3期。

电商服务平台的专利间接侵权实证分析

刘子银　沈一萍　何雨菁　蒋文健
指导老师：肇　旭

【摘要】关于电商平台专利间接侵权主题，笔者以网络平台交易者为搜索词搜索全文，选择专利侵权案由，筛选出60份法律文书，通过数据统计初步分析与判决书具体内容的梳理相结合，了解电商服务平台面临的起诉情况与应对做法以及法院的态度和立场。发现法院审理此类案件的法律依据为《侵权责任法》第36条，案件的争议焦点为：（1）电商平台是否应当承担事前审查义务；（2）电商服务平台是否存在明知、应知的情形；（3）通知删除规则中的"通知"有何要求；（4）平台是否及时采取必要措施和管理、协助义务。法院普遍认为：网络服务提供者对于网络用户侵犯专利权的行为不具有预见和避免的能力，仅凭平台上存在专利侵权产品、侵权图片等信息的情形，无法认定平台知道卖家销售、许诺销售行为侵犯他人专利权。第三方平台应履行事前的主体身份审查义务、不侵权提醒义务通知删除义务、配合协助义务，其不承担事先侵权审查义务。但是，目前司法实践中对于具体合格有效的通知认定存在不一致之处，此外，由于专利侵权的技术性和复杂性问题，电商服务平台提供者是否仅能以删除、屏蔽、断开链接作为采取必要措施的手段存在争议。

引　言

　　互联网改变了人们的购物习惯，物联网的发展更是使得人们越来越倾向于网络购物。这也就促进了电商平台的壮大。根据《电子商务报告（2014）》，我国电子商务已经成为国民经济的重要增长点，2014年，我国电子商务交易总额增速（28.64%）是国内生产总值增速（7.4%）的3.86倍；全年网络零售额增速较社会消费品零售总额增速快37.7个百分点。 在电子商务蓬勃发展的同时，电商售假的问题早已显现。网络监管司发布《2014年下半年网络交易商品定向监测结果》，该报告显示，中国主要网上交易平台的抽查显示正品率为58.7%，淘宝仅为37.2%。类似于淘宝这样作为销售者聚集的平台，如果只负责赚取利润，不承担一定的审查监管义务显然是不公平的。然而，就专利而言，其专业性和技术性使得审查变得困难。权利人、销售者、电商平台，三方的利益平衡一直是一个复杂的问题。而著作权法中已经被广泛适用的"通知—删除"规则是一种平衡权利人，使用者与网络服务平台利益的典范，尽管没有明确的立法规定，在司法实践中，商标与专利领域都有适用"通知—删除"进行判决的案例。然而由于专利产品的审查涉及大量的技术问题以及法律问题，"通知—删除"规则能否适用于专利领域，如何适用一直都是学界争议较大的问题。本文通过2015年度中国知识产权十大典型案例之一切入，梳理该案例所引发的问题，并从这些问题入手，了解司法实践当中，对于电商平台间接侵权责任的认定规则，一方面，为理论研究提供实证素材；另一方面，结合理论分析，探讨目前司法的认定规则是否存在问题以及存在哪些问题。

一、典型案例简述

（一）基本案情介绍

　　威海嘉易烤生活家电有限公司是名称为"红外线加热烹调装置"发明专利的专利权人，该专利于2014年11月5日获得授权，至今仍处于有效状态。被告金仕德公司未经原告许可，在天猫商城等网络平台上大肆宣传并销售侵犯原告ZL20098000×××.8专利权的产品。该侵权行为仍在持续之中。原告认为金仕德公司的侵权行为已经严重损害原告合法权益，给原告造成巨大的损失，产生恶劣的社会影响，应当承担侵权责任。被告天猫公司在原告投诉金仕德公司侵权行为的情况下，未采取有效措施，应当与金仕德公司共同承担侵权责任。原告请求法院判令：（1）被告金仕德公司立即停止销售被控侵权产品；（2）被告金仕德公司立即销毁库存的被控侵权产品；（3）被告天猫公司撤销被告金仕德公司在天猫平台上所有的侵权产品链接；（4）两被告连带赔偿原告50万元；（5）本案诉讼费用由两被告承担。

（二）法院判决

1. 平台是否尽到合理的审查义务

一审法院浙江省金华市中级人民法院认为金仕德公司的产品侵犯嘉易烤公司专利权，与昂高嘉易烤公司提交的投诉材料符合天猫公司的格式要求，天猫公司仅对该材料作出审核不通过的处理，被告天猫公司提供的（2015）浙杭钱证内字第10879号公证书仅能证明涉案产品在2015年5月5日已经下架，无法得知具体下架时间，其声称于2015年4月29日对涉案产品进行下架及删除链接的处理，是在原告向本院起诉之后。因此，平台其并未尽到合理的审查义务。

同样，在案情基本相似的威海嘉易烤生活家电有限公司与金华市凯轩商贸有限公司、浙江天猫网络有限公司侵害发明专利权纠纷二审民事判决书中，二审法院浙江省高级人民法院认为，嘉易烤公司于2015年2月10日委托案外人张某向淘宝网知识产权保护平台上传了包含被投诉商品链接及专利侵权分析报告、技术特征比对表在内的投诉材料，上述材料包含权利人的权属凭证、侵权对比的图文详情及指向的被诉侵权人的网络地址等信息，天猫公司理应对被投诉行为作出初步的判断并采取相应措施。但天猫公司仍以投诉人未详细指出被投诉商品落入专利权权利要求的技术点，且未提供订单编号及双方会员名为由，对该投诉材料作出审核不通过的处理，显然处置失当。

2．平台是否采取必要措施防止损害扩大

一审法院认为平台未采取必要措施防止损害扩大，应对损害扩大的部分与金仕德公司承担连带责任，故判决金仕德公司立即停止销售侵权产品，赔偿嘉易烤公司经济损失15万元，天猫公司对其中5万元承担连带赔偿责任。

二审法院也主张，天猫公司在接到投诉后，未将投诉材料转达给凯轩公司，导致凯轩公司未收到任何警示造成损害后果的扩大。

综上，法院认为天猫公司对嘉易烤公司的投诉，未尽到合理的审查义务，也未采取必要的措施防止损害扩大，根据《中华人民共和国侵权责任法》第36条第2款的规定，应当对损害扩大的部分与凯轩公司承担连带责任，故维持原判。

（三）引发问题

通过上述案件的总结分析，不难发现该实际上将电商平台经营者与搜索和链接服务提供者无须对通知的真实性进行初步核实，只要通知中附有专利权人的身份证明、专利证书，以及对相关产品为侵权产品的陈述，就应当"删除、屏蔽、断开侵权产品链接"。这里有明显的通知—删除规则的影子。通知与删除规则这一法律术语表面上是指一种程序，即先由权利人向网络服务提供者发出通知，再由网络服务提供者移除通知中支撑侵权的内容或断开对其的链接，但其实质上是指针对"通知"进行"移除"后的法律效果。❶ 也就是说，电商平台提供者一旦收到权利人发出的通知，就应当已知晓有销售者的被指称侵权的商品存在其平台中，或其网络中有指向被指称侵权内容的链接，如果网络服务提供者及时移除（下架）了被指称侵权内容的产品，则可以推定电商平台服务提供者并不知晓平台上销售者销售了侵犯专利权的产品，因而不承担销售侵犯专利权产品的间接侵权责任。但是本案的判决将原本是免责的通知—移除规则演化成了一种规则，即如果电商网络服务提供平台收到通知如果没有"删除、屏蔽或断开产品的链接"就需要承担专利的间接侵权责任，这样做是否合理在司法界、学界都有较大的分歧。有学者认为

---

❶ 王迁：《网络环境中的著作权保护研究》，法律出版社2011年版，第251页。

如果电子商务平台经营者根据专利权人的不实通知，错误地将相关产品"下架"，则卖家因无法销售而遭受的经济损失则可能是巨大的。❶ 有学者则认为对于通知的要求不能太高，否将不利于保护专利权人合法利益。❷

本文以网络平台交易者为搜索词搜索全文，选择知识产权案由，在北大法宝上获得了60份民事判决书与裁定书，在详析60份判决书的基础上，首先通过数据统计初步分析，结合理论阐述实践中是否会产生学者担忧的问题，然后通过案例的具体内容了解法院对电商网络平台间接侵权的认定规则，了解电商服务平台面临的起诉情况与应对做法以及法院的态度和立场。

二、60份案例数据统计分析

（一）审理结果统计分析

60份案例审理结果统计分析如图1所示。

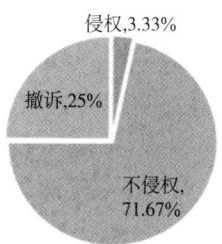

图1　审理结果统计

单从法院审理结果来看，60份判决书和裁定书中，仅有2份判决书判定电商服务平台承担间接侵权责任，而剩余的案件中，均判决电商平台的无间接侵权责任或者原告撤回了对电商平台的起诉。而本文搜索到

---

❶　王迁："论'通知与移除'规则对专利领域的适用性——兼评《专利法修订草案（送审稿）》第63条第2款"，载《知识产权》2016年第3期，第20～32页。

❷　黄亮："论避风港规则在3D打印专利侵权判定中的移植"，载《电子知识产权》2015年第5期，第35～40页。

的判决书和裁定书中涉案电商平台均为淘宝或天猫平台。可见此类电商平台由于不诚信经营者遭受了较多的诉累。而对于电商的审查义务的规定将对其经营产生非常大的影响。如果审查义务过高，将有可能产生电商为了避免法律诉累而采取接到通知就进行删除的结果，这样对于电商自身的经营，以及互联网时代我国公民的整体利益都是不利的。

（二）涉案专利类型统计

60份涉案专利类型统计如图2所示。

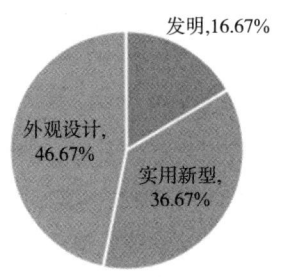

图2　涉案专利类型比例

本文整理的60份判决书或裁定书中，涉案专利类型涵盖专利的全部类型。其中外观设计最多，有28件，而实用新型有22件，发明最少仅有10件。而根据《淘宝联动知识产权局打假报告》，❶自2010年起，4年多来，淘宝联手浙江省知识产权局处理各类难以判定的专利侵权投诉案件3000余件。在2014年4~7月联合保障知识产权行动中，共处理343起案件，总计2009条链接，涉及外观、实用新型、发明各类型的专利侵权判定。2014年由淘宝平台处理的专利侵权投诉案中，外观专利侵权占74%，实用新型专利侵权占23%，发明专利侵权占3%。通过以上数据，可以了解到，实务中，电商平台受到的专利投诉主要类型是外观设计和实用新型这两类不需要经过实质性审查的专利。另外，国内的专利从事人员水平参差不齐，使得这两类无须实质性审查的专利质量不高。现实

---

❶ 淘宝微博："2014年淘宝联动知识产权局打假报告"，载http://weibo.com/1682454721/BBxaB0zkA?type=comment#_rnd1465119096789，2016年4月25日访问。

中将大量存在，专利权人基于对行政机关的信赖，以本身可能会被无效的专利去起诉他人侵权的纠纷。在外观设计、实用新型专利权人所持有的专利权处于不稳定的状态下，如果要求网络平台商接到符合形式的通知就断开链接或者下架相关产品，极有可能使得没有侵权的销售者遭受较大的损失，甚至会引发专利权在电子商务领域的滥用现象。正是因为专利权的特殊性，使得在著作权领域发挥良好作用的通知—删除规则照搬适用于专利领域的电商服务平台责任界定存在较多困难。

三、对案例的归纳与总结——专利间接侵权

法院在认定平台是否需要承担侵权责任的前提，是要认定原告拥有有效的专利且卖家销售的产品落入其专利权保护范围，同时，在探讨电商服务平台的专利间接侵权责任之前，法院首先要明确电商服务平台未参与商品的发布、销售，未实施直接侵权行为。最后，再认定电商服务平台是否构成专利间接侵权并承担民事侵权责任。

在林某某等诉永康市超博工具厂等侵害发明专利权纠纷案中，法院首先明确原告拥有有效专利，并对涉案发明专利进行侵权对比。在明确被诉侵权产品落入原告所享有的专利范围后，认定被告超博工具厂在阿里巴巴网站上展示侵权产品，作出销售侵权产品的意思表示，属于专利法意义上的许诺销售行为，应当承担侵权、销毁库存侵权产品的责任。在确定平台上的卖家构成侵权行为后，再分析网络平台服务有无侵权行为、是否对侵权的发生或侵权后果的扩大存在过错。在该案中，法院认为："阿里巴巴公司作为网络平台服务提供商，不存在直接制造、销售、许诺销售侵权产品的行为。林某某未曾就侵权产品向阿里巴巴公司进行投诉，阿里巴巴公司在收到本院送达的诉讼材料后已删除侵权产品链接。在缺乏证据证明阿里巴巴公司对侵权的发生或侵权后果的扩大存在过错的情形下，林某某要求阿里巴巴公司承担侵权责任的诉讼请求本院不予支持。"❶ 然而，在肇庆市衡艺实业有限公司诉深圳市建兴悬浮

---

❶ （2015）浙杭知初字第807号民事判决书。

科技有限公司、杭州阿里巴巴广告有限公司侵害发明专利权纠纷案❶、浙江全能丰禾塑业有限公司诉浙江强洁管业有限公司等侵害实用新型专利权纠纷案❷、沈阳东辰日用品有限公司诉霸州市兴旺家居用品有限公司等侵害实用新型专利权纠纷案中，由于被控侵权产品本身就未落入涉案专利权保护范围，故法院认为：因原告关于平台上销售者实施侵权行为的主张本身不能成立，故平台亦未实施共同侵权行为。因此，原告对平台提起的侵权指控不能成立。汪某某诉常州欧克厨具销售有限公司、浙江天猫网络有限公司和汪某某诉双马塑业有限公司等侵害外观设计专利权纠纷案❸、秦某诉北京中农华某生态农业科技有限公司等侵害外观设计专利权纠纷案，❹ 也由于争议产品不属于相同或近似设计，被诉侵权产品未落入专利保护范围，故法院未再进一步对平台专利间接侵权进行认定。

在东莞怡信磁碟有限公司诉浙江淘宝网络有限公司等侵害实用新型专利权纠纷案❺ 中，法院也肯定淘宝公司系网络交易平台提供者，淘宝网站上的有关商品交易信息，均由其会员自行发布，淘宝公司并未参与。同样的理由在无锡立达纺织机械器材有限公司诉安徽省尚美精密机械科技有限公司等侵害实用新型专利权及不正当竞争纠纷案等案件中均得到了肯定。❻ 可见，对于平台上存在的侵权商品，司法实践中已经确定平台不是网络交易的一方主体，未实施直接侵权行为，网络服务提供商仅为买卖双方提供了网上交易平台服务，其与销售者不构成共同侵权行为。

在认定平台是否需要承担间接侵权责任时，由于我国专利法制度体系中目前尚无涉及间接侵权责任的有效法律法规。因此，法院审理的法律依据均为《侵权责任法》第36条，即网络用户利用网络服务实施侵

---

❶　（2015）浙杭知初字第686号民事判决书。

❷　（2012）浙知终字第281号民事判决书。

❸　（2013）浙杭知初字第144号、（2015）浙杭知初字第306号，（2015）浙杭知初字第307号民事判决书。

❹　（2014）浙杭知初字第120号民事判决书。

❺　（2014）浙杭知初字第1135号民事判决书。

❻　（2014）浙杭知初字第222号民事判决书。

权行为的，被侵权人有权通知网络服务提供者采取删除、屏蔽、断开链接等必要措施。网络服务提供者接到通知后未及时采取必要措施的，对损害的扩大部分与该网络用户承担连带责任。第3款规定，网络服务提供者知道网络用户利用其网络服务侵害他人民事权益，未采取必要措施的，与该网络用户承担连带责任。

从60份判决书中法院对于平台专利间接侵权责任的审理思路，可以发现其关注的焦点在于以下几点。

（一）电商服务平台是否应当承担事先审查义务

1. 承担事先身份审核和不侵权提醒义务

在宁波优和办公文具有限公司诉浙江淘宝网络有限公司等侵害实用新型专利权纠纷案❶ 中，法院认为：淘宝公司系网络交易平台，在商户入驻前，对卖家身份进行了审核并要求不得销售侵权商品，作为网络交易平台提供者已经尽到合理的义务。淘宝公司通过其网站将巨富公司的店铺进行网上公示的行为、淘宝公司投诉机制的运行并不构成侵权。在沈某某诉浙江淘宝网络有限公司等侵害外观设计专利权纠纷案❷ 中，法院提及：《淘宝网服务协议》中明确要求会员不得在网站上发布侵权违法信息，淘宝公司已尽到其作为网络信息平台服务提供者的合理提示义务。

由此可见，法院认为在平台上存在侵犯专利权行为的情况下，由于在专利侵权中，卖家在网站上发布的产品信息是否侵权涉及专业技术判断，而网络服务提供者不具有审查能力与义务，故其不承担事先对产品是否侵权的审查义务。平台应承担的合理义务在于：在商户入驻前对其身份进行审核，在签订的用户服务合同和平台规则中要求平台商户不得销售侵权商品。如果平台的服务条款、法律声明、投诉流程等明确规定其会员不能销售侵害他人知识产权的产品，则网络服务提供者已经充分履行了其事前合理的审查义务。❸ 此外，如果电商服务平台在商城店铺首页标注了与实际经营者主体身份信息一致的公司信息，并及时删除

---

❶ （2015）浙杭知初字第788号，（2015）浙杭知初字第790号民事判决书。
❷ （2015）浙杭知初字第509号民事判决书。
❸ （2014）浙杭知初字第1236号民事判决书。

了侵权产品信息链接，则可以认为网络服务提供者已经尽到合理的协助义务。❶

2. 不承担事先侵权审查义务

在浙江移动电气股份有限公司诉嘉兴市欧美电气科技有限公司、浙江天猫网络有限公司侵害外观设计专利权纠纷案❷中，法院认为：作为网络服务提供者，并不具有审查所有所传播信息的能力和义务。侵权卖家在平台网站上发布涉案产品图片并不属于内容明显侵权或违法之情形，其是否属于专利侵权因涉及专业技术判断，具有不确定性，网络服务提供者并不具有相应的判断能力，也无须承担相应的事先审查义务。根据该案的判决书，也可以发现，法院认为：即使存在类似产品的诉讼，由于网络平台信息量的庞杂性和信息变动的即时性，在先诉讼并不必然给电商服务平台附加保证类似产品不再出现在其网络平台上的义务。❸

因此，对于电商服务平台上的专利侵权行为，平台并不承担事先审查义务，但其应当履行事前提醒义务和用户身份审核义务，即商户在入驻平台时须签署的服务协议、平台规则中明确要求商户不得发布侵犯他人合法权益的商品信息，明确要求商户承诺不得发布侵犯他人知识产权的商品。在商户设立店铺前设置了商家认证制度，要求商户申请服务时须提交营业执照副本复印件、税务登记证复印件等，经审核后方能入驻平台发布交易信息。

（二）电商服务平台是否存在明知、应知的情形

根据《侵权责任法》第36条第3款的规定，网络服务提供者知道网络用户利用其网络服务侵害他人民事权益，未采取必要措施的，与该网络用户承担连带责任。此即所谓的"知道规则"。对于网络服务提供者是否需要依照"知道规则"，对平台上存在的专利侵权行为承担连带责

---

❶ （2015）浙杭知初字第123号民事判决书，（2014）浙杭知初字第1221~1222号民事判决书。

❷ （2015）浙杭知初字第569号民事判决书。

❸ 相同裁判理由，参见（2015）浙杭知初字第568号民事判决书、（2015）浙杭知初字第570号民事判决书。

任的问题，如何认定专利侵权中网络服务提供者的"知道"是"知道规则"的核心问题。

1. 不具有预见和避免能力

在汪某某诉上海贸号贸易有限公司、浙江天猫网络有限公司侵害实用新型专利权纠纷案❶中，法院认为：由于专利权的特殊性，仅凭网络交易平台上的商品信息一般无法判断是否构成专利侵权，因此，对于网络服务提供者而言，通常对于网络用户侵犯专利权的行为不具有预见和避免的能力，无法认定被告天猫公司存在明知或应知贸号公司在其网站上实施侵权行为，但仍然为该公司提供网络交易平台服务的情形。

2. 无明显侵权信息

在代某某诉浙江淘宝网络有限公司等侵害实用新型专利权纠纷案❷中，法院认为：淘宝公司作为提供电子商务交易平台的网络服务提供者，其事前并不知道王某某利用其网络服务实施侵害代某某专利权的行为，王某某发布在淘宝店铺上的销售信息也不存在明显侵权情形，且淘宝公司在接到代某某的有效侵权投诉通知后及时采取了披露被投诉卖家信息等措施，在代某某起诉后，淘宝公司确认涉案店铺上已搜索不到被诉侵权产品信息，故淘宝公司对王某某的被诉侵权行为不存在明知或应知的过错，不构成帮助侵权。

可见，由于电商服务平台网站上发布的销售侵权产品图片等信息并不属于内容明显侵权或违法之情形，其是否属侵权因涉及专业技术判断，具有不确定性，网络服务提供者并不具有相应的判断能力，难以根据网站上存在的侵权产品图片等信息推定平台存在明知或应知的情形。❸ 在司法实践中，法院普遍认为仅凭平台上存在专利侵权产品、侵权图片等信息的情形，并不属于存在明显的侵权信息，无法认定平台知道卖家销售、许诺销售行为侵犯他人专利权，故其无须与用户承担连带责任。

---

❶ （2015）沪知民初字第45号民事判决书。
❷ （2015）浙杭知初字第334号民事判决书。
❸ （2012）浙杭知初字第932号，（2014）浙杭知初字第1236号民事判决书。

（三）权利人是否发出了有效通知

从判定电商不侵权的判例中，可以总结出，合格的通知书应当包括：权利人的姓名名称、联系方式和地址；要求下架、删除的侵权商品、网络链接地址；构成侵权的初步证明材料。而2014年12月15日，浙江省知识产权局与阿里巴巴集团合作出台全国首个《电子商务领域专利保护工作指导意见》中，❶ 第7条也规定：专利权人认为交易平台上销售的商品涉嫌侵犯其专利权的，通过交易平台提供者建立的投诉机制提交投诉材料应当包含下列内容：（1）专利权人身份证明（营业执照副本或身份证复印件）、有效联系方式和地址：委托他人投诉的，还应当提供授权委托证明；（2）专利权证书及其有效性证明；（3）要求删除、屏蔽的商品名称和具体互联网链接；（4）涉嫌侵权商品与专利权保护范围的比对材料；（5）其他能够证明存在侵权行为的证据材料。

然而，在威海嘉易烤生活家电有限公司与金华市凯轩商贸有限公司、浙江天猫网络有限公司侵害发明专利权纠纷❷、威海嘉易烤生活家电有限公司与永康市金仕德工贸有限公司、浙江天猫网络有限公司侵害发明专利权纠纷❸ 中，网络服务提供者之所以未采取删除、屏蔽、断开链接等必要措施的理由就在于平台认为权利人的通知不合格，因此，该案的争议焦点之一就是权利人是否发出了有效通知。在该系列案件中，法院认为：权利人向淘宝网知识产权保护平台上传了包含被投诉商品链接及专利侵权分析报告、技术特征比对表在内的投诉材料，上述材料包含权利人的权属凭证、侵权对比的图文详情及指向的被诉侵权人的网络地址等信息，属于有效通知，能够明确指向侵权产品。在收到此类投诉通知的情形下，网络服务提供者理应对被投诉行为作出初步的判断并采取相应的措施。但是，网络服务提供者认为：投诉人未详细指出被投诉商品落入专利权权利要求的技术点，且未提供订单编号及双方会员名为由，对该投诉材料作出了审核不通过的处理。法院认为网络服务提供者

---

❶　浙江省科学技术厅关于《浙江省电子商务领域专利保护工作指导意见（试行）》征求意见的通知，载http://www.zjkjt.gov.cn/news/node01/detail0101/2014/0101_57227.htm，2016年5月12日访问。

❷　一审：（2015）浙金知民初字第149号民事判决书；二审：（2016）浙民终78号民事判决书。

❸　（2015）浙金知民初字第148号民事判决书。

的此行为属于处置失当。

（四）平台是否及时采取必要措施和管理、协助义务

1. 收到通知后及时删除，则平台尽到合理的协助义务

通过梳理多份专利间接侵权的判决书，可以发现如果网络服务提供者在收到对被控侵权产品的投诉通知后，对上述内容进行审查并删除了投诉所涉及链接，确认涉嫌侵权信息并确认相应的信息已经不存在，网络服务提供者对侵权的发生或侵权后果的扩大不存在过错，则作为网络交易平台提供者已经尽到合理的义务，无须就网络用户的侵权行为承担连带责任。❶

例如，在左某某诉汕头市雄业实业有限公司等侵害实用新型专利权纠纷案中，法院认定：原告仅以个别网店上存在涉嫌侵权行为就要求网络服务提供者主动审查、删除平台上所有涉嫌侵权信息，缺乏法律依据。同时，关于平台收取服务费是否成为其对专利侵权行为承担连带责任的依据，法院认为：平台在向商户提供技术服务后收取相应的技术服务年费及实时划扣技术服务费，符合法律的规定，其收费行为不能成为天猫公司承担连带责任的依据。❷

天猫公司在收到本案起诉材料后，及时确认涉嫌侵权图片及信息已被删除，已尽到合理的协助义务。因此，天猫公司对发生在其网站上的侵权行为没有过错，无须承担侵权责任。移动电气公司对天猫公司的侵权指控缺乏事实和法律依据，本院不予支持。❸

2. 事后披露被投诉卖家信息义务

此外，从肖某某诉浙江淘宝网络有限公司等侵害外观设计专利权纠纷案❹中，法院"淘宝公司在接到原告的有效侵权投诉通知后及时采取了披露被投诉卖家信息等措施"的表述，也可以发现除了删除侵权信息

---

❶ （2006）杭民三初字第93号，（2011）浙杭知初字第619号，（2012）浙杭知初字第932号，（2012）浙杭知重字第1号，（2012）浙杭知初字第962号，（2013）穗中法知民初字第818号，（2013）浙杭知初字第423号，（2013）浙杭知初字第430号，（2014）东中法知民初字第144号，（2015）浙知终字第5号，（2015）浙杭知初字第906号民事判决书。

❷ （2014）穗中法知民初字第187号民事判决书。

❸ （2015）浙杭知初字第568号民事判决书，（2015）浙杭知初字第569号民事判决书。

❹ （2013）浙杭知初字第116～120号民事判决书。

外，即使披露卖家信息也是网络服务提供者履行合理义务的范畴。

3．同一侵权行为再次出现的管理疏忽责任

在深圳市旋唯电子有限公司等诉郝某等侵害外观设计专利权纠纷案❶ 中，在先前投诉内容产品删除后，同一卖家再次仍在平台上销售、许诺销售与涉案外观设计专利相同或相近似的侵权产品。法院认为，作为网络服务提供商在接到权利人投诉，特别是在已经采取删除等必要措施之后，对涉嫌侵权人的经营活动应当承担更高的注意义务，以避免侵权行为再次发生。如果涉嫌侵权卖家仍然有条件将被诉侵权产品再次上网销售，则提供平台的网络服务提供者存在管理上的疏忽，应当承担相应的法律责任。可见，该案中法院认为如果存在同一权利人对同一卖家就同一商品的投诉（在先通知），则如果再次出现相同侵权行为，则即使权利人未再次发出通知，平台也存在管理疏忽问题。

四、结　语

综上所述，如果网络交易平台提供者，其既未实施侵权产品的生产行为，也未实施销售行为，且在事前尽到了对用户主体身份的审查义务和不侵权提醒义务，在收到投诉后又及时删除了涉案产品的销售信息、向权利人和法院及时披露侵权主体信息，则其尽到合理的协助义务，不构成共同侵权。司法实践中对于专利侵权者不承担事先侵权审查义务也有一致性的认知。

而目前司法实践中对于具体合格有效的通知认定存在不一致之处，此外，由于专利侵权的技术性和复杂性问题，电商服务平台提供者是否仅能以删除、屏蔽、断开链接作为采取必要措施的手段存在争议，正如在十大知识产权案件威海嘉易烤生活家电有限公司与金华市凯轩商贸有限公司、浙江天猫网络有限公司侵害发明专利权纠纷案判决书中所述，及时将投诉材料转达给被诉侵权主体是否也可视为已履行的必要措施，作为平台免责的避风港理由尚值得探讨。

---

❶　（2014）粤高法民三终字第80号民事判决书。

电商平台的专利间接侵权责任
文献综述

刘子银　沈一萍　何雨菁　蒋文健

指导老师：肇　旭

【摘要】基于电商平台专利侵权数量大幅增加，而规制的法律在规定及适用上模糊不清的现状，本文以"电商平台的专利间接侵权责任"为主题进行检索并加以整理分析。首先，简要对专利间接侵权制度进行阐述，结合电商平台的特性，分析电商平台承担专利间接侵权行为的构成要件。通过讨论红旗规则，深化对"主观故意要件"的认定。其次，"通知—删除"规则是电商平台承担间接侵权责任的免责事由，而电商平台是否有事先审查义务是适用"通知—删除"规则的前提。由于电商平台不具备专利审查能力，电商平台不负有主动事先审查义务，事先只可能涉及审查主体资格、提醒、协助、谨慎、监控等义务。最后，详细论述"通知—删除"规则。对于是否在电商平台专利侵权案件中引入"通知—删除"规则争执不断，若将"通知—删除"规则引入电商平台专利侵权案件中，应当明确合格通知的构成要件。对于收到通知的电商平台，应当负有对被侵权人所发送的通知和反通知进行事后审查的义务。同时，引入"通知—删除"规则，不能全盘照搬版权法规定，应当通过增加"反通知与恢复"规则或者将"通知—删除"规则改为"通知、转通知与移除"规则等加以完善。

一、背景介绍

（一）电商平台上专利侵权的现状

进入21世纪以来，网络服务平台大规模兴起，以其规模化和便捷性吸引着广大网络用户。在互联网领域，由于信息低成本、大范围的流通传播，知识产权中专利技术被侵犯的风险也被成倍放大。

以淘宝网为例，买卖双方的交易流程如图1所示：

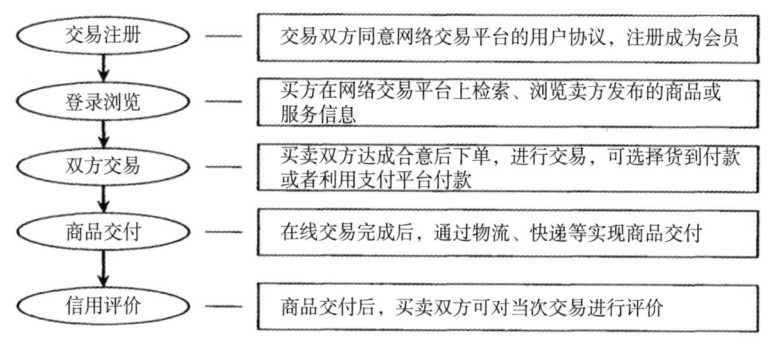

图1　淘宝买卖双方的交易流程

（二）电商平台上专利侵权规制的现状

《侵权责任法》第36条规定，网络用户、网络服务提供者利用网络侵害他人民事权益的，应当承担侵权责任；网络用户利用网络服务实施侵权行为的，被侵权人有权通知网络服务提供者采取删除、屏蔽、断开链接等必要措施。网络服务提供者接到通知后未及时采取必要措施的，对损害的扩大部分与该网络用户承担连带责任；网络服务提供者知道网络用户利用其网络服务侵害他人民事权益，未采取必要措施的，与该网络用户承担连带责任。

虽然《侵权责任法》针对网络侵权行为规定了一般侵权责任与连带责任，但冀瑜在《电子商务市场知识产权保护的制度缺失及其对策》一文中提到《侵权责任法》第36条对于侵权行为的处理程序、责任承担标准等均未作出明确规定。法律含义界定不明，规定比较抽象，难

以操作，对于平台经营者"知道"的认定以及"通知"的认定都不是很清晰。❶

再如司晓在《知识产权领域"通知—删除"规则滥用的法律规则》一文中指出第36条规定虽为判断网络侵权责任提供了原则性指导，但单单一条的规则显然不足以应对情况复杂的网络侵权责任。在第三方电子平台中，涉及的专利权问题缺乏像著作权中信息网络传播权那样较为清晰的规范，缺乏规范的"通知"与"反通知"格式，没有明确"第三方商品与服务交易平台"的法律责任。❷

国家知识产权局在2014年5月发布的《电子商务领域专利执法维权专项行动工作方案》中提出支持地方建立知识产权维权中心，联合电商平台以"删除、屏蔽链接或关闭网店等"方式及时有效地处理网络专利侵权，并提出要建立部门联动机制，实现快速维权。在此基础上，2014年12月15日，浙江省知识产权局与阿里巴巴集团合作出台全国首个《电子商务领域专利保护工作指导意见（试行）》（以下简称《指导意见》），探索建立电商环境下的专利侵权纠纷投诉处理新机制。《指导意见》当中对电商交易平台"通知—删除"进行了较为详细的规制，并明确要求各级政府专利管理工作部门与人民法院加强协作，建立解决电子商务领域侵犯专利权纠纷的联动机制。

2015年1月发布的《专利行政执法办法（征求意见稿）》新增电子商务内容。《专利行政执法办法（征求意见稿）》指出："实践中一些大型电商平台每年收到大量的专利侵权纠纷投诉，但网络服务提供者的法律责任和义务尚不够明确，司法实践中只能适用《侵权责任法》的原则性规定。由于专利侵权判断的专业性和复杂性，网络服务提供者无法准确把握其应尽义务，不能有效保护专利权。为此，建议遵循《侵权责任法》规定的'通知—删除'基本规则，在专利法中明确网络服务提供者的法律责任，要求网络服务提供者承担更多与其能力相匹配的法律义

---

❶ 冀瑜等："电子商务市场知识产权保护的制度缺失及其对策"，载《知识产权》2014年第6期，第60页。

❷ 司晓等："知识产权领域'通知—删除'规则滥用的法律规制"，载《电子知识产权》2015年第1期，第93～94页。

务。同时，为发挥行政执法优势，建立快速、便捷的网络专利纠纷解决机制，加强电子商务领域专利保护，营造良好的竞争秩序，草案建议就网络服务提供者执行专利行政部门决定、制止专利侵权行为的义务做出明确规定。" ❶

基于网络服务平台专利侵权日益增多的现状，通过修改专利法来加强对互联网领域专利侵权行为管制的呼声越来越高。2015年4月1日，由国家知识产权局主持起草的《中华人民共和国专利法修改草案（征求意见稿）》（以下简称草案）公布（第四稿），面向社会公开征求意见，其中第63条引入"通知—删除"规则，试图明确网络服务提供者的定位，督促其承担与之身份相匹配的更高的注意义务。但将著作权中的"通知—删除"规则直接移植到专利法上，是否对网络服务提供者苛以过严的要求，如何确定网络服务提供者的专利侵权责任以及如何在专利法中适用"通知—删除"规则都值得研究。

在梳理与分析共计40多篇文献后，本文献综述将从网络服务平台的行为是否构成专利间接侵权、网络服务平台的事先审查义务、引入"通知—删除"规则的条件、网络服务平台的事后审查义务等四个方面对专利法中的"通知—删除"规则展开具体论述。

二、电商平台是否承担专利间接侵权责任

（一）专利间接侵权的界定

通过检索相关学者文献，可以发现学者们对于专利间接侵权的界定有多种观点。田力普的《关于专利保护与专利侵权中若干基本问题研究》、王利明的《民法·侵权行为法》、尹新天的《专利权的保护》以及郦悦的《浅析知识产权领域专利间接侵权的立法构建》都进行了专利间接侵权的相关阐述。

国家知识产权局前局长田力普认为，专利间接侵权是指未经专利

---

❶ 关于《中华人民共和国专利法修改草案（征求意见稿）》的说明，载：http://www.sipo. gov.cn/zcfg/zcjd/201504/t20150402_1096196.html，2015年4月25日访问。

权人的同意，以间接的方式实施其发明的行为，即行为人的行为并不构成专利侵权，却鼓励、怂恿、教唆别人实施专利侵权行为。❶ 王利明教授认为，"间接侵害专利权行为的条件是：其一须存在直接侵权的事实；其二须为直接侵权行为提供实施专利侵权的必要条件；其三须行为人主观上有过错，即知道或者应当知道其为他人提供实施专利侵权的条件"。❷ 杨立新教授也持这种观点。另有学者认为，"间接侵权行为是第三者未经专利权人同意向无权利用该项专利的人提供或供应其中关键部分的中间产品而故意怂恿和唆使其实施该项专利"。❸

现在的通说认为，所谓间接专利侵权，是指本身不构成专利侵权的行为，但对别人提供专利法保护发明的重要组成部分，或提供必要的手段，诱导、鼓励、协助及教唆他人实施专利侵权行为，造成直接侵权的发生。其特征在于，间接侵权人主观上故意诱导他人侵犯专利侵权的必要条件，客观上为专利侵权行为提供了必要条件，并从而获取不当利益。❹

（二）电商平台承担专利间接侵权责任之争

关于电商平台在专利侵权中扮演何种角色，到底该承担何种责任，始终存在争议。如果电商平台实施了直接侵权行为，毫无疑问，适用专利法中关于直接侵犯专利权行为的规定。但事实上，电商平台在运营过程中，通常只是为卖方和买方提供交易平台服务，本身并不参与产品的直接销售，在这种情况下，电商平台并未直接侵犯受专利法控制的几种专有权利。大多数情况下，电商平台实施的是非直接侵权行为。电商平台的非直接侵权行为，是指网络服务商并未直接实施侵犯专利权的行为，而是网络用户利用其提供的网络服务侵犯了专利权。在这种情况下，网络用户构成专利侵权，需承担直接的侵权责任，而网络服务商的

---

❶ 田力普："关于专利保护与专利侵权中若干基本问题研究"，见《专利法研究》1995年版，第69~92页。

❷ 王利明：《民法·侵权行为法》，中国人民大学出版社1993年版，第324页。

❸ 尹新天：《专利权的保护》，知识产权出版社2005年版，第510页。

❹ 郦悦："浅析知识产权领域专利间接侵权的立法构建"，载《中国市场》2013年第28期，第46~47页。

责任情况则比较特殊。

学界普遍认为电商平台具有合理的注意义务，在违反这种义务的情况下应当承担的是间接侵权责任。吴汉东教授提出，尽管网络服务商对于网络用户利用其提供的网络服务侵犯他人专利权的行为不需要承担直接的侵权责任，但是以"善良管理人"之注意标准要求网络服务商是合理的。这是因为，网络服务提供者虽然不能对所有的网络信息负有审查义务，但应该采用一些过滤技术防止侵权信息的传播，或对于一些明显的侵权信息应及时进行删除。如果网络服务提供者未履行上述"应注意并能注意"之义务，那么就要承担过错责任。❶

何为注意义务，冀瑜等认为合理的注意义务是指"行为人采取合理的注意而避免给他人的人身或财产造成损害的义务"。❷ 在违反合理注意义务时，网络服务商需承担相应的责任，即间接侵权责任。间接侵权是通过提供辅助性条件等形式帮助直接侵权人实施侵权的行为，包括引诱侵权和辅助侵权等形式。❸ 但也有学者持反对意见，臧晓飞认为"间接侵权"在专利法上有特定的发生专利侵权的场合，不能将这种侵权责任称为"间接侵权"，因为在专利法领域对"间接侵权"的含义已形成共识，在发生专利侵权的场合，不能将"间接侵权"的概念混淆。网络交易平台提供商承担的应当是侵权法领域所称的"共同侵权"或"帮助侵权"。❹

关于专利间接侵权，我国虽无专著问世，但不乏相关文章，其中具有代表性的是发表在由国家知识产权局条法司编写的《专利法及专利法实施细则第三次修改专题研究报告（下卷）》的3篇专题论文：张玉敏教授等撰写的《专利间接侵权问题》；程永顺、李嵘撰写的《关于间接侵犯专利权的问题》；王兵教授等撰写的《专利间接侵权问题》。3篇论

❶ 吴汉东："侵权责任法视野下的网络侵权责任解析"，载《法商研究》2010年第6期，第28～31页。

❷ 冀瑜、李建民、慎凯："网络交易平台经营者对专利侵权的合理义务探析"，载《知识产权》2013年第4期，第53～56页。

❸ 刘银良：《知识产权法》，高等教育出版社2010年版，第134页。

❹ 臧晓飞：《网络交易平台提供商的专利侵权责任研究》，上海交通大学2007年硕士学位论文。

文在充分论证的基础上，分别提出了立法建议。对比他们的法条建议稿可以发现，虽然在具体细节的设计上存在分歧，但都坚持我国应积极采纳"专利间接侵权制度"的观点。例如，杨立新教授认为，"间接侵害专利权的行为，是指侵权人向他人提供属于专利保护的发明创造的重要组成部分，或者为实施专利发明创造，向他人提供了必要的手段，从而构成直接侵犯专利权的行为。间接侵害专利权行为的本身虽然没有侵害专利权，但是，由于间接行为是直接侵害专利权行为不可缺少的重要条件，使直接侵权得以实现，因而构成共同侵权。"❶

电商平台作为网络服务提供者，并不承担直接侵权责任，但由于目前我国专利法中并没有关于间接侵权的明确规定，我国司法人员在审判实践中通常要求间接侵权人承担共同侵权责任。《民法通则》第130条规定："二人以上共同侵权造成他人损害的，应当承担连带责任。"该条款规定了共同侵权情况下，侵权行为人应承担的法律责任。最高人民法院《关于贯彻执行〈中华人民共和国民法通则〉若干问题的意见（试行）》第148条规定："教唆、帮助他人实施侵权行为的人，为共同侵权人，应当承担连带民事责任。"上述条款都认定共同侵权人应当承担连带民事责任。北京市高级人民法院于2013年9月4日颁布的《专利侵权判定指南》（以下简称《指南》）未对间接侵权作出直接定义性的规定，而是规定了两人以上共同实施或相互分工协作，共同实施《专利法》第11条规定的专利直接侵权行为构成共同侵权；教唆、帮助他人实施《专利法》第11条规定的行为的，与实施人为共同侵权人。《指南》将间接侵权归纳为共同侵权，因此要求有直接侵权行为的发生。

根据民法、侵权行为法的原理，"帮助侵权"的构成需要同时具备两方面的要件：客观上帮助他人实施了"直接侵权"的行为；主观上具有过错，包括故意和过失。王迁教授在《论"信息定位服务"提供者"间接侵权"行为的认定》一文中指出，故意系指明知他人意欲或正在实施侵权行为而仍然提供实质性的帮助，过失则意味着本应尽到"合理注意义务"发现他人意欲或正在实施侵权行为的事实，却因疏忽大意而

---

❶ 杨立新主编：《类型侵权行为法研究》，人民法院出版社2006年版，第303～304页。

没有发现，以至于对他人的侵权行为提供了帮助。❶ 臧晓飞提出，从这样的定义中可以看出，电商平台在有过错的情况下所承担的专利侵权责任并不是专利法领域中所称的"间接侵权"责任，实际上是民法意义上的共同侵权或者帮助侵权责任。❷因此，权利人在起诉时应当将网站同经营者一起列为共同被告，而不应当只起诉网站。这种侵权责任的法律依据是我国《民法通则》第103条，即二人以上共同侵权造成他人损害的，应当承担连带责任。

（三）电商平台专利间接侵权构成要件及责任

电商平台承担专利间接侵权责任需要满足一定的条件，其构成要件包含主观、客观两方面。吕媛认为，不作为的专利侵权行为，是指平台提供商没有对其网络用户发布在网络上的侵犯专利权的产品信息尽到合理的注意义务，以及在接到投诉后没有及时处理，给专利权人造成损失或者使其损失扩大等。这是网络交易平台提供商常见的不作为的侵权行为。不作为的专利侵权责任，是因为网络交易平台提供商应当负有及时处理网络用户发布的专利侵权信息等义务而产生的，是基于网络交易平台提供商的特定性、在网络服务规则中的作用和服务协议的要求而产生的。不论平台提供商采取作为还是不作为方式的加害行为，只要符合过错责任原则的构成要求，就可以认为其应当承担侵权责任。❸

张洁明确提出，专利间接侵权的客观认定首先必须要求侵权行为的实际发生。如果仅仅有教唆、帮助他人实施侵权行为的意思或仅仅作好了教唆、帮助他人实施专利侵权行为的准备，但未实施教唆、帮助的行为，即未实际发生间接侵权行为，则间接侵权行为不能成立。然而，在专利间接侵权行为实实在在发生的情况下，专利间接侵权成立无须直接侵权的发生。❹

---

❶ 王迁："论'信息定位服务'提供者'间接侵权'行为的认定"，载《知识产权》2006年第1期，第11～18页。

❷ 臧晓飞：《网络交易平台提供商的专利侵权责任研究》，上海交通大学2007年硕士学位论文。

❸ 吕媛：《网络交易平台提供商的专利侵权责任研究》，中国政法大学2015年硕士学位论文。

❹ 张洁：《专利的间接侵权问题研究》，兰州大学2013年硕士学位论文。

在网络交易中出现专利侵权行为时，都会伴随有一定财产的损害。在网络交易中，平台提供商产生损害事实存在两种情形：第一，由于网络交易平台提供商没有参与到商品交易中来，其一般不会在交易平台上直接发布侵犯他人专利权的信息。出现的专利侵权的商品信息都是由其平台上的网络用户发布的，损害事实是由其平台上的网络用户的专利侵权行为产生的。网络交易平台提供商没有直接实施加害专利权的行为。第二，平台提供商在收到专利权人的"通知"或"知道"网络用户出现专利侵权行为的情况后，仍没有履行其管理职责，未阻止网络用户的专利侵权行为而导致给专利权人造成损失或者使损失范围进一步扩大，就形成对专利权人的损害事实。

现有文献关于主观要件的讨论中，绝大部分学者认为应当以行为人具有主观故意作为成立侵权的构成要素之一。[1] 张洁提出，专利间接侵权中行为人的主观心理状态应当是故意。专利间接侵权行为并没有直接侵犯专利权，在缺乏主观过错的情况下，就无法认定权利人的损失是侵权人造成的，侵权就无从而谈了。[2] 这种故意包括直接故意和间接故意，直接故意的情形下，要想证明间接侵权行为和直接侵权具有某种关系就很困难，专利间接侵权行为人在主观上应有诱导第三人、怂恿第三人、唆使第三人直接侵权的故意。王友志在《专利间接侵权行为类型分析》一文中进一步指出，控告方要想证明被控侵权人主观上具有故意，其必须拿出足够的证据证明其同时符合以下两个条件：（1）被控行为人知道该物品可用于实施某项专利技术；（2）行为人实施相关行为就是为了引诱或者帮助他人实施侵犯专利权。

专利间接侵权人应当承担何种责任，刘懿认为间接侵权的成立并不以存在直接侵权为要件，因此，权利人可以单独针对间接侵权行为人提起诉讼，要求其承担独立的侵权责任。[3] 但是，在司法实践中，如果权利人或者被控侵权人在侵权诉讼中能够指明存在直接侵权人，法院应当将二者追加为共同被告，追求其连带责任。但是应当允许权利人只选择

---

❶ 张玉敏：《知识产权法》，法律出版社 2005 年版，第 281 页。
❷ 张洁：《专利的间接侵权问题研究》，兰州大学2013年硕士学位论文。
❸ 刘懿：《专利间接侵权的基本法律问题探讨》，华东政法大学2015年硕士学位论文。

其中任一个行为人起诉。这种做法不仅可以让权利人获得双重保障的损失救济，也可以让权利人起诉的对象更加自由，便于专利权人起诉。在间接侵权诉讼中，如果被控侵权人能够证明其提供的被控侵权产品具有合法来源，即不知道是侵犯专利权的产品，和直接侵权诉讼一样，行为人可以免除损害赔偿的责任。但是其行为仍然构成侵权，仍需要立即停止该侵权行为。

（四）红旗规则的适用

在某些情况下，比如侵权信息显而易见如同一面鲜艳的"红旗"飘扬，而且网络服务提供者易于接触，能够很容易感知，只需具有一般理性的人就能发现侵权信息时，网络服务提供者却采取"鸵鸟政策"，对如"红旗"一样飘扬的侵权信息视而不见，此时主观状态为"重过失"，已经和"故意"相差无几，在这种情况下权利人无须再发送"通知"提醒，法院可以据此直接认定网络服务提供者存在过错。同理，如果有证据能够直接证明网络服务提供者"明知"侵权行为存在，权利人更没必要发送通知，如图2所示。❶

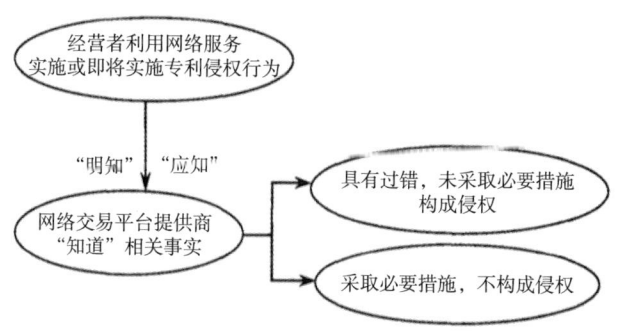

图2 "知道"规则下专利侵权构成要件

刘文杰提出，"知道"规则是指网络服务提供者知道网络用户利用其网络侵害他人民事权益时，未采取必要措施的，与网络用户承担连带

---

❶ 冀瑜、李建民、慎凯："网络交易平台经营者对专利侵权的合理注意义务探析"，载《知识产权》2013年第4期。

责任。相比于一般的专利侵权，网络服务提供者对于那些重复侵权者、重复被侵犯的客体以及同样的侵权内容应承担更重的主动注意义务。❶

在"知道"规则下，许谅亮探讨了网络交易平台提供商专利侵权的构成要件包括：（1）平台内经营者利用网络服务实施或者即将实施专利侵权行为；（2）网络交易平台提供商知道平台内经营者利用网络服务侵害他人民事权益。对于专利侵权而言，明知是需要重点考虑的情形，除了收到被侵权人通知外，还包括收到法院起诉状等，而应知必须在有充足理由的特殊条件下才成立并适用，例如被指控的侵权行为的内容明显违法，并置于首页或其他可为服务提供者明显可见的位置。（3）网络交易平台提供商未采取必要措施导致被侵权人的权益受损。对于已实施专利侵权行为刻意及时告知经营者将涉嫌侵权商品信息撤销，避免侵害发生，或者促使经营者和权利人协商一致，达成专利实施许可合同，使之变成正当销售等。（4）网络交易平台提供商具有过错。对于网络交易平台提供商的过错，不管是明知抑或应知，被侵权人都要承担举证责任。在知道规则下，由于侵权涉及的范围本是网络交易平台提供商明知或应知的范围，因此网络交易平台提供商应对其知道的所有侵权行为采取必要措施停止侵害。还有学者认为在司法实践中，法院要求网络交易平台提供商采取停止侵害的措施时，应考虑适用的措施在客观和技术上是否合理有效，是否会干预其他用户上传或访问平台上的非侵权信息，以及是否存在其他负面影响更小、更有效的防止或阻止访问侵权信息的措施等。❷

（五）间接侵权责任免除的情形：通知—删除规则

从图3可知当电商平台"明知"或"应知"侵权行为的存在，又符合间接侵权成立的其他要件，那么电商平台承担间接侵权责任自无争议。但电商平台在"通知—删除"规则之下得以免除间接侵权责任。冀瑜等提到，从网络服务提供者的主观过错来说，只有当网络服务提供者违反

---

❶ 刘文杰："网络服务提供者的安全保障义务"，载《中外法学》，2012年第2期。

❷ 徐谅亮：《网络交易平台提供商专利侵权法律责任》，载《科技与法律》2015年第3期，第488～521页。

"善良管理人的注意义务"时（在此种情况下，网络服务提供者仅仅未能像一个善良管理人采取避免侵权发生的措施，主观上仅具有一般轻过失），才宜适用"通知—删除"制度。❶实际上，网络服务提供者并不希望、更不追求侵权行为在其平台上发生，对侵权行为是否发生也不知道，这时需要权利人发出符合条件的"通知"进行提醒，当"权利人"发出通知后，网络服务提供者即知晓了侵权信息的存在，应重点关注通知中所载明的侵权信息。这就是"通知—删除"规则所要求的。

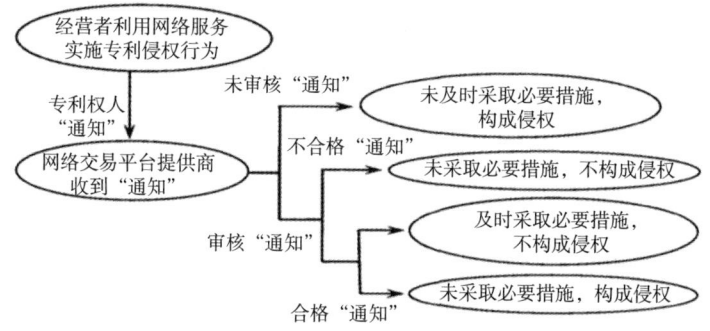

图3 "通知"规则下专利侵权构成要件

孙秋霞也提到，专利删除通知制度的基础结构与《数字千年版权法》建构的删除通知制度极为相似。如果专利人认为一项网站设计使用了他的专利发明，可以先向主机网站发送一个适当的通知。通知中应当包含必要的信息足以判断侵权主张的合法性：（1）被侵权的专利号码；（2）主张的侵权要求；（3）对被侵权声明观点的简明的非法律性质的解释。网站随后将会删除被指控的设计，并且将通知副本送达自主网络终端人，以及一个专利人提供的标准信息包，其中包含关于专利权性质的基本内容。❷

---

❶ 冀瑜、李建民、慎凯："网络交易平台经营者对专利侵权的合理注意义务探析"，载《知识产权》2013年第4期。

❷ 孙秋霞：《论数字侵权时代专利侵权行为的救济——以3D打印技术为例》，载《法制与社会》，2015年第21期，第73~74页。

三、电商平台有无事先审查义务——"通知—删除"规则的适用前提

笔者通过文献检索发现，大部分学者之所以主张电商平台不应承担事先审查义务的原因，主要在于其将该事先审查义务狭义解释为电商平台事先审查一行为是否构成侵权。由于专利侵权行为具有区别于著作权和商标权的特性，认定侵权需要专业技术知识进行判断，一般的电商平台不具有专业技术知识，难以事先审查一行为是否构成专利侵权。

冀瑜等提出，网络交易中的专利侵权行为有以下特征：第一，客体具有间接性和隐蔽性：专利权保护的客体是产品背后的技术方案或设计方案，通过商品信息甚至是商品本身都很难认定其是否落入某一专利权的保护范围。第二，权利的确定性和稳定性需要相关的确权程序予以保证。根据我国的专利制度，外观设计和实用新型只做初步审查，授权专利不一定满足专利性。在电商平台受理的专利侵权投诉中，这一问题较为突出。第三，网络交易中的物流与信息流分离，在电商平台能够看到的只有商品的图片、文字说明及使用评论，而专利侵权的判定是要将被控侵权产品的实物与权利要求进行对比，仅凭交易平台上的商品信息无法判断是否构成专利侵权，平台经营者通过主动注意也无法发现专利侵权。基于这些特征，电商平台对其平台上的专利侵权不承担主动发现并处理的义务，但是应当为防止和制止专利侵权承担一定的提醒和谨慎义务。❶

陈怡、袁雪石认为，考虑到侵害专利权为违法性判断的复杂性和可能的巨大成本代价，不应该让网络服务提供者承担判断侵害专利权是否具有违法性的注意义务。但为了保护权利人，可以规定网络服务提供者仅承担通知服务对象，或者向权利人提供服务对象信息的义务。❷

对平台经营者课以审查专利侵权的注意义务显然超出了其能力范围，也远远超出了各国司法实践普遍认可的"善良管理人"的标准。

---

❶ 冀瑜、李建民、慎凯："网络交易平台经营者对专利侵权的合理注意义务探析"，载《知识产权》2013年第4期。

❷ 陈怡、袁雪石：《网络侵权与新闻侵权》，中国法制出版社2012年版。

上述文献是对电商平台是否需要承担主动审查义务的论述，大多数学者认为电商平台不需要承担主动审查义务，部分学者认为电商平台为了降低其过错程度，应当对足够明显的专利侵权行为负有主动审查义务。

石必胜指出，网络服务提供者若想发现这些所谓"足够明显"的，尤其是权利人前期未曾通知的侵权行为，降低认定自身存在主观过错的可能性，就必须对其接触的各类信息进行主动地审查，也就是"应当知道"的判断前提是网络服务提供者应当承担知识产权审查义务。❶

然而电商对于电商平台是否承担被动审查义务，较多文献中都有涉及。电商平台对专利侵权的被动注意义务的焦点集中于对权利人提交的通知是否承担审查义务以及承担何种审查义务。

学者王利明认为，网络服务提供者在接到受害人的通知后，有义务审查核实相关信息是否侵权，在网络用户提出反通知的情况下，网络服务提供者应当自行审查，如果其认为网络用户的行为不构成侵权而拒绝受害人的请求，要自行承担可能构成侵权的风险和责任。❷

从电商平台受理的专利侵权投诉情况来看，电商平台上的专利侵权数量庞大，但基本为外观设计和实用新型专利。对于这种情况，根据一般能力的判断标准即可将投诉方的通知认定为无效通知，因此，对于相当一部分专利侵权纠纷，平台施以一般的注意义务即可作出不构成侵权的判断，也应当承担审查义务。❸

由此可见，大多数的观点认为电商平台负有被动审查注意义务。此种审查义务的程度受专利侵权判断难易程度影响，电商平台被动审查注意义务的高低以通知和反通知的接收情况为依据。

事先审查义务的审查内容除了审查是否构成侵权之外，还包括审查主体资格、审核所经营的商品信息及其他主动提醒义务、协助义务及谨

---

❶ 石必胜：《电子商务交易平台知识产权审查义务的标准》，载《法律适用》，2013年第2期，第103~107页。

❷ 王利明：《侵权责任法研究》，中国人民大学出版社2011年版，第142页。

❸ 冀瑜、李建民、慎凯："网络交易平台经营者对专利侵权的合理注意义务探析"，载《知识产权》2013年第4期。

慎义务等。虽然有的学者主张电商平台上的专利侵权行为不承担主动审查是否构成侵权的义务，但是应当承担为防止和制止专利侵权承担一定的提醒和谨慎义务。

许谅亮认为电商平台应当负有以下特殊的义务：（1）事先审核义务，一方面是对主体资格的审核；另一方面是网络交易平台提供商应当在其技术和能力范围内对所经营的商品信息进行初步审核，便于后续管理和权益保护；（2）主动提醒义务；（3）协助义务；（4）谨慎义务；（5）监控义务。❶

（一）事先审核主体资格

电商平台应当负有审查平台上注册人的主体资格的义务，主体资格不合格的不应当允许其在电商平台中存在。

陈怡、袁雪石认为在通常情况下，电子商务交易平台服务商不具有事先审查站内经营者是否实施侵犯他人专利权的义务。但鉴于侵权人利用电子商务交易平台实施侵犯专利权行为日益频发，为警告侵权人不得实施侵权行为和方便权利人维权，电子商务交易平台服务商应负有事先审查卖家身份或资质、提醒站内经营者不得实施侵犯他人知识产权和设置平台举报侵权系统的义务。❷

阮开欣认为，事先审查卖家身份或资质的义务，是指电子商务交易平台服务商对欲在其平台上从事交易的用户，根据平台的具体经营模式，审查该用户的真实身份、证件、联系地址、电话、资质等义务，从而在用户实施侵权行为时，能够有利于权利人准确锁定侵权人，方便权利人维权。❸

宋颂提出，网络交易服务提供者能够凭借用户对自身商业资源的依赖获得足够的用户信息，并且制定详尽的入驻、运营、管理规则，对用

---

❶ 许谅亮："网络交易平台提供商专利侵权法律责任"，载《科技与法律》2015年第3期。
❷ 陈怡、袁雪石：《网络侵权与新闻侵权》，中国法制出版社2010年版，第32～33页。
❸ 阮开欣："网络交易平台服务商商标侵权责任的认定"，见黄武双主编：《知识产权法研究》，北京大学出版社2013年版，第261～263页。

户的使用行为进行监督。❶

（二）主动提醒义务

平台经营者的提醒义务主要体现为制定适当运营规则并将其告知站内经营者。提醒站内经营者不得实施侵害他人知识产权的义务，不要出现销售专利侵权商品的行为，以及可能受到的处罚。这种义务的具体表现形式通常是制定各种规则并在平台的显要位置公开以提醒经营者注意，如淘宝规则，均对销售专利侵权商品行为进行了提醒。

（三）协助义务

网络交易平台提供商在证据充分的前提下，披露侵权经营者的真实个人信息，以协助权利人、专利行政部门、法院进行证据搜集和调查处理。

（四）谨慎义务

网络交易平台提供商的谨慎义务是与其监控义务紧密联系在一起的。平台经营者的谨慎义务主要体现为设置相应侵权举报系统。所谓设置平台举报侵权系统的义务，是指电子商务交易平台服务商应在其平台上设置方便知识产权人举报侵权的系统，从而适当地贯彻"通知—删除"规则，及时制止侵犯知识产权行为。虽然不能要求网络交易平台提供商在审核监控商品信息时做到仔细全面，但其一般的谨慎性还是十分必要的。这就要求网络交易平台提供商如实提供平台上发布的主体（卖方或买方）信息和商品信息，不得故意提供虚假信息或故意隐瞒重要事实。❷

（五）监控义务

臧晓飞指出，只要网络交易平台提供商在接到权利人有效的通知或通过其他途径得知网站上有侵犯他人专利权的商品在售，及时采取措施制止了侵权的继续进行，那么，网络交易平台提供商就算是尽到了监

---

❶ 宋颂："专利法上'通知—删除'规则研究——以电子商务中规则滥用为视角"，载《电子知识产权》2016年第4期，第77～85页。

❷ 高富平、苏静、刘洋："易趣平台交易法律研究报告"，见高富平主编：《电子商务立法研究报告》，法律出版社2004年版，第124页。

控义务。❶

四、"通知—删除"规则的研究

"通知—删除"规则源自版权领域，那么，对于电商平台的专利侵权行为是否可适用该规则进行规制呢？目前，理论界众说纷纭。若在电商平台专利侵权中引入"通知—删除"规则，该规则的具体构成要件又该如何规定呢？对于如何确定电商平台主体资格，电商平台在接到通知后该如何认定合格通知及负有哪些事后审查义务呢？同时，在电商平台专利侵权领域应当如何完善"通知—删除"规则，以适应电商平台专利侵权平台的特性，下面将围绕上述问题进行检索分析。

（一）是否在电商平台专利侵权案件中引入"通知—删除"规则

对于是否将"通知—删除"规则引入电商平台专利侵权中，作为电商采用该规则来免除自身责任的规则，学界争执不断。《侵权责任法》《中华人民共和国专利法修改草案（征求意见稿）》及其修改思路中都体现了"通知—删除"规则的引入趋势，而相关学者从电商专利侵权的特性、引入该规则将架空相关法律规定及"通知—删除"规则无法适用于电商专利侵权等角度进行论述，反对将"通知—删除"规则引入电商平台专利侵权。

1. 赞成观点

"通知—删除"制度是一种纠纷快速解决机制，是立法者对服务商的一种免责设计。《侵权责任法》第36条的规定通知制度能够适用于各种权利类型权利客体，自然包括著作权、商标权与专利权。❷ 所以，在专利中引入"通知—删除"规则并未违背《侵权责任法》的相关规定。为了应付近来电商平台中越来越多出现的专利侵权行为，我国政府开始审时度势地在专利立法中试图加入此规则，其也在实践中慢慢被法院所

---

❶ 臧晓飞：《网络交易平台提供商的专利侵权责任研究》，上海交通大学2007年硕士学位论文。

❷ 司晓："知识产权领域'通知—删除'规则滥用的法律规制"，载《电子知识产权》2015年第1期。

认同。在2015年1月发布的《专利行政执法办法（征求意见稿）》新增电子商务内容。❶ 随后，国家知识产权局在4月2日发布的《〈中华人民共和国专利法修改草案（征求意见稿）〉说明》中增加了关于现行《专利法》第71条的说明。立法者坚持"平衡各方利益、引领产业发展"的原则，提出了《专利法》的修改思路：明确电子商务平台的法律地位为网络服务提供者；明确电子商务平台经营者应当承担合理注意义务；明确"通知"和"知道"规则下的过错成立要件。❷

2．反对观点

（1）"通知—删除"规则不符合正当程序的要求。

梁志文认为："通知—删除"规则赋予权利人以超司法性的保护，不符合正当程序的要求，应通过保障利益当事人合理之公共政策参与程序，来平衡权利人、平台经营者、直接侵害人三者的关系。❸

（2）"通知—删除"规则架空"临时禁令"等相关法律。

学者童笃笃认为：根据"通知—删除"规则，电商平台经营者为避免承担共同侵权责任，在收到权利警告后，大多倾向于及时采取断开链接等措施以满足权利人的不作为请求权。由此，便架空了如2008年《专利法》第66条以及2012年《民事诉讼法》第100条。《专利法》在规定"诉前禁令"时其实已经考虑到因错误申请可能给被控侵权人利益造成的损害，因此设计了一套完善的利益平衡机制，即要求申请人提供担

---

❶ 《专利行政执法办法（征求意见稿）》指出："实践中一些大型电商平台每年收到大量的专利侵权纠纷投诉，但网络服务提供者的法律责任和义务尚不够明确，司法实践中只能适用《侵权责任法》的原则性规定。由于专利侵权判断的专业性和复杂性，网络服务提供者无法准确把握其应尽义务，不能有效保护专利权。为此，建议遵循《侵权责任法》规定的'通知—删除'基本规则，在专利法中明确网络服务提供者的法律责任，要求网络服务提供者承担更多与其能力相匹配的法律义务。同时，为发挥行政执法优势，建立快速、便捷的网络专利纠纷解决机制，加强电子商务领域专利保护，营造良好的竞争秩序，草案建议就网络服务提供者执行专利行政部门决定、制止专利侵权行为的义务做出明确规定。"

❷ 在北京市的司法实践中，已经在电商平台引入"通知—删除"规则，亦规定了电商平台在"知道或应当知道网络卖家利用网络服务侵犯他人知识产权"情形下该如何作为。参见《北京市高级人民法院关于审理电子商务侵害知识产权纠纷案件若干问题的解答》，北京市高级人民法院办公室2012年12月28日印发。

❸ 梁志文："论通知删除制度——基于公共政策视角的批判性研究"，载《北大法律评论》第8卷，第1辑，北京大学出版社2007年版，第168～185页。

保；如果申请人自法院采取责令停止有关行为的措施之日起15日内不起诉的，法院将解除该措施。在专利权人完全可以申请"诉前禁令"的情况下，如果其只要邮寄（甚至通过电子邮件发送）一纸通知就可以迫使电子商务平台经营者将被指称侵权的产品"下架"，实现与"诉前禁令"相同的效果，既不用提供任何担保，也无须在产品"下架"后15天内起诉，更省去了去法院申请的奔波和费用，试问哪位专利权人还会向法院申请"诉前禁令"呢？在网络环境中针对专利侵权的"诉前禁令"制度和与之配套的利益平衡机制将彻底被规避。❶

（3）"通知—删除"规则造成垃圾专利的泛滥，竞争机制遭到破坏。

司晓认为：实用新型与外观设计专利的申请较为简单，二者均采取形式审查原则。实践中，大量不具备专利性的垃圾专利被申请，导致在同一高度类似的技术或产品上，卖家、权利人均拥有多本有效的专利证，造成垃圾专利泛滥，行为人以不具备专利性的专利受侵害为由，向网络服务提供者发送通知，对大量出售同一商品的卖家进行投诉。❷

由此可见，"通知—删除"规则在一定程度上鼓励相关人申请大量与提升核心竞争力相关性不大、创新程度较低的知识产权，并以此类知识产权为工具，通过发出权利警告来干扰竞争者的正常经营活动。

（4）将"通知—删除"规则扩展适用于专利间接侵权具有不适应性。

著作权法中的"通知与移除"规则仅针对以信息形式传播作品，而网络环境中的专利直接侵权行为与传播信息无关。在专利法中移植"通知与移除"规则所要实现的目的，应当是使为侵权产品的销售者提供电子商务平台或对该侵权产品提供搜索和链接的网络服务提供者在收到专利权人发出的通知后，"删除、屏蔽、断开侵权产品链接"。

结合专利的特殊性分析"通知—删除"规则扩展至专利间接侵权的

---

❶ 童笃笃：《电子商务领域知识产权权利警告的规制》，载《知识产权》2016年第4期，第71~77页。
❷ 司晓："知识产权领域'通知—删除'规则滥用的法律规制"，载《电子知识产权》2015年第1期。

不适应性。首先，司晓认为：在网络服务提供者知识产权间接侵权语境下，应该对"通知—删除"制度适用的权利类型进行必要的限制，从网络服务提供者对侵权信息的识别判断能力来看，当面对与著作权、商标权相关的侵权信息，网络服务提供者还能作出较为基本的判断，但是专利权本身的复杂性使得网络服务提供者力不从心。因此，通知制度不宜适用于专利间接侵权。❶

其次，王迁撰文详述专利认定侵权的专业及复杂性，以此表明"通知—删除"规则无法适用于电商平台专利侵权领域的观点。对于发明和实用新型专利而言，网络服务提供者根据专利权人发出的通知，很难对相关产品是否为侵权的专利产品作出直观的初步判断。发明或实用新型专利产品并非仅指与专利申请文件中实施例或专利权人自己制造的产品在名称或外观上相同的产品，而是包含专利权利要求记载的全部技术特征的产品。如果专利权人要向电子商务平台经营者或搜索和链接提供者发出通知，告知他人在该平台上销售的某产品为侵犯其专利权的产品，专利权人符合"有证据证明网络用户利用网络服务侵犯其专利权"这一前提的途径，无非是提供专利证书、权利要求书、说明书和附图。电商平台所能用于初步核实通知真实性的方法，也只能是查看网页中对被指称为侵权产品的文字描述或图片。除非制造者和销售者自述相关产品是仿制专利产品的，否则这些信息很难让网络服务提供者直观地了解该产品是否包含专利权利要求记载的全部技术特征。即使网络服务提供者持有被指称侵权的产品，除了非常简单的实用新型专利产品外，也很难通过对产品表面的观察初步判断其是否为专利产品，对于那些技术含量较高的发明专利产品就更是如此。❷

最后，作为商业经营者而非"本领域技术人员"，电商平台即使拆解了被指称侵权的产品，也难以对该产品是否包含专利权利要求记载

---

❶ 司晓："知识产权领域'通知—删除'规则滥用的法律规制"，载《电子知识产权》2015年第1期。

❷ 王迁："论'通知与移除'规则对专利领域的适用性——兼评《专利法修订草案（送审稿）》第63条第2款"，载《知识产权》2016年第3期，第20～32页。

的全部技术特征作出初步判断，电商平台无法恰当准确对专利侵权等同原则进行判断。同时，最高人民法院《关于审理专利纠纷案件适用法律问题的若干规定》第17条第1款在确定发明或者实用新型专利权的保护范围时，主张适用等同原则进行确定。在美国，如果对被控侵权的行为是否构成相同侵权存疑，专利权人的律师几乎都会指称对方的行为是等同侵权。如果律师没有提出等同侵权的诉讼请求，甚至还会被认为失职，❶ 以至于有美国法官和学者悲观地认为："专利权的保护范围由权利要求确定"正在成为乌托邦式的幻想。❷ 如果专利权人的通知指称电子商务平台上销售的某产品根据"等同原则"属于侵权产品，网络服务提供者又怎么有能力进行初步核实呢？

（二）"通知—删除"规则在电商平台专利侵权案件的适用条件

本部分将围绕"通知—删除"规则的适用条件进行检索归纳分析，主要包括在电商平台专利侵权案件中适用"通知—删除"规则，如何确定电商平台，如何判定通知人的通知是否合理。

1. 电商平台的性质

于凯旋主张：在适用避风港原则之时必须先界定网络交易平台商的性质。事实上，网络平台具有多种性质，并非所有网络平台都可适用"通知—删除"规则免责，也并非所有网络平台仅承担间接侵权责任。刘迪在《刍议电子商务平台服务提供者专利间接侵权中"通知—删除"规则的完善》一文中指出，网络平台主要有纯自营模式、单纯第三方式（又称C2C，如 eBay 等）模式、第三方的混合式（如淘宝等）。而专利权与著作权的间接侵权仅发生在服务平台提供者（第三方）中。❸ 陈进、曹淑艳主编的《电子商务中的知识产权》一书中介绍：根据电子商务交易平台服务商是否实质参与交易，可将其划分为不同的角色。对于直接参与商品或服务交易的B2B和B2C平台，如京东商城和苏宁易购，

---

❶ Alan L.Durham，Patent Law Essentials，Praeger Publishers（2009），p.154.

❷ Paper Converting Machine Co. v. Magna-Graphics Co.，745 F.2d 11，at 19（Fed. Cir.，1984）；Alan L.Durham，Patent Law Essentials，Praeger Publishers（2009），p. 154.

❸ 于凯旋："电商平台知识产权侵权责任之阻却"，载《电子知识产权》2015年第5期，第1页。

其地位是销售者，类似百货市场和超市。对于不直接参与销售的网络交易平台，如天猫和淘宝集市，商品信息均由网络用户即卖家上传，平台（网站）仅提供信息存储空间服务，本身并不直接销售商品，此时，电子商务交易平台服务商应被看作为网络用户提供商品信息存储空间的网络服务提供者。❶

因此，本文中所讨论的在专利间接侵权中适用"通知—移除"规则的网络平台仅指网络服务平台，不直接参与销售的网络交易平台，不同于直接参与商品或服务的直营网络平台，该直营网络平台可适用直接侵权加以规制。

2．合格的通知

若在电商平台在专利侵权案件中适用"通知—删除"规则进行免责的情况下，如果原始通知本身有问题而导致误删，电商自身没有履行上述谨慎义务时，此责任需自行承担。吴汉东指出，无论出现在专利权中还是著作权中，"通知—删除"规则的根本目的都在于：建立电商配合权利人（通知发送人）维权的法律机制，促使两者合作，以便有效地制止网络侵权行为的扩大；由于通知的侵权指控并不一定属实，因而要求通知必须符合一定条件。❷

因此，网络服务平台应当对通知人及内容进行确定，判断通知是否合理。即通知或反通知能否明确证明交易平台上的商品信息构成侵权或不构成侵权。❸下面将从通知的内容和发出通知时所需要提交的材料两方面论述合格的通知应当具备的要件。

（1）通知的内容。

《侵权责任法司法解释草案（建议稿）》第76条规定：被侵权人通知网络服务提供者采取必要措施，应当采用书面通知方式。通知应当

---

❶ 陈进、曹淑艳主编：《电子商务中的知识产权》，对外经济贸易大学出版社2008年版，第1页。

❷ 吴汉东："论网络服务提供者的著作权侵权责任"，载《中国法学》2011年02期，第38～47页。

❸ 冀瑜、李建民、慎凯："网络交易平台经营者对专利侵权的合理注意义务探析"，载《知识产权》2013年第4期。

包含下列内容：①被侵权人的姓名（名称）、联系方式和地址；②要求采取必要措施的侵权内容的网络地址或者足以准确定位侵权内容的相关信息；③构成侵权的初步证明材料；④被侵权人对通知书的真实性负责的承诺。被侵权人发送的通知不能满足上述要求的，视为未发出有效通知，不发生通知的后果。

孙秋霞认为：如果专利人认为一项网站设计使用了他的专利发明，可以先向主机网站发送一个适当的通知。通知中应当包含必要的信息足以判断侵权主张的合法性：（1）被侵权的专利号码；（2）主张的侵权要求；（3）对被侵权声明观点的简明的非法律性质的解释。❶

可见，合格通知的内容应当包括通知人的详细信息、被控侵权对象、被侵权的专利请求等。

（2）提交的材料。

于凯旋认为，对"合格通知"的要求应包括专利权人的身份信息、权利要求、具体信息、专利登记、专利权评价报告等。❷

《信息网络传播权保护条例》第14条规定，合格的通知应当涵盖基本的权利证明、特定的侵权信息和初步的证明材料。❸ 适格的权利证明这里主要是指专利登记簿副本，对于实用新型或者外观设计专利，还可以出具专利权评价报告；❹ 倘若存在专利许可使用等特殊情形，专利权人还应当提供完整的专利许可使用协议复制件。❺

许谅亮认为：通知人应当提供专利权的有效证明以及由行政部门或法院出具的侵权裁定或判决书或者其他证明材料方能形成合格通知。❻

可见，为证明通知合格与否，通知人应当提交证明自己身份信息的

---

❶ 孙秋霞："论数字侵权时代专利侵权行为的救济——以3D打印技术为例"，载《法制与社会》2015年第7期，第73～74页。

❷ 于凯旋："电商平台知识产权侵权责任之阻却"，载《电子知识产权》2015年第5期。

❸ 黄亮："避风港规则在电子商务商标侵权认定中的适用"，载《中华商标》2015年第2期，第43页。

❹ 刘强："3D打印技术专利侵权问题研究"，载《武陵学刊》2014年第1期，第59页。

❺ 黄亮："论避风港规则在3D打印专利侵权判定中的移植"，载《电子知识产权》2015年第5期，第35～40页。

❻ 许谅亮："网络交易平台提供商专利侵权法律责任"，载《科技与法律》2015年第3期。

证据，证明自己享有专利权的专利登记簿副本、专利权评价报告、权利要求书、法院或行政部门出具的侵权裁定或判决书等有效证明。

（三）电商平台的事后审查义务

电商平台的事后审查义务是指电商平台对被侵权人所发送的通知和反通知的审查义务，不同于电商平台的事先审查义务。北京市高级人民法院民三庭在《电子商务知识产权司法保护的调查研究》一文中强调在侵犯专利权诉讼中，电子商务交易平台服务商应当对专利权人发出的通知和网络卖家发出的反通知的有效性进行审查，以此判断通知所指向的网络卖家，其侵犯专利权的可能性是否达到高度盖然性的标准。[1] 冀瑜、李建民、慎凯认为，网络交易平台经营者应承担对通知或反通知有效性进行审查的义务。对于权利人通知中附有人民法院或行政执法机关认定侵犯专利权成立的判决书或裁决书，电子商务交易平台服务商应当根据通知对侵权信息的定位，及时对侵权产品的信息采取删除、屏蔽、断开侵权链接等措施；对于权利人发出的附有执法机关裁决书以外的通知，电子商务交易平台服务商应将该通知送达网络卖家，要求其在一定时间内提出反通知。若网络卖家在规定的合理时间内，未提出反通知，则推定网络卖家侵权成立，电子商务交易平台服务商应对通知中所列出的商品信息采取必要的移除措施；如果网络卖家提出反通知，且该反通知能够证明，网络卖家侵犯专利权的可能性不太大，则电子商务交易平台服务商应通知专利权利人请求法院或行政执法机关处理此纠纷，电子商务交易平台服务商将根据判决或裁决结果采取相应措施。[2]

电商平台应当对通知及反通知的内容及其提交的材料进行审核，经过谨慎的事后审核之后再决定是否采取删除链接或下架侵权产品的措施，又或者是否请求法院或行政执法机关处理相关纠纷。

---

[1] 北京市高级人民法院民三庭："电子商务知识产权司法保护的调查研究"，载《北京知识产权审判》2013 年第 1 期。

[2] 冀瑜、李建民、慎凯："网络交易平台经营者对专利侵权的合理注意义务探析"，载《知识产权》2013年第4期。

（四）"通知—删除"规则的完善意见

经过上述的文献检索可知，部分学者不赞成"通知—删除"规则引入专利法中，部分学者虽然赞成该规则的引入，但是仍认为照搬的"通知—删除"规则不足以实现立法原意，反而会带来恶性竞争等不良影响。因此，有必要在原"通知—删除"规则的基础上，对其进行完善。

由于专利权侵权在比较判断的标准——相同性上比之版权更加严格，版权可以允许在无接触情况下的大体类似，但是专利权具有相当强的排他权，不允许类似甚至近似的存在。故在作专利侵权判断时，更容易作出错误判断，而导致权利被滥用。这就要求在电商专利间接侵权"通知—删除"规则立法方面给予更加细致和严格的规制。❶

1. 增加"反通知与恢复"规则

反通知规则是指被控侵权人针对通知中所提起的侵权行为予以反驳，提供证据证明自己不构成专利侵权。司晓主张：立法上应该完善"通知—删除"程序，规定"反通知"制度。❷

吴汉东指出，有必要设计"反通知"程序，允许被指控侵权的用户提出恢复被删除的内容或链接的要求。❸

牛萌认为，网络服务平台的删除行为可能存在草率的失误或错误，大量的合法非侵权信息（如公共资源、合理使用例外等资源）被删除，都会对合法的个人和公共利益造成损害。此时，"反通知—恢复"规则就是针对错误的"通知—删除"的一种补救措施。❹

王迁认为，缺乏"反通知与恢复"规则将加剧利益失衡。在专利法中规定"通知与移除"规则，对于产品销售者造成的影响要比著作权法中相同规则下对于作品传播者造成的影响大得多。"反通知与恢复"规则的缺失，将导致合法销售的产品经专利权人的错误通知被"下架"

---

❶ 刘迪："刍议电子商务平台服务提供者专利间接侵权中'通知—删除'规则的完善"，载《电子知识之友》2015年第6期，第23页。

❷ 司晓："知识产权领域'通知—删除'规则滥用的法律规制"，载《电子知识产权》2015年第1期。

❸ 吴汉东："论网络服务提供者的著作权侵权责任"，载《中国法学》2011年第2期，第44页。

❹ 牛萌：" '正反通知＋删除'制度的建构"，载《中国版权》2014年第4期，第58页。

之后无从及时恢复。可以想见，在专利法仅规定"通知与移除"规则而未规定"反通知与恢复"规则的情况下，当销售者认为合法产品被错误"下架"后，即使能够提供不侵权的相关证据，电子商务平台经营者为了避免自身责任，也会要求其起诉专利权人并以生效的胜诉判决书作为将产品恢复"上架"的前提。一方面，专利权人的通知实际上具有使产品"及时"被"下架"的效力；另一方面，要恢复产品销售要经过漫长的诉讼之路，这其中的利益失衡状况是显而易见的。❶ 因此，可以参照《信息网络传播权保护条例》，在第63条第2款增加"反通知与恢复"规则，即规定网络服务提供者在根据专利权人的通知"删除、屏蔽、断开侵权产品链接"之后，应当立即通知网络用户（被指称侵权产品的销售者），如果该网络用户向网络服务提供者提交符合要求的书面说明（"反通知"），要求恢复被"删除、屏蔽、断开链接"的产品，则网络服务提供者可以予以恢复，并将该书面说明转送专利权人，专利权人不得再通知网络服务提供者删除、屏蔽、断开侵权产品链接。❷

对于"反通知—恢复"规则如何具体操作，司晓在《知识产权领域"通知删除"规则滥用的法律规制》一文中有所论述：被控侵权的网络用户可以向网络服务提供者发出"反通知"以证明其传播信息的合法性。反通知应该与"通知"形式相对应，具体要求是采取书面形式，同时包含下列内容：（1）网络用户的姓名（名称）、联系方式和地址；（2）要求恢复内容的名称和网络地址；（3）不构成侵权的初步证明材料；（4）反通知发送人承诺对反通知的真实性负责。如果通知内容涉及专利权的，被控侵权的网络用户应当提供与通知涉及的标的金额相当的保证金，在其提供保证金后，网络服务提供者可以直接恢复被采取措施的内容。❸

刘迪认为：在"反通知"中要设立一个时限，若卖家未及时回应，

---

❶❷ 王迁："论'通知与移除'规则对专利领域的适用性——兼评《专利法修订草案（送审稿）》第63条第2款"，载《知识产权》2016年第3期，第20～32页。

❸ 司晓："知识产权领域'通知—删除'规则滥用的法律规制"，载《电子知识产权》2015年第1期。

则自行承担不利后果。❶

　　冀瑜、李建民、慎凯认为：对于权利人发出的附有执法机关裁决书以外的通知，电子商务交易平台服务商应将该通知送达给网络卖家，要求其在一定时间内提出反通知。若网络卖家在规定的合理时间内，未提出反通知，则推定网络卖家侵权成立，电子商务交易平台服务商应对通知中所列出的商品信息采取必要的移除措施；如果网络卖家提出反通知，且该反通知能够证明，网络卖家侵犯专利权的可能性不太大，则电子商务交易平台服务商应通知专利权利人请求法院或行政执法机关处理此纠纷，电子商务交易平台服务商将根据判决或裁决结果采取相应措施。❷

　　由此可见，反通知也必须符合合格的要件，具备能够反映反通知人个人身份信息，证明自己不构成侵权等内容，同时，反通知的发出应该在规定的期限内，逾期不发出反通知，视为承认侵权事实。

　　2. 将"通知—删除"规则改为"通知、转通知与移除"规则

　　"通知、转通知与移除"规则是"反通知—恢复"规则更为具体的表现。该规则增加了电商平台对被控侵权人的转通知步骤，同时对于逾期反通知后错误下架情况的责任予以明确规定。

　　王迁认为可以吸收"通知与通知"规则（源于加拿大"通知与通知"规则，❸是指网络服务提供者在收到版权人的通知后，无须移除被指称侵权的作品，而是在向通知人收取必要费用的情况下，立即将该通知以电子方式转发给被指称侵权者❹）的有益之处，对其第63条第2款进行改造，如规定网络服务提供者在收到专利权人有关某产品侵犯其专利权并要求"采取删除、屏蔽、断开侵权产品链接"的通知后，应当立即将该通知转给相关产品的销售者并要求其作出说明，并告之如果逾期未作出

---

❶　刘迪："刍议电子商务平台服务提供者专利间接侵权中'通知—删除'规则的完善"，载《电子知识之友》2015年第6期。

❷　冀瑜、李建民、慎凯："网络交易平台经营者对专利侵权的合理注意义务探析"，载《知识产权》2013年第4期。

❸　王迁："论'通知与移除'规则对专利领域的适用性——兼评《专利法修订草案（送审稿）》第63条第2款"，载《知识产权》2016年第3期。

❹　*Copyright Act of Canada*，Section 41.26（1）.

说明，将根据专利权人的要求对相关产品作"下架"处理。如果销售者在规定的期间内回复称其产品并不侵权，则网络服务提供者应将该情况告知专利权人，且无须采取专利权人要求的"下架"措施，相关专利侵权纠纷应通过诉讼途径解决。如果销售者在规定的期间内未作出相关产品不侵权的说明，网络服务提供者又未及时根据专利权人的通知采取必要措施的，对损害的扩大部分与该销售者承担连带责任。

如果销售者在规定的期间过后又发送了"反通知"，网络服务提供者仍然应当将已被"下架"的产品恢复"上架"。即使该产品最终被证明并不侵犯专利权，由于销售者在产品被"下架"之前已经得到过网络服务提供者有关逾期不作出说明其产品将被"下架"的通知，其应当自行承担因怠于作出说明而在产品被"下架"和恢复"上架"期间的损失。

五、结　　语

现行专利法中对于间接侵权行为及其责任没有明确的规定，电商平台专利间接侵权问题一直是网络发展过程中的滥觞。《专利法修改草案（送审稿）》第四稿第63条引入了"通知—删除"规则，关于"通知—删除"在专利法中该如何适用学界及实务界存在颇多争议。本文献综述针对专利间接侵权行为进行了文献检索，在专利间接侵权行为的基本概念基础之上对免除承担间接侵权责任的例外"通知—删除"规则的适用进行了较为完整的观点阐述。本小组成员希冀通过此次文献检索及归纳，能对电商平台专利间接侵权问题有清楚的理解。

我国专利侵权损害赔偿数额案例调查分析

■ 占玉梅　钱　瑾
指导老师：于　波

【摘要】确定专利损害赔偿数额一直是司法实践中的难点问题。本文系统统计了200个案例，从案件数量总体概况、原告胜诉率、赔偿额的确定规则、赔偿数额以及地区审判差异等角度来对样本进行统计分析。通过数据分析，发现各地法院在适用《专利法》第65条结案时，普遍选择"法定赔偿"的计算方式，且法定赔偿数额较低，不利于权利人积极维权。最后，赔偿规则的适用存在先后顺序并不合理的问题，导致被侵权人的利益可能无法填平。通过统计分析，从审判实际出发，对我国法院2011年1月至2016年5月来的专利侵权案件进行实证研究，找出司法实践中的难点和重点。从问题着手，试图找出专利侵权损害赔偿的最佳方式，维护权利人的利益，保护发明创造的积极性。

专利侵权损害赔偿是专利侵权救济的一个重要方式；并且在司法实践中，确定损害赔偿数额一直是专利保护的重点和难点问题。根据《专利法》第65条的规定，我国专利侵权损害赔偿数额的确定采用补偿性原则，计算方式主要有权利人因侵权所受到的损失、侵权人因侵权所获得的利益、参照许可使用费的合理倍数确定以及法定赔偿，各计算方式之间有先后适用的顺序。专利侵权案件损害赔偿举证难、赔偿数额低是目前维权诉讼中较为普遍的问题，依据原告因侵权行为所受损失、被告因侵权行为所获利益以及参照许可费用确定赔额也都有不同程度的困难，因此，大部分法院会选择适用"法定赔偿"来结案。然而，从法条规定来看，有关法定赔偿标准的规定简单粗犷，在实际适用中仍然存在许多问题。对于标的比较小的侵权案件，原告会存在怠于举证的情形，由法庭适用法定赔偿，这不符合诉讼程序法的原则；而对于标的比较大的侵权案件，由于举证上的困难，适用法定赔偿往往不能使权利人得到有效的救济。

本文从不同的视角，利用实证分析的方法对我国专利侵权损害赔偿问题进行研究。具体从审判实际出发，对我国法院2011年1月至2016年5月的专利侵权案件进行实证研究，对相关统计数据进行比较分析，在此基础上对我国专利侵权案件赔偿数额的司法实践进行分析，以期获得一些有用的结论。

一、样本选择情况介绍

笔者以"专利侵权"为关键词在北大法宝数据库中检索全国各地管辖法院在2011年1月至2016年5月所作出的裁判文书。共搜到4008个检索结果，并从中随机挑选200件案例进行统计分析，将其中因专利无效被撤销的案件予以剔除，最终筛选出192件案例作为样本进行分析。数据覆盖14个省、自治区、直辖市人民法院的判决结果，并以涉案专利类型、请求额度、判决额度、案件的地区分布及法定赔偿的具体数额等作为主要变量因素进行分门别类的统计和分析。❶

---

❶　由于样本数量较小，为了使抽样结果能较好地反映审判实践，笔者按照每一年份实际检索到的各专利类型的案例数量与统计时间区间的4008份案例按比例折算后的数量进行统计，并在此基础上随机选取了本次统计的200个案例样本。

二、统计结果

（一）案件数量总体概况

统计样本案件总体情况见表1、图1。

表1　案件数量分布　　　　　　　　　单位：件

年份	2011	2012	2013	2014	2015
发明	6	8	9	18	9
实用新型	7	7	8	18	10
外观设计	14	13	17	28	14
案件总量	27	28	34	64	33

注：2016年上半年统计的案件数量共6件，其中涉案发明专利2件、实用新型专利1件、外观设计专利3件。

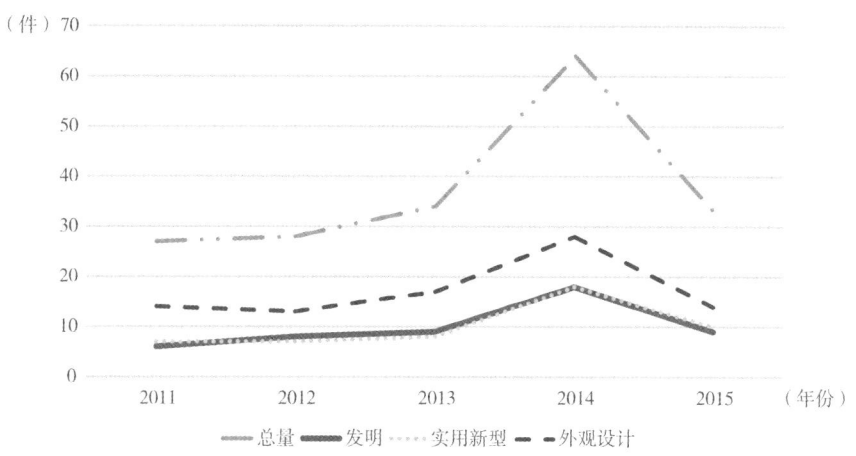

图1　案件数量的变化趋势

从上述可以看出，专利侵权损害赔偿纠纷的发生总体上呈增长趋势，除2014年有较大增加外，近几年专利侵权损害纠纷案件的数量基本稳定。涉案发明与涉案实用新型专利数量基本持平，涉案外观设计专利数量明显多于发明与实用新型。从地区分布来看，东部地区（上海、杭州、宁波、常州、北京、天津、山东、辽宁）案件数量最多，有154件，中部地区（湖北、河南、安徽、湖南）有22件，西部地区（四川、贵州、云南）有16件，具体案件数量地区分布情况如图2所示。

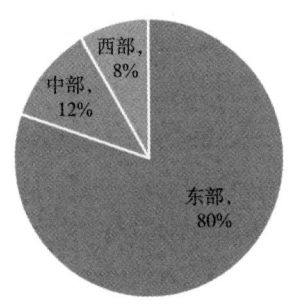

图2 案件数量地区分布

（二）原告胜诉率

从2011年1月起至2016年5月，笔者统计的192个案件中，涉案发明专利、实用新型专利、外观设计专利的案件数量分别为52件、51件和89件，其中，法院判决支持原告诉讼请求的有70件，比例为36%，驳回的案件有122件，比例为64%，其中，发明、实用新型以及外观设计的专利侵权案件获得的支持情况具体见表2。

表2 原告胜诉案件具体占比

案件类型	发明	实用新型	外观设计	总数
数量（件）	20	15	35	70
比例（%）	29	21	50	100

（三）赔偿额的确定规则

在上述支持原告诉讼请求的70份案例中，65份案例法院采取了法定赔偿的方式确定侵权赔偿数额，且普遍的理由是"鉴于本案没有充分证据证明原告的实际损失或侵权人的违法所得，本院根据案件事实，综合考虑涉案专利的创造性程度、侵权行为的持续时间、侵权范围以及原告为制止侵权产生的合理费用等因素，酌情确定被告赔偿原告经济损失及原告为制止被告侵权产生的合理开支共计××万元"。❶ 剩余的5份案例中，1份案例法院依据原告的经济损失确定侵权损害赔偿数额，但因为原告举证的为调查和制止侵权行为所支出的合理费用已经超出其诉讼请求赔偿的金额，因而诉请赔偿金额得到法院的全额支持；❷ 1份案例法院依据调解书中约定的侵权赔偿金额来确定赔偿数额；❸ 2份案例中法院依据许可使用费的合理倍数来计算赔偿金额；❹ 1份案例法院依据侵权人因侵权所获利益来计算赔偿金额。❺ 表3是关于我国专利侵权赔偿额的确定规则对比图。

表3　专利侵权损害赔偿确定规则

赔偿规则	实际损失	非法获利	许可使用费合理倍数	法定赔偿	其他
数量（份）	1	1	2	65	1
比例（%）	1.4	1.4	2.9	92.9	1.4

（四）赔偿金额

在上述适用法定赔偿的65份案例中，笔者分别针对发明、实用新型和外观设计法院实际判赔金额范围作了统计分析，表4是赔偿数额的具体区间。

表4　赔偿数额分布区域　　　　　　　　　　　　　　单位：万元/件

赔偿金额	<1	1～5	5～10	10～20	20～50	50～70	70～100	>100	总数
发明	—	3	3	2	5	2	1	1	17
实用新型	2	7	4	1	2	—	—	1	17
外观设计	1	18	5	4	3	—	—	—	31
总数	3	28	12	7	10	2	1	2	65

---

❶　有些案件中原告会直接诉请法院依据法定赔偿的方式计算侵权损害赔偿金额，只提供证明侵权事实成立的证据，并未提供证明相关损失的证据。参见（2015）金义知民初字第649号判决书。

❷　（2012）民提字第1号判决书。

❸　（2013）民提字第116号判决书。

❹　（2015）浙知终字第91号判决书，（2015）甘民三终字第35号判决书。

❺　（2014）浙甬知初字第138号判决书。

从表4可以看出，外观设计专利侵权案件数量较多，并且赔偿数额总体上要低于发明专利，这是由于发明专利蕴含较大的经济和技术价值。这三类案件中以发明专利侵权损害赔偿数额最高。根据表4可以看出，损害赔偿额在1万～5万元、5万～10万元以及20万～50万元比例较大。

从表5可以看出，法院采用法定赔偿的方式判赔的金额往往比较低，与原告诉请的金额差别较大，这也在一定程度上反映出我国法院法官在适用法定赔偿时比较保守。

表5　原告诉请赔偿额与法院判赔金额对比表（平均值）　　　单位：万元

案件类型	发明	实用新型	外观设计
原告诉请	150	48	35
法院判赔	45	13	7

（五）地区审判差异

我国专利侵权案件实行集中审理原则，一般都是每个行政省份省会城市所在地的中院管辖，相对集中，所以全国各地的专利侵权纠纷在每个省份不同的地方来说相对统一。我国经济发展不平衡，东部、中部、西部法院的平均判赔金额也存在一定的差异（见表6）。

表6　专利侵权案件平均判决赔偿金额地域分布

所属地区	案件数（件）	平均判赔金额（万元）
东部地区	50	45
中部地区	10	38
西部地区	5	23

从表6可以看出，经济发达的地区，市场主体实施专利的活动自然频繁，侵权的可能性自然就比较大，案件数量比较多，法院的平均判赔金额也较高。需注意的是鉴于样本数量比较小，统计结果可能与实际情况存在一定出入。

三、总结分析

通过以上的数据分析，我国专利侵权损害赔偿的现状可见一斑，具体存在以下几个问题。

（一）法定赔偿适用比例较高

从笔者统计的结果来看，在法院支持原告的诉讼请求案件中，适用法定赔偿原则确定赔偿金额的案件所占比例高达93%，如此畸高的比例，原因值得反思。知识产权领域的侵权行为成立一般不要求侵权者具有主观上的过错，但要符合一般侵权行为的四大构成要件中的其他三个要件，即存在侵权行为、存在损害后果、侵权行为和损害后果之间存在因果关系。

第一，权利人的"损失"与侵权行为之间的因果关系本身很难证明，权利人需要提交其专利产品销售量减少的情况以及证明销量的减少与侵权行为之间存在因果关系。而市场是动态的，权利人产品销售量的减少往往存在诸多因素的影响，比如自身产品的质量问题，其他同类产品的竞争以及营销策略的影响等。第二，因果关系存在并且有证据显示其成立，但是具体损失的金额依然很难确定。虽然最高人民法院在关于修改《最高人民法院关于审理〈专利纠纷案件适用法律问题〉的若干规定》的决定中指出，实际损失可以根据专利权人的专利产品因侵权所造成销售量减少的总数乘以每件专利产品的合理利润所得之积计算。权利人销售量减少的总数难以确定的，侵权产品在市场上销售的总数乘以每件专利产品的合理利润所得之积可以视为权利人因被侵权所受到的实际损失。侵权人因侵权所获得的利益可以根据该侵权产品在市场上销售的总数乘以每件侵权产品的合理利润所得之积计算。侵权人因侵权所获得的利益一般按照侵权人的营业利润计算，对于完全以侵权为业的侵权人，可以按照销售利润计算。但由于权利人举证困难，销售报表和财务报表等证据难以获得造成没有证据证明权利人损失以及侵权人获利等。

（二）赔偿规则的适用存在先后顺序并不合理

根据《专利法》第65条规定，侵犯专利权的赔偿数额按照权利人因被侵权所受到的实际损失确定；实际损失难以确定的，可以按照侵权人因侵权所获得的利益确定；权利人的损失或者侵权人获得的利益难以确定的，参照该专利许可使用费的倍数合理确定；权利人的损失、侵权人获得的利益和专利许可使用费均难以确定的，人民法院可以根据专利权的类型、侵权行为的性质和情节等因素，确定给予1万元以上100万元以下的赔偿。由此可见，后一种方式只能在前一种方式无法适用时才可加以适用，这种先后顺序的方式有时并不利于保护权利人的利益。可以设想一种情形，若权利人的损失无法确定，被告的非法获利可以证明，但是数额并不高，则只能按照侵权人的获益来填补权利人的损失，即使存在可以参照的许可使用费，因为存在先后顺序的限制，也不能以许可使用费的合理倍数来计算损害赔偿额，这显然是不合理的。也许意识到上述问题，同样在最高人民法院关于修改《最高人民法院关于审理〈专利纠纷案件适用法律问题〉的若干规定》的决定中指出，没有专利许可使用费可以参照或者专利许可使用费明显不合理的，人民法院可以根据专利权的类型、侵权行为的性质和情节等因素，依照《专利法》第65条第2款的规定确定赔偿数额。上述规定在一定程度上突破了严格的遵循适用顺序的做法，但总体上仍然遵循先看权利人的损失，再看侵权人的获利这一基本规则。

（三）法定赔偿数额较低

通过上文的统计可以看出，法定赔偿的数额普遍较低，与权利人诉请的赔偿金额差别较大，不利于鼓励权利人积极维权。在笔者统计的65份采用法定赔偿方式的案例中，法院判赔金额在100万元以上的只有1件发明专利和1件实用新型专利。造成此结果的原因一部分是权利人无法举证证明其具体的实际损失、侵权人因侵权行为所获的利益，且一般没有可以参照的许可使用费；一部分原因是我国专利的整体质量不高，应用范围不广，导致法院在酌定权利人的损失时比较保守；还有一部分是因为专利法规定的法定赔偿参考范围是1万元以上，100万元以下，因此，在没有确切证据的情况下，法官只能在此范围内酌情判决赔偿金额而不敢轻易超越这个范围。当然根据现有统计样本，虽然不足以计算权利人的实际损失或者侵权人因侵权行为所获得的利益，但是已经足以证明"损失"的金额超过法定赔偿额的上限，法院可以在100万元的法定赔偿额上限之上酌情确定具体赔偿金额。

专利侵权损害赔偿计算案例综述

吴玉珍 吴 祎 邹明珠 崔泽夏
指导老师：何 敏 刘永刚

【摘要】在专利侵权案件中，赔偿额的计算一直是难点。最能直接弥补权利人因侵权导致的损失的两种损害赔偿计算方式的适用频率很低，许可费的合理倍数作为赔偿额的诉请通常得不到支持，法定赔偿适用频率最高，这是目前的司法现状。通过对以往案例的检索和分析，可以发现，权利人损失、侵权人所得、许可费倍数的计算方式适用最大的障碍在于举证困难，这些因素一般会作为法定赔偿的参考依据，而法定赔偿在适用时，遵循基本原则，但论证有待深入，且东西部间存在差异。此外，以调解协议作为侵权损失赔偿额计算的依据，对于适当减轻权利人的举证负担，完善损害赔偿计算方法，加大损害赔偿力度具有一定的指导意义。

引　　言

关于专利侵权损害赔偿计算的方式，《专利法》第65条作了4种规定，分别是：（1）按照权利人因被侵权所受到的实际损失确定；（2）按照侵权人因侵权所获得的利益确定；（3）参照该专利许可使用费的倍数合理确定；（4）法定赔偿数额。

　　然而，在具体的司法实践中，损害赔偿具体数额的确定一直以来都是个难题。为了探析司法实践中法院判断赔偿额度的计算依据，本文对法院审结的专利侵权案件判决书进行整理分析。数据来源于中国知识产权保护状况白皮书，最后检索时间为2016年6月3日（见表1）。

表1　2011～2015年新收专利案件情况表

年份	新收专利案件（件）	同比上升（%）
2015	11607	20.3
2014	9648	4.93
2013	9195	−5.01
2012	9680	23.80
2011	7819	35.16

　　根据国家知识产权局每年公布的中国知识产权保护状况白皮书中所显示的数据，总体上来讲，我国法院新收专利案件呈现递增的态势，不得不承认专利侵权案件纠纷数量的庞大。笔者从中随机选取北京、上海、广东、浙江、重庆、山东、湖南、河南等省市的一些涉及专利侵权损害赔偿的判决书，其中发明专利侵权、实用新型专利侵权、外观设计侵权案各100件，以此作为研究对象。出于研究的需要，本文所选取的判决书均满足以下两方面要求：（1）专利权人的侵权指控获得法院支持；（2）侵权行为人需要向专利权人承担一定的赔偿责任。

　　本文以专利法规定的赔偿方式为基础，对样本案例按照赔偿方式比较分析。首先，对两种基本相同的计算方式——权利人的损失、侵权人的获利进行实证分析，总结其中出现的问题，并给出相应的应对措施。其次，筛选出以专利许可使用费的倍数为依据进行判决的案例，分析该判决依据的实际适用现状。再次，对司法实践中使用频率最高的法定赔偿进行剖析，重点强调几个值得关注的问题。最后，对以和解协议确定损害赔偿额的方式进行分析，解读其对专利侵权损害赔偿计算的重要指导意义。

一、权利人的损失、侵权获利的计算方式适用较少

虽然权利人的损失、侵权获利两种计算方法的基础存在差异，但其实质相仿。本文将这两种计算方式作为一个整体进行分析。根据检索结果可以发现，虽然当事人在其主张中会选择以"权利人的损失""侵权人所得利益"作为赔偿依据，但法院多以"原告并未举证证明其因被告的侵权行为所遭受的损失以及被告因侵权所获得的利润"为由不予支持。司法实践中，权利人的损失、侵权获利的计算方式适用较少。

（一）以权利人的损失作为赔偿依据的实证分析

根据专利法的规定，在计算专利侵权损害赔偿时，应当首先以权利人的损失作为赔偿的依据。这与侵权责任法秉承的填平原则一脉相承，也符合最基本的法律伦理：权利人损失多少，侵权人向权利人赔偿多少。而该方法适用的前提条件是：（1）权利人因侵权行为受到损失；（2）权利人能提供相关的证据证明该损失的大小。

虽然"权利人的损失"是侵权损害赔偿数额确定的第一顺位，但检索结果显示，在我国的司法实践当中，最终以此为依据判赔的案例很少，笔者检索的300个样本案例中，只有5个是以权利人的损失作为赔偿依据的（见表2）。

表2 以"专利权利人所受损失"为赔偿依据的案例

案号	侵权类型
（2009）二中民初字第08543号	发明专利
（2010）苏知民终字第0125号	外观设计专利
（2009）渝高法民终字第203号	发明专利
（2006）一中民初字第8857号	实用新型专利
（2014）烟民三初字第283号	发明专利

在烟台同化防水保温工程有限公司诉烟台秀林节能新材料有限公司等侵害发明专利权纠纷案❶中，法院对侵权损害赔偿计算进行了清晰

---

❶ （2014）烟民三初字第283号。

的说理和严密的推论。认为"计算专利侵权赔偿数额方式有适用的先后顺序，只有在前一计算方式无法确定赔偿数额时，才能适用后一计算方式"。"同化公司要求法院酌定被告赔偿经济损失100万元，其依据是秀林节能公司宣传册中记载的秀林节能公司年生产聚氨酯外墙保温复合板250万平方米及其已施工了诸多工程项目。秀林节能公司宣传册中记载的秀林节能公司年生产聚氨酯外墙保温复合板250万平方米，只是对其生产能力的记载，并不能直接依据该宣传认定秀林节能公司的具体侵权数额，只有在无法确定秀林节能公司具体的侵权数额时，该记载才能作为确认秀林节能公司侵权赔偿数额的参考，在有证据证明秀林节能公司的具体的侵权数额时，不能按该宣传册的数额来确定秀林节能公司应承担的赔偿数额。秀林节能公司宣传册中确实记载了诸多工程项目，但同化公司既不能证实上述工程项目均使用了秀林节能公司生产的被控侵权产品，也不能证实使用的具体数量。从秀林节能公司提供的证据看，秀林节能公司除生产、销售被控侵权产品之外，也生产、销售其他产品。因此，在同林公司未提供其他证据予以佐证的情况下，不能排除上述工程项目中的部分工程存在使用秀林节能公司生产的其他产品的可能性"。

关于专利权人同化公司的损失数额计算，法院认为："秀林节能公司提供记账凭证等证据证明其共生产、销售被控侵权产品数额为2937503.41元，并同意对其账目进行审计。同化公司不同意以审计秀林节能公司账目来确定其生产、销售被控侵权产品的数额，也未提供反证推翻秀林节能公司提供的证据。本院根据秀林节能公司提供的证据确定其生产、销售被控侵权产品数额为2937503.41元。

秀林节能公司在庭审中先主张其生产、销售被控侵权产品的利润率为10%，后又主张其生产、销售被控侵权产品所获得的利润为负值，因其主张的利润并不合理，本院不予采信。同化公司在庭审中主张专利产品的利润在高峰时为产品价格的40%，在低谷时为10%。根据同林公司提供的成本核算明细表确定的生产成本及专利产品的市场价格确定的专利产品的利润为37.4%。本院综合本案的实际情况确定计算专利产品的合理利润率为25%。"

　　《最高人民法院关于审理专利纠纷案件适用法律问题的若干规定》第20条第2款规定，权利人因被侵权所受到的损失可以根据专利权人的专利产品因侵权所造成销售量减少的总数乘以每件专利产品的合理利润所得之积计算。权利人销售量减少的总数难以确定的，侵权产品在市场上销售的总数乘以每件专利产品的合理利润所得之积可以视为权利人因被侵权所受到的损失。综合权利人因被侵权所受到的损失及为制止侵权行为所支付的合理开支，法院最终确定秀林节能公司的赔偿数额为75万元。

　　在扬州中集通华专用车股份有限公司诉北京环达汽车装配有限公司侵犯专利权纠纷案❶中，原告也是以其所受的损失作为损害赔偿计算的基础，法院在原告自身的销量下降数量无法确定的情况下，也将侵权人相关产品在市场上的销售总数视为其销售下降的数量进行计算。在浙江省东阳市冠科建筑智能工程有限公司与深圳市捷顺科技实业股份有限公司侵犯外观设计专利权纠纷上诉案❷中，法院也采取这种计算方式来确定权利人的损失。

　　在具体的司法案例中，事实上要确定专利权人的专利产品因侵权所减少的销售量，是非常困难的。由于预期的销量未发生，存在不确定性，要给出一个具体的数字，缺乏说服力。因为权利人的销售数量减少与侵权人的侵权行为存在因果关系，以侵权人相关产品在市场上的销售总数视为权利人销售下降的数量，具有一定的合理性。但是，在权利人的销量下降数量无法确定的情况下，直接将侵权人相关产品在市场上的销售总数视为其销售下降的数量，这种"非此即彼"的做法也存在一定的武断性。毕竟，一般情况下，市场不仅只存在专利权人与侵权人这两家企业，侵权人的侵权行为也不是造成专利权人销售量减少的唯一原因。以侵权人相关产品在市场上的销售总数视为权利人销售下降的数量的做法，颇似退而求次的无奈之举，亦有禁止专利侵权的警示之意。

　　正是由于存在这种证明、说理的困难，权利人的损失这一计算方式

---

❶　（2006）一中民初字第8857号。

❷　（2010）苏知民终字第0125号。

在实践中较少被采用，一般它的构成要素被当作使用法定赔偿的酌定考量因素。

（二）以侵权人所得利益作为赔偿依据的实证分析

在权利人的损失无法确定的情况下，可以按照侵权人因侵权行为所获得的利益来计算损害赔偿额，根据《最高人民法院关于审理专利纠纷案件适用法律问题的若干规定》第20条第3款规定：侵权人因侵权所获得的利益可以根据该侵权产品在市场上销售的总数乘以每件侵权产品的合理利润所得之积计算。侵权人因侵权所获得的利益一般按照侵权人的营业利润计算，对于完全以侵权为业的侵权人，可以按照销售利润计算。

同样，根据检索结果可以发现，在我国的司法实践当中，以侵权人所得利益作为赔偿额计算依据的案例很少，在笔者检索的300个样本案例中，只有8个是这种情况，案例详细信息见表3。

表3　以"侵权人所得利益"作为赔偿依据的案例

案号	侵权类型
（2012）苏知民终字第0231号	实用新型专利
（2004）沪二中民五（知）初字第89号	发明专利
（2011）粤高法民三终字第326号	发明专利
（2015）济民三初字第140号	发明专利
（2014）苏知民终字第0209号	发明专利
（2015）济民三初字第140号	发明专利
（2002）黔高民二终字第37号	发明专利
（2006）温民三初字第135号	实用新型专利权

在广东美的制冷设备有限公司与珠海格力电器股份有限公司侵犯发明专利权纠纷上诉案❶ 中，根据格力公司申请，原审法院依法责令美的公司提供格力公司诉称的20款涉嫌侵犯发明专利权的空调器产品的具体

---

❶ （2011）粤高法民三终字第326号。

销售数量、销售金额、利润等数据。在原审法院指定的期限内,美的公司仅提供了型号为kfr-26gw/dy-v2(e2)分体机的相关数据(生产销售起止时间:2008年4月8日至2010年9月18日;数量:11735台;利润:477000元)。法院认为:"关于美的公司的侵权获利数额,可以依据4款侵权空调的销售数量、售价和利润等情况计算得出,而上述情况应当由美的公司掌握,在美的公司没有对外披露的情况下,格力公司很难查知,故美的公司负有证据披露的义务。"据此原审法院责令美的公司提交相关证据。但美的公司没有提交除kfr-26gw/dy-v2(e2)外的3款空调器的相关数据,且没有正当理由,没有完整地履行证据披露义务。因此,依据《最高人民法院关于民事诉讼证据的若干规定》第75条的规定,美的公司应承担相应的举证妨碍的法律后果。原审法院在美的公司持有证据而无正当理由拒不提供的情况下,参照kfr-26gw/dy-v2(e2)的利润,推定另外3款空调器的利润均不少于477000元,合法有据。二审法院也表示支持:本案推定除kfr-26gw/dy-v2(e2)外的3款空调器的利润均不少于477000元,有证据证明侵权损失或侵权获利明显超过法定赔偿100万元的最高限额,应当综合全案证据,在法定最高限额以上合理确定赔偿数额,并包括合理的维权费用。原审法院判令美的公司赔偿格力公司包括为制止侵权的合理开支在内的经济损失200万元,已综合考虑到涉案专利的类型、市场价值、侵权主观过错程度、侵权情节、参考利润、维权成本等因素,于法有据且合理适当。

此案中,在以侵权人获利为基础确定损害赔偿数额时,侵权人提供销售记录和利润情况这一难点凸显出来,而法院在其推导过程中也进行了模糊化的技术处理。例如,对另外3款空调器的利润均不少于477000元的推定,该数额的确定并没有详细的推导过程。

适用侵权所得利益计算方法的难度在于,通常情况下,侵权人拒绝提供自己的销售记录和利润情况。即使侵权人提供了相关数据,其可信度也值得怀疑,也就是说被告的诚信度与这种计算方式相关联。在检索中,笔者发现,能够适用侵权人获益作为赔偿依据的,被告往往以外企和国企居多。最典型的案例是,正泰集团股份有限公司诉施耐德电气低压(天津)有限公司、宁波保税区斯达电气设备有限公司乐清分公司侵犯实用新型专利权纠纷案❶中，被告是外企，施耐德公司向法院提供了真实的数据确定各时间段销售侵权产品的销售额。后二审法院认定："施耐德公司不属于完全以侵权为业的侵权人，应按照侵权人的营业利润计算。原审法院在判决中采用施耐德公司提供的数据确定施耐德公司各时间段销售侵权产品的销售额，将施耐德公司销售全部产品的平均营业利润率与正泰股份公司提交的施耐德公司因侵权所获得的营业利润计算表中数据相比后，以相对较小的数据作为最后定案的营业利润率进行计算，得出施耐德公司于2004年8月2日至2006年7月31日销售侵权产品所获得的营业利润为355939206.25元。"

（三）小　结

除却法院上述模糊化的说理过程，如前所述，法院在很多情况下会以没有充分的证据为由，不适用前述两种计算方式。如法院在深圳市将者科技有限公司诉东莞市慧衍电子有限公司侵害外观设计专利权纠纷案中作出的判决。❷ 此案中，原告请求被告赔偿其经济损失及合理费用共10万元。被告也就权利人所遭受的损失及侵权人所获得的利润提供了相关的证据，但是，法院最终判定：因原告未举证证明其因侵权行为导致的实际损失或被告的侵权获利，综合考虑涉案专利为外观设计专利、被告的成立时间及生产经营规模、被诉侵权设计为被诉侵权产品的主要零部件及网络销售单价、被告实施制造、销售、许诺销售的侵权行为，并结合原告因本案维权而支出的费用等因素，酌情判定被告赔偿原告经济损失及合理费用共5万元。

司法实践中，适用最能直接弥补权利人因侵权导致的损失的两种损害赔偿计算方式的频率很低，从具体的案例中可知，导致这一情况的最大原因就是举证障碍，一方面是权利人对自己所遭受的损失向法院提供的证据存疑；另一方面是侵权人不愿意提供自己的销售数额、营业利润、销售利润；即使原被告双方提供了侵权额计算所需的数据，它的真实性也有待法院进一步论证，如此给法院的工作增加了繁重的负担。

---

❶ （2006）温民三初字第135号。
❷ （2015）粤知法专民初字第1229号。

通过案件检索也可发现，适用权利人损失计算方式的时候，主要是依照《最高人民法院关于审理专利纠纷案件适用法律问题的若干规定》第20条第2款，根据专利权人的专利产品因侵权所造成销售量减少的总数乘以每件专利产品的合理利润所得之积计算。但事实上，权利人销售量减少的总数往往难以确定，会转以侵权产品在市场上销售的总数乘以每件专利产品的合理利润所得之积视为权利人因被侵权所受到的损失。适用侵权人所得时，以侵权产品在市场上销售的总数乘以每件侵权产品的合理利润所得之积计算。这两种计算方法可能最大的差别就在于利润的适用不一。

笔者认为，针对在实际案例中出现的举证障碍问题，应当规范企业财务账簿的设置，法院也应当慎重审查证据的真实性，对确实存在证据造假的情形，可以在确定赔偿数额后判决给予一定数额的惩罚性损害赔偿。而对于证明证据较为清楚明了的案件，法院则应明确适用这两种计算方式。此外，对于推理过程模糊问题，应当参酌国内外的司法实践及立法规定等，学习并改善推导过程中存在的不足。不能否认，法院在专利侵权损害赔偿确定过程中享有自由裁量权，但为了实现专利法的目的，对于赔偿数额的确定，应当尽量给出较为清楚、明晰的计算推导过程。

二、以许可费的合理倍数作为赔偿依据的现实情况

（一）许可费的合理倍数作为赔偿额的诉请通常得不到支持

"以许可费的合理倍数为赔偿依据"适用的前提是权利人的损失或侵权人侵权所得难以确定且该专利存在合理的许可费。我国司法实践中，依据许可费的合理倍数进行赔偿的案例却并不多，在此次300个样本案例中也只有5个。另外，即使原告诉请以许可费的合理倍数为赔偿依据，多半会被认定为"提供的专利许可使用费证据缺乏关联证据佐证"，鲜有得到支持。5个案例的详细信息见表4。

表4　以"许可费的合理倍数"为赔偿依据的案例

案号	侵权类型
（2009）长中民三初字第0386号	发明专利
（2007）鲁民三终字第38号	发明专利
（2015）浙知终字第91号	发明专利
（2010）苏知民终字第0032号	发明专利
（2008）杭民三初字第361号	外观设计专利

在谢某诉长沙鼎力置业有限公司侵犯实用新型专利权纠纷案❶中，原告主张依据其专利许可费的合理倍数确定侵权损害赔偿数额为30万元，但是法院认为："一是根据本案事实，原告完全可以根据被告侵权的事实提交同等工程量下原告应当获利的情况，但原告并未提交这方面的证据，在此情况下参照专利许可费本院认为不妥；二是被告侵权情节、时间、范围与原告专利实施许可合同中约定的期限及地域范围等存在显著差异；三是该专利许可合同未予备案，故本院认为在本案中不宜参照专利许可费的合理倍数进行赔偿。"从而否定了原告依据许可费来确定赔偿额的诉请，最终根据法定赔偿对被告承担赔偿责任的诉讼请求予以部分支持，确定为3.5万元。其他被法院否定的以许可费作为确定赔偿额依据的诉请，法院的论证说理大同小异，鲜有得到支持。

实践中这种判决情况的存在，也有着深刻的现实原因。首先，专利许可使用费并非是一个恒定的概念，专利许可有独占许可、排他许可、普通许可及交叉许可等之分，不同的使用许可其使用费大相径庭，确定赔偿额时究竟以哪种许可为标准，有时难以确定。其次，即使确定了许可费的种类，当某种许可存在多个被许可人时，各被许可人支付的使用费往往也不相同。最后，若一项专利尚未许可实施，或虽已许可他人实施但由于许可实施的方式、时间、地域、生产规模等因素的差别，就使得该尚未许可实施的专利及包含上述因素的许可实施专利与被侵犯的专利之间缺乏可比性。因此，特定许可使用费的形成往往受许可协议双方

---

❶　（2009）长中民三初字第0101号。

当事人的关系、许可的性质、范围等多重因素的影响，这些因素会导致以许可费为依据确定损害赔偿不准确，不仅不利于权利人，也有损司法公平公正。

（二）许可费的合理倍数的适用多作为法院判决的主要考量因素

虽然在专利损害赔偿案例中许可费合理倍数鲜少作为判决赔偿依据，但法院大多以许可费作为一个考量因素，在判决依据中往往点明是参照许可费的数额。实践中也是确定不少于许可费的数额即可，几乎没有高于许可费合理倍数的判决。而2009年4月发布的《最高人民法院关于当前经济形势下知识产权审判服务大局若干问题的意见》提出："注意参照许可费计算赔偿时的可比性，充分考虑正常许可与侵权实施在实施方式、时间和规模等方面的区别，并体现侵权赔偿金适当高于正常许可费的精神。"不难看出，最高人民法院出台的这一意见中的精神在司法实践中未被充分贯彻。

在浙江龙盛集团股份有限公司与绍兴县滨海飞翔化工有限公司侵害发明专利权纠纷案❶ 中，法院考虑龙盛集团与多家专利许可使用单位的专利许可使用费均在500万元以上；龙盛集团在起诉半年以前已经向飞翔公司发出侵权警告，飞翔公司主观过错明显；飞翔公司于2012～2014年开具增值税发票载明的销售额逾7000万元等因素，对龙盛集团主张的500万元赔偿请求合理，予以支持。在飞翔化工有限公司上诉后，浙江省高级人民法院对此予以确认。本案中，法院在许可使用费较为可信的前提下，将许可费作为主要的考量因素，再结合涉案发明的创新高度、侵权人主观过错、涉案产品市场状况等，确定侵权赔偿额度。在欧某等诉杭州阿里巴巴广告有限公司侵害外观设计专利权纠纷案❷ 中，在认定侵权损害赔偿额时亦论证道："综合考虑各种因素，包括侵权产品的销售规模、范围、为制止侵权所支出的合理费用、涉案专利的授权时间等因素。同时，该院注意到如下事实：1.涉案专利为外观设计专利，申请日为2011年10月8日；2.欧某提交的证据显示其专利许可费为40万

---

❶ （2015）浙知终字第91号。

❷ （2015）浙知终字第69号。

元……"

实际操作中，对原告提供的按照许可费的合理倍数确定赔偿额的要求和佐证许可费的相关证据，一般不会被法院直接予以肯定，大多会采取上述案例中这种折中的办法，将其作为综合考虑的因素之一。

三、法定赔偿适用频率最高

通过对300个案件进行解读，可以发现，无论当事人是请求依据所受损失或者侵权人所得利益、抑或请求依据许可费的合理倍数来确定侵权损害赔偿数额，法院判决赔偿数额的时候，大多数情况会最终适用法定赔偿。在判决书中，"鉴于原告未举证证明其实际损失或者侵权人侵权获利的具体数额，故本院综合考虑涉案专利权的类别、侵权人侵权的性质、情节、范围、时间以及原告为调查、制止侵权行为所支付的实际费用的合理性等因素，依法酌情确定本案的赔偿数额"是关于赔偿数额最常见的论述。

本文通过实证方法，验证了法定赔偿在司法审判中的使用频率之高，在本次检索的300个案件中，以法定赔偿作为专利侵权数额确定依据的案件高达282件，占总额的94%。通过对检索范围内的案例进行比较分析，发现在法定赔偿的适用中，有以下几方面值得关注。

（一）如何确定法定赔偿金额

法定赔偿是知识产权审判中较常适用的侵权损害赔偿方式，但如何确定法定赔偿金额一直是案件的审理难点。法院认定被告侵权之后，用哪些因素来决定最终的赔偿数额，法官享有在法定范围内的自由裁量权。

在大多数案件中，法院对赔偿金额的确定采用模糊处理的方法，在拒绝原告提出根据权利人损失、侵权获利或者许可费的合理倍数的赔偿请求后，简要说明是根据权利类型、侵权性质、情节、范围、时间等，即确定一个赔偿数额，并未对所涉及的因素与法定赔偿额之间的因果关

系展开深入论述。❶

在有些案件中，法院也对法定赔偿数额的确定给出了详细的论证，如杭州耐德制冷电器厂与创恒公司等侵害实用新型专利权纠纷上诉案——"前置过滤器"专利侵权纠纷案中，在判断具体数额时法院特别考虑到"被控侵权产品售价198元、188元，较高于同类产品售价；被告创恒公司在其天猫店铺中宣称该产品系镇店之宝，销售数量巨大；被告创恒公司在天猫、京东、苏宁易购、1号店等多个平台销售被控侵权产品；被控侵权产品外包装上标明净邦系国际智能净水高端品牌，CCTV央视热播品牌，同时由著名影星汤某作形象代言"，指出"虽然涉案专利权人、专利产品不具有较高的知名度，但在有证据证明被控侵权产品售价较高于同类产品售价、销售范围涉及多个知名网络平台、销售数量巨大、宣传力度大的情况下，法院以法定赔偿额的上限判决被告应赔偿原告经济损失及合理费用共计100万元"。此案也是在适用法定赔偿时鲜有达到上限的情形，它典型地体现了在确定侵权赔偿数额时要根据个案的具体情况，坚持全面赔偿原则，尤其是在权利人损失和侵权获利难以确定的情况下，可以把权利人的损失与侵权获利作为确定法定赔偿数额的考虑因素，本案中法院的做法值得借鉴。

另外，同类型的案件的专利和解许可使用费的情况，也是法院确定具体数额的参考因素之一。例如在"昆明市万变窗墙有限责任公司诉昆明芳呈海鲜酒楼侵害实用新型专利权纠纷"❷案中，对于具体数额，一审法院对与原告起诉至法院相同类型的20件案件的专利和解许可使用费的情况进行了调查统计，平均每樘玻璃窗墙的许可使用费为695元，参照该数额和本案涉案玻璃窗墙的数量，判令被告赔偿原告经济损失人民币18070元，终审法院予以确认，本案中法院的做法是值得赞赏的。

综上，虽然个案之间存在差别，但是法定赔偿额度的最终确定因素，最终落脚点还是法律规定的涉案专利权的类别、侵权人侵权的性质、情节、范围、时间等因素。法定赔偿无疑是非常好用的赔偿额确定

---

❶ 例如：（2008）穗中法民三初字第454号；（2012）穗中法民三初字第37号；（2009）渝高法民终字第40号等。

❷ （2014）云高民三终字第109号。

标准，但是它不应该变成法院逃避赔偿额论证的手段，每一个结论都应该结合具体个案进行深入论证，这应当是确定法定赔偿金额，避免机械化处理的改进方向。

（二）不同类型的专利客体法定赔偿额存在差距

根据所收集的案例显示，专利权客体类型是影响法定赔偿额确定的重要因素之一。不仅法院在论证赔偿额确定的科学合理性时以"考虑涉案专利权的类型"为依据，而且经过实际比较，发明专利的请求数额、实际赔偿数额较之于实用新型专利与外观设计更高。表5、图1、图2为对本次收集的样本案例进行的数据分析。

表5　法定赔偿数额的比较

案件类型	发明 （共87件）	实用新型 （共96件）	外观设计 （共96件）
判决法定赔偿额大于50万元的	7	4	2
判决法定赔偿额在10万元与50万元之间的	49	24	7
判决法定赔偿额小于10万元的	31	68	87
平均请求金额（元）	67.1592万	26.302万	13.284万
平均实际支持金额（元）	21.7349万	11.038万	4.103万

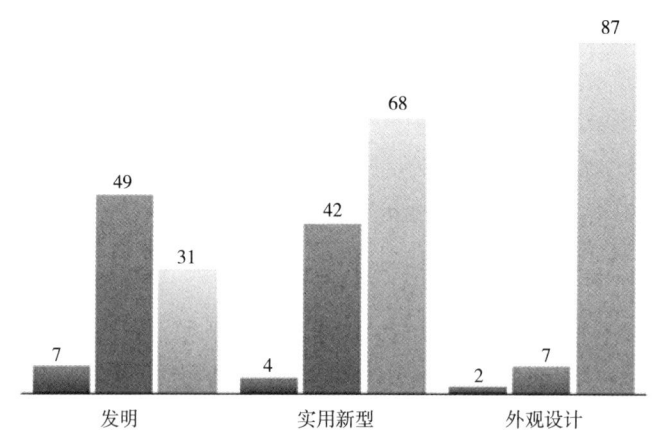

图1　不同专利类型法定赔偿数额比较

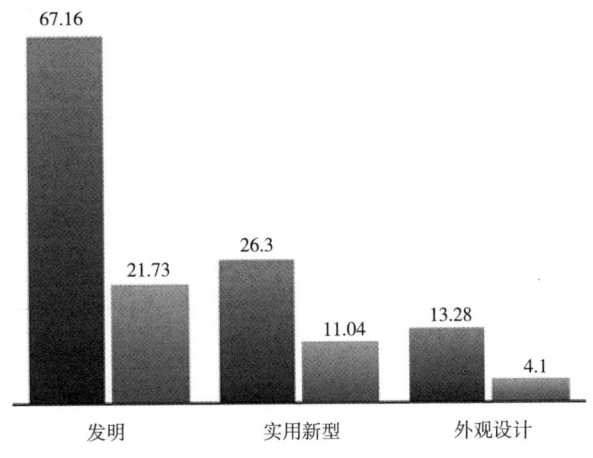

图2　法定赔偿、诉请额与赔偿额比较

从上述可以看出专利权的类型对赔偿额的确定有着实质性的影响，在具体的个案中，法院也对此作了阐述。❶ 究其原因，与其权利背后的产品蕴含的创造性的高低、对社会的整体效用价值的大小密切相关。其中尤为重要的是专利对社会的效用价值，它是具体体现专利质量的指标，反映在市场份额、消费需求等方面的。在权利人损失和侵权所得、许可费的合理倍数得不到合理支持的情况下，适用法定赔偿时，"考虑涉案专利权的类型"作为依据，要避免单纯的套路，结合个案分析专利的质量和对侵权行为的贡献值。在"前置过滤器"专利侵权纠纷案中，法院得出赔偿额的论证就比较严谨科学，既考虑了专利的类型，又考虑了它的质量以及在市场中的销售情况。

（三）东西部法定赔偿数额存在差距

从数据样本分析来看，法定赔偿额与地区经济的发展水平密切相关。事实上，从北大法宝上检测到的所有专利权属、侵权纠纷的案例，绝大多数都是北京、上海、广州、浙江这些经济发达省份审理的。样本

---

❶　例如，（2015）浙甬知初字第720号，该案中法院论述到"本院将结合涉案专利的类型及创新程度……"。

数据显示，东部沿海地区的专利侵权案件的请求赔偿数额和实际获得支持的数额要高。以发明专利为例，如表6、图3所示。

表6　不同地区间法定赔偿额比较

地区	样本个数（个）	平均请求数额（万元）	平均实际支持数额（万元）
安徽	1	50	9
北京	3	85	11.5
福建	1	50	15
广东	20	53.5	14.3
广西	2	105	25
河北	1	50	30
河南	6	19.1	6.83
湖北	2	64.5	22
湖南	6	27.3	3.75
吉林	1	20	25
江苏	7	60.48	30.77
辽宁	1	20	4
山东	7	110.44	53.9
上海	10	153.752	44.33
新疆	1	12	15
浙江	27	183.17	59.49
重庆	3	64.99	22

平均请求数额（万元）　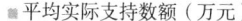平均实际支持数额（万元）

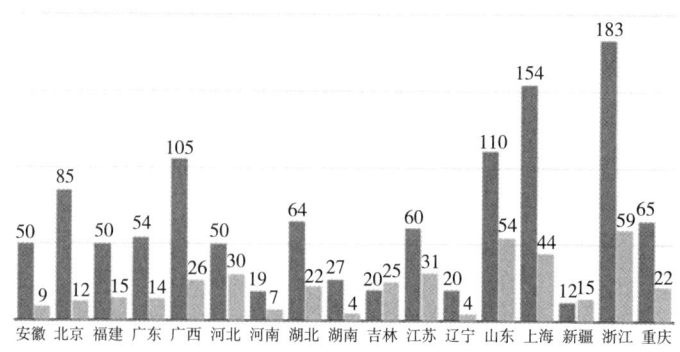

图3　不同地区间诉请额与赔偿额比较

162

这种地域差距的存在，事实上是由我国地区经济发展不平衡造成的。东部沿海地区经济发达，专利发挥的经济社会价值更加凸显，专利侵权案件频发，专利权保护力度较之于中西地区大。综合专利权所涉及的社会价值、市场需求、侵权的时间、地域和影响等因素，专利侵权在东部沿海地区需要填平的损失就更大，根据侵权赔偿的一般原则，结合个案而言，东部沿海地区的法定赔偿额高于中西部地区，也是有迹可循的。

四、专利侵权损害赔偿计算新思路——调解协议约定赔偿额

在专利法确定的上述4种赔偿额确定方式外，司法实践中还存在另外一种可行且有效的处理方式——调解协议约定侵权赔偿额。即双方当事人就侵权诉讼前达成关于侵权损害的赔偿额，在诉讼发生时，不主张专利法确定的上述4种计算方式，而是直接诉请法院按照此前达成的调解协议的约定赔偿额计算。

这种计算方式在司法实践中并不多，但是它们的效力都得到了法院的承认。在最高人民法院判决隆成公司诉童霸公司侵害实用新型专利权纠纷案[1] 中，以隆成公司与童霸公司在调解协议中约定的赔偿标准确定侵权赔偿数额，[2] 童霸公司应当赔偿隆成公司100万元，法院认为："侵权责任法、专利法等法律并未禁止专利权人与侵权人就侵权责任的方式、侵权赔偿数额等预先作出约定。这种约定的法律属性，是双方就未来发生侵权时权利人因被侵权所受到的损失或者侵权人因侵权所获得的利益，预先达成的一种简便的计算和确定方法。"

在金某某诉张某某侵害发明专利权纠纷案[3] 中，双方仅在2010年6月达成的调解协议约定："被告如果再有侵犯原告专利行为，应赔偿

---

[1] （2013）民提字第116号。

[2] 2008年4月2日，隆成公司以童霸公司侵害其涉案专利权为由，向武汉市中级人民法院提起民事诉讼。2009年9月2日，湖北省高级人民法院以（2009）鄂民三终字第42号民事调解书调解结案，协议约定"如发现一起侵犯隆成公司实用新型专利权的行为，童霸公司自愿赔偿人民币100万元"。

[3] （2015）榕民初字第78号。

原告经济损失人民币10万元。"但是，在诉讼请求中，原告诉请被告赔偿经济损失人民币50万元及合理费用人民币27379元，法院最终认定："由于原告未提供证据证明其因被侵权所受到的实际损失或者被告因侵权所获得的利益，亦未提供可以参照的有效专利许可使用费。双方仅在2010年6月达成的调解协议约定：被告如果再有侵犯原告专利行为，应赔偿原告经济损失人民币10万元。故本院结合原告专利权的类型、侵权行为的性质情节、双方和解协议等因素，酌定被告赔偿原告经济损失和为制止侵权所支出的合理费用共计人民币15万元。"对原被告双方的调解协议的效力予以肯定。

在侵害知识产权案件中，权利人通常难以证明其损失及侵权人的获利，导致其赔偿损失的诉请不能全部得到法院的支持。举证困难与赔偿数额低，是制约加强知识产权保护、阻碍制裁侵权行为的重要因素。以调解协议作为侵权损失赔偿额计算的依据，对于探索采取各种合法有效措施，适当减轻权利人的举证负担，完善损害赔偿计算方法，加大损害赔偿力度具有一定的指导意义。

而调解协议涉及的因素通常非常复杂，有时虽然是针对某个专利纠纷签订的和解协议，但实际上背后可能涉及商业秘密、版权侵权、竞业限制等一系列问题，所以达成的和解金额起伏很大。同时，这些问题都是隐含在调解协议背后的，不一定会与个案中的侵权行为直接挂钩。从一定意义上来说，和解协议是双方力量博弈的产物，也有可能出现倚强凌弱的现象，个案正义不一定能够得到保证。

五、结　　语

本文以实证研究的方法对专利法规定的4种赔偿方式分别作了探讨。通过对以往案例的检索和分析，可以发现权利人的损失、侵权人的获利、许可费的合理倍数3种计算方式在司法实践中适用较少，法定赔偿适用频率最高。然而，对于适用频率最高的法定赔偿计算的案例中，大多数法院也并未对其展开深刻论述说理，而几乎都以"本院将综合考虑本案专利权的类别、被告侵权的性质和情节等因素酌定赔偿金额"这样的理由确定一个赔偿数额。值得称赞的是，在某些个案中，无论是适用《专利法》第65条规定的哪种计算方法，法院对待专利侵权损害赔偿额的计算问题十分重视，一般会对具体数额的得出进行详细说理，这些案例中法院对专利侵权损害赔偿计算明确而严谨的态度及推导过程无疑是今后相关司法审判实践的学习榜样。

此外，在对样本案例分析过程中还可发现，和解协议确定侵权赔偿额在司法实践中也是一种值得讨论的方式，这种做法的学理基础或许还待深入论证，但是对解决专利侵权损害赔偿额计算难题，也不失为一种新的思考路径。

OEM/ODM商业模式下专利侵权责任认定案例综述

凌　佳　段鹤野

指导老师：李声宏

【摘要】本文对司法实践中因贴牌加工而产生的专利侵权纠纷的典型案例进行梳理，简要分析案例的地域分布、专利类型比重、赔偿数额以及部分法院的观点。我国司法实践中，对于贴牌加工中委托方的行为能否认定为制造，大致有三种观点：一是认为"贴牌即制造"；二是认为"贴牌只作为制造的初步推定"；三是认为"技术方案的决定者是产品的制造者"。笔者认为，贴牌加工中委托方的行为能否认定为制造，要视其在产品制造过程中所起的具体作用而定。

一、概　　述

随着全球经济一体化的加剧，贴牌加工❶已成为国际贸易中一种常见的商业模式。掌握不同资源的市场主体之间通过委托加工、贴牌生产

---

❶ OEM和ODM的不同点，核心在于产品究竟是谁享有知识产权，如果是委托方享有产品的知识产权，那就是OEM；如果是生产者所进行的整体设计，那就是ODM。本文为方便起见，将其统称为贴牌加工。

等方式进行分工合作，使一家没有工厂的贸易公司能够成为产品的制造商，以至于在法律上互相独立的生产工厂成为制造商的"生产车间"。贴牌加工商业模式的快速发展，带来了大量的法律问题，在知识产权领域集中体现在贴牌加工的商标侵权问题与专利侵权问题上。

国内理论界和实务界对贴牌加工中的商标侵权问题进行了大量研究，但对贴牌加工中的专利侵权问题尚未展开深入研究。依照我国2008年《专利法》第11条的规定，对于被诉侵权行为人直接实施的制造被诉侵权产品的行为，认定为专利法意义上的制造行为，构成专利侵权自无问题。但是，对于定作人委托承揽人贴牌加工的被诉侵权产品，如何认定该产品的制造者以确定侵权责任主体的问题，由于2008年《专利法》以及相关司法解释对制造并未作出规定，司法实践对"专利法意义上的制造"的理解千差万别，导致相似的案件作出相反的判决，以致专利权人和社会公众均无所适从。由于贴牌生产中的专利侵权责任的认定问题在理论界和实务界均未开展研究，而实务中又出现了此等疑难问题亟待解决。因此，对该问题的研究，无论在司法实践的角度，还是学术理论的角度，均有重大的理论意义和现实意义。

二、我国的相关司法实践

笔者在北大法宝上利用"定牌加工""定牌生产""贴牌加工""贴牌生产""专利侵权""产品侵权""被控侵权产品的制造者"等关键词进行分别和综合检索，共计得到200多个结果。在除去同案多个判决的基础上，从中筛选出与贴牌加工相关的案例共计46个。本文案例来源为北大法宝，最后检索时间为2016年6月20日。

（一）案例的地域分布

从图1中可以看出，贴牌加工的专利侵权纠纷，多发于我国东南沿海一带，主要集中在广东、上海、江苏、浙江等地区。

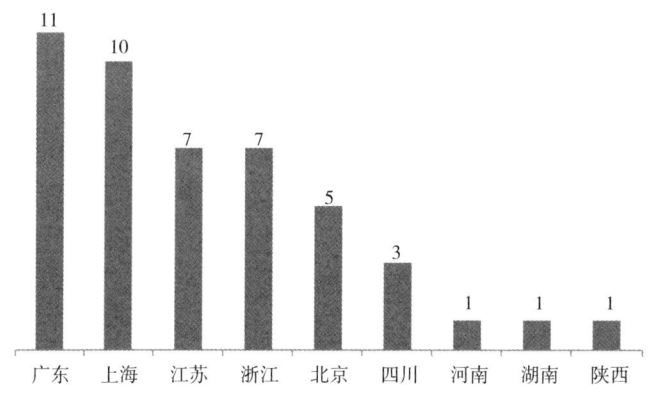

图1　案例的地域分布

（二）案例涉及的专利类型

由图2可知，在贴牌加工模式下的专利侵权纠纷中，有将近2/3的专利侵权纠纷为外观设计专利纠纷。这与外观设计通常直观地表现于产品外部，侵权行为易被发现是分不开的。

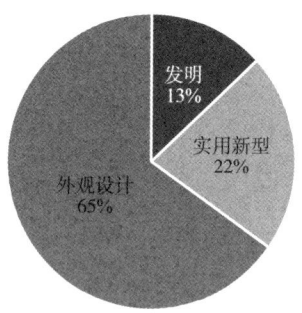

■发明 ■实用新型 ■外观设计

图2　案例涉及的专利类型分布

（三）赔偿数额

我国法院在专利侵权赔偿损失的数额确定上，绝大部分都采用了法定赔偿，由法官酌情确定。根据图3可知，虽然此类纠纷中外观设计专利侵权居多，但外观设计纠纷的赔偿数额大多在5万元以下。即使是实用新型纠纷，也很少有超过10万元的。而发明专利纠纷的赔偿数额，在酌定的情况下，较实用新型和外观设计高得多，在30万～80万元不等。

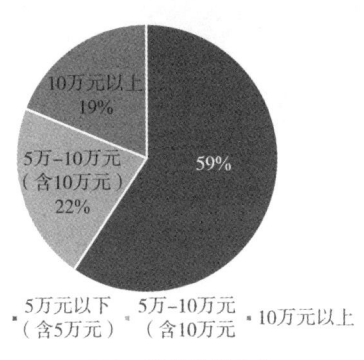

图3　赔偿数额分布

（四）案例所体现的法院的观点

图4说明在我国司法实践中，对于贴牌加工中委托方的行为能否认定为制造，大致有三种观点：第一种为"贴牌即制造"。只要在产品上标注企业名称、商标或其他识别性标记的，直接认定为产品的制造者。这种观点的依据是最高人民法院《关于产品侵权案件的受害人能否以产品的商标所有人为被告提起民事诉讼的批复》。该批复指出，任何将自己的姓名、名称、商标或者可资识别的其他标识体现在产品上，表示其为产品制造者的企业或个人，均属于《中华人民共和国民法通则》第122条规定的"产品制造者"和《中华人民共和国产品质量法》规定的"生产者"。

第二种为"贴牌只作为制造的初步推定"。若贴牌方能够证明产品并非其实际制造，如证明系购买后的贴牌、系他人仿冒、包装上标明有实际生产厂商等，可以免除贴牌方的责任。

第三种为"技术方案的决定者为产品的制造者"。即在委托加工专利产品的情况下，如果委托方要求加工方根据其提供的技术方案制造专利产品，或者专利产品的形成中体现了委托方提出的技术要求，则可以认定是双方共同实施了制造专利产品的行为。

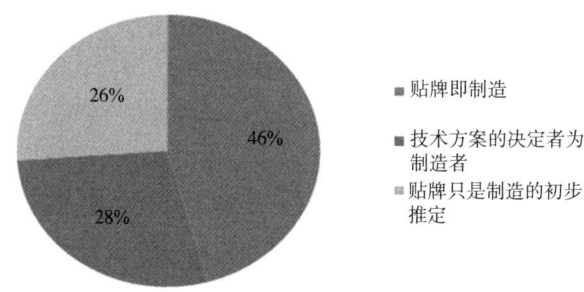

图4　案例所体现的法院观点

1. 贴牌即制造

（1）"上海大金公司案"。

在上海大金科技有限公司与厦门灿坤实业股份有限公司侵犯外观设计专利权纠纷上诉案❶中，大金公司认为根据其与月立公司签订的OEM生产合同，月立公司是涉案产品的生产商。一审法院认为，根据该OEM生产合同的相关约定，月立公司受大金公司委托生产加工并标注大金公司品牌的大金阪本电熨斗，即月立公司系贴牌生产，大金公司系委托方。大金公司在对外销售月立公司贴牌生产的电熨斗产品时，在产品包装、说明书、质保卡上标注的厂家信息均指向"大金公司"，标注的型号DJ-1208亦为大金阪本型号，消费者购买该产品时所获得的有关该产品的信息只有大金公司。故大金公司尽管自身并未直接生产，但大金公司的行为依法应视为生产制造行为，大金公司应为涉案被控电熨斗产品的生产制造商。

（2）"北京千安达公司案"。

在北京千安达科贸有限公司与九星恒隆电子（福州）有限公司侵犯

---

❶　（2009）苏民三终字第0236号。

专利权纠纷上诉案❶ 中，北京市高级人民法院认为，千安达公司在其销售的DR-305型小飞人红外感应垃圾桶包装盒上明确标注其企业名称、地址、联系方式，该标注方式表明千安达公司系该产品的制造者，其应承担产品制造者的法律责任。尽管千安达公司提交了采购合同欲证明该产品的实际生产者系东日公司，但由于千安达公司在产品上以产品制造者的身份进行了标注，故千安达公司仍应承担产品制造者的法律责任。

这表明北京市高级人民法院认为，即使被告能够证明被控侵权产品的实际制造者另有他人，其在被控侵权产品上标注身份的行为，仍应承担制造者的法律责任，即贴牌行为或标注行为是认定制造者的充分条件。

2．贴牌只作为制造的初步推定

（1）"李某某案"。

在章某等与李某某等侵犯实用新型专利权纠纷上诉案中，❷ 一审法院（佛山市中级人民法院）认为，由于被诉侵权产品上标注有"KMS康铭"的标识及被诉侵权产品说明书中载有"深圳市康铭盛实业有限公司"的名称，虽康铭盛公司陈述被诉侵权产品是其供应商为其贴牌加工的产品，但不能提供证据对此予以证明，故一审法院据此认定康铭盛公司实施了制造本案被诉侵权产品的行为。

（2）"成都新浪公司案"。

在广东雅洁五金有限公司诉成都新浪装饰材料有限公司等侵害外观设计专利权纠纷案❸ 中，原告主张，新浪公司和卡迪诺公司的企业名称均出现在了被控侵权产品的外包装上，因此，两公司均是被控侵权产品的制造者和销售者，虽然新浪公司并未参与被控侵权产品的实际生产，但是该公司具有贴牌加工的行为。而新浪公司则辩称自己的企业名称出现在被控侵权产品外包装上仅仅表示其是该产品的销售代理商。

成都市中级人民法院认为，在本案中新浪公司所举出的退货单表明该公司曾经向卡迪诺公司购买过与被控侵权产品型号相同的产品。同

❶ （2006）高民终字第1570号。

❷ （2014）粤高法民三终字第91号。

❸ （2014）成民初字第332号。

时，被控侵权产品外包装上标注新浪公司的地址为"四川·成都川陕立交旁"，根据公证书载明的情况，该地址仅为商铺，不具备锁具的生产能力。而结合被控侵权产品外包装上还印有"生产基地：中国鞋都一期卡迪诺锁业有限公司"的字样，以及新浪公司和卡迪诺公司工商登记中各自的生产经营范围、各方当事人陈述等，应当认定新浪公司仅仅是被控侵权产品的销售者。

（3）"上海出亚公司案"。

在广州市强生信达贸易有限公司与上海出亚实业有限公司侵害实用新型专利纠纷上诉案❶中，上海市高级人民法院认为，根据最高人民法院的批复确立相关案件诉讼主体，在案件起诉时就可以将相应的企业或者个人列为当事人。但在案件作出实体判决时，不能仅依据产品上标示的姓名、名称、商标等标识确认产品的制造者，而要根据各方当事人提供的全案证据进行认定。

本案中，仅凭被控侵权产品上的"MICO及图"商标，可以得出被控侵权产品是上海出亚公司制造的初步结论。但该初步结论被上海出亚公司提供的其与厦门泊川公司的采购合同、增值税发票、银行结算业务申请书以及厦门泊川公司的专利证书、专利许可实施合同等证据推翻，根据上海出亚公司提供的该些证据应当认定上海出亚公司是被控侵权产品的销售者而非制造者。

上海市高级人民法院还指出，尽管上海出亚公司在采购时要求厦门泊川公司贴上其提供的商标，但并不能仅据此就认定上海出亚公司与厦门泊川公司之间是委托制作的代工关系，而非买卖合同关系。况且涉案专利（ZL201130080693.7）是外观设计专利，并不涉及技术方案，不能因为被告要求"产品与专利ZL201130080693.7一致"，就认为采购合同涉及定制产品的技术要求。厦门泊川公司采购合同的其他内容、增值税发票、银行结算业务申请书等证据进一步印证上海出亚公司与厦门泊川公司之间是买卖合同关系，而非委托制作的代工关系。这也间接地表明，上海市高级人民法院认为委托加工关系中的委托方，是技术方案的

---

❶ （2013）沪高民三（知）终字第11号。

决定者，应承担关于制造的侵权责任。

3. 技术方案的决定者为产品的制造者

（1）"北京利而浦公司案"。

在北京利而浦电器有限责任公司与魏某某侵犯外观设计专利权纠纷上诉案❶中，北京市第一中级人民法院认为，根据利而浦公司与武义公司签订的《"福玛特"OEM购销合同》，利而浦公司委托武义公司加工贴有"福玛特"商标的产品，任何有关产品加工工厂或零部件的采购都必须经过利而浦公司同意，被控侵权产品的保修卡和使用说明书上均署名利而浦公司。因此，原审法院认定利而浦公司为涉案产品的制造者并无不当。利而浦公司主张其并未制造涉案产品，没有事实和法律依据，不予支持。

（2）"钦州港务局案"。

在美泰利装饰公司诉钦州港务局等侵犯外观设计专利权案❷中，南宁市中级人民法院认为，被告港务局将其港务小区围墙工程发包给被告丽光公司承建，其法律关系性质属于承揽。判断谁是承揽定作物的制造者，关键是看定作物是谁设计的，即体现的是谁的创造意志，而不是看定作物是以谁的技术和劳动所完成的，因为它是服从和服务于创作意志的。被告港务局是该承揽定作物铸铁栏杆（外观部分）即本案被控侵权产品的设计者，因而是制造者。被告丽光公司作为承包人即承揽人，其只是将被告港务局的设计图纸和选定的图案（被控侵权产品的外观设计）交由他人制作，其不是该承揽定作物铸铁栏杆（外观部分）即本案被控侵权产品的设计者，因而不是制造者。

（3）"飞利浦公司案"。

在敖某某与飞利浦（中国）投资有限公司等侵害发明专利权纠纷再审案❸中，最高人民法院认为，根据《专利法》第11条规定，未经专利权人许可而为生产经营目的制造、使用、许诺销售、销售、进口专利产品的，属于侵犯专利权行为。这里的"制造专利产品"，对于发明或

---

❶　（2012）一中民终字第10801号。

❷　（2003）南市民三初字第21号。

❸　（2012）民申字第197号。

者实用新型来说，是指作出或者形成覆盖专利权利要求所记载的全部技术特征的产品。上述理解综合考虑了"制造"一词本身的含义和《专利法》第11条的立法目的。在委托加工专利产品的情况下，如果委托方要求加工方根据其提供的技术方案制造专利产品，或者专利产品的形成中体现了委托方提出的技术要求，则可以认定是双方共同实施了制造专利产品的行为。本案中，被诉侵权产品是和宏公司在原有模具基础上改模刻字交由惠州和宏公司生产，被诉侵权产品的技术方案完全来源于和宏公司，飞利浦公司没有向惠州和宏公司就被诉侵权产品的生产提供技术方案或者提出技术要求，飞利浦公司不是专利法意义上的制造者，其行为并不构成对涉案专利的侵害。

三、对我国司法实践的总结及一些看法

从图4中可以看出，在司法实践中有将近一半的法院认为，只要在产品上标注企业名称、商标或其他识别性标记，就应当直接认定为产品的制造者。笔者认为，简单地根据最高人民法院《关于产品侵权案件的受害人能否以产品的商标所有人为被告提起民事诉讼的批复》，粗暴地认定将自己的姓名、名称、商标或可资识别的其他标识体现在产品上的个人或企业为侵犯他人专利权的侵权产品的制造者，实属牵强附会，与《专利法》第11条中的"制造"不契合，违背了专利法保护发明创造的基本原理。该批复全文如下：

北京市高级人民法院：

你院京高法〔2001〕271号《关于荆某某、张某某等诉美国通用汽车公司、美国通用汽车海外公司损害赔偿案诉讼主体确立问题处理结果的请示报告》收悉。经研究，我们认为，任何将自己的姓名、名称、商标或者可资识别的其他标识体现在产品上，表示其为产品制造者的企业或个人，均属于《中华人民共和国民法通则》第122条规定的"产品制造者"和《中华人民共和国产品质量法》规定的"生产者"。本案中美国通用汽车公司为事故车的商标所有人，根据受害人的起诉和本案的实际情况，本案以通用汽车公司、

通用汽车海外公司、通用汽车巴西公司为被告并无不当。

首先，从该批复的出台背景看，最高人民法院系基于产品致害事故而作出"根据商标或标识认定产品生产者"的批复，其在作出批复时，显然没有考虑到知识产权领域。其次，《中华人民共和国民法通则》第122条规定的"产品制造者"和《中华人民共和国产品质量法》的"生产者"均是指生产质量不合格产品的生产者或产品制造者，与《中华人民共和国专利法》制造侵犯专利权产品的制造者并非同一概念。最后，该批复系针对产品致害的侵权责任作出的对产品生产者的推定，目的是受害人的权利能够得到及时的救济。而对于专利法意义上的制造者的认定，不能完全参考该批复，直接认定贴牌者为制造者。贴牌行为可以作为初步推定为制造者的依据，但应给贴牌者提供相反证据证明其不是制造者的机会，如证明产品的实际制造人、证明系他人冒充等。专利法意义上的制造，规制的是未经许可而实施受专利法保护的特定技术方案的行为，仅仅在产品上贴上一个标识并不会侵害专利权人的利益。单纯地将合法购买的产品进行贴牌销售，至少不会侵犯专利权人享有的关于"制造"的权利。

在"飞利浦公司案"中，最高人民法院指出，在委托加工专利产品的情况下，如果委托方要求加工方根据其提供的技术方案制造专利产品，或者专利产品的形成中体现了委托方提出的技术要求，则可以认定是双方共同实施了制造专利产品的行为。这是对司法实践中，认定委托加工关系中委托方为制造者这一观点的肯定，也从侧面反映出，最高人民法院并不认为，任何在产品上标注企业名称、商标或其他识别性标记的企业，均为产品的制造者。

四、小　　结

OEM、ODM作为一种商业代工模式，是随着商业的发展而不断演化的，很难进行明确清晰的区分，没有绝对的界限。是一方提供技术、设计还是双方都提供技术、设计已经不是关键问题。在OEM模式下，加工厂可以提供技术，为品牌商加工产品，比如耐克、阿迪达斯的模式；在 ODM 模式下，品牌商也可以提供技术、设计给加工厂，再利用加工厂的设计、开发能力为品牌商加工产品，比如苹果、戴尔等手机、笔记本电脑的加工模式。因此，在法律上以贴牌生产概括这种OEM、ODM 委托生产加工方式比较贴切，将之细分为 OEM 抑或 ODM 并无实际意义。❶

笔者认为，无论是在OEM模式还是在ODM模式中，若产品没有体现委托方所要求的特点，或委托方要求的产品特点没有侵犯他人的专利权，则不应认定委托方为被控侵权产品的制造者。即使产品特征体现了委托方的要求且委托方所要求的产品特点构成对他人专利权的侵犯，也应根据委托的具体内容判断委托方是否有"指示生产商实施特定技术方案的意思表示"（有无决定技术方案的行为）。如果委托方仅就产品的功能或参数提出了指标式的要求（如××系数应在多少以上等），在实现这样的功能或参数的技术方案不止涉案专利一种的情况下，也不能当然地认为委托方对生产商实施涉案专利起到了决定性的作用。

---

❶ 吕甲木：《论贴牌生产中专利侵权责任主体的认定》，宁波大学2014年硕士学位论文。

专利侵权赔偿额及其理由
案例综述

■　马琳琳　徐笑添　杜鹏爽
指导老师：郭鹏鹏

【摘要】本案例综述主要是通过对2010～2014年专利侵权赔偿案件的法院终审判决进行分析，揭示我国专利损害赔偿在司法实践过程中的具体现状。针对1712份终审判决书进行统计分析，借助于专利侵权赔偿案件总体数量及赔偿数额的时间分布分析、不同类型专利侵权赔偿案件的平均赔偿数额分析、专利侵权赔偿案件总体数额及地域分布分析、专利侵权赔偿案件总体数额及专业领域分布分析、专利侵权赔偿案件总体数额及类型分布分析、专利侵权赔偿案件总体数额及判决理由分析，最终发现我国专利侵权赔偿数额的确定的案件存在两点问题：一是数额低，二是具体数额难以确定，法定赔偿适用率过高。在此基础上，针对以上问题提出几点建议：采取惩罚性赔偿、细化赔偿数额区间、细化法定赔偿考虑因素、明确举证责任、边缘化证据。

一、概　　述

我国《专利法》第65条第1款规定了4种用于确定专利损害赔偿数额的方法，依次为：依权利人因被侵权所受到的实际损失确定、依侵权人因侵权所获得的利益确定、参照该专利许可使用费的倍数合理确定以及法定赔偿。《最高人民法院关于审理专利纠纷案件适用法律问题的若干规定》第20～21条也对上述确定方法作出具体规定。法院在审理案件过程中若认定该案件构成专利侵权，如何判定赔偿数额仍是目前大多数法院都面临的一个难题。本文通过对法院终审判决的一手案例资料进行分析，力求揭示我国专利损害赔偿在司法实践中的具体现状。

二、案例数据统计分析

（一）样本选择

本文的案例资料来源于北大法宝网站的案例资料库。检索范围为我国自2010～2014年的所有专利侵权判决赔偿的案例。检索时，笔者在司法案例一栏的选项中，将案由定为"专利权属、侵权纠纷"，文书性质定为判决书，审结日期定为2010年1月1日～2014年12月31日，权责关键词选为"赔偿损失"，❶ 共搜索到2477份专利侵权判决书。

获得初步检索结果后，笔者再按照以下标准进行筛选与统计：专利权人赔偿损失请求被驳回或因专利无效被撤销的案件予以剔除；案件在一审之后出现上诉进行二审的情形，则删除一审案件，对二审案件进行保留，避免重复计算统计。经过上述筛选，最后纳入统计基数的判决书共为1712份。本文按照结案时间、审理法院、案件编号、涉案专利涉及领域、涉案专利类型、赔偿数额确定标准、赔偿金额等信息，就各地法院对这些案件的判决进行分门别类的统计与研究。

---

❶ 基于案例综述的主题是"专利侵权赔偿额及其理由"，因此，在浏览北大法宝提供的权责关键词时，选择"赔偿损失"这个权责关键词，力求筛选出所有涉及赔偿损失的专利侵权案件。

（二）统计结果

1. 专利侵权赔偿案件总体数量、赔偿数额的时间分布

表1是笔者统计2010～2014年我国不同类型专利侵权损害赔偿案件的案件数量，图1是其对应折线图。可以看出，随着经济的发展与转型以及国家知识产权政策的相继出台，一方面，专利申请授权数量有很大的提升，另一方面，大量的专利侵权赔偿纠纷也不断涌现。但图1同时表明，近5年来，每年的专利侵权赔偿案件数量基本持平，并未出现增长的趋势。

表1　2010～2014年不同类型案件数量统计表　　　　　　　（件）

年份	2010	2011	2012	2013	2014
发明	45	47	25	29	20
实用新型	59	75	29	63	45
外观设计	191	326	264	267	227

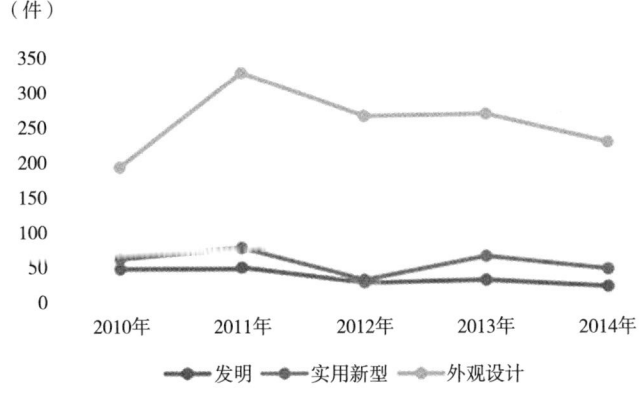

图1　不同类型案件的走势

表2是笔者统计2010～2014年我国不同类型专利侵权损害赔偿案件的平均赔偿数额，图2是相应的折线图。从图2可以看出，对不同的专利类型而言，专利侵权赔偿的数额的变化趋势也有所不同。其中发明专利侵权赔偿的数额，大体呈逐年上升的趋势；而实用新型与外观设计专利侵权赔偿数额，基本持平。

179

表2　2010～2014年不同类型赔偿总额统计表　　　　　（元）

年份	2010	2011	2012	2013	2014
发明	172510	199727	272306	202649	271836
实用新型	96656	92846	85211	79097	88416
外观专利	47840	53195	26921	32724	37337

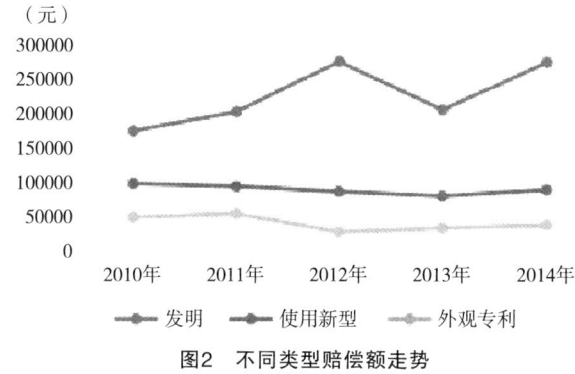

图2　不同类型赔偿额走势

2．专利侵权赔偿案件总体数额及地域分布

表3是专利侵权案件数量和赔偿数额的分地域统计，图3是对地域专利侵权赔偿案件数量的描述，由图3可以直观看出，东部经济发达地区案件的数量占全国专利侵权案件数量的79%，远远大于中西部案件数量。笔者认为这与地区的经济发展情况紧密相关，与中西部相比，东部沿海地区经济发展水平较高，企业分布密集，对人才的吸引力以及技术发展的刺激都远大于中西部。❶

表3　地域与赔偿额的数量分布　　　　　　　　　（件）

地区	1万元以下	1万～10万元	10万～20万元	20万～50万元	50万～100万元	100万元以上	总数
东部	72	1055	114	87	12	13	1353
中部	14	231	14	7	3	1	270

---

❶　本文对东西中部的划分采用了搜狗百科的划分标准。东部：北京、天津、河北、黑龙江、吉林、辽宁、上海、江苏、浙江、福建、山东、广东和海南；中部：山西、安徽、江西、河南、湖北、湖南；西部：四川、贵州、云南、西藏、重庆、陕西、甘肃、青海、宁夏、新疆、内蒙古、广西。

（续表）

地区	1万元以下	1万~10万元	10万~20万元	20万~50万元	50万~100万元	100万元以上	总数
西部	19	54	6	7	3	0	89
总数	105	1340	134	101	18	14	1712

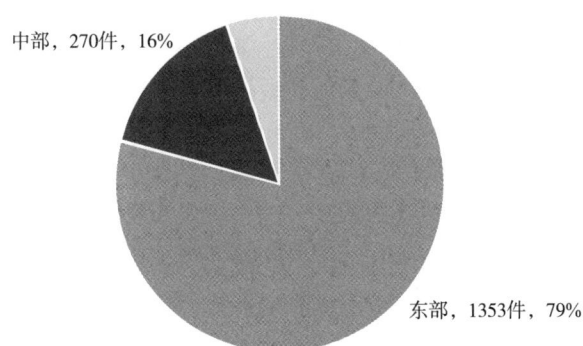

图3 地域案件数量

  图4是对东部、中部、西部案件赔偿数额区间分布的描述。由图4可见，专利侵权赔偿案件的赔偿数额大部分集中在1万~10万元，该区间内案件数量在区域案件总数中所占比例分别为78%、86%、61%，赔偿数额在20万元以下的案件数量所占比例分别为83%、90.7%、82%，而赔偿数额在50万元以上的案件在三个地区的占比分别为1.8%、1.5%、3.4%，其中在西部赔偿数额在100万元以上的案件数量为0。由此可见，专利侵权赔偿数额总体是处于比较低的水平。

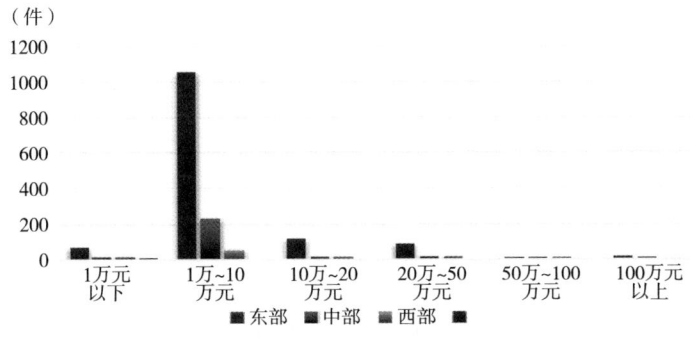

图4 地域与赔偿额的数量分布

3．专利侵权赔偿案件总体数额及专业领域分布

表4是对专利侵权赔偿案件数量及赔偿数额的分专业统计，图5是相应的柱状图。由图5可以看出，在所有的案例中，机械领域案件的数量远大于化工、电子等其他领域，在每个领域中都是1万～10万元的区间内案件数量最多；在各赔偿数额区间内，机械、化工、电子类专利均有分布，而包装、五金、玩具三个领域的赔偿数额区间在50万元以上的专利侵权案件的数量均为0，其主要原因在于这三方面的专利多为外观设计专利，专利的价值、质量以及专利权的稳定性远远不如机械、化工、电子领域的专利。法官在适用法定赔偿的方法时，通常会在较低的水平进行酌定赔偿。❶

表4 专业领域与赔偿额的数量分布 （件）

专业领域 ＼ 赔偿金额	1万元以下	1万～10万元	10万～20万元	20万～50万元	50万～100万元	100万元以上
机械	3	247	59	58	7	4
化学	0	16	3	7	4	1
电子	1	79	19	9	3	2
包装	6	73	2	1	0	0
五金	0	112	5	2	0	0
玩具	59	234	1	4	0	0
其他	36	582	45	23	3	2

❶ 表4和图5中的分类，未按照专利申请的官方分类进行划分，而是将现在普遍的机械、化学、电子、包装、五金、玩具等6类提取出来，其余的都归为其他。

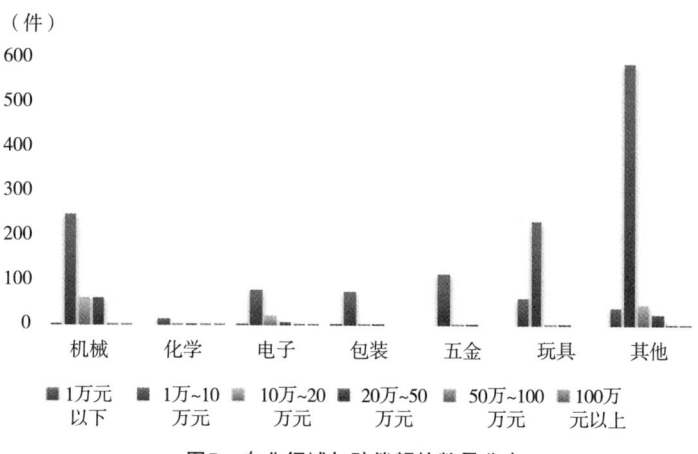

（件）

图5　专业领域与赔偿额的数量分布

4．专利侵权赔偿案件总体数额及类型分布

表5是对专利侵权赔偿案件数量及赔偿数额按专利类型进行的统计，图6则为相应柱状图。通过图6可以看出，在发明专利中，赔偿数额在1万元以下的判决数量为0，案件总数的90%分布在50万元以下，其中赔偿区间在1万～10万元的比例为39%，赔偿区间在10万～20万元与20万～50万元的比例分别为25%、26%；在实用新型专利中，约98%的案件赔偿数额集中在50万元以下，其中69%的案件赔偿数额集中在1万～10万元；而外观设计专利侵权案件中，94%的案件赔偿数额集中在20万元以下，占案件总数的绝大多数。由此可见，高额判决数量很少。

表5　赔偿数额与专利类型的数量分布表

（件）

赔偿数额	1万元以下	1万～10万元	10万～20万元	20万～50万元	50万～100万元	100万元以上	合计
发明	0	72	47	49	11	7	186
实用新型	5	193	41	34	5	1	279
外观设计	99	1073	48	22	2	3	1247
总数	104	1338	136	105	18	11	1712

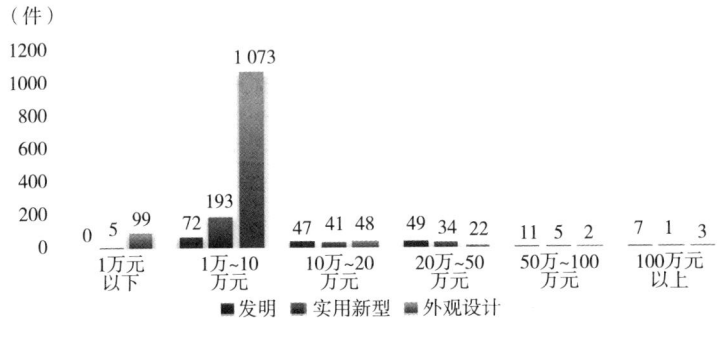

图6 赔偿数额与专利类型的数量分布

5. 专利侵权赔偿案件总体数额及判决理由

我国《专利法》第65条规定了专利侵权案件赔偿数额的4种方式：权利人受到的实际损失、侵权人所获得的利益、专利许可费用的合理倍数以及法定赔偿数额。除此之外，《最高人民法院关于审理专利纠纷案件适用法律问题的若干规定》提供了具体的计算方法：权利人的实际损失=专利产品减少的销量×单个产品的合理利润，专利产品减少的销量难以确定的，权利人的实际损失=侵权产品的销量×单个产品的合理利润；侵权人的获利=侵权产品的销售量×单个产品的合理利润。尽管如此，在司法实践中，因专利侵权专业性强，涉及面广，权利人取证困难，难以准确证明权利人的实际损失，导致法官在实际操作中对权利人的实际损失或侵权人的获利难以准确量化，从而多数法院/法官采用法定赔偿的方法来确定赔偿数额。专利法对法定赔偿数额的确定仅明确规定了专利的类型、侵权行为的性质及情节三种因素，因此，法定赔偿实为在法定范围内的酌定赔偿。专利侵权赔偿数额与判决理由案件数量具体分布如表6所示。

表6 赔偿数额与判决理由的数量分布 （件）

赔偿数额	1万元以下	1万～10万元	10万～20万元	20万～50万元	50万～100万元	100万元以上
获利	0	1	0	1	2	3
损失	0	2	0	0	1	1
许可	1	4	3	1	0	0

（续表）

赔偿数额	1万元以下	1万～10万元	10万～20万元	20万～50万元	50万～100万元	100万元以上
法定	80	1 334	131	101	14	4
其他	24	2	0	1	0	1

从表6可以看出，赔偿数额≤20万元的案件占绝大多数，赔偿数额较高的案件总数非常少，其中，赔偿数额超过50万元的案件共26件，超过100万元的案件共9件。在所有的判决案件中，采用"权利人实际损失"方法的有4件，采用"侵权人获利"方法的有7件，采用"专利许可费合理倍数"方法的有9件，其余几乎全部采用"法定赔偿"，而且法定赔偿的数额大多数集中在1万～10万元。

纵览所有案件侵权赔偿数额的判决理由，绝大多数为"原告未提供证据证明（或提供的证据不足以证明）其因被侵权所受到的实际损失或者被告因侵权所获得的利益，亦未提供可以参照的有效专利许可使用费，故本院结合原告专利权的类型、侵权行为的性质和情节等因素，适用法定赔偿方式，确定赔偿额为……"即选用法定赔偿方式。❶ 法院依据当事人的举证无法精确计算权利人损失与侵权利益，即使证据充分，这两种方法计算因为需要考虑很多相关因素，对技术性有相当程度的要求。法官在适用法定赔偿时，往往没有具体分析侵权行为各方面的因素，导致判决的说理部分千篇一律，未能体现个案特色。

除此之外，在少数案例判决中，并未明确采用上述4种赔偿数额确定方法中的任何一种，而是综合考虑相关因素，例如，扬州中级人民法院对广东奥飞动漫文化股份有限公司起诉相关当事人侵犯其一系列玩具的外观设计专利的判决书中❷的侵权赔偿数额确定中认为，"原告提

---

❶　赵烽："浅议我国专利侵权赔偿标准的完善"，载《法学论坛》2008年第3期，第226～227页。

❷　（2012）扬知民初字第0116号、（2012）扬知民初字第0110号、（2012）扬知民初字第0108号、（2012）扬知民初字第0107号、（2012）扬知民初字第0115号、（2012）扬知民初字第0111号、（2012）扬知民初字第0111号、（2012）扬知民初字第0098号、（2012）扬知民初字第0093号、（2012）扬知民初字第0097号（2012）扬知民初字第0101号、（2012）扬知民初字第0105号、（2012）扬知民初字第0101号。

交的证据尚不足以证实其实际损失或被告获益有超过上述条款规定的赔偿幅度下限（1万元）的可能，在此情形下，如按原告主张直接适用该条款确定赔偿数额，则有违该赔偿责任方式适用的顺位，也可能致使原告所得超过其实际损失，形成不当得利"，因而对该系列案件酌定赔偿3000~5000元不等。上海第二中级人民法院❶、宁波中级人民法院❷也有类似判决。而同一外观设计专利，在乌鲁木齐市中级人民法院的一系列判决❸中，法院认为："鉴于权利人奥飞公司未提供其所受到的损失及侵权人所获利益的证据，故本院综合考虑涉案专利权类型、被告的经营规模、侵权行为的情节、范围、期间以及侵权产品的销售价格、产品利润等因素，对被告乔某因侵权所获利润酌情予以认定，并依此确定其应赔偿原告奥飞公司的损失数额。"判决侵权损害赔偿5000元，从判决理由可以看出，法院并未明确使用上述任何一种方法，而是综合考虑各种因素在法定赔偿范围之外酌定确定赔偿额。而对于同一系列外观专利，广东省的案件判决❹中，全部使用法定赔偿的最低数额为1万元。法定范围内的酌定赔偿所考虑的因素很多情况下包括原告请求却不能充

---

❶ （2011）沪二中民五（知）初字第111号、（2011）沪二中民五（知）初字第112号：本院的调查表明，根据被告经营的上海市宝山区博群综合经营部的经营规模、玩具销售等情况，被告销售涉案产品的获利或者原告因被告销售涉案产品所受损失，明显低于1万元的最低法定赔偿数额。故对于被告在本案中所应承担的赔偿数额，本院根据涉案专利权的类型、被告实施的涉案侵权行为的性质、情节及原告为制止被告涉案侵权行为所支出的合理的律师费、公证费等因素酌情确定。

❷ （2014）宁知民初字第4号：根据被告的经营规模、被控侵权商品的售价及可能的利润，被告销售涉案产品的获利或者原告因被告销售行为所受损失，明显低于1万元的最低法定赔偿数额，故本院将在综合考虑上述各项因素的基础上，在1万元以下酌定赔偿数额。

❸ （2011）乌中民三初字第220号、（2011）乌中民三初字第221号、（2011）乌中民三初字第230号、（2011）乌中民三初字第231号、（2011）乌中民三初字第232号、（2011）乌中民三初字第240号、（2011）乌中民三初字第339号、（2011）乌中民三初字第341号。

❹ （2011）穗中法民三初字第476号、（2011）穗中法民三初字第477号、（2011）穗中法民三初字第475号、（2011）穗中法民三初字第474号、（2011）穗中法民三初字第473号、（2011）穗中法民三初字第478号、（2011）穗中法民三初字第627号、（2011）穗中法民三初字第596号、（2011）穗中法民三初字第472号、（2014）穗中法知民初字第146号、（2014）穗中法知民初字第147号、（2014）穗中法知民初字第148号。

分证明的与实际损失相关的各种事实。❶

此外，在纳入统计的专利侵权赔偿判决书中，专利侵权赔偿的最高额为1518万元，最低额为1000元。其中赔偿最高的是原告洛阳金诺机械工程有限公司、刘某某诉被告西安理工晶体科技有限公司、洛阳中硅高科技有限公司侵害实用新型专利权纠纷案，❷ 该案中侵权赔偿数额的确定标准是权利人的损失，其计算标准是侵权产品的销量×单个产品的合理利润，在判决中有酌定确认每件产品合理利润的过程，法院对于合理利润的确定证据是比较充分的，主要是根据涉案专利的关键作用、贡献率、近年来的市场价格、侵权产品的销售时间、侵权产品的销售总价款、维权成本及原告诉请来酌定确认单个产品的合理利润。

因为赔偿数额在50万元以上的案件较少，笔者统计出赔偿数额在50万元以上的案件，按获利方式确定的案件占70%以上，按损失方式确定的案件占50%以上，按许可费倍数方式确定的案件没有，而按照法定方式确定的案件仅占1%。也就是说根据权利人损失或侵权人获利确定的案件赔偿数额往往要高于法定赔偿确定的案件赔偿数额。

三、问题与建议

（一）问　题

综合以上数据分析，不难看出，目前我国的专利侵权赔偿数额的确定存在以下两点问题：第一，数额低；第二，具体数额难以确定，直接采用法定赔偿。

我国知识产权的赔偿原则以前一直采用的是补偿性原则，主要在于通过判决的数额能够弥补权利人的损失。但是在司法实践中，绝大多数案件的赔偿数额都在20万元以下，数额普遍较低。而笔者在案件整理过

---

❶　（2014）鲁民三终字第136号：法院指出，唐某某提交的上述证据虽然不能准确全面地反映阳光公司因侵权行为的获利情况，但可作为确定阳光公司承担损失赔偿额的重要考量因素。因此，原审法院综合考虑涉案专利权的类型和法律状态，阳光公司的主观态度、侵权行为的性质、情节、持续时间等因素，酌情确定阳光公司赔偿唐某某经济损失60万元。

❷　（2013）洛知民初字第28号。

程中也发现，法官判决的数额相较于权利人要求赔偿的数额而言，差距往往较大，很难达到弥补权利人损失的目的，甚至都无法弥补权利人为制止侵权所支付的合理费用。我们应该通过完善立法来有效弥补权利人的损失，使权利人能够感受到真正的公平，进而鼓励权利人积极进行发明创造。

据统计的结果也可以看到97%的案件，确定赔偿数额的理由都是法定赔偿。这种确定数额的方式本应是兜底选择，但在司法实践中，前3种方法在适用中存在的障碍使得法定赔偿成为确定赔偿数额的主要方式。因此，关于前3种赔偿数额确定方法，需要更为具体、完善法律规定来增强其在司法实践中的适用性。

（二）建　　议

针对上述问题，笔者提出以下几点建议。

1. 采取惩罚性赔偿

目前学界多数观点认为应该效仿西方国家，在确定知识产权数额的原则上应该采用惩罚性赔偿原则。2013年修正的《商标法》第63条第1款规定："对恶意侵犯商标专用权，情节严重的，可以按照上述方法确定数额的一倍以上三倍以下确定赔偿数额"，开创了我国知识产权领域侵权的惩罚性赔偿原则。《专利法》和《著作权法》的修改草案中也确立了惩罚性赔偿的条款，一旦确立适用该原则，既能够解决赔偿数额低的现状，又能够对侵权者起到震慑作用，减少知识产权侵权案件的发生。

除此之外，笔者认为对于权利人所受损失和侵权人所获利润这两者适用上的顺位不应硬性规定为权利人所受损失在侵权人所获利润之前，应该在二者都能够确定的前提下，二者相较，选取较高金额来确定赔偿数额，这样不仅能够解决数额低的现状，更大程度上保护权利人的专利权，也能够使侵权者意识到自己无利可图，从而打消侵权的想法，起到抑制侵权行为的社会作用。

2. 根据不同专业领域、地域以及权利类型细化赔偿数额区间

民事侵权理论对损害赔偿一般采用的都是弥补损失原则，以使权利人的损失能够得到补偿，维持经济上的公平与正义。因此，在司法实

践中应优先按照权利人的损失来确定赔偿数额。若是在不得已的情形下采用法定赔偿方式，法官应在判决书中详细说明适用法定赔偿的理由。目前对于法定赔偿的确定方式规定仅为"人民法院可以根据专利权的类型、侵权行为的性质和情节等因素，确定给予1万元以上100万元以下的赔偿"，该条款赋予法官极大的自由裁量权，在现实的司法实践中，具体赔偿数额的确定成为令法官头痛的问题，加之数额普遍偏低，加剧了权利人对于案件结果的不满。

因此，根据统计结果，笔者建议结合案件审判结果以及实地调研分析的数据，针对不同类型的权利、不同的地域、领域，对于法定赔偿的具体数额区间做一个细致的划分，不仅对法官的自由裁量权有所限制，而且方便法官裁判案件的实际操作；另外，也可以适当提高数额，更加有效地遏制侵犯专利权行为的发生。

3．法定赔偿考虑因素的罗列与举证

如上所述，目前对于法定赔偿需要考虑的因素法律条文只是一笔带过，在司法实践中，绝大多数法官在判决书中也只是简单照搬法律条文，没有赔偿数额确定的具体方法。当然也有部分案件在赔偿数额的确定这一部分详细阐述。笔者认为可以结合以往的司法案例，将在司法实践中会考虑到的因素详细罗列出来，并明确这些需要考虑因素的举证责任主体，使法官能够在确定赔偿数额时能够更加公平合理，当事人也能更有效地对诉讼作出评估预测。

4．确定性证据改边缘化证据

对于前文中提到的尽量采取前3种赔偿方式该如何保证呢？在司法实践中，虽然专利权人没有足够的证据证明其所受的损失或者侵权人所获得的利润的具体数额，但是可以根据现有的证据大致推断出一个数额区间，采取边际利润的概念对侵权者有一个大致的资产评估，由此来合理地确定赔偿数额，这种方法在部分司法实践中已经得到运用。

除此之外，如果权利人所受损失或者侵权人所获利润无法确定，且无专利许可费用可参照，可以考虑实际情况对专利许可费用进行一个评估，根据评估结果进行适用。

基于100个案例对商标指示性合理使用的实证分析

张　敏

指导老师：侍孝祥

【摘要】商标指示性合理使用最先由美国联邦第九巡回上诉法院在司法实践中创设，此后美国其他法院也承认商标指示性合理使用不构成商标侵权，商标指示性合理使用在美国司法实践中日趋完善。然而，在我国，无论学术界还是实务界，对商标指示性合理使用的性质、判断标准，均有不同意见。本文旨在明确指示性合理使用的性质，厘清混淆与指示性合理使用的关系，明确指示性合理使用的构成要件。首先，本文从我国司法实践中商标指示性合理使用的现存问题入手，以100个指示性合理使用案件的实证分析为主导，着重于对法院的判断标准和法律适用的解读，并对指示性合理使用进行类型化分析找出目前司法实践中我国法院处理该问题的不足。其次，通过对国内外理论界关于指示性合理使用的认识和争议的分析，厘清现有理论界对指示性合理使用的性质（商标性和非商标性之争），指示性合理使用的构成要件，混淆可能性与指示性合理使用的关系等的认识。再次，从理论角度出发，对指示性合理使用的起源与现代的发展进行阐述，并结合美国、欧盟对指示性合理使用的先进立法经验，从而勾勒出指示性合理使用制度的整体外观。最后，对我国指示性合理使用制度的构建与完善提出建议，这部分将澄清指示性合理使用的两个问题：第一，指示性合理使用是一种非商标性使用；第二，指示性合理使用和混淆的关系，"混淆"并不是独立的指示性合理使用的构成要件，而是判断善意和使用方式必要合理这两个要件的考量因素，也将明确指示性合理使用的构成要件，并以我国国情为根本出发点，借鉴国外先进立法体系，探讨如何构建我国的指示性合理使用制度，从而完善我国商标立法，促进社会主义市场经济建设。

引　言

商标指示性合理使用最先由美国联邦第九巡回上诉法院在司法实践中创设，此后美国其他法院也承认商标指示性合理使用不构成商标侵权，商标指示性合理使用在美国司法实践中日趋完善。然而，在我国，无论学术界还是实务界，对商标指示性合理使用的性质、判断标准，均有不同意见。

我国商标立法中关于商标侵权例外的抗辩的规定十分有限，仅仅限于《商标法》第59条规定的描述性正当使用，而对商标指示性合理使用没有任何规定。国内有关指示性合理使用相关规定的文件效力低下并且不集中，多散见于一些部门规章，且仅针对一些特殊领域或者特殊行业，在纷繁复杂的具体案件中，使用率较低。在司法上，以指示性合理使用进行抗辩的案例层出不穷，例如沃尔沃（For VOLVO）案件、立邦案、大众案、EPSON案等，这些案件已经引起广泛关注。但由于立法上的缺失，在认定该类合理使用时没有明确的构成要件作为依据，法官具有较大的自由裁量权，导致司法中对指示性合理使用的认识难以统一。

指示性合理使用在商标权限制中起着较大的作用，但由于存在对他人商标的使用，在认定时难免与商标侵权产生冲突。本次研究旨在解决认定商标指示性合理使用时的构成要件，明确商标指示性合理使用的本质，从而给未来商标合理使用的相关立法以及在实践中认定指示性合理使用提供理论依据。

本文的创新点在于将实证分析和理论研究相结合，通过分析司法实践中指示性合理使用的相关案例，并结合理论基础，在我国现有的商标法体系下，系统地构建指示性合理使用的基本框架。本文主要从指示性合理使用的起源、完善和发展展开，分析我国当前的立法和司法实践存在的不足之处并指出我国有必要纳入商标指示性合理使用制度，希望可以为我国尽快构建商标指示性合理使用制度提出一些有益的建议。

<h1 style="text-align:center">一、我国司法实践中对于指示性合理使用
案件的处理方式及存在问题</h1>

虽然我国商标法只规定了描述性合理使用，且在修改前后的商标法中均未涉及指示性合理使用的规定，但是司法实践中，大量存在指示性合理使用的相关案子。本章笔者将对我国100个指示性合理使用案子进行实证分析，着重于对法院的判断标准和法律适用的解读。此外，系统梳理100个案件，对实务界在运用商标指示性合理使用制度现状进行分析，并找出目前司法实践中我国法院处理该问题的不足。

（一）指示性合理使用案件的类型

笔者以"指示性"+"商标"和"说明性"+"商标"为关键词，进行判例全文搜索，在北大法宝和威科先行网站上进行检索，并结合论文期刊中出现的指示性合理使用案例，筛选出100个典型案件。其中涉及32个商标和1个企业名称的指示性合理使用。这32个商标分别是中华牌、不二家、以纯、S.Deer、Lily、美的、立邦、芭蒂娜、百丝、森田药妆、红叶、百得诗特、洁水、联想、华硕、米其林、派克、五粮液、贵州茅台、PRADA、GUCCI、维多利亚的秘密、万和、随堂通、优肯（星巴克）、EPSON、CATERPILLAR、VOLVO、丰田、GMAT、WAM以及大众。其中涉及的一个企业字号为"德国施密特"公司。

结合这些案例，可将商标指示性合理使用分为4种类型，分别是：重新包装、正品转售、配件或兼容性使用，以及修理服务（见表1）。其中，正品转售的案子在所有案件中所占比例最大，共81个，占81%。笔者将正品转售分为两大类，一是网上正品转售，二是实体店正品转售。

表1　指示性合理使用的类型

类别	案件数（个）	所占比例（%）
重新包装	10	10
正品转售	81	81
配件或兼容服务	7	7
修理服务	2	2

1. 重新包装

关于重新包装，此次共检索到10个案子，其中涉及两个商标，分别是"中华牌"和"不二家"，如表2所示。

表2　重新包装相关案件列表

序号	涉案商标	案例名称	审理法院	案号	审判日期	审判程序	是否侵权
1	中华牌	原告老凤祥股份有限公司与被告苏果超市有限公司、苏果超市有限公司江苏路连锁店侵害商标权纠纷一案的民事判决书	江苏省南京市鼓楼区人民法院	（2013）鼓知民初字第246号	2014.03.10	一审	不侵权
2	中华牌	上诉人老凤祥股份有限公司与被上诉人苏果超市有限公司、苏果超市有限公司江苏路连锁店侵害商标权纠纷一案的民事判决书	江苏省南京市中级人民法院	（2014）宁知民终字第19号	2014.08.13	二审	不侵权
3	中华牌	老凤祥股份有限公司与被上诉人苏果超市有限公司、苏果超市有限公司旭日景城社区店侵害商标权纠纷一案	南京市鼓楼区人民法院	（2013）鼓知民初字第247号	—	一审	不侵权

（续表）

序号	涉案商标	案例名称	审理法院	案号	审判日期	审判程序	是否侵权
4	中华牌	上诉人老凤祥股份有限公司与被上诉人苏果超市有限公司、苏果超市有限公司旭日景城社区店侵害商标权纠纷一案的民事判决书	江苏省南京市中级人民法院	（2014）宁知民终字第20号	2014.08.13	二审	不侵权
5	中华牌	原告老凤祥股份有限公司与被告苏果超市有限公司、苏果超市有限公司摄山星城连锁店侵害商标权纠纷一案的民事判决书	南京铁路运输法院	（2013）宁铁知民初字第22号	2014.02.27	一审	不侵权
6	中华牌	上诉人老凤祥股份有限公司与被上诉人苏果超市有限公司、苏果超市有限公司摄山星城连锁店侵害商标权纠纷一案的民事判决书	江苏省南京市中级人民法院	（2014）宁知民终字第17号	2014.08.05	二审	不侵权
7	中华牌	原告老凤祥股份有限公司与被告苏果超市有限公司、苏果超市有限公司尧林仙居连锁店侵害商标权纠纷一案的民事判决书	南京铁路运输法院	（2013）宁铁知民初字第19号	2014.03.05	一审	不侵权
8	中华牌	上诉人老凤祥股份有限公司与被上诉人苏果超市有限公司、苏果超市有限公司尧林仙居连锁店侵害商标权纠纷一案的民事判决书	江苏省南京市中级人民法院	（2014）宁知民终字第16号	2014.08.01	二审	不侵权

（续表）

序号	涉案商标	案例名称	审理法院	案号	审判日期	审判程序	是否侵权
9	中华牌	老凤祥股份有限公司与苏果超市（淮安）有限公司侵害商标权纠纷一审民事判决书	江苏省淮安市中级人民法院	（2014）淮中知民初字第0007号	2014.05.19	一审	不侵权
10	不二家 peko poko	不二家（杭州）食品有限公司与钱海良、浙江淘宝网络有限公司侵害商标权纠纷一审民事判决书	浙江省杭州市余杭区人民法院	（2015）杭余知初字第416号	2015.11.10	一审	侵权

在"中华牌"的案件中，原告老凤祥股份有限公司，拥有"中华牌"注册商标权。上述9个"中华牌"案件的涉案事实基本相同。原告以前曾生产4支装形式的中华牌铅笔，后改为10支装。在原告取消4支装后，为便于销售，供应商文兴公司仍按原来的4支装包装形式将原告的产品进行分装后供应给两被告。文兴公司在分包装标签上使用了与涉案注册商标相同的标识，并且在标签的反面添加了供应商文兴公司的信息。庭审中原告认可两被告销售的铅笔本身系正品。所以本案审理的焦点在于，文兴公司将中华牌铅笔正品重新包装后，在包装标签上使用"中华牌"商标，是商标侵权行为，还是合理使用行为。

法院认为，如果商标权人以外的第三人在生产经营活动中仅为指示其所销售商品的信息，善意合理地使用商标权人的商标未造成相关公众的混淆，亦未造成商标合法权益损害的，则不应被认定为商标侵权行为。一审法院从被控侵权人使用商标的形式，以及是否造成相关公众混淆两方面进行了分析。（1）从涉案商标在被诉侵权商品上的使用方式看。虽然被诉侵权商品分包装使用了原告"中华牌"注册商标，但是，这种分包装不存在对涉案商标的贬损，商品的质量或消费安全也未受影响。该种商标的使用，直接指向的是商标注册人的商品，属于指明商标权人的商标指示性合理使用。（2）从被诉侵权行为是否会使相关公众对商品来源产生混淆、误认角度分析。被诉侵权商品包装上使用原告涉案商标的目的，在于客观如实地向消费者说明商品的品牌；而且，分包装保留了商品生产者的相关信息，能够充分说明商品的来源。故这种商标指示性合理使用，并未使得涉案商标与原告商品的对应性受到影响，没有损害商标的识别功能。在此情况下，不存在消费者对于商品来源认知的混淆、误认，或是造成涉案注册商标的淡化。至于文兴公司在分包装上添加自身信息的行为，本院认为，因其标注了"供应商"的身份，是为了说明涉案商品的供给渠道，而非对原告涉案商标的攀附。

二审法院维持一审判决，并指出商标的主要功能在于识别商品或服务的来源，防止消费者对商品或服务的来源产生混淆，以维护商标权人的合法权益。本案中，被控侵权铅笔本身为正品，且包装上使用了与涉案注册商标相同的标识，并明确标注了该商品的生产厂家，已足以说明商品的来源。虽然该包装上添加了文兴公司的信息，但也明确标注了其身份为"供应商"。因此，苏果公司、苏果江苏路店销售被控侵权商品不足以导致消费者对商品的来源产生混淆和误认。

在"不二家"案中，被告钱某在淘宝网上销售正品不二家糖果，被告在分别购进涉案糖果、外包装后自行分装成涉案产品，分别是138g铁盒装、258g铁盒装、100g纸盒装三种规格，该包装盒多处有"不二家""poko"及"peko"标识，以及一个小女孩端水果的图案，同时注明了不二家公司的企业名称、地址、联系方式等信息。因此，本案的争议焦点是钱某未经不二家公司许可将不二家公司的糖果擅自分装到带有不二家公司涉案商标的三种规格包装盒并进行销售的行为是否侵犯不二家公司的涉案商标专用权。被告认为，经销商对商品进行分装是常见现象，经销商有权使用原商标指示性说明商品。

法院认为，虽然钱某分装、销售的三种规格的涉案产品中的糖果本身系来源于不二家公司，且其使用的三种规格的外包装上也附着了与涉案商标相同或相近似的标识，从相关公众的角度来看，并未产生商品来源混淆的直接后果，但是商品的外包装除了发挥保护与盛载商品的基本功能外，还发挥着美化商品、宣传商品、提升商品价值等重要功能，而钱某未经不二家公司许可擅自将不二家公司的商品分装到不同包装盒，且该包装盒与不二家公司对包装盒的要求有明显差异，因此，钱某的分装行为不仅不能达到美化商品、提升商品价值的作用，反而会降低相关公众对涉案商标所指向的商品信誉，从而损害涉案商标的信誉承载功能，属于《中华人民共和国商标法》第57条第（7）项之规定的"给他人的注册商标专用权造成其他损害的行为"，构成商标侵权。

"中华牌"案和"不二家"案，两案的法律事实基本相同，都是将正品商品买来后，进行重新包装的行为，但是，两家法院的判决却完全不同。"中华牌"案中，江苏省的一审、二审法院均将该种行为界定为商标指示性合理使用，而不构成商标侵权。但"不二家"案中，浙江省杭州市余杭区人民法院却认为，分装行为虽然不会给消费者造成混淆，但是会降低相关公众对涉案商标所指向的商品信誉，从而损害涉案商标的信誉承载功能，因此判定被告的行为构成商标侵权。因此，有必要在法律层面统一商标指示性合理使用的判断标准，以更好地指导司法实践。

2．正品转售

正品转售包括两种形式，一是在网上进行转售，如在淘宝网大量出现的"正品代购"等现象；二是通过实体店转售他人正品。正品转售的案子在所有案件中所占比例最大，共81个，占81%，其中涉及的商标共有23个，还包括1个企业字号。其中"德国施密特"这一企业字号是关于网上正品转售的，还有另外11个商标也涉及网上正品转售，包括：以纯、S.Deer、Lily、美的、立邦、芭蒂娜、百丝、森田药妆、红叶、百得诗特和洁水。另外12个商标：联想、华硕、米其林、派克、五粮液、贵州茅台、PRADA、GUCCI、维多利亚的秘密、万和、随堂通、优肯（星巴克），则是实体店正品转售行为。

（1）网上正品转售。

在网上进行转售正品的活动中，主要涉及三种情况的指示性合理使用，一是在店铺招牌上使用商标权人的商标，二是在描述商品名称时使用商标权人商标，三是在产品宣传图片中使用商标权人的商标。在此次检索中，11个商标和1个企业字号与网上正品转售有关，共有37个案件，具体如表3所示：

表3　网上正品销售相关案件列表

序号	涉案商标	案例名称	审理法院	案号	审判日期	审判程序	是否侵权
1	YISHION 以纯	东莞市以纯集团有限公司与黄某某侵害商标权纠纷案一审	四川省德阳市中级人民法院	（2015）德知民初字第2号	—	一审	不侵权，举证不能
2	YISHION 以纯	东莞市以纯集团有限公司与黄某某侵害商标权纠纷案二审民事判决书	四川省高级人民法院	（2015）川知民终字第134号	2016.01.25	二审	不侵权
3	YISHION 以纯	东莞市以纯集团有限公司与朱某某侵害商标权纠纷一审民事判决书	四川省德阳市中级人民法院	（2015）德知民初字第3号	2015.06.16	一审	不侵权
4	YISHION 以纯	东莞市以纯集团有限公司与朱某某侵害商标权纠纷案二审民事判决书	四川省高级人民法院	（2015）川知民终字第135号	2016.01.25	二审	不侵权
5	YISHION 以纯	郭某某与洪某某侵害商标权纠纷一审	湖南省衡阳市中级人民法院	（2014）衡中法民三初字第4号	2014.09.22	一审	不侵权，举证不能
6	YISHION 以纯	郭某某与洪某某侵害商标权纠纷二审民事判决书	湖南省高级人民法院	（2015）湘高法民三终字第189号	2015.12.03	二审	不侵权
7	YISHION 以纯	郭某某与马某某侵害商标权纠纷案一审	四川省泸州市中级人民法院	（2014）泸民知初字第1号	—	一审	不侵权，原告举证不能
8	YISHION 以纯	郭某某与马某某侵害商标权纠纷案二审民事判决书	四川省高级人民法院	（2015）川知民终字第83号	2015.10.12	二审	不侵权，原告举证不能

（续表）

序号	涉案商标	案例名称	审理法院	案号	审判日期	审判程序	是否侵权
9	YISHION 以纯	郭某某与徐某某侵害商标权纠纷一审民事判决书	浙江省台州市中级人民法院	（2014）浙台知民初字第108号	2014.08.22	一审	侵权
10	YISHION 以纯	郭某某与张某某、浙江淘宝网络有限公司知识产权纠纷一审民事判决书	浙江省杭州市余杭区人民法院	（2013）杭余知初字第113号	2013.11.22	一审	不侵权，原告举证不能
11	YISHION 以纯	郭某某与张某某、浙江淘宝网络有限公司知识产权纠纷二审民事判决书	浙江省杭州市中级人民法院	（2014）浙杭知终字第80号	2014.04.30	二审	不侵权，原告举证不能
12	YISHION 以纯	郭某某与曹某某、浙江淘宝网络有限公司知识产权纠纷一审民事判决书	浙江省杭州市余杭区人民法院	（2013）杭余知初字第126号	2013.12.03	一审	不侵权，原告举证不能
13	YISHION 以纯	郭某某与曹某某、浙江淘宝网络有限公司知识产权纠纷二审民事判决书	浙江省杭州市中级人民法院	（2014）浙杭知终字第86号	2014.04.29	二审	不侵权，原告举证不能
14	YISHION 以纯	郭某某与葛某某、浙江淘宝网络有限公司知识产权纠纷一审民事判决书	浙江省杭州市余杭区人民法院	（2013）杭余知初字第115号	2013.11.22	一审	不侵权，原告举证不能
15	YISHION 以纯	郭某某与葛某某、浙江淘宝网络有限公司知识产权纠纷二审民事判决书	浙江省杭州市中级人民法院	（2014）浙杭知终字第18号	2014.01.26	二审	不侵权，原告举证不能

（续表）

序号	涉案商标	案例名称	审理法院	案号	审判日期	审判程序	是否侵权
16	YISHION 以纯	郭某某与张某某、浙江淘宝网络有限公司知识产权纠纷一审民事判决书	浙江省杭州市余杭区人民法院	（2013）杭余知初字第122号	2013.12.12	一审	不侵权，原告举证不能
17	YISHION 以纯	郭某某与林某某、浙江淘宝网络有限公司知识产权纠纷一审民事判决书	浙江省杭州市余杭区人民法院	（2013）杭余知初字第117号	2013.11.26	一审	店铺首页的描述中使用"以纯折扣淘宝网店"侵权
18	YISHION 以纯	郭某某与滕某某、浙江淘宝网络有限公司一审民事判决书	浙江省杭州市余杭区人民法院	（2013）杭余知初字127号	2013.11.15	一审	不侵权
19	S.Deer 圣迪奥	南京圣迪奥时装有限公司诉胡某某、南京奥杰制衣有限公司侵害商标权纠纷一案	—	（2011）宁知民初字第448号	—	—	侵权
20	S.Deer 圣迪奥	王某与胡某某、南京奥杰制衣有限公司侵害商标权纠纷上诉案	江苏省高级人民法院	（2012）苏知民终字第0285号	2012.12.14	二审	侵权
21	S.Deer 圣迪奥	南京圣迪奥时装有限公司诉周某某、南京奥杰制衣有限公司侵害商标权纠纷案一审	—	（2011）宁知民初字第00447号	—	—	侵权
22	S.Deer 圣迪奥	周某某与南京奥杰制衣有限公司侵害商标权纠纷上诉案	江苏省高级人民法院	（2012）苏知民终字第0218号	2012.12.04	二审	侵权

（续表）

序号	涉案商标	案例名称	审理法院	案号	审判日期	审判程序	是否侵权
23	LILY	上海丝绸集团品牌发展有限公司与浙江淘宝网络有限公司、王某侵害商标权纠纷一审民事判决书	浙江省杭州市余杭区人民法院	（2015）杭余知初字第267号	2015.08.20	一审	不侵权
24	LILY	上海丝绸集团品牌发展有限公司与浙江淘宝网络有限公司、王某侵害商标权纠纷二审民事判决书	浙江省杭州市中级人民法院	（2015）浙杭知终字第345号	2015.12.09	二审	淘宝：尽到了合理协助义务，及时删除，无须承担共同侵权；王某：在店招中使用，非商标意义，不侵权；在商品项目上使用，系假冒，侵权
25	洁水	开德阜国际贸易（上海）有限公司与阔盛管道系统（上海）有限公司、上海欧苏贸易有限公司侵害商标权纠纷、虚假宣传纠纷案	上海市徐汇区人民法院	（2013）徐民三（知）初字第1017号	2015.03.13	一审	不侵权；没有虚假宣传

（续表）

序号	涉案商标	案例名称	审理法院	案号	审判日期	审判程序	是否侵权
26	洁水	开德卓国际贸易（上海）有限公司与阔盛管道系统（上海）有限公司、上海欧苏贸易有限公司侵害商标权纠纷、虚假宣传纠纷上诉案	上海知识产权法院	（2015）沪知民终字第161号	2015.07.28	二审	不侵权；没有虚假宣传
27	美的	广东美的生活电器制造有限公司诉刘某、王某某）侵害商标权纠纷案一审	—	（2014）佛顺法知民初字第372号	—	—	正品上不侵权，假冒产品上侵权
28	美的	刘某、王某某与广东美的生活电器制造有限公司侵害商标权纠纷二审民事判决书	广东省佛山市中级人民法院	（2015）佛中法知民终字第42号	2015.10.14	二审	非美的产品，属于商标性使用，构成侵权
29	立邦	立邦涂料（中国）有限公司与上海展进贸易有限公司、浙江淘某网络有限公司侵害商标权纠纷案一审	—	（2011）徐民三（知）初字第138号	—	—	不侵权
30	立邦	立邦涂料（中国）有限公司与上海展进贸易有限公司、浙江淘某网络有限公司侵害商标权纠纷上诉案	上海市第一中级人民法院	（2012）沪一中民五（知）终字第64号	2012.05.24	二审	不侵权
31	BADINA 芭蒂娜	浙江娜利服饰有限公司与柯某某、浙江淘某网络有限公司侵害商标权纠纷一审民事判决书	浙江省杭州市余杭区人民法院	（2015）杭余知初字第533号	2016.02.01	一审	原告证据不足，驳回诉讼被告不侵权

（续表）

序号	涉案商标	案例名称	审理法院	案号	审判日期	审判程序	是否侵权
32	百丝	周某某与彭某某侵害商标权纠纷一审民事判决书	广东省佛山市禅城区人民法院（原广东省佛山市城区人民法院）	（2014）佛城法知民初字第179号	2015.02.10	一审	不侵权，举证不能
33	森田药妆	上海乔杉信息科技有限公司与广东壹号大药房连锁有限公司、纽海电子商务（上海）有限公司侵害商标权纠纷案	上海市浦东新区人民法院	（2014）浦民三（知）初字第772号	2015.01.22	一审	不侵权，举证不能
34	红叶	江苏红叶视听器材股份有限公司与海宁市致远电脑网络科技有限公司、宁波海曙时俱商贸有限公司等侵害商标权纠纷一审民事判决书	浙江省海宁市人民法院	（2014）嘉海知初字第57号	2014.12.11	一审	侵权
35	"施密特公司"企业名称、商品名称、图片、技术参数	北京欧立华科技发展有限公司与北京坦森机电科技有限公司不正当竞争纠纷一审民事判决书	北京市西城区人民法院	（2015）西民（知）初字第07795号	—	一审	不构成不正当竞争

（续表）

序号	涉案商标	案例名称	审理法院	案号	审判日期	审判程序	是否侵权
36	"施密特公司"企业名称、商品名称、图片、技术参数	北京欧立华科技发展有限公司与北京坦森机电科技有限公司不正当竞争纠纷二审民事判决书	北京知识产权法院	（2015）京知民终字第1995号	2016.03.04	二审	不构成不正当竞争
37	百得诗特	永莹辉贸易（上海）有限公司与顾某某、浙江淘宝网络有限公司知识产权纠纷一审民事判决书	浙江省杭州市余杭区人民法院	（2014）杭余知初字第78号	2014.05.05	一审	在店铺名中使用涉案商标，构成侵权

在网络转售案件中，法院通常首先确定涉案的商品是否是正品，若都是正品，再判断这种使用方式是否合理，是否会构成混淆。如果不能确定全是正品，则有可能构成侵权。在上述37个案件中，构成侵权的有10个，不构成侵权的有27个。

在上述案件中，"以纯"系列案的法官们，认为如果原告不能证明被告销售的是假冒的，则原告承担举证不能的责任，所以被告就不承担侵权责任。而在"S.Deer"系列案中，法院存在相反观点，认为如果被告销售的产品并非全都是圣迪奥专柜正品，则被告需要承担侵权责任。

为了指明其所售商品的基本信息，应允许其在经营活动中善意、合理地使用所售产品的注册商标，比如被告可以用叙述性语言或指示性语言表明其店内销售"×××"品牌的产品，但该使用方式不能超出合理使用的界限，即对原告注册商标的使用不会引起一般消费者或者相关公众对商品来源的混淆或误认，也不会引起一般消费者或者相关公众产生原告与被告之间存在某种特定商业关系的联想。

①在店铺招牌中使用他人商标。

在上海丝绸集团品牌发展有限公司诉王某一案中，被告王某店铺店招为"XIAOYAOFASHIONLILY／fiveplus（5＋）专柜正品代购"，王某在其店招中对"LILY"字样的使用仅为描述性使用，明确其系专柜正品代购的店铺，并不会使得相关公众误认为涉案店铺系丝绸公司设立或经丝绸公司授权许可，并非商标意义上的使用。

而"以纯"案中，被告徐某某在其网店首页上的店招处醒目地使用了"以纯男装"的字样，再无任何其他说明性文字，该种使用方式容易使进网店购买的一般消费者或相关公众误认为该店与商标权人即原告系同一的销售服务市场主体或者两者之间存在特定商业关系，已超出合理使用的界限，在未经原告许可的情况下，该行为构成对原告注册商标专用权的侵犯。

另一个以林某某为被告的"以纯"案中，林某某在店铺首页的描述中使用"以纯折扣淘宝网店"。法院认为，林某某直接将"以纯"与"折扣淘宝网店"联合起来使用的行为，容易使相关公众认为林某某开设的淘宝店铺系经郭某某授权许可开设或者认为该店铺与郭某某具有一定的关联关系，从而侵犯了郭某某"以纯"商标专用权。

所以，在淘宝网店招上使用他人商标，需要以一定适当的方式使用，而不能超过必要限度。

②在宝贝分类、商品名称及搜索关键词上使用他人商标。

在上海丝绸集团品牌发展有限公司诉王某一案中，王某在淘宝店铺的宝贝分类、商品名称、宝贝详情、商品品牌展示等中使用"LILY"字样，属于在商品宣传、交易文书中使用相关标识，明显起到识别商品来源的作用，属于商标使用行为。王某的上述商标使用行为应是为展示其所销售商品的品牌信息，如果其展示销售的商品本身系丝绸公司或经丝绸公司授权的第三方所生产，则王某在淘宝店铺的宝贝分类、商品名称、宝贝详情、商品品牌展示中标明商品品牌应属于商标指示性合理使用，不构成商标侵权。

在郭某某诉徐某某这一"以纯"案中，被告徐某某在宝贝信息以及宝贝销售排行信息中使用"以纯正品"或"yishion以纯正品"等字样，根据商业惯例，是为指示其所销售商品的品牌信息，在商品名称中标明商品品牌应属于商标指示性合理使用，在原告郭某某未提供证据证明该些宝贝是侵权商品的情况下，本院无法认定被告徐某某的该行为侵犯了原告郭某某的商标专用权。

在另一起"以纯"案中，被告葛某某在其销售的商品信息中使用了"以纯正品""以纯秋款""Yishion秋装"等文字内容，但该文字是出于对其商品的品牌进行真实、必要的描述和说明，符合一般的商业习惯，应属于商标指示性合理使用，而非作为区分商品或服务来源的商标使用；同时，葛某某未将上述文字置于显著位置突出使用，且未与被上诉人葛某某或其经营的网店名称等信息配套使用，故该行为不会使相关公众对商品的来源产生混淆误认。因此，被上诉人葛某某的该种使用系对涉案商标的正当使用，不构成商标侵权。

在广东美的生活电器制造有限公司诉刘某、王某某侵害商标权纠纷案中，涉案网店使用"美的移动空调出口代工"字样所销售的产品机身上有"美的"图形商标标识，因此，刘某、王某某在涉案网店页面上使用"美的移动空调出口代工"字样作为商品的名称，销售带"美的"图形商标的商品，是对所销售商品名称的真实反映，不构成对美的生活电器公司注册商标专用权的侵犯。

所以，在宝贝分类、商品名称及搜索关键词上使用他人商标，一般属于指示性合理使用，不构成商标侵权。

③在产品宣传中使用他人商标。

滕某某淘宝店铺首页展示的图片属于产品宣传图片，"YISHion以纯"商标系图片的组成部分，结合图片右下方"冬装新品上市"的标识以及滕某某开设的淘宝店铺主要销售以纯服饰可见，相关公众通常会认为该商标传达的是在售商品的广告，即指示其所销售商品的品牌信息，而不是传达经营者的商号、商标或经营风格，商标直接指向的是商标注册人的商品，并非本案被告滕某某或其开设的店铺，即"YISHion以纯"商标与其以纯商品之间的对应关系并没有受到影响，相关公众也不可能认为在售的以纯服饰来源于滕某某，在此情况下，不存在消费者对于商品来源认知的混淆。因此，该种商标指示性合理使用，并未损害郭某某涉案商标的识别功能，也不涉及商标显著性或知名度的降低，对郭某某也不存在其他商标利益的损害。

在"立邦"案中,展进公司在其网络店铺中销售多种品牌油漆,对部分品牌的油漆进行了促销宣传,其在促销宣传中使用立邦公司注册商标的目的在于告知消费者,所宣传商品指向的具体品牌,促使消费者了解欲购买油漆品牌的特点,以区别于其经营的其他油漆品牌,展进公司使用立邦公司注册商标属于向消费者说明其销售商品来源的表述性使用;此外,展进公司使用立邦公司注册商标促销宣传时并没有宣传其自身,不足以导致一般社会公众误认展进公司与立邦公司存在关联关系。若限制展进公司等销售商合理使用所销售商品的注册商标,则会不当地限制销售商宣传自己经销商品的方法,直接损害了商品在市场自由流转这一市场经济赖以存在的基本原则。

在"森田药妆"案中,被告壹号大药房在1号店网站上的网络店铺中销售森田药妆面膜时使用了面膜包装的正反面照片(有"森田藥粧""台湾驰名商标"字样)和"DR.MORITA森田藥粧SINCE1934"标记。相关公众通常会认为该商标传达的是在售商品的广告,即指示其所销售商品的品牌信息,而不是传达经营者的商号、商标。该种商标指示性合理使用直接指向的是商标注册人的商品,并非指向被告壹号大药房。在此情况下,不存在消费者对于商品来源认知的混淆,也不涉及商标显著性或知名度的降低,故也不存在其他商标利益的损害。

因此,通常在产品宣传中使用他人商标是不构成侵权的。

(2)实体店正品转售。

在实体店进行转售正品的行为与在网上销售的情况不尽相同,虽然也存在在店铺招牌上使用商标权人的商标的情况,可是更为突出的特点是,店铺经营者经常在铺面装潢上也使用和商标权人类似的装潢。因此,在此类案件中,除了商标侵权问题外,还涉及不正当竞争。在此次检索中,12个商标与实体店正品转售有关,共有44个案子,具体如表4所示:

表4 实体店转售相关案例列表

序号	涉案商标	案例名称	审理法院	案号	审判日期	审判程序	是否侵权
1	联想 lenovo	联想（北京）有限公司诉合肥云帆数码科技有限公司侵害商标权纠纷案一审	—	（2014）合民三初字第00279号		—	侵权；构成不正当竞争
2	联想 lenovo	合肥云帆数码科技有限公司（北京）有限公司侵害商标权纠纷二审民事判决书	安徽省高级人民法院	（2015）皖民三终字第00061号	2015.06.12	二审	侵权；构成不正当竞争
3	联想 lenovo	联想（北京）有限公司诉肖某某侵害商标权纠纷一审	—	（2014）鄂孝感中知初字第00006号	—	—	侵权
4	联想 lenovo	肖某某与联想（北京）有限公司侵害商标权纠纷二审民事判决书	湖北省高级人民法院	（2014）鄂民三终字第00875号	2014.12.19	二审	侵权
5	联想 lenovo	联想（北京）有限公司诉李某某侵害商标权纠纷一审民事判决书	—	（2014）鄂孝感中知初字第00008号	—	—	侵权
6	联想 lenovo	李某某与联想（北京）有限公司侵害商标权纠纷二审民事判决书	湖北省高级人民法院	（2014）鄂民三终字第00876号	2014.12.19	二审	侵权
7	联想 lenovo	联想（北京）有限公司与顾某某侵害商标权纠纷一审民事判决书	—	（2013）中知初字第243号	—	一审	侵权
8	联想 lenovo	联想（北京）有限公司与顾某某侵害商标权纠纷二审民事判决书	江苏省高级人民法院	（2014）苏知民三终字第0142号	2014.09.02	二审	侵权

（续表）

序号	涉案商标	案例名称	审理法院	案号	审判日期	审判程序	是否侵权
9	联想 lenovo	联想（北京）有限公司与舟山市意健商贸有限公司侵害商标权纠纷一审民事判决书	浙江省舟山市中级人民法院	（2014）浙舟知初字第8号	2014.06.20	一审	侵权；但不构成不正当竞争
10	联想 lenovo	联想（北京）有限公司与董某某侵害商标权纠纷一审民事判决书	浙江省舟山市中级人民法院	（2014）浙舟知初字第9号	2014.06.20	一审	侵权；但不构成不正当竞争
11	联想 lenovo	联想（北京）有限公司与李某某侵害商标权纠纷一审民事判决书	浙江省舟山市中级人民法院	（2014）浙舟知初字第7号	2014.06.20	一审	侵权；但不构成不正当竞争
12	联想 lenovo	联想（北京）有限公司与杨某某侵害商标权纠纷一审民事判决书	浙江省舟山市中级人民法院	（2014）浙舟知初字第10号	2014.06.20	一审	侵权；但不构成不正当竞争
13	联想 lenovo	联想（××××）有限公司与何某不正当竞争纠纷案	浙江省台州市中级人民法院	（2012）浙台知民初字第16号	2012.07.10	一审	侵权
14	华硕图形商标	华硕电脑（上海）有限公司与四川新世界科技有限公司侵害商标权纠纷一审民事判决书	四川省成都市中级人民法院	（2015）成知民初字第78号	2015.09.09	一审	不侵权
15	PRADA	普拉达有限公司诉重庆富端富商业管理有限公司侵害商标权、不正当竞争纠纷一审	—	（2015）中区法民初字第00007号	—	—	不侵商标权，但构成对企业字号的不正当竞争

（续表）

序号	涉案商标	案例名称	审理法院	案号	审判日期	审判程序	是否侵权
16	PRADA	重庆瑞富商业管理有限公司与普拉达有限公司侵害商标权纠纷、不正当竞争纠纷上诉案	重庆市第五中级人民法院	（2015）渝五中法民终字第04785号	2015.11.20	二审	构成不正当竞争
17	随堂通	盛某某与北京图书大厦有限责任公司侵犯商标专用权纠纷案一审	—	（2011）西民初字第26540号	—	—	不侵权
18	随堂通	盛某某与北京图书大厦有限责任公司侵犯商标专用权纠纷上诉案	北京市第一中级人民法院	（2012）一中民终字第525号	2012.03.20	二审	不侵权
19	万和	广东万和新电气股份有限公司与广西梧州市年年升贸易有限公司侵害商标权纠纷案	梧州市中级人民法院	（2012）梧民三初字第12号	—	一审	不侵权
20	万和	上诉人广东万和新电气股份有限公司（以下简称万和新电气公司）因与被上诉人广西梧州市年年升贸易有限公司（以下简称年年升公司）侵害商标权纠纷一案	广西壮族自治区高级人民法院	（2013）桂民三终字第2号	2013.04.12	二审	不侵权
21	轮胎人图形米其林 MICHELIN	原告米其林集团总公司与被告泰兴市鑫鑫轮胎商行侵害商标权及不正当竞争纠纷一案的民事判决书	江苏省南京市中级人民法院	（2015）宁知民初字第101号	2015.09.14	一审	侵权；但不构成不正当竞争
22	轮胎人图形米其林 MICHELIN	米其林集团总公司与淄博顺泰物资有限公司侵犯商标专用权纠纷一审民事判决书	山东省济南市中级人民法院	（2013）济民三初字第41号	2013.11.22	一审	侵权；构成不正当竞争

（续表）

序号	涉案商标	案例名称	审理法院	案号	审判日期	审判程序	是否侵权
23	轮胎人图形米其林 MICHELIN	米其林集团总公司与淄博顺泰物资有限公司侵害商标权纠纷二审民事判决书	山东省高级人民法院	（2014）鲁民三终字第275号	2014.12.23	二审	不侵权；构成虚假宣传，但不承担赔偿责任
24	轮胎人图形米其林 MICHELIN	佛山市顺德区宝骏汽车维修有限公司与米其林集团总公司侵害商标权纠纷一审	广东省佛山市中级人民法院	（2013）佛中法知民初字第528号	—	一审	侵权
25	轮胎人图形米其林 MICHELIN	佛山市顺德区宝骏汽车维修有限公司与米其林集团总公司（COMPAGNIE GENERALEDESETABLISSEMENTS MICHELIN）侵害商标权纠纷二审民事判决书	广东省高级人民法院	（2014）粤高法民三终字第239号	2014.12.23	二审	侵权
26	轮胎人图形米其林 MICHELIN	米其林集团总公司诉安康市华通物资有限公司侵害商标权纠纷案一审	西安市中级人民法院	（2013）西民四初字第00467号	—	一审	侵权
27	轮胎人图形米其林 MICHELIN	安康市华通物资有限公司与米其林集团总公司侵害商标权纠纷民事二审判决书	陕西省高级人民法院	（2014）陕民三终字第00071号	2014.11.24	二审	侵权
28	轮胎人图形米其林 MICHELIN	米其林集团总公司与杨某某侵害商标权及不正当竞争纠纷一审民事判决书	江西省南昌市中级人民法院	（2014）洪民三初字第11号	2014.06.06	一审	侵权

（续表）

序号	涉案商标	案例名称	审理法院	案号	审判日期	审判程序	是否侵权
29	GUCCI	古乔古希股份公司与哈尔滨威琳服饰经销有限责任公司不正当竞争纠纷案一审	黑龙江省哈尔滨市中级人民法院	（2011）哈知初字第113号	—	一审	不侵权
30	GUCCI	古乔古希股份公司与哈尔滨威琳服饰经销有限责任公司不正当竞争纠纷上诉案	黑龙江省高级人民法院	（2013）黑知终字第4号	2013.08.26	二审	不侵权
31	GUCCI	古乔古希股份公司诉宁波奥奥特莱斯购物有限公司	浙江省宁波市中级人民法院	（2009）浙甬知初字第355号	2010.04.14	一审	不侵商标权，但构成不正当竞争
32	GUCCI	古乔某某股份公司与嘉兴某某有限公司、上海甲有限公司、上海乙有限公司不正当竞争纠纷案	上海市杨浦区人民法院	（2013）杨民三（知）初字第574号	2014.11.25	一审	不侵商品商标；侵服务商标；构成不正当竞争
33	GUCCI	嘉兴盼多芙商贸有限公司、上海米岚城市奥莱企业管理有限公司等侵害商标权纠纷二审民事判决书	上海知识产权法院	（2015）沪知民终字第185号	2015.07.24	二审	不侵商品商标；侵服务商标；构成不正当竞争

（续表）

序号	涉案商标	案例名称	审理法院	案号	审判日期	审判程序	是否侵权
34	VICTORIA'SSECRET 维多利亚的秘密	维多利亚的秘密商店品牌管理有限公司诉上海锦天服饰有限公司侵害商标权及不正当竞争纠纷案	上海市第二中级人民法院	（2012）沪二中民五（知）初字第86号	2013.04.23	一审	不侵权；但构成不正当竞争
35	VICTORIA'SSECRET 维多利亚的秘密	维多利亚的秘密商店品牌管理有限公司诉上海麦司投资管理有限公司因侵害商标权及不正当竞争纠纷案一审	上海市第一中级人民法院	（2014）沪一中民五（知）初字第33号	—	一审	侵犯商标权构成不正当竞争
36	VICTORIA'SSECRET 维多利亚的秘密	上海麦司投资管理有限公司与维多利亚的秘密商店品牌管理公司不正当竞争纠纷上诉案	上海市高级人民法院	（2014）沪高民三（知）终字第104号	2015.02.13	二审	侵犯商标权构成不正当竞争
37	派克 PARKER	派克笔产品公司与李某某侵犯商标专用权纠纷一审	湖南省长沙市中级人民法院	（2011）长中民五初字第0578号	2013.09.27	一审	不侵商标权；"专卖店"构成不正当竞争
38	派克 PARKER	派克笔产品公司与李某某侵犯商标专用权纠纷二审民事判决书	湖南省高级人民法院	（2014）湘高法民三终字第53号	2014.05.14	二审	不侵犯商标权；"专卖店"构成不正当竞争

（续表）

序号	涉案商标	案例名称	审理法院	案号	审判日期	审判程序	是否侵权
39	五粮液	宜宾五粮液股份有限公司与昆山市玉山镇虎王酒行侵害商标权纠纷一审民事判决书	江苏省昆山市人民法院	（2015）昆知民初字第0088号	2015.07.16	一审	侵权
40	五粮液	宜宾五粮液股份有限公司与刘海梅商标专用权纠纷案	江苏省盐城市中级人民法院	（2013）盐知民初字第24号	2013.04.18	一审	侵权
41	五粮液	四川省宜宾五粮液集团有限公司与济南天源通海酒业有限公司侵犯商标专用权及不正当竞争纠纷再审审查民事裁定书	最高人民法院	（2012）民申字第887号	—	再审	不侵权；不构成不正当竞争
42	贵州茅台	贵州茅台酒股份有限公司与广西锦涛工贸有限公司侵害商标商标权纠纷案	广西壮族自治区南宁市（地区）中级人民法院	（2013）南市民三初字第149号	2013.12.10	一审	侵权
43	优肯	星源公司与青岛星巴克咖啡餐饮有限公司侵害商标权纠纷案	山东省青岛市中级人民法院	（2005）青民三初字第11号	2005.11.16	一审	不侵权
44	优肯	星源公司（STARBUCKSCORPORATION）与青岛星巴克咖啡餐饮有限公司商标侵权及不正当竞争纠纷案	山东省高级人民法院	（2006）鲁民三终字第30号	2007.07.05	二审	不侵权

在上述44个案件中，构成商标侵权的总共有25个，不侵权的有19个。

①被告在其店招上使用他人商标，通常情况下构成侵权。

在联想（北京）有限公司诉李某某一案中，李某某未经联想公司的许可，在其店铺招牌及店内装潢突出使用"联想""lenovo"标识，使消费者误认为联想公司与海联科技系关联店面或存在某种关联，向消费者传递了海联科技系联想公司授权的专营店面的虚假信息。而李某某作为销售服务业者，在其店铺招牌及店内装潢突出使用"联想""lenovo"标识的行为属于商标性使用行为，已超出善意、合理使用注册商标的界限，故李某某的行为侵犯了联想公司享有的注册商标专用权。

在米其林集团总公司诉淄博顺泰物资有限公司一案中，被告在其门店橱窗和招牌上贴有"米其林轮胎专卖"标识侵犯了原告的注册商标专用权。首先，被告使用"米其林轮胎专卖"标识是商标使用行为，用以标识其销售的产品和提供的服务内容。其次，原告的涉案商标用于轮胎商品，被告的被诉行为用以标识其销售的轮胎和提供的服务，二者之间存在特定联系，容易使相关公众混淆。最后，被告的被诉行为没有取得原告的许可，在类似服务上使用与原告商标相同的商标。故被告侵犯了原告的注册商标专用权，应承担相应的民事责任。

在宜宾五粮液股份有限公司与昆山市玉山镇虎王酒行一案中，被告未经商标权利人授权，将"五粮液"醒目地使用在酒行的店招上，易引起普通消费者的误认和混淆，该行为属于商标法意义上的商标使用行为，并构成侵权。虽然被告是商标权人的经销商，但在无商标权利人授权的情况下，经销商不得自行将所经销产品的商标单独、突出地标注在店招等商业性载体上。

②在销售区域的横梁、柜门上标注他人商标不构成侵权。

在华硕电脑（上海）有限公司诉四川新世界科技有限公司一案中，被告的招牌为"双流电脑城"，店内经营销售多种品牌的电脑及相关商品，其中销售品牌之一为华硕电脑，在电脑销售过程中，确实使用了与华硕上海公司享有权利的注册商标相同的、标识于销售区域的横梁、柜门上。在华硕品牌电脑销售区域内使用上述标识属于提示性说明，意在向公众说明并指示店内有该品牌电脑销售，实现其区别于其他品牌销售场所的功能，属于指示性合理使用，不会让消费者误以为该店与商标权利人之间存在某种特定关系，也不会让相关公众混淆该商品来源的市场主体。

年年升公司为销售万和新电器公司的产品，采取多种方式宣传自己经销的商品，例如使用商标作为"万和"产品专柜的标识，在门口LED电子显示屏中滚动使用"万和"文字标识，在广告宣传单上印刷商标，在店铺门口的地板上使用商标，以及在店铺门口摆放"万和特卖场"广告牌进行宣传，均旨在告知消费者其店内有万和电器产品销售，属于向消费者说明销售商品来源的指示性合理使用，符合一般商业惯例，且不存在对商标的贬损，客观上还起到扩大该商标知名度，增加万和电器产品销售数量的作用，是对商标权利人的一种增益行为。因此，不构成对万和新电器公司注册商标专用权的侵权。

③不正当竞争。

下面两个案例，虽然销售的是正品，但利用了涉案商标的知名度来搭便车，因此构成不正当竞争。

在普拉达有限公司诉重庆瑞富商业管理有限公司一案中，被告为了将自己的购物中心与时尚、高端商品密切联系，提升购物中心的品位和形象，吸引公众的视线，吸引其他商家进驻其所经营的购物中心，以获取有利的市场竞争地位，在瑞富购物中心入口处的灯箱广告、一层"Fabulously&F"欧洲精品店的玻璃墙上、精品店内的广告牌上多处使用"PRADA"标识，瑞富公司的行为本质上属于利用他人享有极高知名度的注册商标和企业字号，为自己获取市场竞争优势和更多的市场交易机会，其行为违反了公平竞争的原则，损害了商标权人的合法权益，破坏了正常的市场竞争秩序，瑞富公司的行为构成了不正当竞争行为。

在"GUCCI"案中，被告宁波奥特莱斯购物有限公司的经营模式"奥特莱斯"又称名品折扣店，是指专门销售名牌过季、下架、断码商品的商铺组合。原、被告的产品定位是不同的。被告未经原告许可，擅自使用原告的"GUCCI"字号作为浙江省宁波市江北区新马路的"北岸财富中心"108号商铺的门头店招，并在商铺广告、户外广告、路牌广告及企业网站的宣传页面的显著位置，醒目标注"GUCCI""2009GUCCI即将开业""GUCCI正在装修中……""国际名品快乐购买入驻品牌：GUCCI……"字样。被告上述宣传使用行为建立在"GUCCI"字号的高知名度上，直接利用了原告的经营成果及"GUCCI"的声誉，从而获取有利的市场竞争地位，被告有明显的通过搭便车的形式抬高其企业形象的主观故意。

（3）小结。

相对于在网络上转售来说，在实体店中转售面临的侵权风险更大。在实体店转售的44个案件中，构成商标侵权的总共有25个，不侵权的有19个。而在网络转售的37个案件中，构成侵权的有10个，不构成侵权的有27个，如表5、图2所示。

表5　正品转售中的实体转售与网络转售侵权比例

转售方式	总数（个）	侵权（个）	不侵权（个）
实体店转售	44	25	19
网络转售	37	10	27

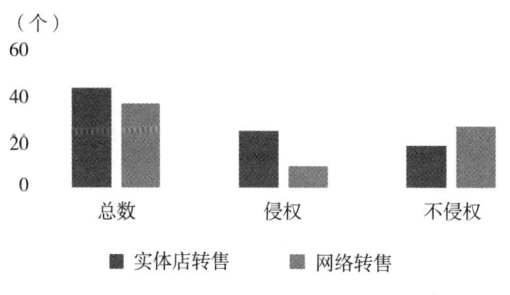

图2　正品转售中的侵权比例

3．配件或兼容服务

配件或兼容服务是指为了标示某一零件或部件可以适用于某产品而使用商标权人的商标的行为。配件或兼容服务在所有案件中所占比例为7%，共7个案子，其中涉及的商标共有6个，分别是：EPSON、CATEPILLAR、VOLVO、GMAT、WAM和丰田，如表6所示。

表6　配件或兼容服务相关案例列表

序号	涉案商标	案例名称	审理法院	案号	审判日期	审判程序	是否侵权
1	EPSON	××普×株式会社与深圳市××科技有限公司、东莞市××耗材厂侵犯商标专用权纠纷案	广东省深圳市中级人民法院	（2010）深中法民三初字第209号	2010.12.06	一审	侵权，指示性合理使用不规范
2	CATERPILLAR	卡特彼勒公司与瑞安市长生滤清器有限公司侵害商标权纠纷案	上海市浦东新区人民法院	（2006）浦民三（知）初字第122号	2007.04.23	一审	侵权
3	VOLVO	沃尔沃商标控股有限公司诉浙江省瑞安市长生滤清器有限公司商标侵权纠纷案	上海市浦东新区人民法院	（2005）浦民三（知）初字第40号	—	一审	侵权
4	丰田 TOYOTA	丰田自动车株式会社与浙江吉利汽车有限公司、北京亚辰伟业汽车销售中心不正当竞争纠纷案	北京市第二中级人民法院	（2003）二中民初字第06286号	2003.11.24	一审	不侵权；不构成不正当竞争
5	GMAT	（美国）研究生入学管理委员会与北京市海淀区私立新东方学校著作权和商标专用权纠纷案	北京市第一中级人民法院	（2001）一中知初字第33号	—	一审	侵权

（续表）

序号	涉案商标	案例名称	审理法院	案号	审判日期	审判程序	是否侵权
6	GMAT	北京市海淀区私立新东方学校与（美国）研究生入学管理委员会著作权和商标专用权纠纷上诉案	北京市高级人民法院	（2003）高民终字第1391号	2004.12.27	二审	不侵权
7	WAM	某某输送机械（上海）有限公司与张某、上海某某电子科技有限公司侵害商标权纠纷、不正当竞争纠纷案	上海市浦东新区人民法院	（2013）浦民三（知）初字第67号	2013.04.19	一审	不侵权；构成不正当竞争

①有自己的商标，符合商业惯例，未突出使用商标权人商标，不构成侵权。

在丰田诉吉利一案中，被告吉利公司在对涉案美日汽车进行宣传时使用"丰田"及"TOYOTA"文字，是对涉案美日汽车发动机所具有的性能、来源进行说明，是向消费者介绍汽车产品配置的主要部件的技术、制造等来源情况，以便于消费者对汽车产品的基本情况有所了解，这种对汽车产品配置进行介绍或说明的方式是符合商业惯例的；吉利公司并未将"丰田"及"TOYOTA"文字作为涉案美日汽车的商品标识予以使用，"丰田"及"TOYOTA"文字在此不具有用来标识美日汽车产品和吉利公司的意义，未对"丰田"及"TOYOTA"注册商标权造成损害。因此不构成侵权。

在美国研究生入学管理委员会诉新东方一案中，一审中认为新东方在其出版物醒目的地方标注"GMAT"，构成侵权。而二审却认为，虽然新东方突出标注了"GMAT"，但该种标注是对"GMAT"进行描述性或者叙述性的使用。其目的是说明和强调出版物的内容与GMAT考试有关，是为了便于读者知道出版物的内容，而不是为了表明出版物的来源，并不会造成读者对商品来源的误认和混淆。所以不构成侵权。

②指示性合理使用不规范或导致侵权的发生。

在"EPSON"案中，两被告经营打印机墨水、墨盒，原告的商标也用于打印机用色剂（墨）、打印机用色剂墨盒、打印机用调色剂（墨）等，原、被告使用商品属同一种商品。从被控侵权产品标示情况看，多款墨水上虽然在"EPSON"前标注了"可用于"或"适用于"，但"可用于"或"适用于"字样明显比"EPSON"字样小，与"EPSON"在字体、字形、颜色、视觉等方面反差较大，两者存在显著区别，法院因此认定两被告对被控侵权产品功能用途指示说明不规范，容易使相关公众尤其是缺乏中文语言常识的境外消费者对商品的来源产生误认或者认为其来源与原告注册商标的商品有特定的联系，构成了对原告"EPSON"商标专用权的侵权。

同样，在"VOLVO"和"CATEPILLAR"两案中，被告也是因为指示性合理使用不规范而被判定侵权的。法院指出，鉴于滤清器规格与不同品牌或型号汽车之间存在对应关系，为便于相关公众购买，滤清器生产厂家可以在其产品上作出指示性说明，但是该说明必须出于善意，不能超出合理范围，造成相关公众混淆、误认或者产生联想。这两个案件中的被告在滤清器产品中使用"FOR CATERPILLAR"和"FOR VOLVO"文字存在以下情节："FOR CATERPILLAR"和"FOR VOLVO"在涉案滤清器产品显著位置以深黑色加粗黑体字呈现，其中的"FOR"在英文中有"为了""对于""因为""作为"等多种含义；上述文字紧靠在原告注册商标之下；涉案滤清器产品上所附镭射标签系粘贴可揭，底色为银白，其上英文字母亦为白色，且字体小；且上述镭射标签上的Tarabichi公司简称标记隐蔽；涉案滤清器产品上并无其他表示商品来源的标记……；原、被告的滤清器产品外观相同、颜色相近。根据上述情节，被告在其生产的滤清器显著位置以较大的字体突出使用"FOR CATERPILLAR"和"FOR VOLVO"文字，同时又未以相应方式如实表述产品来源，而且所附镭射标签系粘贴，可以较为方便地揭去，这种使用方式客观上易使相关公众联想到该产品的来源与"CATERPILLAR"和"FOR VOLVO"商标注册人之间存在某种联系，而且不排除被告对此效果的主观故意。因此，涉案产品对"FOR CATERPILLAR"和"FOR VOLVO"文字的使用不属于对注册商标的合理使用。

4. 修理服务

在修理服务这一类别，笔者只找到两个案子，是上海大众汽车有限公司与昌邑市伟波汽车销售服务有限公司侵害商标权纠纷案，只涉及"大众"一个商标，如表7所示。

表7 修理服务相关案件列表

序号	涉案商标	案例名称	审理法院	案号	审判日期	审判程序	是否侵权
1	大众	上海大众汽车有限公司与昌邑市伟波汽车销售服务有限公司侵害商标权纠纷案一审	山东省潍坊市中级人民法院	（2007）潍民三初字第103号	—	一审	侵权
2	大众	昌邑市伟波汽车销售服务有限公司与上海大众汽车有限公司侵害商标权纠纷上诉案	山东省高级人民法院	（2008）鲁民三终字第72号	2008.07.15	二审	侵权

在"大众"案中，被告伟波公司在其经营场所的门面上标注"上海大众汽车特约维修站"，在其宣传标牌中标注"上海大众昌邑特约维修站 电话7116888 7211784""上海大众欢迎您"等字样，并标注有与涉案商标相同的标识。法院认为，伟波公司未经上海大众许可，在其店面及标牌上，将与涉案商标相同的标志作为商品装潢使用，并以"上海大众汽车特约维修站"的名义对外经营，其行为必然会导致相关公众对伟波公司的服务来源产生混淆，误认为伟波公司与上海大众之间存在某种关联，侵犯了上海大众依法享有的商标使用权，故上海大众要求伟波公司承担停止侵权、赔偿损失的民事责任应予支持。一审和二审法院均认定被告侵权。

虽然作为汽车维修点，为了更好地向顾客阐明自己所善于修理的汽车品牌，可以使用商标权人的商标来进行指示性的描述，但这种描述不能超过必要限度，不能使一般公众产生间接混淆，即认为原被告之间存在某种关联。

通过对这100个案件的判决书进行系统梳理，对实务界在运用商标合理使用制度现状进行分析后，本文认为目前存在指示性合理使用制度缺乏统一判断标准、现有相关法律规范效力较低以及实践中对指示性合理使用适用前提有所误读等问题。

（二）实践中我国法院对指示性合理使用案件的处理方式

通过大量司法判例去探析商标权的实际运作态势，我们会发现，法院已经逐渐积累起一定的经验来判定指示性合理使用的相关案件。通过对上述100个案件判决书的解读，笔者归纳出，实践中，对于指示性合理使用的案子，我国法院存在三种不同的解决方式。

1. 通过评判指示性合理使用的"使用"性质，来判定侵权与否

如在盛某某诉北京图书大厦有限责任公司侵犯商标专用权纠纷案❶中，原告是"随堂通"商标的合法持有人，被告在销售《课时详解》语文必修1"的商业活动中，在其图书查询专用系统电脑上及其经营的"北京图书大厦网络书店"的页面上，将"随堂通"作为关键词；为"随堂通"系列教育图书设立专柜、专门展区，集中展示和展览并销售带有"随堂通"字样价签标识的侵权图书。法院认为根据《商标法》第52条第（1）项规定，未经商标注册人的许可，在同一种商品或者类似商品上使用与其注册商标相同或者近似的商标，属于侵犯注册商标专用权的行为。因此将与注册商标相同或者近似的标识作为商标使用是构成该项侵犯注册商标专用权行为的前提。判断是否属于商标意义上的使用，应判断使用行为能否使相关公众将被使用标识与提供该商品或服务的市场主体建立联系。本案中北京图书大厦提供的关键词搜索、设置专柜等行为，其主要目的是为方便消费者挑选相关图书；在网络书店上消费者通过输入"随堂通"，显示涉案图书的名称和信息，是为了使消费

---

❶ 盛某某与北京图书大厦有限责任公司侵犯商标专用权纠纷上诉案，北京市第一中级人民法院判决书，（2012）一中民终字第525号。

者完成自助购书。可见，北京图书大厦对"随堂通"标识的使用均不是通过"随堂通"标识的使用来表明自身作为服务提供者的身份，也不是为了使相关公众通过"随堂通"标识将自身与其他服务提供者相区分，不会导致相关公众将其视为商标，从而误认为北京图书大厦与作为"随堂通"商标权利人的盛某某之间存在某种特定联系，因此北京图书大厦对"随堂通"标识的使用并不构成商标意义上的使用，并未构成《商标法》第52条第（1）项规定的侵犯商标权之情形。

在该案中，法院通过认定被告使用原告商标的行为不属于商标法意义上的使用，来判定被告不侵权。

同样，在华硕公司诉新世界科技公司侵害商标权纠纷一案中，成都市中级人民法院也采用同样的方法。法院认为，将与注册商标相同的标识作为商标使用，是构成该项侵犯商标专用权行为的前提，而认定是否属于商标意义上的使用，就应判断使用行为能否使相关公众将被使用标识与提供该商品或服务的市场主体建立联系，该使用行为是否达到了以商标来区分商品或者服务来源的作用。在该案中，新世界科技公司在双流电脑城内销售多种品牌的电脑及相关产品，而华硕公司也没有主张并举证证明其销售的华硕品牌电脑并非正品，虽然新世界科技公司将与华硕上海公司享有权利的注册商标相同的"ASUS"字样用于销售华硕电脑区域的横梁、柜台上，但其目的是为了向消费者指示其所销售的是华硕品牌的电脑，而不是通过使用上述标识表明自身作为商品或服务提供者的身份。该行为符合电脑城销售品牌电脑的商业习惯，不会使消费者误认为其经营的双流电脑城与华硕商标权利人之间有某种特定联系。因此新世界科技公司在经营场所使用"ASUS"字样，并不构成商标意义上的使用，所以未构成商标侵权。

2．从"混淆"入手，只要不会导致公众混淆，就不侵权

如在老凤祥与苏果超市的系列商标纠纷案❶二审中，南京市中级人民法院认为，商标的主要功能在于识别商品或服务的来源，防止消费者对商品或服务的来源产生混淆，以维护商标权人的合法权益。本案中，被控侵权铅笔本身为正品，且包装上使用了与涉案注册商标相同的标识，并明确标注了该商品的生产厂家，已足以说明商品的来源。虽然该包装上添加了文兴公司的信息，但也明确标注了其身份为"供应商"。因此，被告销售被控侵权商品不足以导致消费者对商品的来源产生混淆和误认，因此，法院认为被告的行为不构成侵权。该案一审中，一审法院运用商标指示性合理使用理论，对被告的行为进行了评述，而二审法院却认为，"被告销售被控侵权商品的行为是否属于商标指示性合理使用的问题并不影响在本案中对该行为是否侵权进行认定，故本院对此不再予以评述"。言下之意就是，二审法院直接用"混淆"理论来判定侵权与否，而不用商标指示性合理使用的标准进行判断。

同样，在维多利亚的秘密公司与上海锦天服饰公司侵犯商标权纠纷案❷中，法院认为，被告在销售商品的过程中在商品吊牌、衣架、包装袋、宣传册上使用原告涉案注册商标的行为属于销售行为的一部分，不会造成相关公众对商品来源的混淆、误认。因此，法院认为，被告向零售商销售被控侵权商品的行为不构成侵害原告的注册商标专用权。

---

❶ 上诉人老凤祥股份有限公司与被上诉人苏果超市有限公司、苏果超市有限公司尧林仙居连锁店侵害商标权纠纷案，江苏省南京市中级人民法院民事判决书，（2014）宁知民终字第16号。

上诉人老凤祥股份有限公司与被上诉人苏果超市有限公司、苏果超市有限公司摄山星城连锁店侵害商标权纠纷案，江苏省南京市中级人民法院民事判决书，（2014）宁知民终字第17号。

上诉人老凤祥股份有限公司与被上诉人苏果超市有限公司、苏果超市有限公司江苏路连锁店侵害商标权纠纷案，江苏省南京市中级人民法院民事判决书，（2014）宁知民终字第19号。

上诉人老凤祥股份有限公司与被上诉人苏果超市有限公司、苏果超市有限公司旭日景城社区店侵害商标权纠纷案，江苏省南京市中级人民法院民事判决书，（2014）宁知民终字第20号。

❷ 维多利亚的秘密商店品牌管理有限公司与上海锦天服饰有限公司侵犯商标权纠纷案，上海市第二中级法院民事判决书，（2012）沪二中民五（知）初字第86号。

3．只要满足"指示性合理使用"的构成要件，就不侵权

如在老凤祥公司与苏果超市系列案件的一审❶中，各一审法院从"指示性合理使用"的构成要件逐一分析被告的行为。法院从被告的使用形式、被告的行为是否会造成相关公众的混淆误认，以及是否对原告合法利益造成损害三方面逐一分析。首先，从涉案商标在被诉侵权商品上的使用方式看，虽然被控侵权商品使用了老凤祥的注册商标，但分包装使用涉案注册商标的形式与老凤祥正品包装装潢上使用形式一致，不存在对涉案商标的贬损；分包装并未对商品本身即铅笔的独立消费性做任何改变，商品质量或消费安全未受影响。其次，从被诉侵权行为是否会使相关公众对商品来源产生混淆、误认角度分析，被诉侵权商品包装上使用老凤祥涉案商标的目的，在于客观如实地向消费者说明商品的品牌，而且，分包装保留了商品生产者的相关信息，能够充分说明商品的来源，加之，作为独立消费单位的铅笔本身也标明了生产者名称。故该商标指示性合理使用，并未使得涉案商标与老凤祥商品的对应性受到影响，没有损害商标的识别功能。在此情况下，不存在消费者对于商品来源认知的混淆、误认，或是造成涉案注册商标的淡化。最后，从被诉侵权行为是否造成老凤祥涉案商标合法权益损害方面考虑，法院认为，根据商标权用尽原则，老凤祥将商品投入市场后，不应再以对商品上的商标享有专用权为由阻碍商品的进一步流通，否则，就直接损害了商品在市场自由流转这一市场经济赖以存在的基本原则，构成对商标权的滥用。庭审中，老凤祥亦未提供任何证据证明其合法权益受到了损害，故被诉侵权行为并未侵害老凤祥涉案注册商标的合法权益。综上，法院认

---

❶ 老凤祥股份有限公司与苏果超市（淮安）有限公司侵害商标权纠纷一审民事判决书，江苏省淮安市中级人民法院，（2014）淮中知民初字第0007号。

老凤祥股份有限公司与苏果超市有限公司、苏果超市有限公司尧林仙居连锁店侵害商标权纠纷一案的民事判决书，南京铁路运输法院，（2013）宁铁知民初字第19号。

老凤祥股份有限公司与苏果超市有限公司、苏果超市有限公司摄山星城连锁店侵害商标权纠纷一案的民事判决书，南京铁路运输法院，（2013）宁铁知民初字第22号。

老凤祥股份有限公司与苏果超市有限公司、苏果超市有限公司旭日景城社区店侵害商标权纠纷一案，南京市鼓楼区人民法院，（2013）鼓知民初字第247号。

老凤祥股份有限公司与苏果超市有限公司、苏果超市有限公司江苏路连锁店侵害商标权纠纷一案的民事判决书，南京市鼓楼区人民法院，（2013）鼓知民初字第246号。

为，被告的行为构成商标指示性合理使用，因此不侵权。

又如，在联想诉顾某某一案❶中，法院通过"指示性合理使用"构成要件的分析，认为被告顾某某主张的指示性合理使用抗辩不成立。法院先给指示性合理使用下了一个定义，即商标的指示性合理使用是指经营者在商业活动中善意合理地使用他人注册商标以客观说明自己商品或者服务的来源、用途、服务对象及其他商品本身固有的特性，一般要求使用者系基于诚信善意，使用商标的具体形式、程度也应保持在合理范畴之内，且未对商标权人的合法权益造成损害。可以归纳出，该院认为指示性合理使用的构成要件有三个，一是使用者基于善意，二是使用形式、程度在合理范围之内，三是未对商标权人合法权益造成损害。结合案情逐一分析，法院认为顾某某对涉案商标的使用已经超出合理使用的范畴，顾某某作为"联想"电脑的经销商，可以在经营活动中正当使用"联想"和"lenovo"商标以指示其销售商品的内容与来源，但在本案中，顾某某在其经营场所全面使用涉案商标，并在店铺门头、店内装饰、名片、销售清单等处突出使用"lenovo联想""lenovo"等标识，从上述行为可以推断出顾某某具有试图使消费者误认为其与联想公司存在特许经营、加盟、专卖等特定商业关系的攀附故意，已经超出了商标指示性合理使用的合理范畴。此外，顾某某对涉案商标的使用行为对联想公司的商标权益造成损害。顾某某基于标明商品本身来源的目的而使用涉案商标的行为固然具备正当性，但其在经营场所中全面使用涉案"联想"和"lenovo"商标，容易导致消费者误认为其与联想公司之间存在某种特定商业关系，既不当借助了联想公司涉案商标的商业声誉，也可能在一定程度上割裂了涉案商标与联想公司本身的对应关系，妨碍了联想公司涉案商标功能的完整发挥，对其商标权益形成不当损害。由于被告行为已经不符合指示性合理使用的两个要件，于是法院认定被告侵权。

（三）不同处理方式的优缺点及我国现存的问题

通过对指示性合理使用案件的梳理，我们可以发现，尽管我国尚未

---

❶ 联想（北京）有限公司与顾某某侵害商标权纠纷二审民事判决书，江苏省高级人民法院民事判决书，（2014）苏知民终字第0142号。

构建完整的权利限制的商标立法体系，但在司法实践中，"不得拒绝裁判"的法官们早已通过对指示性合理使用相关案子的判决，为我们勾勒出商标指示性合理使用制度的外貌。尽管稍显粗糙，但其中所体现的智慧和能够传承的经验，却值得尊重和进一步发展。下面笔者将对上文提到的三种法院的做法进行评析。

1. 直接从"使用"的性质和"混淆"入手的处理方法

司法实践中，不少法院直接从指示性合理使用中"使用"的性质和是否构成"混淆"入手，来判定这样一种"指示性合理使用"行为是否侵犯商标权人的商标权。这两种方法的理论基础在于我国的侵权处理模式，我国判定商标侵权由两个阶段组成，第一阶段须判断该使用是否是商标意义上的使用，只有构成商标意义上的使用，才会进入第二阶段，即用"混淆可能"规则来判断。

第一种直接从"使用"的性质出发的判定方法，是在第一阶段（判断该使用是否是商标意义上的使用）的判断。如果这种指示性合理使用，构成非商标意义上的使用，那么就不侵权，也无须进入第二阶段（用"混淆可能"规则来判断）。这种处理方式的好处在于从该行为的本质出发，直接判断性质，且不会卷入评判"混淆可能"的旋涡。

第二种从"混淆"入手的判定方法，是在第二阶段的判断。虽然在上述用"混淆"规则处理的案件中，法院并没有首先判定该种指示性合理使用是否属于商标法意义上的使用，而是略过了第一阶段，直接用第二阶段的"混淆"规则来处理。这种做法的好处在于，省略了评判指示性合理使用性质的过程，因为在现阶段学界和司法界对于指示性合理使用性质的认识还未统一。所以，该种跳过争议点的处理方式，也可以算是一种聪明的做法。但从另一方面讲，这种方法需要直接用"混淆"规则来评判，而"混淆"规则本身，就是一个复杂全方面的评判。

这两种评判方法的优点是适用简单，法官只需稍微依据个案的不同情况，进行酌情裁定。而且用现有的商标法侵权体系处理，不需引入新的判定指示性合理使用的标准。这是一种相当节省司法成本的方法。

但是这两种方法，在司法实践中给予法院的自由裁量权太大，而且"使用"的标准和"混淆"的规则、适用条件等在法律上也依然没有清晰的界定。因此，法院在用到该两种方法的案件中，所书写的判决书都相当简单，同时也模糊。

比如在上述华硕上海公司诉新世界科技公司一案中，法院直接说，被告将原告商标用于销售原告产品区域的横梁、柜台上，其目的是向消费者指示其所销售华硕品牌的电脑，而不是通过使用上述标识表明自身作为商品或服务提供者的身份。该使用并不构成商标意义上的使用，所以未构成商标侵权。

又如，在丰田自动车株式会社诉浙江吉利汽车有限公司、北京亚辰伟业汽车销售中心不正当竞争纠纷案❶ 中，被告吉利公司在对涉案美日汽车进行宣传时使用"丰田"及"TOYOTA"文字，是对涉案美日汽车发动机所具有的性能、来源进行说明，是向消费者介绍汽车产品配置的主要部件的技术、制造等来源情况，以便于消费者对汽车产品的基本情况有所了解，这种对汽车产品配置进行介绍或说明的方式是符合商业惯例的；吉利公司并未将"丰田"及"TOYOTA"文字作为涉案美日汽车的商品标识予以使用，"丰田"及"TOYOTA"文字在此不具有用来标识美日汽车产品和吉利公司的意义，未对"丰田"及"TOYOTA"注册商标权造成损害。因此，被告不侵犯原告商标权。

再如，在直接用"混淆"标准判断的维多利亚的秘密公司诉上海锦天服饰公司侵犯商标权纠纷案❷ 中，法院认为，被告在销售商品的过程中在商品吊牌、衣架、包装袋、宣传册上使用原告涉案注册商标的行为属于销售行为的一部分，不会造成相关公众对商品来源的混淆、误认。因此，法院直接判定被告没有侵害原告的注册商标专用权。

这样两种评判方式稍显简陋，且由于对"使用"和"混淆"的判定也没有具体的适用标准，在这种情况下赋予法官太大裁量权，容易导致同案不同判的结果，毕竟每位法官对于"使用"和"混淆"的认识不尽相同。

---

❶ 丰田自动车株式会社诉浙江吉利汽车有限公司、北京亚辰伟业汽车销售中心不正当竞争纠纷案，北京市第二中级人民法院民事判决书，（2003）二中民初字第06286号。

❷ 维多利亚的秘密商店品牌管理有限公司与上海锦天服饰有限公司侵犯商标权纠纷案，上海市第二中级法院民事判决书，（2012）沪二中民五（知）初字第86号。

2．用"指示性合理使用"构成要件分析的方法

虽然我国的相关法律中并未有"指示性合理使用"的规定，但在司法实践中，法官根据理论界的观点，也在逐渐摸索直接用"指示性合理使用"构成要件分析的方法，来处理指示性合理使用的相关案件。

这种处理方式的好处是明确罗列出"指示性合理使用"的构成要件，因此只需根据案情逐一分析，看其是否一一满足这些构成要件，清晰明了，在司法实践中操作性更强。法官只需根据构成要件逐一判断即可，自由裁量的范围相对缩小了。

这种方式也存在一些问题。由于我国并未明确规定"指示性合理使用"，法院在司法实践中，直接适用"指示性合理使用"构成要件，有"法官造法"的嫌疑，而且我国并不是判例法国家，因此运用"指示性合理使用"构成要件判定的案件并不具有普遍的指导意义。而且，正是因为我国并未明确规定"指示性合理使用"，运用"指示性合理使用"构成要件进行判断的各法院，他们适用的构成要件也不统一，各法院考量因素不同。

如在普拉达有限公司诉重庆瑞富商业管理有限公司[1]案中，法院认为，是否构成商标的指示性合理使用的判断标准应当从以下几方面来认定：（1）使用目的的正当性，即商标的使用人在使用他人注册商标时应当出于善意。（2）使用需求的必要性，即商标使用人为了说明产品或服务的来源、成分、质量等特征，"不得不使用"商标权人的商标，否则将不能说明特定的商品或服务的来源。（3）使用尺度适当性，即商标使用人应在合理的范围内使用他人的商标，以能满足区别商品或服务来源的目的为限。（4）使用结果非混淆性，即商标使用人使用他人的商标不能让消费者对商品或服务的来源产生混淆。因此，该院认为"指示性合理使用"有四个构成要件，即使用目的的正当性、需求的必要性、尺度的适当性和结果的不混淆性。

---

[1]　普拉达有限公司诉重庆瑞富商业管理有限公司侵害商标权不正当竞争纠纷案，重庆市渝中区人民法院民事判决书，（2015）中区法民初字第00007号。

而在联想诉顾某某一案❶中，江苏省高级人民法院认为，商标的指示性合理使用一般要求使用者系基于诚信善意，使用商标的具体形式、程度也应保持在合理范畴之内，且未对商标权人的合法权益造成损害。因此，江苏省高级人民法院的"指示性合理使用"的构成要件有三：诚信善意、使用形式程度合理，以及未对商标权人的合法权益造成损害。

另外，在"中华牌"系列案件❷中，各一审法院认为"指示性合理使用"的构成要件有三个，其一被告的使用形式是否合理必要，其二被告的行为是否会造成相关公众的混淆误认，其三被告的行为是否对原告合法利益造成损害。

仅是三个指示性合理使用的案件，各法院的构成要件就如此不同，更何况还有笔者尚未列出的案件。立法上对"指示性合理使用"规定的欠缺，导致司法上，不能拒绝裁判的法官不得不"造法"，但各法院造出来的关于同一行为的法，其构成要件也不尽相同。因此，首先需要在立法层面上明确"指示性合理使用"这一制度，其次，在司法上需要对"指示性合理使用"的构成要件进行统一。如此，才能解决司法中我国现在关于指示性合理使用的问题。

（四）小　　结

本部分，笔者从我国100个指示性合理使用案子的实证分析入手，对指示性案件进行分类，并对法院的判断标准和法律适用进行解读。总结我国法院现在对于指示性合理使用案件的三种不同处理方式：从指

---

❶　联想（北京）有限公司与顾某某侵害商标权纠纷二审民事判决书，江苏省高级人民法院民事判决书，（2014）苏知民终字第0142号。

❷　老凤祥股份有限公司与苏果超市（淮安）有限公司侵害商标权纠纷一审民事判决书，江苏省淮安市中级人民法院，（2014）淮中知民初字第0007号。

老凤祥股份有限公司与苏果超市有限公司、苏果超市有限公司尧林仙居连锁店侵害商标权纠纷一案的民事判决书，南京铁路运输法院，（2013）宁铁知民初字第19号。

老凤祥股份有限公司与苏果超市有限公司、苏果超市有限公司摄山星城连锁店侵害商标权纠纷一案的民事判决书，南京铁路运输法院，（2013）宁铁知民初字第22号。

老凤祥股份有限公司与苏果超市有限公司、苏果超市有限公司旭日景城社区店侵害商标权纠纷一案，南京市鼓楼区人民法院，（2013）鼓知民初字第247号。

老凤祥股份有限公司与苏果超市有限公司、苏果超市有限公司江苏路连锁店侵害商标权纠纷一案的民事判决书，南京市鼓楼区人民法院，（2013）鼓知民初字第246号。

示性合理使用的"使用"性质入手（如果构成非商标性使用，于是直接判定被告不侵权）、从"混淆"入手（如果指示性合理使用合理说明了产品来源，不会导致公众混淆，于是直接判定不侵权），以及将其看作"合理使用"的一种，用"指示性合理使用"的构成要件分析（如果满足合理使用的所有构成要件，就不侵权）。其次，笔者对这三种处理方式进行评析，认为前两种方法，虽然简单明了，但由于我国对"使用"的标准和"混淆"的规则、适用条件等没有清晰的界定，因此，使得法院用这两种方法判案时，自由裁量权太大。

综上，笔者认为，最合适的处理方式就是用"指示性合理使用"构成要件来判断指示性合理使用案件，但由于立法缺失，导致其构成要件不统一，所以现在亟须厘清"指示性合理使用"的构成要件。

二、国内外理论界对于指示性合理使用的认识和争议

指示性合理使用是合理使用制度下的一种使用制度，其存在意义在于平衡商标权人的利益与公众利益，让一些在特殊情况下本应当存在于公共领域内的文字、图形等继续存在于公共领域之内，禁止商标权人对商标权的滥用。由于中国的商品化经济起步较晚，商标权的立法也存在着较大的滞后性，导致我国的成文法并未对指示性合理使用作出相应规定。虽然在立法上，我国缺少指示性合理使用的相关规定，但是该制度的具体应用在司法实践中却屡见不鲜。作为商标权侵权重要的例外抗辩，商标指示性合理使用制度在我国的发展依旧存在着不小的问题。我国司法界和理论界对其的争论也从未停止过，主要焦点集中在商标指示性合理使用的性质和构成要件的讨论上。

（一）商标指示性合理使用的性质——商标性与非商标性之争

刘瑛和高逸❶认为商标合理使用包括叙述性合理使用和指示性合理使用，从与商标权的关系看，商标合理使用并不是对商标权的限制，商

---

❶ 刘瑛、高逸："商标合理使用理论问题之探析"，见来小鹏主编《知识产权法学理论与实务研究》，中国政法大学出版社2012年版，第190～213页。

标合理使用行为本身就是在商标权权利范围之外的合法行为。

理论中，对于指示性合理使用性质的界定主要在于指示性合理使用是商标性使用（商标法意义上的使用）还是非商标性使用。认为指示性合理使用是一种非商标性使用的学者有：李雨峰、黄郁良、姚鹤徽、袁博、芮松艳、刘江明、刁青山和何鹏等。认为指示性合理使用是一种商标性使用的学者有：祝建军、张德芬、熊文聪、尹腊梅、罗莉和倪晓雯等。

1. 非商标性使用

李雨峰❶认为，在指示性合理使用中，"商标"并不具有商标法上的意义，没有发挥指示产品或服务来源的功能，使用"商标"只是将关于产品或服务的真实信息传达给消费者，实现营销目的。

黄郁良和张静文❷指出，仅为了描述商品或服务的特点等，不得不提及商标权人商标，且不会对其来源造成混淆的情形，并不属于商标法所界定的"商标使用"。

姚鹤徽❸认为，商标合理使用并非真如该词语所表明的，是对商标的一种"合理使用"。相反，商标无法被"合理使用"。商标合理使用在本质上并非是一种商标使用行为，而是对商标这种符号在非商标意义上的使用，是一种非商标使用行为。在指示性合理使用中，他人对商标权人商标的使用也不是将商标权人的商标与该人提供的商品或服务相联系而用来标示自己商品或服务的来源。亦即，他人根本不是在商标标示来源的意义上使用商标权人的商标。他人使用商标权人商标的目的仅在于告诉消费者自己提供的商品或服务的某些特征与商标权人提供的商品或服务有联系，以更好地宣传自己的商品或服务，告知消费者其所提供的商品或服务的内容，降低消费者的搜寻成本。因此，指示性合理使用也并不是对商标的"合理使用"，而只是对商标权人商标在非商标意义上

---

❶ 李雨峰、刁青山："商标指示性合理使用研究"，载《法律适用》2012年第11期。

❷ 黄郁良、张静文："网络时代下的商标指示性合理使用探析"，载《中华商标》2015年第1期。

❸ 姚鹤徽："商标合理使用的本质与适用"，载《南华大学学报（社会科学版）》2015年6月第16卷第3期。

的使用。

袁博和武搏❶认为，商标性的使用必须具备真实的使用意图和在真实使用意图统摄下的实际使用。而所谓的真实使用意图就是指引导相关公众知晓商品来源，从比较法的视角看，真实的使用意图一直是判断商标使用的核心。根据这种分类标准不难看出，指示性合理使用属于非商标性使用。

芮松艳❷认为，商标的正当使用抗辩与商标意义上的使用可以看作同一问题的两个角度。二者只是抗辩角度不同而已，结论并无不同。构成正当使用的商标使用行为通常会使消费者认为系对商品或服务相关特点的表述，而不会产生商品或服务提供者的认知，因此并非商标意义上的使用。

刘明江❸认为，行为人仅将他人商标用以指示商标权人的商品或服务或者与自己产品或服务进行类比，而没有指示自己商品或者服务的出处，虽最终用以描述自己商品或服务，但仍属非商标性使用。

刁青山❹认为，商标指示性合理使用并不是商标使用，而是对商标构成要素中的文字或图案的使用，根据商标符号学说❺"严格来说，商标所有人对能指（标志）本身不享有任何权利，对能指（标志）本身的权利属于其他法律调整范围，首当其冲的就是版权法。事实上离开了所指（商誉）和对象（商品），能指（标志）本身并不成其为商标，也不足以产生商标权"。所以，商标指示性合理使用的对象是在能指之意义上"再现"的商标标志，并没有发挥商标的识别功能，属于非商标性使用。

---

❶ 袁博、武搏："商标'非商标性使用'的非典型类型"，载《中华商标》2014年第4期。

❷ 芮松艳："侵犯注册商标专用权行为的抗辩事由"，见张玉敏主编《西南知识产权评论》，知识产权出版社2013年版，第297～337页。

❸ 刘明江：《商标权效力及其限制研究》，知识产权出版社2010年版，第197页。转引自周晓锋《商标指示性合理使用构成要件研究》，华东政法大学2015年硕士学位论文。

❹ 刁青山：《商标指示性合理使用研究》，西南政法大学2012年硕士学位论文。

❺ 彭学龙：《商标法的符号学分析》，法律出版社2007年版，第65页。

何鹏❶从使用对象的角度分析，认为只有指示自己商品来源的标志才是商标，而合理使用中的商标没有指示使用者自己的商品来源，不能算是商标，合理使用当然也就不构成商标使用。

2. 商标性使用

祝建军❷认为，指示性合理使用是指使用他人商标的目的在于说明自己提供的商品或服务，能够与使用该商标的商品或服务配套。商标法上合理使用的前提是，对他人商标进行商标性使用，只是因为使用的目的具有合理性，而被法定地排除出商标侵权的范畴。鉴于此，描述性使用被归入"非商标性使用"更为妥当，而指示性合理使用才应属于商标法上合理使用的范畴。因此，指示性合理使用是一种商标性使用。

张德芬❸指出，商标符号在商标意义上的使用不一定构成侵权，比如指示性合理使用，这种使用行为属于商标权效力不及的范围。例如，比较广告中使用商标符号，或者对商品的零部件、附件或重新包装的商品等需要作出说明时使用商标符号等。也就是说，指示性合理使用是一种在商标意义上的使用，即商标性使用。

尹腊梅❹认为对他人描述性商标的正当使用实际上不是合理使用，真正的商标权的合理使用应当以商标使用为前提，典型的就是指示性合理使用。与正当使用不同的地方在于，指示性合理使用是行为人在商标意义上使用他人商标，或者能让相关公众意识到这是一个商标而非相关符号的第一含义。

罗莉❺认为，商标的作用是指示商品或服务的来源，只要一个商标被用在商业活动中，且起到将商品或者服务与其提供者相联系的作用，不管其最终目的是说明另外一个与该商标没有任何联系的商品或者服

---

❶ 何鹏："商标合理使用理论之反思"，载《理论界》2009年第4期，第91~93页。转引自崔颖《商标合理使用研究》，中国政法大学2015年硕士学位论文。

❷ 祝建军："判定商标侵权应以成立'商标性使用'为前提——苹果公司商标案引发的思考"，载《知识产权》2014年第1期。

❸ 张德芬："商标侵权中'使用'的含义"，载《知识产权》2014年第9期。

❹ 尹腊梅：《知识产权抗辩体系研究》，知识产权出版社2013年版，第131页。

❺ 罗莉："法定商标合理使用和指示性合理使用"，见冯晓青主编：《知识产权权利正当行使（权利限制）专题判解与学理研究》，中国大百科全书出版社2010年版，第353~371页。

务，仍然构成商标使用。在指示性合理使用中，商标权人的商标被抗辩人用在自己的商品或者服务上，其使用的商业性毋庸置疑；而该商标也的确起到了将某个商品或者服务与商标权人相联系，即标示商品或者服务来源的作用，尽管该商标所标示的商品或者服务并不是来自抗辩人。

目前，我国学者对于指示性合理使用的性质到底属于商标性使用还是非商标性使用，依然尚无定论。笔者认为指示性合理使用应当是一种非商标意义上的使用，即非商标性使用，理由将在下文讨论。

（二）混淆可能性是不是判定指示性合理使用的构成要件之一

关于商标指示性合理使用的构成要件，理论上主要存在二要件和三要件之争。支持二要件的学者认为，指示性合理使用的构成要件应包括主观上的善意和客观上使用方式的合理。支持三要件的学者则认为应包括主观目的的合理性、使用方式的合理性及客观上混淆误认的不可能性。对于主观上的善意以及客观上使用方式的合理性是指示性合理使用的两个构成要件，学界基本无争议。因此，争议的焦点在于，"客观上混淆误认的不可能性"是否应当作为商标合理使用的必要条件。另外，也有学者提出，可重复性也是商标指示性合理使用必须具备的要件之一，可重复性是指在指示性案件中，同一商标可以被第三人重复实施。

在判断一行为是否属于指示性合理使用时，对于是否应当将混淆可能性纳入判断标准，学界存在很大争议。有的学者，如陈惠珍、熊文聪认为，不造成混淆或者不存在混淆可能性是指示性合理使用的重要构成要件之一。而李雨峰、王莲峰、张玉敏、宫小汀、姚鹤徽、李春芳、崔颖和黄钦等，则认为指示性合理使用不应当以混淆为要件，混淆可能性与指示性合理使用可以并存。邱进前和蔡立猛则认为，不仅不应当将混淆纳入构成要件，相反混淆可能性是指示性合理使用的前提，只有存在混淆之虞才能适用指示性合理使用。

1. 不存在混淆可能性是指示性合理使用构成要件之一

陈惠珍❶认为，商标最基本的作用在于让消费者区别商品的来源，避免出现混淆、误认。区分指示性合理使用和侵权使用的界限就是：该

---

❶ 陈惠珍："FOR VOLVO 与商标合理使用辨析"，载《电子知识产权》2006年第11期。

种使用不致引起一般消费者或相关公众对商品来源的误认或混淆，也不应使消费者对该商品与使用的商标间产生某种联想。

熊文聪❶认为，混淆可能是判断商标指示性合理使用的要件。他从判定侵犯商标权的两个阶段出发，认为判定商标侵权由两个阶段组成，第一阶段须判断该使用是否是商标意义上的使用，只有构成商标意义上的使用，才会进入第二阶段，即用"混淆可能"规则来判断。而"指明性合理使用"则因其已构成商标意义上的使用（在商业环境下用原告的商标来指示自身商品或服务的来源，或有意使消费者产生原被告双方存在赞助、许可或某种关联），故只能通过"混淆可能"规则来判断。

2. 混淆可能性不是指示性合理使用的构成要件，混淆可能性与指示性合理使用可以并存

李雨峰❷认为，在指示性合理使用中再现的"商标"并没有发挥商标指示商品或服务来源的功能，并没有恶意侵夺商标权人商誉的目的，不会使相关消费者误认为使用者与商标权人之间存在特殊的关系。因此，指示性合理使用与混淆可能性是可以同时并存的，通过混淆测试只是证成商标侵权的第一步，并非全部。

王莲峰❸认为，"存在混淆可能性"不应纳入"合理使用"的构成要件。商标合理使用，并非合理使用他人商标，而是使用人在特定条件下对其拥有使用权利与自由的标志，即使与他人的注册商标相冲突，也不构成商标侵权。商标法中的合理使用解决的是使用人对于自己拥有权利的标识或者公共领域中的标识，在与他人商标相同或者近似时，是否可以继续使用而不是构成侵权问题。

张玉敏❹认为，要求正当使用以不会造成混淆、误认为条件，存在不可克服的逻辑矛盾，也不符合正当使用制度所追求的公平价值。从

---

❶ 熊文聪："商标合理使用：一个概念的检讨与澄清——以美国法的变迁为线索"，载《法学家》2013年第5期。

❷ 李雨峰、刁青山："商标指示性合理使用研究"，载《法律适用》2012年第11期。

❸ 王莲峰："商标合理使用规则的确立和完善——兼评《商标法（修改稿）》第六十四条"，载《政治与法律》2011年第7期。

❹ 张玉敏："商标法上正当使用抗辩研究"，载《法律适用》2012年第10期。

逻辑上讲，商标正当使用是一种不侵权抗辩，其意义就在于抗辩成立则不侵权。而商标法上构成侵权的必要条件是被告的行为存在混淆的可能性，如果原告不能证明存在混淆的可能性，则侵权不成立，被告没有必要主张正当使用抗辩。如果正当使用须以不会造成混淆、误认为成立条件，正当使用制度便没有存在的必要，因为侵权构成要件制度足以解决问题，再搞一个没有新的功能的正当使用制度，不但是制度浪费，而且是自找麻烦。指示性合理使用并未将他人商标当作自己的商标使用，而是"指明商标权人"的使用，是为说明自己的商品和服务的特点、内容所必需，如果加以禁止，将给经营者造成很大的不便，也不利于消费者便捷地了解商品和服务的特点和内容。

宫小汀等❶也认为，消费者混淆的可能性并不是判定商标合理使用的要件。当被告是描述性地、善意地、非商标意义地使用原告商标，因而提起合理使用抗辩时，若原告并没有为其提出的侵权指控完成举证责任，这时要求提起合理使用抗辩的被告并不需要承担非混淆的证明责任。当然合理使用对混淆的可能性的容忍不能突破正当和善意使用的主观意图范围。

姚鹤徽❷认为，根据商标法基本原理，只有被诉行为人的行为首先构成商标性使用，才有进一步适用混淆可能性标准的可能。由于商标合理使用并非一种商标使用行为，因此，一般情况下根本不需要适用混淆可能性。

李春芳等❸认为，正当性使用与混淆可能性相互独立。对于混淆误认之可能，属于原告的举证范畴，如果正当性使用需要以混淆可能性为必要条件，则之后就没有必要再进一步证明其为正当性使用，直接用不存在混淆可能性之抗辩即可。由此逻辑推断，正当性使用则无可用之

❶ 宫小汀、曹柯、杜东安："商标合理使用的法律诠释——以一起网络宣传中商标合理使用案例为视角"，载《重庆理工大学学报（社会科学版）》2014年第10期。
❷ 姚鹤徽："商标合理使用的本质与适用"，载《南华大学学报（社会科学版）》2015年6月第16卷第3期。
❸ 李春芳、邱翠："产品系列名称中商标符号的正当性使用"，载《知识产权》2015年第9期。

地。因此，正当性使用应当与混淆可能性相互独立。

黄钦❶ 认为，"混淆的可能性"无法作为指示性合理使用的认定标准。首先，指示性合理使用是对注册商标的直接使用，在现实购物环境中的确会造成很高的混淆概率，如果不允许存在"混淆的可能性"，就相当于禁止指示性合理使用。其次，允许指示性合理使用主要是为了顾及普通公众了解与产品有关的真实信息。如果禁止指示性合理使用，一方面会增加消费者搜索替代产品的难度，另一方面会影响替代产品的开发与宣传，缩小了消费者的选择范围，使其不得不购买高价的原装产品，这种禁止不利于公众利益和维护自由竞争的市场秩序。

3. 混淆可能性是指示性合理使用的前提

邱进前❷ 认为，指示性合理使用原则是存在于直接混淆可能基础之上的。在指示性合理使用案件中，原告证明了直接混淆可能，而被告不愿或不能（多数情况是不能）驳斥直接混淆可能，就提出指示性合理使用之抗辩。因为，在指示性合理使用案件中，被告用来描述原告的产品或服务的标记与原告的商标完全相同，直接混淆可能是显而易见的。实践中，一般被告都难以通过驳斥不存在直接混淆可能而赢得官司。所以被告就只能提出指示性合理使用抗辩。所以，合理使用仅适用于混淆可能存在的前提下。

蔡立猛❸ 也认为，混淆之虞是商标指示性合理使用的前提。合理使用正是为了维护社会公众的公共资源使用权、资讯自由权以及言论自由权，因此将原本可落入商标侵权控制范围的合理使用情形单列出来，不视其为侵权，并可作为商标侵权的抗辩事由。这也就意味着理论上的商标合理使用的构成要素不是通说所指证的"客观上没有造成混淆误认"。而恰恰相反，其正是以造成混淆或混淆之可能为前提的。

---

❶ 黄钦：《商标合理使用规则构成要件研究——以新商标法为视角》，华东政法大学2015年硕士学位论文。

❷ 邱进前："美国商标合理使用与混淆理论研究"，载《国际经济法学刊》2005年第12卷第4期。

❸ 蔡立猛："对商标合理使用判断标准的深思——兼评《商标法实施条例》第49条"，载《中华商标》2012年第1期。

（三）小　　结

本部分主要讨论我国理论界对于指示性合理使用的两个争议问题，理论界对于商标指示性合理使用的性质和判断标准，还缺乏统一意见，双方各执一词。指示性合理使用的本质是什么，到底是一种商标意义上的使用还是非商标意义上的使用，目前依然没有形成通说。在认定指示性合理使用时，混淆是否应当作为构成要件国内依然没有定论。厘清这些争议，对我国现行立法、司法实践以及海关执法都有极大意义。

三、国外立法、司法的经验与困惑

商标指示性合理使用最早发端于美国，但是商标指示性合理使用的问题并不仅局限于美国，有关国家和地区❶的立法、司法实践均有涉及，通过比较研究有关国家和地区的立法、司法实践，能够为我国商标指示性合理使用制度的确立提供可以借鉴的宝贵经验。

（一）指示性合理使用的起源与发展

1. 早期发展（美国New kids案之前）

尽管"指示性合理使用"这一术语，是1992年由美国第九巡回上诉法院的柯辛斯基（Alex Kozinski）法官在New Kids on the Block v. News America Publishing，Inc案中创造的，属于美国判例法上的侵权抗辩事由，与规定在《兰哈姆法》第33条（b）（4）（15 U.S.C. § 1115（b）（4））的描述性合理使用抗辩❷不同，但是它蕴含的商标法理念并不新颖。

在1910年的Saxlehner v. Wagner案❸中，美国最高法院就使用指示

---

❶　如德国、法国、英国和丹麦等国的商标法中均有涉及，详见下文欧盟的立法和司法经验。

❷　描述性合理使用，又称为经典的合理使用，法定合理使用，传统的合理使用等（descriptive fair use, classic fair use, statutory fair use, traditional fair use），本文统一称为成文法上的合理使用，以与判例法上的指示性合理使用区分。

❸　Saxlehner v. Wagner, 216 U.S. 375（1910）.

性合理使用的原理来判案。该案是一个比较广告的案子，❶ 被告在其生产的矿泉水的瓶贴上使用"人工的Hunyadi"作为描述，并在广告宣传中指出被告生产的矿泉水和原告的Hunyadi水有相同的品质。法院认为，原告起诉的真实目的在于扩张自己对商标的垄断权，试图去垄断其商标下的那种类型的矿泉水。所以原告的真实目的不是想垄断其商标的优势，而是试图去垄断商品的优势。❷

1924年，美国最高法院在Prestonettes，Inc. v. Coty 案❸ 中，确立了一个"说明真实情况"（telling the truth）的标准。此后很多法院在审理类似案件时都引用了该案中所确立"说明真实情况"的标准，该案也为后来法官在New kids一案创设商标指示性合理使用原则奠定了基础。该案涉及的情况是被告在自己的商品上使用先前商标的商品。原告就香粉和香水拥有"Coty"注册商标，被告购买了真正的"Coty"香粉和香水，将其分包后重新出售，被告在出售这些分包香粉和香水时，为了说明自己分包的是"Coty"香粉和香水，在商品的包装上除了标出自己的商标外，还使用了原告的"Coty"商标。原告遂对被告提起商标侵权之诉。最高法院的法官霍姆斯（Holmes）在判决中写道："商标并没有赋予商标权人禁止他人使用这个字词或这些字词的权利，它不是一项版权，一件商标仅仅是在保护商标权人商誉的范围内，他人不得将自己的商品作为商标权人的商品来销售的范围内才给予禁止的权利，当商标的使用方式没有欺骗公众时，这些字词或词汇不具有这样的神圣性，以至于不能用它来说明真实情况。商标不是禁忌。"❹

上述两个案子都是霍姆斯法官判决的，而后的指示性合理使用制度，也一直沿袭着他的观点，即商标法的立法目的不在于限制这样一种

---

❶ 　严格来说，比较广告也是一种对他人商标的指示性合理使用，但由于它比较特殊，故值得单独加以研究，本文将不再赘述。

❷ 　Mayberry，J. David，"Trademark Nominative Fair Use: Toward a Uniform Standard"，The Trademark Reporter，Vol. 102，Issue 3（May-June 2012）.

❸❹ 　Prestonettes，Inc. v. Coty，264 U.S. 359，368，44 S.Ct. 350，351，68 L.Ed. 731（1924）.

说明真实情况的语言的使用。❶ 霍姆斯法官认为，原告无权禁止被告对原告商标的附带提及的使用（Collateral Reference）。这种"附带使用"被认为是指示性合理使用的另一种说法。❷

在1969年，Volkswagenwerk Aktiengesellschaft v. Church案❸（大众诉Church）中，第九巡回上诉法院认为，原告不能阻止汽车修理店使用原告的商标，去表明被告修大众汽车的事实。如果被告在修车广告中完全不使用"Volkswagen"或其缩写"VW"（大众汽车公司商标），社会公众将无法知道被告的服务内容是专修大众汽车，被告没有向社会公众暗示他是大众汽车公司分支机构或经过大众汽车公司特别授权，他只是使用原告商标说明他擅长修理的汽车品牌。

在1991年，第一巡回上诉法院的WCVB–TV v. Boston Athletic Ass'n案❹中，法院认为，虽然原告拥有Boston Marathon的商标权，但也不能阻止被告，作为一个广播电视台使用这一商标去描述自己接下来的节目。普通消费者会认为电视台的行为只是为了表明该频道会播放这样一个节目。在商标的术语中，基于描述目的而使用文字的行为被称为"合理使用"，即使该文字本身是一个商标，法律通常允许这种使用。

2．现代的发展（美国New kids案之后）

商标指示性合理使用的正式确立是在 New kids on the Block v. News America Pub. Inc.案。❺ 该案涉及被告使用原告的商标用以说明自己服务的内容。原告"New Kids On The Block"是一支乐队，拥有"The New Kids"商标。被告是美国新闻出版公司，美国新闻出版公司在报纸上刊登了"New Kids on the Block"的照片及几个关于 The New Kids 的问题，组织了一个电话调查活动，读者可以通过电话来投票，选出 The New Kids 成员最受喜爱的成员。调查参加者需要拨打电话，并被收取

❶ Jonathan Moskin， "FRANKENLAW: THE SUPREME COURT'S FAIR AND BALANCED LOOK AT FAIR USE"，The Trademark Reporter，Vol.95，848 2005.

❷ 4 Louis Altman & Malla Pollack，Callmann on Unfair Competition，Trademarks & Monopolies § 22:25（4th ed. 2010）.

❸ Volkswagenwerk Aktiengesellschaft v. Church，411 F.2d 350（9th Cir.1969）.

❹ WCVB–TV v. Boston Athletic Ass'n，926 F.2d 42，46（1st Cir.1991）.

❺ New Kids on the Block v. News America Pub.，Inc.，971 F.2d 302（9th Cir.，1992）.

50 美分的电话费。第九巡回上诉法院认为，该案不属于被告使用原告的商标来描述自己产品的传统商标合理使用（classic fair use），因为本案"The New Kids"商标是被用来指 The New Kids 自己；其次巡回法院认为，当被告使用原告的商标是为标识（identify）原告的产品，而不是自己的产品时，则其有权主张合理使用的抗辩，如果其商业使用行为符合以下三个条件：第一，若不使用原告的商标就无法识别所涉产品或服务；第二，仅在区别商标所标识的商品或服务所必需的合理限度内；第三，使用人没有暗示其与商标权人之间存在赞助（Sponsorship）或者许可（Endorsement）关系的行为。由此指示性合理使用正式被创立。

在1992年后的此类案件中，第九巡回上诉法院不断发展该原则，几次比较重要而且有时前后矛盾的的演化是：2002年Playboy Enterprises v. Welles案，❶ 该院认为New Kids案确立的三因素分析是对"多因素混淆标准"的一种替代。被告提出指示性合理使用抗辩时，法院就不再适用传统的"多因素混淆标准"来评判侵权与否，而直接适用New Kids三要件。因为被告使用的文字与原告商标完全相同，如果适用多因素分析法，几乎所有指示性合理使用都会被认为存在混淆可能。2003年的The Beach Boys案，❷ 第九巡回上诉法院对该原则的构成要件进行实质性的修订，法院提出，该原则的第三个要件"不得暗示赞助或许可关系"，只是混淆可能的另一面，且被告必须证明不存在混淆可能。

2004年，美国最高法院在KP案中，认为即使在某种程度上存在混淆可能性，法定合理使用抗辩也能成立，被告在提出法定合理使用抗辩时，无须证明不存在混淆可能性。这说明混淆可能性与法定合理使用是可以共存的，法定合理使用是一种侵权例外抗辩。虽然KP案是针对法定合理使用作出的判决，但其原理可以类推适用于指示性合理使用。

（二）主要国家关于指示性合理使用的立法和司法现状

1. 美国（最高法院尚未统一其判断标准，各巡回法院处理方式不同）

一直以来，"混淆可能"都是判定侵犯商标权的关键，美国法院更

---

❶ Playboy Enters., Inc. v. Welles, 279 F.3d 796, 801（9th Cir.2002）.

❷ Brother Records, Inc. v. Jardine, 318 F.3d 900（9th Cir.2003）.

是通过诸多判例一再重申，商标法禁止侵权的宗旨是为了防范消费者在商品来源上发生混淆。❶ 而一些学者认为，"即使原告在诉讼中证明存在混淆可能，被告仍能以合理使用抗辩阻却商标侵权"。❷ "指示性合理使用"概念是美国法院的创举，但在适用标准上，不同法院之间存在着分歧。如第九巡回法院将其作为侵权判定传统做法（"混淆可能"多因素测试法）的一种替代，聚焦于被告是否"正当"使用该标志，并由被告承担无混淆可能的举证责任。❸ 第五巡回上诉法院❹和第二巡回上诉法院❺则仍将"混淆可能"作为决定性考量因素，指明性合理使用仅是其补充，且未说明谁负有举证责任。第三巡回上诉法院将指明性合理使用作为一种删减版的"混淆可能"测试法，且认为先由原告承担存在混淆可能的举证责任，一旦证明成立，则转由被告承担合理使用的举证责任。❻ 第六巡回上诉法院则认为，指明性合理使用所要考量的因素与混淆可能所要考量的因素完全一致，没有必要引入一个新的概念。❼

在美国的商标侵权案件中，首先由原告承担证明混淆的举证责任，然后再由被告进行抗辩。被告有两种抗辩方式可以选择：第一，消极抗辩，被告可以针对原告提出的混淆直接提供证据进行反驳，证明混淆不存在；第二，积极抗辩，积极抗辩不是对原告证据的简单否认，而是提出了一个完全不同的事实，也就是说，即使承认原告的事实都是正确的，被告也会因为提出新的事实而不承担法律责任，但是提出抗辩的一方必须证明该抗辩成立的所有要素，被告对自己提出的新的事实负有举证责任（结果意义上）。也就是说，如果将指示性合理使用视为一种"消极抗辩"，那么被告需要证明没有混淆的存在；如果把指示性合理

❶ Two Pesos, Inc. v. Taco Cabana, Inc., 505 U.S.763, 767-768（1992）;Park'N Fly, Inc. v. Dollar Par。k and Fly, Inc., 469 U.S. 189, 198（1985）.

❷ 王莲峰："商标合理使用规则的确立和完善"，载《政治与法律》2011年第7期。

❸ New Kids on the Block v. News America Pub., Inc., 971 F.2d 302（9th Cir., 1992），Brother Records, Inc. v. Jardine, 318 F.3d 900（9th Cir.2003）.

❹ Pebble Beach Co. v. Tour 18 I Ltd., 155 F.3d 526, 545（5th Cir.1998）.

❺ International Information Systems Sec. Certification Consortium, Inc., V. Security University, LLC, Sondra Schneider, No.14-3456-cv, Way 18, 2016（Second Ciranit）.

❻ Century 21 Real Estate Corp. v. Lendingtree, Inc., 425 F.3d 211, 217–224（3d Cir.2005）.

❼ PACCAR Inc. v. TeleScan Technologies, L.L.C., 319 F.3d 243, 256（6th Cir.2003）.

使用看作是一种"积极抗辩"，那么就无须考虑混淆，只要被告所提出的事实成立即可说明被告不侵权，同时被告对于自己提出的事实负有举证责任。

（1）将"指示性合理使用"视为一种积极抗辩，即使混淆存在也可能不构成侵权。

美国第三巡回上诉法院持这一观点，并在Century 21案中确立了自己关于指示性合理使用的判断方法。第三巡回上诉法院遵循最高法院在KP案中确立的原则，指出某种程度的混淆可能性与法定合理使用并存的观点对于指示性合理使用仍可适用，只有在原告能够证明存在混淆可能性之后，被告才对存在混淆可能性情况下构成指示性合理使用负举证责任，也就是将指示性合理使用，看作和法定合理使用一样的积极抗辩。

第三巡回上诉法院采取两步走的判断方法，首先由原告先证明被告使用其商标存在使消费者混淆的事实，接下来举证责任转移至被告，由被告证明其使用符合指示性合理使用。因指示性合理使用存在特殊性，第三巡回上诉法院为此修正了第一步中混淆可能性的判断标准，把判断混淆可能性的十要件❶ 修正为四个要件来满足指示性合理使用案件中的混淆可能性判定标准：①商品价格及其他因素足以令消费者在购买加以注意；②在没有造成混淆的前提下，被告使用商标的持续时间；③被告使用商标的意图；④实质混淆的证据。在第二步中，第三巡回上诉法院把第九巡回上诉法院创设的指示性合理使用判定标准的三要件修正为：①使用原告商标描述原告与被告的商品或服务，是否具有必要性；②是否只有使用原告商标，才能描述原告的商品或服务；③被告的行为或表达方式，必须准确揭示原告与被告的商品或服务之间的真实关系。若均符合三要件，不论是否有混淆可能性，都属于指示性合理使用。第三巡回上诉法院在发回重审的判决中，要求地方法院需依据该法院所提的判断标准，判断被告使用原告的商标是否属于指示性合理使用。

---

❶ 混淆可能性的判断测试法，第三巡回上诉法院并没有采取由第九巡回上诉法院在AMF，Inc. v. Sleekcraft Boats 案所创立的Sleekcraft 判断法，而是采取了由其在Scott Paper Co. v.Scott's Liquid Gold，Inc 与Interpace Corp. v.Lapp，Inc 两案所采取的十要件测试法。

（2）"指示性合理使用"只是一种反驳"混淆"的消极抗辩，只要有一点混淆就构成侵权。

第九巡回上诉法院和第二巡回上诉法院都把指示性合理使用当作一种消极抗辩，认为指示性合理使用只是针对混淆的反驳，也就是说，指示性合理使用是一种无混淆的使用。

a.9th Cir：New Kids 三要素标准。

第九巡回上诉法院在New Kids 案创设的三要素标准是对"多因素混淆标准"的替代。❶ 在Toyota Motor Sales， U.S.A.， Inc. v. Tabari 案❷中，第九巡回上诉法院纠正了地区法院将指示性合理使用视为积极抗辩的做法。地区法院认为只有在原告通过Sleekcraft标准证明了混淆之后，被告才能提出指示性合理使用的抗辩。第九巡回上诉法院认为指示性合理使用乃是一种不会引发混淆可能性的使用，只是在混淆可能性的判定方法上，用New Kids 三要素测试法来取代传统Sleekcraft测试法。

在之前的Brother Records， Inc. v. Jardine案❸ 中，第九巡回上诉法院都一直持被告承担提供证据否认混淆可能性的责任。但2004年最高法院的KP案明确原告承担对于混淆的举证责任后，第九巡回上诉法院在Toyota Motor Sales， U.S.A.， Inc. v. Tabari 案改变了做法，认为对于混淆的举证责任在于原告。于是，在指示性案件中，被告只需说明自己使用原告商标是为了指示原告的产品，然后举证责任就转换到原告，原告需要通过New Kids 三要素标准说明被告的行为不是指示性合理使用。

b.2nd Cir：ISC 标准。

第二巡回上诉法院❹ 认为，指示性合理使用不是《兰哈姆法》下对于侵权的积极抗辩，仍将"混淆可能"作为决定性考量因素，指示性合理使用仅是其补充。第二巡回上诉法院在ISC v. SU 案中，将第九巡回

---

❶　Cairns v. Franklin Mint Co.， 292 F.3d 1139 （9th Cir. 2002）.

❷　Toyota Motor Sales， U.S.A.， Inc. v. Tabari， 610 F.3d 1171 （9th Cir.2010）.

❸　Brother Records， Inc. v. Jardine， 318 F.3d 900 （9th Cir.2003）.

❹　International Information Systems Sec. Certification Consortium， Inc.， V. Security University， LLC， Sondra Schneider， No.14-3456-cv， Way 18， 2016（Second Ciranit）.

上诉法院创设的New kids三要素作为Polaroid混淆因素的补充。也就是说，在指示性案件中，除了运用Polaroid混淆因素外，还需要额外考虑New kids三要素。法院认为，Polaroid混淆因素测试法是无法替代的，但法院也不得不承认，在指示性合理使用案件中，这种多因素测试法并不完全适合，因此该法院借鉴了第九巡回上诉法院的New kids三要素标准，来补充多因素混淆测试。

由此，第二巡回上诉法院仍将举证责任放在原告身上，而且不需要重新调整原被告的举证义务，省去了程序性的麻烦。

（3）其他巡回法院直接用"多因素混淆标准"进行判断。

第一巡回上诉法院虽然在1991年，New Kids案之前，就遇到过指示性合理使用的案子（WCVB–TV v. Boston Athletic Ass'n 案❶），但是该院一直没有将其作为需要特殊对待的案子，依然用混淆理论去处理。而后，在2007年的Universal Communication Sys., Inc. v. Lycos, Inc.案❷ 中，该院表示在以前的案件中，我们没有决定是否认可第九巡回上诉法院的指示性合理使用分析，而在该案中也没有可以适用New Kids标准的余地。

第六巡回上诉法院，在PACCAR Inc. v. TeleScan Technologies，L.L.C.案❸ 中，法院用"八因素混淆测试法"，否认了被告提出的指示性合理使用的抗辩主张。第六巡回上诉法院明确表示，"本法院从来不采用指示性合理使用分析，而是应用自己的多因素混淆可能性分析"。

第七巡回上诉法院虽然没有明确是否要运用指示性合理使用的分析法，但是第七巡回上诉法院下属的地区法院有时却用第九巡回上诉法院的New Kids标准判案。比如，在Ty v. Publications Internationa案❹ 中，地区法院的扎格尔（Zagel）法官指出，"混淆可能性并没有否认指示性合理使用的抗辩，如果这种使用是必要的，我们就需要用更多的标准来判定这种使用是否合理。而New Kids标准显然很适合该类案件的

---

❶ WCVB–TV v. Boston Athletic Ass'n，926 F.2d 42，46（1st Cir.1991）.

❷ Universal Communication Sys., Inc. v. Lycos, Inc.，478 F.3d 413，424（1st Cir. 2007）.

❸ PACCAR Inc. v. TeleScan Technologies，L.L.C.，319 F.3d 243，256（6th Cir.2003）.

❹ Ty, Inc. v. Publ'ns Int'l, Ltd.，2005 WL 464688，at *7，*8（N.D. Ill. 2005）.

判断"。

2．欧盟

欧盟指示性合理使用制度的发展要晚于美国，但是其在欧洲发展时却没有遇到像在美国那样反复的情况，具有比较成熟和统一的指示性合理使用理论和判定因素。

《欧共体协调成员国商标立法一号指令》第6条规定，商标权并不及于姓名、地址、地理来源、年代等有关商品或服务的特征，《欧共体商标条例》在共同体商标效力限制中规定商标权人无权制止第三人在商业活动中使用表明商品或服务用途的标志，尤其是用来表明商品零部件用途的商标；只要该使用符合工商业务中的诚实惯例。欧盟商标立法虽然没有明确提出商标指示性合理使用，但是突出强调商标权人不得禁止第三人"用商标表示商品或服务的特征、用途"，为商标指示性合理使用作出立法指引，与美国立法相比欧盟更直接具体。欧盟的商标立法也影响了欧盟其他成员国的立法，如德国❶、法国❷、英国❸、丹

---

❶ 《德国商标法》第 23 条：商标或商业标志所有人，无权禁止第三方在商业活动中使用下列标志，只要这种使用不与普遍接受的道德原则相冲突：

1. 其名称或地址；

2. 与该商标或商业标志相同或近似，但与商品或服务的特征或属性，尤其是与其种类、质量、用途、价值、地理来源或商品的生产日期或服务提供日有关的标志；或者

3. 必须用该商标或商业标志表示一个产品或服务的用途，尤其是作为附件或配件。

❷ 法国《知识产权法典》第 L.713 - 6 条：商标注册并不妨碍在下列情况下使用与其相同或近似的标记：

a）作为公司名称、厂商名称或牌匾，只要该使用先于商标注册，或者是第三人善意使用其姓氏；

b）标注商品或服务尤其是附件或零部件的用途时所必须的参照说明，只要不致导致产源误认。

但是这种使用损害注册人权利的，注册人可要求限制或禁止其使用。

❸ 《英国商标法》第11条第2款：下列行为未构成对注册商标的侵权，只要这种使用是根据工商事务中的诚信原则进行的：

（a）一个人使用自己的名称或地址；

（b）使用关于种类、质量、数量、用途、价值、地理来源、产品生产或服务提供日期或商品或服务的其他特点的说明；

（c）当有必要说明某一产品或服务的用途（尤其是附件和备用件）时。

麦❶都对商标指示性合理使用作出相关规定，其立法宗旨均是从商标的基本功能出发，只要第三人在进行说明时没有发挥商标的识别功能，仅具有描述性功能时，权利人无权禁止第三人的善意使用。

欧盟关于商标指示性合理使用的司法实践主要体现在宝马案和Gillette（吉列）案中。在宝马案中被告Deenik是一家主营保养、维修以及销售二手宝马汽车的汽修厂的厂主，但是被告的汽修厂并不属于宝马公司的经销商网络；原告宝马公司通过经销商网络来销售其所生产的汽车，另一原告BMW BV公司是宝马公司在荷兰的关联公司。原告认为被告在广告中使用"BMW 修理维护"的字样，并自称是"BMW 专家"侵犯了其商标权，提起商标侵权之诉。该案的焦点在于被告是否有权在广告中使用"BMW 修理维护""BMW 专家"字样。本案从荷兰地方法院一直上诉到荷兰最高法院，最后荷兰最高法院向欧共体法院寻求初裁意见。

欧盟法院对案件事实分析之后得出以下两点结论：第一，被告有权在广告中使用原告的商标，若不使用该商标，被告就不可能将他专业从事该车型的销售和维修的信息传达给消费者；第二，被告有权使用原告的商标说明其经营与服务范围。在本案中，被告使用宝马公司的BMW商标是为了说明自己经营与服务的范围。如若禁止其使用原告的商标，被告将无法向消费者表明其精通维修宝马车的事实。但被告无论在何种情况下都不能使相关公众误认为其与商标权人之间存在特定的联系，更不能使相关公众认为他已经获得了商标权人的授权。但是具体的判定应该由各成员国法院根据事实作出。

在本案中，欧盟法院确认了第三人可以使用他人商标说明所提供服务的性质与范围，但是对是否存在混淆则留给成员国自己去判断。对商

---

❶ 《丹麦商标法》第5条：商标权所有人无权禁止他人在贸易活动中和在以诚实信用原则进行的工商活动中：

（i）使用自己的名称和地址；

（ii）使用关于商品或服务的种类、质量、数量、用途、价值或地理来源的标识，关于生产商品或提供服务的时间的标识，或关于商品或服务其他特征的标识；或

（iii）有必要指明商品或服务的用途，特别是作为附件或零件时的用途时，使用其商标。

标指示性合理使用与混淆可能性能否并存，欧盟成员国之间有不同的主张。德国、英国、意大利、丹麦均要求使用者的使用必须符合"诚实信用原则"，侧重考察行为者的主观意图，而法国则是要求"只要不导致产源误认"，注重考察行为导致的客观结果。

而在吉列案中，同样有着这样的问题，即在如何判断商标指示性合理使用中应当符合工商业的诚实信用惯例。在该案中，芬兰的LA-Laboratiories公司所生产的刀片由于适用于吉列的剃须刀而在销售时注明了该刀片适用于所有Gillette Sensor手柄式剃须刀，正是这一刀片使用范围的注明被吉列公司认为其侵犯了Gillette and Sensor的商标专用权。

在该案中，法官认为判断是否符合工商业活动的诚信惯例时应当考虑多重因素。其中包括借鉴《误导性广告指令》中的广告并未不正当地利用竞争者商誉的情况和未导致广告者和竞争市场地位混淆的情况。主要表现为：使用者对商标的使用是否在向潜在的消费者传达这是其所生产或销售的商品，是可适用于商标所指向的产品。使用者对商标的使用是否为了说明其生产或销售的商品与商标所指向的产品具有相同的质量标准。使用者对商标的使用目的是否为了攫取商标权人原本所占有的市场资源。使用者对商标的使用方式是否具有一般描述性使用的特征，即在使用过程中并未过分突出他人商标的使用，或者使用他人商标的时候与一般描述性文字的使用形式相同，并区别于自己的商标。而在吉列案中，由于LA公司在使用Gillette商标时，其使用目的仅仅是为了向消费者表明LA公司所生产的刀片在使用兼容性上和质量上都与Gillette所生产的商品没有任何差别这一信息，同时LA公司使用该商标时没有突出使用Gillette商标，其突出使用的是自己的商标，Gillette商标的使用则相比于其自有商标要微小得多，只是用不同颜色的字体提醒使用者其商品同时可适用于Gillette的商品，并没有恶意攫取Gillette所占有市场的意图。

3．欧盟商标指示性合理使用在适用时更具有普遍性和可操作性

在比较分析美国与欧盟的相关立法时，笔者发现，对于指示性合理使用，上述国家和地区在立法上有相通之处，即都要求使用的必要性和

合理性。也就是说，只有在使用人穷尽了其他办法，或者即使有其他办法，但由于成本较高或不易表达等情况下，才有适用指示性合理使用的可能。在满足必要性要件后，还需要考虑合理性，使用人是借用了商标权人的商标来指示自己的商品或服务，这种借用就不应当损害商标权人的利益，否则就不具有正当性。除了上述共同点，欧盟的指示性合理使用与美国的商标指示性合理使用相比具有自己的特点，而且该种特点使得欧盟商标指示性合理使用在适用时更具有普遍性和可操作性。

首先，欧盟商标《一号指令》第6条和《欧共体商标条例》第12条都规定了商标指示性合理使用。在《欧共体商标条例》第12条规定：共同体商标所有人无权禁止第三方在贸易过程中使用：……（c）需要用来表明商品或服务用途的标识，特别是用来表明商品零部件用途的商标。只要上述使用符合工商业务中的诚实惯例。具体构成要件的规定免除了像在判例法中那样通过判例发展的缺陷，具有极大的稳定性，即便工商业中的诚实信用惯例多而大，但仍可从使用方式中认定。

其次，欧盟的指示性合理使用在构成要件上摒弃了混淆可能性的判断。欧盟商标《一号指令》和《欧共体商标条例》都规定在构成合理使用时，以是否符合工商业的诚实信用作为前提条件，而符合工商业的诚实信用是不能与不构成混淆等同的。符合工商业的诚实信用原则如前所述，是指在商标使用过程中使用人有无突出使用商标，即其使用的商标是否起到了商标的识别作用，有无在该行业中攫取了原商标所有人的市场空间和份额，是否与原商标所有人构成不正当竞争关系。

最后，从欧盟的指示性合理使用总体构成要件分析而言，其背后的原理实质上是与美国New Kids案的构成要件如出一辙，只是将美国不能具有暗示使用者与原告具有赞助或者许可关系的范围扩大成为符合工商业的诚实信用原则，即增加了市场主体之间的竞争。两者都是从行为的角度或者行为人的角度来判断指示性合理使用的构成而没有从行为后果的角度，在笔者看来欧盟在进行这一选择的时候充分考虑到了商标合理使用制度存在的具体含义和商标权利限制制度的背后法理。

（三）小　　结

本部分从理论角度出发，对指示性合理使用的起源与现代的发展进行阐述，勾勒出指示性合理使用制度的整体面貌。指示性合理使用最早起源于美国，美国第九巡回上诉法院通过New Kids案确立了"指示性合理使用"制度。虽然此前美国司法实践中已出现相关案例，只是未将该类案例正式命名为指示性合理使用。而后，欧盟以成文法的形式，在《欧共体商标一号指令》中，规定了指示性合理使用。本文认为，欧盟关于指示性合理使用的规定对我国更有借鉴性。

四、构建我国指示性合理使用的立法体系

我国并未在立法上对该类指示性合理使用作出法律条文上的规定，我国指示性合理使用的发展也仅仅通过一个个案例的形式得以进一步的推进。虽然以案例的形式发展指示性合理使用在我国已经有一段时间，但作为大陆法系国家的一员，各地的判例实在不是正统的法律渊源，只具有一定的参考作用，这也直接导致司法界对商标指示性合理使用的具体认定在地域与地域之间，法院与法院之间存在较大的差异。因此，亟须厘清商标指示性合理使用的构成要件，明确商标指示性合理使用的本质，从而给未来商标指示性合理使用的相关立法以及在实践中认定指示性合理使用提供理论依据。

（一）澄清指示性合理使用的几个问题

1. 指示性合理使用的性质：非商标性使用

我国《商标法》第48条明确规定，"本法所称商标的使用，是指将商标用于商品、商品包装或者容器以及商品交易文书上，或者将商标用于广告宣传、展览以及其他商业活动中，用于识别商品来源的行为"。由此可知，商标性使用有两个构成要件，一须用于商品上或商业活动中，二须用于识别商品来源。从商标权人的角度来看，商标权人通过向商标局申请注册商标，建立起商标与其商品或服务之间的特定联系，而后再通过不断在商业活动中使用该商标来强化这种联系。如果商标权人以外的人，所使用的与商标权人的商标相同或近似的文字、图案等标识不具有区分商品来源的作用，则该种使用不是商标意义上的使用，即不

会对商标权人的商标权构成侵害。❶

具体到指示性合理使用上，关于要件一，毫无疑问指示性合理使用确实是用在商品上或者商业活动中的，因此满足要件一。关于要件二用于识别商品来源。在指示性合理使用中，第三人使用商标权人商标的目的是说明自己提供的商品或服务能够与使用该商标的商品或服务配套，即指示自己商品或服务的用途和服务对象，而不是要让相关公众对商品或服务的来源产生混淆。❷ 如最高人民法院在辉瑞产品公司立体商标侵权案〔（2009）民申字第268号〕中认为，对于不能起到标识来源和生产者作用的使用，不能认定为商标意义上的使用，不构成商标侵权。一般在指示性合理使用案件中，使用人除了使用商标权人商标外，使用人自己也会有自己的商标，或者即使没有，也会用自己的企业名称或者字号来区分商品或服务的来源。因此，指示性合理使用并不是一种用于识别来源的使用，而是一种说明用途或服务对象的使用，所以不满足要件二。综上，指示性合理使用不是一种商标性使用，而是一种非商标性使用。

从指示性合理使用的现实案子出发，比如在丰田自动车株式会社与浙江吉利汽车有限公司、北京亚辰伟业汽车销售中心不正当竞争纠纷案中，❸ 被告吉利公司在其制造的汽车前脸、轮胎、方向盘、后备箱等位置使用了原告的"丰田"及"TOYOTA"商标，法院认为，被告吉利公司在对自己的汽车进行宣传时使用"丰田"及"TOYOTA"文字，是对汽车发动机所具有的性能、来源进行说明，是为了向消费者介绍该汽车产品配置的主要部件来源于原告，以便于消费者对汽车产品的基本情况有所了解；这种使用并不是作为标识商品来源的使用，即不是商标法意义上的使用。根据商标使用的理论，在指示性合理使用中，他人对商标权人

---

❶ 孔祥俊："商标的标识性与商标权保护的关系"，载《人民司法（应用版）》2009年第15期。

❷ 祝建军："判定商标侵权应以成立'商标性使用'为前提——苹果公司商标案引发的思考"，载《知识产权》2014年第1期。

❸ 丰田自动车株式会社与浙江吉利汽车有限公司、北京亚辰伟业汽车销售中心不正当竞争纠纷案，北京市第二中级人民法院民事判决书，（2003）二中民初字第06286号。

商标的使用也不是将商标权人的商标与该人提供的商品或服务相联系而用来标示自己商品或服务的来源。亦即,他人根本不是在商标标示来源的意义上使用商标权人的商标。他人使用商标权人商标的目的仅在于告诉消费者自己提供的商品或服务的某些特征与商标权人提供的商品或服务有联系,以更好地宣传自己的商品或服务,告知消费者其所提供的商品或服务的内容,降低消费者的搜寻成本。因此,指示性合理使用也并不是对商标的"合理使用",而只是对商标权人商标在非商标意义上的使用。

因此,指示性合理使用在本质上并非商标使用行为,而是对商标这种符号在非商标意义上的使用。据此,商标指示性合理使用的称谓是值得商榷的,容易使人误认为商标也能被合理使用。但是,商标合理使用作为一种侵权抗辩机制,这种称谓已经长久地存在于商标法,去改变商标合理使用的用词,并无太大意义。因此,对于这种商标侵权的抗辩事由,可以继续沿用商标合理使用的称谓,但需要注意的是,商标合理使用绝不等于著作权法中的合理使用,作品可以被合理使用,而商标无法被合理使用。❶

2. 指示性合理使用与混淆的关系:"混淆"并不是独立的指示性合理使用的构成要件,而是判断善意和使用方式必要合理这两个要件的考量因素

在我国的具体商标侵权案件中,判定商标侵权由两个阶段组成:第一阶段,对商标性使用的判定。在这一阶段,原告需要举证证明被告的被控侵权行为属于商标性使用行为,如果被告的行为不构成商标性使用行为,则可直接判定被告的行为不构成商标侵权。第二阶段,对"混淆可能"的判定。如果原告成功完成第一阶段的举证,即举证证明被告的行为构成商标性使用行为,那么案件处理就可以进入第二阶段。在这一阶段,原告应进一步举证证明被告的该行为导致了商标法上混淆的后果,只有混淆成立才能认定被告的行为构成商标侵权。

---

❶ 姚鹤徽:"商标合理使用的本质与适用",载《南华大学学报(社会科学版)》2015年第3期。

在上一部分内容中，笔者已经论证过，商标指示性合理使用是对商标这种符号在非商标意义上的使用，是一种非商标使用行为。在明确了指示性合理使用的性质后，判定商标指示性合理使用的案件时，只需在第一阶段进行判断即可，而无须进入第二阶段来适用"混淆理论"。也就是说，在判断指示性合理使用时，无须用"混淆理论"。

指示性合理使用在本质上，是对商标这种符号在非商标意义上的使用，是一种非商标使用行为。这种本质特征决定了它可以作为混淆可能性标准适用的"安全阀"制度。根据商标法的基本原理，商标混淆可能性标准适用的前置性要件是商标使用，即只有被诉人的行为首先使用商标权的商标来标示被诉人自己的商品，构成商标使用行为，才有进一步适用混淆可能性标准，判断是否有导致消费者发生混淆的可能。❶ 一般情况下，指示性合理使用就不再需要适用混淆可能性标准去判定商标侵权是否成立。因此，混淆可能性并不是判断指示性合理使用的独立构成要件。

混淆可能性并不是判断指示性合理使用的独立构成要件，这并不是说实际混淆一点都不影响指示性合理使用的成立。在实践中，法院可以将实际混淆作为影响指示性合理使用构成要件的消极要素进行评价，比如，欧盟法院在Gillette案中，就从反面规定了不属于"诚实善意"的情形，其中第一条就是"如果该行为会使公众误认为行为人与商标权人存在商业联系，则不符合善意的规定"。也就是说，混淆可以从侧面说明，使用人的行为是否是合理的，是否是善意的。在美国颇具权威的《不正当竞争重述》中就直接规定："原告商标的强度和混淆可能性或实际混淆的程度是决定一个使用是否合理的重要因素。调查和有关潜在消费者认知的其他证据也与适用（合理使用）抗辩相关，一种使用如果很有可能造成实质性的混淆（Substantial confusion），通常将不会被认为是合理使用。被告在本条规定下承担证明合理使用抗辩的举证责任。"❷

---

❶ 姚鹤徽："商标合理使用的本质与适用"，载《南华大学学报（社会科学版）》2015年第3期。

❷ RESTATEMENT（THIRD）OF UNFAIR COMPETITION § 28 cmt. b（1995）.

在判断指示性使用时，被告的行为是否善意，和其使用形式是否合理是两个重要且独立的构成要件。混淆可能性标准对于判断这两个要件是重要的。假如被告的使用行为仅仅造成一小部分消费者混淆，或消费者很容易就能消除这种混淆，则被告的行为可能是善意的，也符合合理使用的限度。事实上，在被告进行合理使用的过程中，总会有一些注意力较弱的消费者可能发生混淆，绝对杜绝任何消费者混淆的发生是不可能的，也不符合客观的社会现实。所以，指示性合理使用可以容忍一定限度的混淆。

但这种容忍并不是没有限度的。如果使用人指示性使用商标权人的商标时，已经造成了多数人可能的混淆误认，那么可能从侧面就已经说明使用人的使用方式不尽合理，或者使用人在使用时并非出于善意。

在各国的立法实践中，用混淆可能性来评价判断指示性合理使用中的善意与合理要件的例子也层出不穷。如在上文提及的"宝马案"中，正因为"专修"一词可能会暗示经营者与商标权人存在某种关联关系，因此被法院认为是超出指示说明目的的，不符合诚实信用商业惯例。又如发生在美国的保时捷案中，被告在一则广告中销售自家的汽车美容用品，保时捷汽车沿着公路快速行驶的画面贯穿整个广告。虽然广告表现了为保时捷汽车上光的内容，但是画面长时间展示了保时捷汽车的商标和商品外观，并将保时捷的商标置于突出位置。由此可以判断出，被告这则广告的用意是想借用"保时捷"这个商标的商誉和影响力误导消费者，使公众认为其生产的汽车美容产品品质和保时捷汽车一样好，甚至是获得保时捷汽车公司授权的专属美容用品。该案中，法院认为，被告在不必要地情况下过长时间展示"保时捷"商标，有误导公众误认为行为人的汽车美容用品与保时捷汽车公司有关联关系的可能，而被判定为"非善意"。

综上，在指示性合理使用的案件中，"混淆"并不是独立的指示性合理使用的构成要件，而是判断善意和使用方式必要合理这两个要件的考量因素。美国学者巴恩（Barnes）和洛基（Laky）也认为，混淆可能性在合理使用的分析中应当是"相关的而非决定性的"。❶ 也就是说，混淆与否不是一个截然的有无问题，而是一个程度多少问题，正如德国法学家考夫曼所言："除了少许数量概念外，各种法律概念是不清晰的，它们不是抽象——普遍的概念，而是类型概念、次序概念，在那里，它们不是非此即彼，而是或多或少。"

（二）明确指示性合理使用的构成要件

指示性合理使用是一种非商标性使用，如同《商标法》第59条关于描述性合理使用的规定一样，仅仅是在强调"非商标意义上的使用不构成侵权"这一原则，只是以反向列举的方式重申"商标使用"的概念，而并非如部分学者所言该条是"对商标权的合理限制"。❷ 商标的合理使用抗辩与商标意义上的使用，可以看作同一个问题的两个角度，二者只是抗辩角度不同，结论并无不同。❸ 但是，为了便于司法操作，有必要明确"指示性合理使用"的构成要件。笔者认为，指示性合理使用的构成要件有两个：一是使用出于善意，二是使用形式必要合理。

1. 善意

我国规范性法律文件中对指示性合理使用的认定标准有"使用出于善意"的主观要求，❹ 国外和我国港台地区相关立法中则包含了"符合工商业的诚实惯例"❺ "不与善良风俗相冲突"❻ "善意使用"❼ 或"诚实

---

❶ David W Barnes，Teresa A. Laky，Classic Fair Use of Trademarks: Confusion about Defenses，20 SANTA CLARA COMPUTER & HIGH TECH. L. J. 833（2004）.

❷ 熊文聪："商标合理使用：一个概念的检讨与澄清——以美国法的变迁为线索"，载《法学家》2013年第5期。

❸ 芮松艳："侵犯注册商标专用权行为的抗辩事由"，见张玉敏主编《西南知识产权评论（第3辑）》，知识产权出版社2013年版，第303页。

❹ 《关于审理商标民事纠纷案件若干问题的解答》第26条第1款（1），京高法发〔2006〕68号。

❺ 《欧洲共同体商标条例》（Council Regulation（EC）No. 40/94 of 20 December 1993 on the Community trade mark），载http://www.wipo.int/wipolex/zh/text.jsp?file_id=126860，2016年6月28日访问。

❻ 德国《商标法》，载http://www.marketbook.cn/wgfg/154044516.html，2016年6月28日访问。

❼ 澳大利亚《商标法》（Trade Marks Act 1995（consolidated as of February 25，2015）），载http://www.wipo.int/edocs/lexdocs/laws/en/au/au384en.pdf，2016年6月28日访问。

信用"❶的要求，即都要求主观方面具有"善意"。各国商标法中都未对"善意"作更多规定，而欧美法院的判例又再次给出判断"善意"的依据。

在上文提到的欧洲法院判的Gillette案❷中，法院认为，经营者使用了第三方的商标，并未导致消费者误认为其与商标权人有某种商业上的联系，而且并非不当利用商标权人的显著性和商誉，那么这种行为就符合商业上的诚信惯例。欧盟法院从否定的角度提出"诚实善意"的考量因素，并列举了4种不属于"诚实善意"的情况：（1）该行为使公众误认为行为人与商标权人之间存在商业联系；（2）利用该商标的显著性或商誉获取不正当利益，并导致该商标的价值受损；（3）使该商标商誉受损或遭受诽谤；（4）将该商标用于模仿或复制非商标权人的商品。

美国第五巡回上诉法院在审理Zatarains，Inc. v. Oak Grove Smokehouse，Inc.案❸中指出，被告虽然使用原告的商标"Fish Fri"和"Chicken Fri"来介绍自己的炸鱼和炸鸡食品，但是被告特意使用与原告产品不同的产品包装和标签，尽量与原告的产品区分开，最大程度降低发生混淆的可能，这已经充分说明了被告的善意。所以，美国商标法以混淆为核心内容，在判定善意与否时，混淆也是一个重要的考量因素。美国法将混淆可能性作为判断"善意"的消极因素。

而在我国，商标法上善意恶意的界定则是从使用人是否有侵权意图的角度着手的。

在普拉达有限公司诉重庆瑞富商业管理有限公司侵害商标权、不正当竞争纠纷案❹中，法院认为，被告销售的"PRADA"商品非假冒"PRADA"品牌的商品。在此前提下，瑞富公司在经营活动中制作广

---

❶ 中国台湾"商标法"（2011年6月29日修正），载http://www.e-learn.org.tw/cn/Html/?910. html，2016年6月28日访问。

❷ Gillette Co，Gillette Finland Co OY v. LA-Laboratories Ltd OY，E.T.M.R.，I-02337 C-228/03，2005，pp.29-45.

❸ Zatarains，Inc. v. Oak Grove Smokehouse，Inc 698 F.2d 786C.A.La.，1983.

❹ 普拉达有限公司诉重庆瑞富商业管理有限公司侵害商标权、不正当竞争纠纷案，重庆市渝中区人民法院，（2015）中区法民初字第00007号。

告以客观说明自己销售的商品的来源是一种正当的商业行为，其目的是让消费者看到广告就会联想到在瑞富公司经营的瑞富购物中心欧洲精品店内有包括"PRADA"等8个世界知名品牌的商品销售，不会让消费者产生原告在该购物中心内开设了专卖店的想法，瑞富公司这种使用"PRADA"商标的行为应当是善意的，只是为了说明自己商品的来源，而且也仅是在购物中心的入口处、精品店周围的玻璃门及灯箱广告上使用了"PRADA"商标。该案中，法院首先认定被告销售的产品是原告的正品，在此基础上，用原告的商标宣传原告产品的行为，就被视为是一种正当的商业行为。法院又从被告使用原告商标的方式入手，认为其使用方式也在合理限度内，因此可以推断出被告是善意的。

又如，在四川省宜宾五粮液集团有限公司与济南天源通海酒业有限公司侵犯商标专用权及不正当竞争纠纷再审案❶ 中，最高人民法院认为，被告天源通海公司是五粮液公司生产的"锦绣前程"系列酒的山东运营商，其在上述经营活动中使用"五粮液图形商标"及"WULIANGYE"商标，虽未经五粮液公司的许可，但使用这些商标的意图是指明"锦绣前程"系列酒系五粮液公司所生产、其为五粮液公司"锦绣前程"系列酒的山东运营商，"锦绣前程"系列酒本身标注着商标。同时，天源通海公司在经营活动中使用涉案商标是为了更好地宣传推广和销售"锦绣前程"系列酒，因此，被告并无主观恶意。最高人民法院在该案中，也是从被告是否有侵权意图入手分析被告的主观状态，由于被告是正当的运营商，因此使用原告商标的行为是为了更好地宣传和推广，从而推导出被告是善意的。

综上所述，可以总结认定指示性合理使用的主观标准，行为人必须出于"善意"，没有不正当竞争的意图，也没有使相关公众产生混淆、误认的故意。"善意"的考量因素可以参考如下：第一，是否突出使用他人的商标；第二，是否刻意隐藏自己的商标；第三，是否在他人商标获得较高知名度和显著性以后才开始使用；第四，是否利用他人商标的

---

❶　四川省宜宾五粮液集团有限公司与济南天源通海酒业有限公司侵犯商标专用权及不正当竞争纠纷再审案，最高人民法院民事裁定书，（2012）民申字第887号。

商誉获得不正当的利益；第五，是否使该商标的价值受损或遭受诽谤；第六，使用人或其商标自身的商誉、经营状况等。

2. 使用形式必要合理

指示性合理使用是使用人为了传达自己商品的信息而使用他人商标，因此，使用行为应当在特定目的范围内，以必要、合理为限，一旦超出实现使用目的所需要的限度，就可能导致对私权利的侵犯。

欧洲法院在审理Gillette v. LA-Laboratories 案❶ 时，参考了其他国家对于必要性的理解。英国政府认为，"必要性"条款的目的在于促进公平竞争，而对该条款过于严格的解释将削弱该条款的效力。如果"对他人商标的使用必须是必要的"这一条件被理解为只有在找不到其他向潜在消费者传达关于产品用途信息时才满足这一条件，那么现实中该规定可能永远不能适用。因为，除了使用他人商标外，每种情况都可以想出其他的方式来表明商品的用途，如通过一张图片或者对其兼容产品的技术性描述。芬兰政府也表示赞同，交流的"必要性"根据产品是针对最终消费者还是针对其他商业用途的不同而不同。对于一般消费者来说，没有商标将很难了解一种产品的用途，除非有着能使普通消费者很容易了解争议产品用途的技术标准。在BMW一案中，雅各布斯（Jacobs）检察官也阐述了相同的观点，他认为，只要对他人商标的使用是唯一能有效地扩大潜在购买者所能购买的商品范围的方法，就符合了"必要性"这一条件。

美国各法院通过一系列司法案例，也总结出对于"必要合理"的判断标准。如果被告在使用原告商标时，在使用方式上太过突出显眼，或者在使用频率上太过频繁，则超出了必要合理的限度。在美国第六巡回上诉法院审理PACCAR Inc. v. TeleScan Technologies案❷ 时，该院指出被告在域名中使用原告商标，且在该网站的标题部分和背景墙部分重复使用原告商标，并且模仿了原告商标中的显著部分，这种使用形式超出了合理必要的限度。在美国第九巡回上诉法院审理的Brother Records,

---

❶ Gillette Co, Gillette Finland Co OY v. LA-Laboratories Ltd OY, E.T.M.R., I-02337 C-228/03, 2005, pp.29-45.

❷ PACCAR Inc. v. TeleScan Technologies, L.L.C., 319 F.3d 243, 256（6th Cir.2003）.

Inc. v. Jardine案❶ 中，法院认为，被告在宣传自己时，使用了"The Beach Boys Family and Friends"这样的标语，该标语中，"The Beach Boys"相较于其他词汇（Family and Friends）来说，是显著部分，这种使用形式很容易导致消费者混淆，因此超出了合理必要的限度。在美国第九巡回上诉法院另一起案件Playboy Enters.，Inc. v. Welles案❷ 中，法院认为，被告在其网站的背景墙上重复使用"PMOY' 81"这一代表"Playmate of the Year 1981"的术语，对于描述被告自己来说是不必要的。

在我国，江苏省高级人民法院在2011年11月出台了《侵犯商标权纠纷案件审理指南》，❸ 其中关于指示性合理使用的规定如下："为说明经营范围、指明商品或服务的来源、用途，他人可以正当使用。需注意的是，指示性合理使用主要与产品维修、零配件或耗材销售等有关。但法律限制是，不能使人误认为其经营与商标注册人存在商业上的联系。例如，国家工商行政管理局认为，'××专卖店''××专修店''××专营店'等，应当是商标注册人指定销售其商品或提供服务的营业场所。未经商标注册人许可，汽车零部件销售商店和汽车维修站点等他人不得将中外汽车企业的注册商标等作为专卖店、专营店、专修店的企业名称或营业招牌使用，其在需要说明本店经营商品及提供服务的业务范围时，应直接使用叙述性的文字，即使用'本店销售××汽车零部件''本店维修××汽车''本店修理××产品''本店销售××西服'等叙述性文字，且其字体应一致，不得突出其中商标部分，也不得使用他人的图形商标或者单独使用他人的文字商标。"该审理指南指出，法院在判断指示性合理使用时，应考虑被告使用原告商标的具体形式，并进一步说明被告应当使用叙述性文字，且其字体应一致，不得突出其中商标部分，也不得使用他人的图形商标或者单独使用他人的文字商标。该指南给出了概括性的规定，对审理案件有很大的借鉴意义。

---

❶ Brother Records，Inc. v. Jardine，318 F.3d 900，908（9th Cir.2003）.

❷ Playboy Enters.，Inc. v. Welles，279 F.3d 796，804（9th Cir.2002）.

❸ 载http://www.suzhouhq.jcy.gov.cn/xlgzs/fgwjk/201603/t20160316_1765689.shtml，2016年6月28日访问。

在司法实践中，法院一般可以以下几个因素对指示性合理使用的使用形式进行综合判断。

（1）是否添加了说明性文字。在联想（北京）有限公司与顾某某侵害商标权纠纷案❶中，法院指出被告顾某某在其店招上仅使用了"联想"及"lenovo"字样，除此之外，再无任何其他说明文字。其店招上的橙色背景与白色字样的使用方式使得颜色醒目、突出，上述使用方式会使一般消费者误认为该店与联想公司之间存在特定的商业关系，明显已超出合理使用的界限。因此，在指示性合理使用中，应当添加必要的说明性文字，如实向消费者说明他人商标与自己商品之间的关系，且不能暗示自己与商标权人存在赞助、支持、许可等关系。

（2）是否突出使用。在古乔古希股份公司与哈尔滨葳琳服饰经销有限责任公司不正当竞争纠纷上诉案❷中，被告在店面门楣上方的招牌中使用"葳琳 GUCCI"字样，且突出使用了原告商标"GUCCI"字样，侵害了古乔古希公司的合法权益。指示性合理使用中，即使添加了说明性文字，但如果用不同颜色、字号、字体等方式突出他人商标，或者在包装、招牌等醒目位置上大量使用他人商标，则是超出必要的限度，属于不合理的使用方式。

（3）是否同时标注自己的商标。在卡特彼勒公司与瑞安市长生滤清器有限公司侵害商标权纠纷案❸中，被告虽然使用了"FOR CATERPILLAR"这种说明性的文字，但是被告对于自己的商标"OK"的使用，却是用底色为银白的镭射标签粘贴在商品上的，被告使用自己商标的方式明显不及使用原告商标来的突出，这种使用方式显然超出合理的限度。因此，指示性合理使用应当按照法律规定和商业惯例的方式标注自己的商标，真实表示自己的商品来源。如果使用者在不显著的位

---

❶ 联想（北京）有限公司与顾某某侵害商标权纠纷案，江苏省泰州市中级人民法院民事判决书，（2013）泰中知民初字第243号。

❷ 古乔古希股份公司与哈尔滨葳琳服饰经销有限责任公司不正当竞争纠纷上诉案，黑龙江省高级人民法院民事判决书，（2013）黑知终字第4号。

❸ 卡特彼勒公司与瑞安市长生滤清器有限公司侵害商标权纠纷案，上海市浦东新区人民法院民事判决书，（2006）浦民三（知）初字第122号。

置以不明显的方式标注自己的商标，以突出他人商标、迷惑消费者，则不能构成指示性合理使用。

（4）是否符合商业习惯。在北京市海淀区私立新东方学校与（美国）研究生入学管理委员会著作权和商标专用权纠纷上诉案❶中，虽然被告新东方学校在"GMAT系列教材""GMAT听力磁带上"突出使用了"GMAT"字样，但新东方学校对"GMAT"是在进行描述性或者叙述性的使用，且在我国出版物属于特殊商品，对出版物的来源进行识别一般是通过出版物的作者和出版单位来实现的，新东方学校在其出版物上标注了出版社，已经起到标示来源的作用，符合出版业的商业惯例，因此不构成对原告商标的侵权。在指示性合理使用案件中，有必要借助商业习惯和行业惯例来判断被告的使用形式是否合理必要。

综上，笔者认为可以从如下因素判断行为是否合理必要：（1）是否附加说明文字足以使消费者区别商品或服务的来源、清楚意识到当事人使用某商标仅仅为了指示商品或服务的用途，例如："适用于××牌剃须刀""本店修理××牌汽车""本店出售××牌商品"等。（2）尽可能使用文字商标说明提供的商品或服务。如果一个商标由文字、图形构成，那么为了说明商品或服务的相关信息，使用文字部分即可，没有必要使用图形。（3）没有突出使用他人的商标，即该商标和附加的说明性文字在同一行显示，使用相同的字体、字号、颜色。（4）参考商业惯例或者行业协会的意见。例如，CD封面上突出显示专辑名称或主打歌的名字，而将制作、引进、发行公司等信息用较小的字体标注在包装背面，似乎不符合合理使用的认定标准，但这种标注方式是唱片行业的商业惯例。

（三）小　　结

本部分旨在通过前文所提及的在我国商标指示性合理使用存在的构成要件不明确的问题进行明确化规范，完善我国商标指示性合理使用的认定标准，以期能在司法实践中给予法院一些帮助。首先澄清指示性合

---

❶ 北京市海淀区私立新东方学校与（美国）研究生入学管理委员会著作权和商标专用权纠纷上诉案，北京市高级人民法院民事判决书，（2003）高民终字第1391号。

理使用的几个问题，指出指示性合理使用实质上是一种非商标性使用，并明确混淆可能性不是指示性合理使用的构成要件。商标指示性合理使用的构成要件只有两个：第一是主观上的构成要件，即商标使用人在使用他人商标时需要以善意、非不正当竞争的目的进行使用，并对商标的使用范围仅局限在描述商品或服务而非利用他人优势进行不正当竞争；第二是客观上的构成要件，即具体的使用方式。在作者看来，商标指示性合理使用的具体使用方式应当符合以下要求：对他人商标的使用须必要且不突出使用，符合一般诚实信用的商业惯例。如使用人具有自己商标，则应当与自己商标连带使用并突出商标使用人的商标等。

五、总　　结

商标的指示性合理使用并非一个新型的制度，但是该制度的发展历程也尚未如其他法律制度一样达到一个比较完善的地步。我国法院的判例和我国学者的理论都对商标指示性合理使用的性质、适用条件等多方面作出思考，但在理论界和实务界依旧难以对指示性合理使用的构成要件等本质问题达成统一意见，使得我国的商标指示性合理使用制度在运用上依旧存在着问题。

本文从我国指示性合理使用的100个相关案例出发，将实证分析和理论研究相结合，通过分析司法实践中指示性合理使用的相关案例，并结合理论基础，在我国现有的商标法体系下，系统地构建指示性合理使用的基本框架。同时，对指示性合理使用的起源与现代的发展进行了阐述，勾勒出指示性合理使用的完整制度构架。并通过对其他国家地区对于指示性合理使用的相关立法司法的比较研究，以及结合我国的司法实践，对如何进入商标禁止权的净土即指示性合理使用的构成要件进行探讨和明确，最终锁定在主观和客观两个方面，商标指示性合理使用的主观认定上，使用者应当善意，具有非不正当之心并仅限于在不得不使用的情况下描述商品或服务的特征。在客观要件认定上，使用者的使用方式须限定在必要合理的范围内。

检视与重塑：
商标反向混淆法律适用检讨
——基于51例判决的实证考察

■ 毕文轩
　指导老师：王莲峰

【摘要】商标反向混淆作为一种商标侵权行为应当受到商标法的调整，但囿于我国相关法律规范的欠缺使得在司法实践中对于如何正确理解并判断是否构成反向混淆存在诸多不同的观点。本文通过对51份裁判文书的实证分析，发现该类案件具备受理法院地区集中、原告胜诉率高、案件上诉率较高等特点。在此基础上，通过比较法研究对我国司法实践中应相对禁止反向混淆行为提供正当性分析，并为商标权人及商标在后使用人的后续使用提出进一步的解决方案和政策建议。

国　　内

本文通过北大法意网"法院案例"库以及openlaw、无讼案例、各法律类知名微信公众平台检索了涉及反向混淆问题的51份裁判文书，时间跨度为2002～2015 年，试图通过对这些判例的研究，厘清反向混淆的识别和法律适用在我国司法实践中的困境，以期促进我国相关立法的完善。

一、反向混淆案件在我国司法实践中的基本情况

（一）案件地区分布

根据表1的数据，首先可以发现受理案件的法院多为中级或高级人民法院，但其中也不乏个别基层人民法院。因为根据《最高人民法院关于审理商标案件有关管辖和法律适用范围问题的解释》确立商标民事纠纷第一审案件，由中级以上人民法院管辖。各高级人民法院根据本辖区的实际情况，经最高人民法院批准，可以在较大城市确定1～2个基层人民法院受理第一审商标民事纠纷案件。其次，不难发现北京、广东和浙江是商标反向混淆案件发生最为集中的地区（见图1）。具体而言，北京地区法院共受理案件13件，占总数的26%；广东地区法院共受理案10件，占总数的20%；浙江地区法院共受理案件9件，占总数的18%。由于反向混淆类案件的被告多为已经享有广泛声誉并为公众所熟知的知名企业，根据对被诉次数的统计，一批知名的企业被推上被告席，具体来说，百事可乐、G2000、夏新、奥普、支付宝、大众点评、恒大以及New Balance等享誉海内外的知名企业纷纷上榜。其多数分布于我国东部的京津冀、长三角和珠三角地区，如New Balance公司中国区总部位于广州，支付宝网络技术有限公司位于杭州等地，因而也就造成了上述地区法院受理并判决的商标反向混淆类案件数量较高。根据民事诉讼法有关管辖的规定，一般由被告住所地人民法院管辖，故而我们发现反向混淆类案件几乎都集中于我国东部沿海地区。

表1　反向混淆在各地法院的分布情况

地区分布	法院名称	件数（件）
北京法院	北京市海淀区人民法院	1❶
	北京市丰台区人民法院	1❷
	北京市第一中级人民法院	5❸
	北京市第二中级人民法院	2❹
	北京市高级人民法院	2❺
	最高人民法院	2❻
上海法院	上海市浦东新区人民法院	1❼
	上海市徐汇区人民法院	2❽
	上海市第一中级人民法院	2❾
广东法院	深圳市南山区人民法院	1❿
	清远市中级人民法院	1⓫
	深圳市中级人民法院	3⓬
	广州市中级人民法院	1⓭
	广东省高级人民法院	4⓮

---

❶　（2007）海民初字第4917号。

❷　（2009）丰民初字第25278号。

❸　（2007）一中民终字第7743号，（2012）一中知行初字第1638号，（2012）一中知行初字第2008号，（2012）一中知行初字第2714号，（2014）一中知行初字第1820号。

❹　（2003）二中民初字第09473号，（2011）二中民终字第22307号。

❺　（2011）高民终字第3342号，（2012）高行终字第1497号。

❻　（2012）民申字第1078号，（2012）民提字第25号。

❼　（2011）浦民三（知）初字第415号。

❽　（2012）徐民三（知）初字第539号，（2013）徐民三（知）初字第653号。

❾　（2012）沪一中民五（知）终字第109号，（2013）沪一中民五（知）终字第247号。

❿　（2013）深南法知民初字第208号。

⓫　（2013）清中法民三初字第3号。

⓬　（2015）深中法知民终字第927号，（2008）深中法民三初字第119号，（2010）深中法民三重字第1号。

⓭　（2013）穗中法知民初字第547号。

⓮　（2009）粤高法民三终字第91号，（2010）粤高法民三终字第511号，（2013）粤高法民三终字第630号，（2015）粤高法民三终字第444号。

（续表）

地区分布	法院名称	件数（件）
浙江法院	杭州市滨江区人民法院	1❶
	金华市中级法院	1❷
	杭州市中级人民法院	1❸
	浙江省高级人民法院	4❹
	温州市中级人民法院	1❺
	金华市中级人民法院	1❻
江苏法院	无锡市滨湖区人民法院	1❼
	南通市通州区人民法院	1❽
	无锡市中级人民法院	1❾
	苏州市中级人民法院	1❿
	南通市中级人民法院	1⓫
	江苏省高级人民法院	2⓬
河南法院	郑州市中级人民法院	1⓭
重庆法院	重庆市第一中级人民法院	1⓮
	重庆市第五中级人民法院	1⓯
	重庆市高级人民法院	1⓰

❶ （2009）杭滨知初字第29号。
❷ （2006）金中民三初字第51号。
❸ （2005）杭民三初字第429号，（2006）杭民三初字第131号。
❹ （2006）浙民三终字第260号，（2007）浙民三终字第74号，（2008）浙民三终字第108号，（2012）浙知终字第166号。
❺ （2009）浙温知初字第397号。
❻ （2006）金中民三初字第51号。
❼ （2014）锡滨知民初字第0069号。
❽ （2005）通中民三初字第0004号。
❾ （2015）锡知民终字第0040号。
❿ （2010）苏中知民初字第0312号。
⓫ （2005）通中民三初字第0007号。
⓬ （2005）苏民三终字第0129号，（2011）苏知民终字第0143号。
⓭ （2014）郑知民初字第489号。
⓮ （2002）渝一中法民初字第533号。
⓯ （2010）渝五中法民初字第109号。
⓰ （2011）渝高法民终字第280号。

（续表）

地区分布	法院名称	件数（件）
山东法院	青岛市中级人民法院	1❶
	山东省高级人民法院	1❷

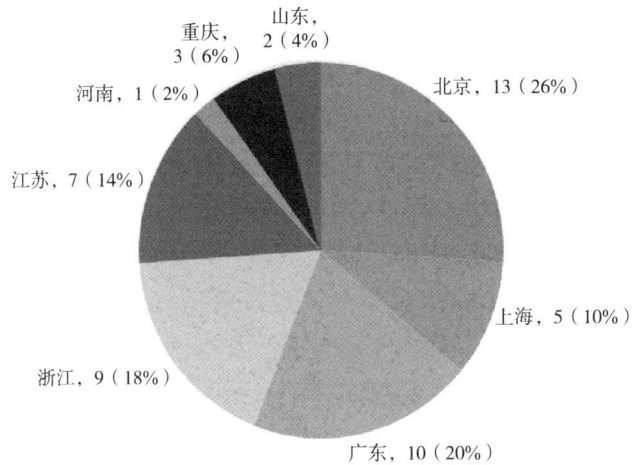

图1　案件发生数量地域分布

当然还有一部分反向混淆案件是发生在商标注册的异议、驳回复审等行政程序中，故而就导致北京地区法院所受理的案件数量明显多于其他地区。

（二）案件审级与时间分布

经统计，反向混淆案件的上诉率约为35.29%，❸ 而同期全国法院知识产权民商事案件的平均上诉率为12.47%（2013年为11.66%，2014年为12.74%，2015年为13.00%）。❹ 主要原因在于：其一反向混淆类案件由于近年才在我国兴起，新类型或重大疑难案件发生的比例较高，多数法院或当事人对其认识尚且不足；其二由于我国商标法中未出现"反

---

❶　（2003）青民三初字第19号。

❷　（2003）鲁民三终字第29号民事调解书。

❸　在笔者收集的51份法院判决中，有18份二审或再审判决书，占案件总数的35.29%。

❹　原始数据来自2013～2015年最高人民法院公布的《中国法院知识产权司保护状况》白皮书，并经笔者整理计算所得。

向混淆"这一语词表达，并且也并未明确反向混淆这一情形构成商标侵权，故而部分法院再该如何判决以及拿捏尺度尚不统一。同时，部分法院的裁判文书说理不够充分、逻辑不够周延或者晦涩难懂，使得案件当事人并不信服审理法院的观点，这也是造成反向混淆类案件上诉率较高的重要原因。

从时间序列上来看，反向混淆类案件一审数量以2002年为起点，到2012年达到峰值8件，随后又逐年下降。如表2所示，二审或再审基本维持在一个相对恒定的数值。

表2 反向混淆案件的审计与时间分布统计

审级/件数	年份	件数	审级/件数	年份	件数
一审/33件	2002	1	二审或再审/18件	2002	0
	2003	2		2003	1
	2004	0		2004	0
	2005	3		2005	1
	2006	3		2006	1
	2007	1		2007	2
	2008	1		2008	1
	2009	3		2009	1
	2010	2		2010	2
	2011	?		2011	3
	2012	8		2012	1
	2013	3		2013	2
	2014	2		2014	0
	2015	0		2015	2

由图2、图3可知，在2008年之前反向混淆类案件还相对较少，年平均发案率为3起左右；但在2008年之后，反向混淆类案件数量明显增多，年平均发案率为4.8起，尤其2012年的案件数量明显高于其他年份。笔者认为，该种情形可能由于2013年《商标法》进行了第三次修改，无论是法院或是当事人对于"新"法的适用与理解尚显不足，故而

希望在改法之前尽快通过"旧"法解决纠纷，以避免日后更多不稳定因素的出现。

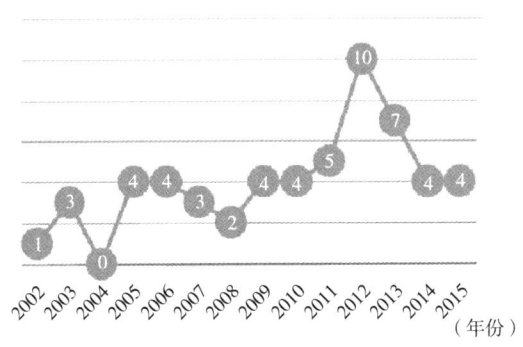

图2　案件增长趋势

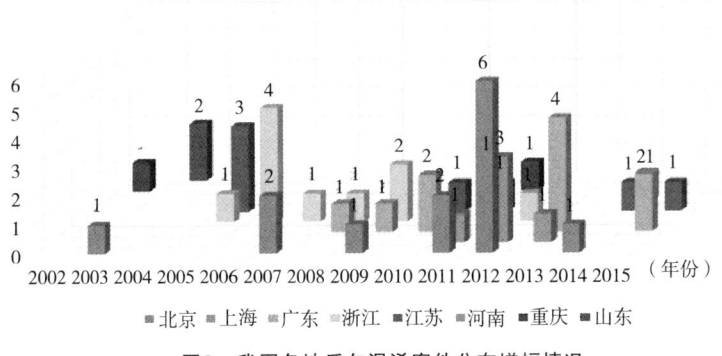

图3　我国各地反向混淆案件分布增幅情况

（三）案件审理结果与赔偿统计

由图4可知，原告的胜诉率是被告胜诉率的3倍多。但值得注意的是，在笔者搜索到的全部4起涉及商标反向混淆的行政案件中，胜诉方均为被告，也即被告胜诉率为100%。如果剔除该几起行政案件的话，在民事纠纷中涉及商标反向混淆类型的案件胜诉率约为85.11%。由此可以看出，大多数法院普遍认为反向混淆是一种侵犯商标权的案件，应当对该行为予以制止。

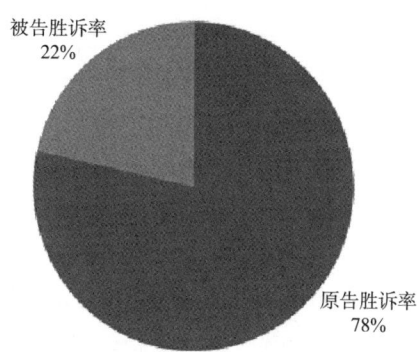

图4 原被告胜诉率

二、民事纠纷中典型反向混淆案例概述（见表3）

表3 民事领域中商标反向混淆类案件基本情况

名称	案号	基本案情
冰点案	（2002）渝一中民初字第533号	重庆必扬企业发展总公司是"冰点"商标的商标权人，其发现被告青岛青啤有限公司未经许可便使用"青啤冰点红茶"作为自己的商标。原告认为被告的行为侵犯其商标专用权，并请求法院要求被告承担停止侵害、消除影响、赔偿损失等民事责任
游龙案	（2003）青民三初字第19号和（2003）鲁民三终字第29号民事调解书	原告海尔公司核定在电话机上拥有"游龙"商标，被告夏薪公司擅自在其生产的手机上使用原告注册的"游龙"商标，作为自己生产手机的商品名称使用。原告认为被告的行为侵犯了自己的商标权，进而请求法院判令被告承担停止侵权、赔礼道歉、赔偿损失等民事责任
永得丽案	（2005）通中民三初字第0007号和（2005）苏民三终字第0129号	原告保赐利公司经受让获得了"永得丽"文字商标，立邦中国公司未经其许可便在自己生产的产品包装、宣传单以及网站上使用"永得丽"文字作为其商标进行宣传。原告认为被告侵犯其商标专用权，诉请法院判令被告停止侵害、赔礼道歉、赔偿损失等

名称	案号	基本案情
蓝色风暴案	（2005）杭民三初字第429号和（2007）浙民三终字第74号	原告蓝野公司注册有"蓝色风暴"商标，被告百事可乐公司未经许可在自己商品"百事可乐"商标标识的两侧上方标记"蓝色风暴"的文字标识。原告认为被告侵犯自己的商标专用权，遂向法院起诉请求被告停止侵害、赔偿损失等
浓浓案	（2006）金中民三初字第51号民事判决书和（2006）浙民三终字第260号	原告注册并获得"浓浓（加拼音）"商标，其发现被告在其生产的浓浓奶香情阿尔卑斯糖果包装上突出使用与原告注册商标一样的"浓浓"二字。原告遂将被告起诉至法院，请求判令被告停止侵害并赔偿损失
G2000案	（2006）杭民三初字第131号和（2008）浙民三终字第108号	原告赵某注册获得"2000"商标，其认为被告纵横公司使用的"G2000"商标侵犯其商标专用权，故请求法院判决被告承担停止侵害、赔偿损失等民事责任
慧之眼案	（2007）海民初字第4917号和（2007）一中民终字第7743号	原告鲍某享有"慧眼"商标，其认为慧之眼公司未经其许可便使用与涉案商标近似的文字"慧之眼"作为企业字号，并用于相同的服务项目中，侵犯其商标权，请求法院判令被告停止侵害并赔偿相应损失
优比速案	（2008）深中法民三初字第119号；二审：（2009）粤高法民三终字第91号；重审一审：（2010）深中法民三重字第1号；重审二审：（2010）粤高法民三终字第511号	原告是深圳一家经营小件物品国内国外速递业务的快递公司，享有"优比速"的注册商标专用权，其认为被告广东优比速公司将"优比速"文字作为自己企业字号，在其快递运单、业务收据发票和货运车门上突出使用，遂向法院提起诉讼请求判令被告立即停止侵权行为、登报赔礼道歉并赔偿原告经济损失

（续表）

名称	案号	基本案情
龙太子案	（2009）杭滨知初字第29号	原告享有"龙太子"商标专用权，其发现太子龙控股与太子龙文化传播以"龙太子"字样做童装商标并在网络、电视、专柜等销售。原告遂向法院提起诉讼，要求被告承担停止侵权、赔礼道歉等民事责任
任我游案	（2009）丰民初字第25278号	原告享有"任我游"商标专用权，其发现被告未经许可在自己生产的GPS车载导航仪使用"任我游"作为标识。原告遂向法院起诉判令被告停止侵害、消除影响、赔偿损失
奥普案	（2010）苏中知民初字第0312号和（2011）苏知民终字第0143号	原告享有"奥普"商标专用权，其发现被告未经许可便使用与其商标近似的"AUPU奥普"作为自己商品的商标。原告遂向法院提起诉讼，请求法院判令被告停止侵害、消除影响、赔偿损失
红盖头案	（2010）渝五中法民初字第109号（2011）渝高法民终字第280号	原告成都市临邛酒集团公司注册并获得"红盖头"，其认为被告杜康酒业公司未经许可以"白水杜康红盖头系列喜酒惊艳上市"等为题目，在其网站上以照片、文字等形式对其生产的白水杜康红盖头酒进行了宣传。原告认为其侵犯了自己的商标专用权，诉请法院判令被告停止侵害、赔偿损失
积分宝贝案	（2011）浦民三（知）初字第415号和（2012）沪一中民五（知）终字第109号	原告为"积分宝贝"注册商标专用人，被告支付宝网络技术有限公司未经许可推出了名为"积（集）分宝"的服务产品，并在其官方网站进行宣传。原告认为被告侵犯了自己的注册商标专用权，请求法院判令被告停止侵害、消除影响并赔偿损失
大众点评案	（2012）徐民三（知）初字第539号和（2013）沪一中民五（知）终字第247号	原告创作并注册取得了第4213221号小人形商标，其认为被告在其经营的场所、大众点评网网站页面、网站管理员ICO头像、互联网移动终端等提供广告服务的商业活动中突出使用了与原告注册商标相近似的小人图形作为服务商标。原告认为被告侵犯其注册商标专用权，并诉请法院判令被告停止侵权、消除影响并赔偿损失

（续表）

名称	案号	基本案情
皇马案	（2013）清中法民三初字第3号和（2013）粤高法民三终字第630号	原告注册并获得"皇马"商标，被告恒大国际足球学校未经许可在招生简章、招生人员T恤上均突出使用了"恒大皇马足球学校"服务标志，恒大地产公司在其项目的策划、筹建、调研、设计、建设、招聘、招生以及宣传中也一直将"恒大皇马足球学校"作为服务名称使用。原告遂提请法院判令被告停止侵害、消除影响并赔偿损失
New Balance案	（2013）穗中法知民初字第547号	原告周某享有注册商标"百伦"和"新百伦"的专用权，其认为美国新平衡运动鞋公司（NEW BALANCE）未经许可长期使用"新百伦"标识销售鞋等商品，侵犯了自己的商标专用权。故原告向法院提起诉讼请求判决被告停止侵害、赔礼道歉并赔偿损失
非诚勿扰案	（2013）深南法知民初字第208号和（2015）深中法知民终字第927号	原告金某申请获得"非诚勿扰"商标专用权，并将其核定在"交友服务、婚姻介绍所"等第45类服务上。其认为江苏卫视的征婚交友类节目《非诚勿扰》侵犯其注册商标专用权，并向法院提起诉讼，请求判令被告停止侵害并赔偿损失
礼享案	（2014）郑知民初字第489号	原告系"礼享"商标的持有人，其核定使用的商品为酒类。其发现被告泸州老窖公司通过网站、宣传手册及在其生产、销售的泸州贡系列产品的容器、外包装等上面，使用了"礼享""新礼享"字样进行酒类产品的宣传、生产、销售等。原告遂提请法院判令被告停止侵害并赔礼道歉
ONE ESSENTIAL案	（2014）锡滨知民初字第0069号和（2015）锡知民终字第0040号	南京巴黎贝丽丝香水有限公司是涉案"ONE"商标的商标权人，其主张克丽丝汀迪奥商业（上海）有限公司等生产销售的密集修护精华面膜的外包装盒及对外宣传中使用的"ONE ESSENTIAL"等侵犯其"ONE"注册商标专用权，请求法院判令被告停止侵害、赔礼道歉并赔偿损失

三、行政程序中的反向混淆（见表4）

表4　行政领域中商标反向混淆类案件基本情况统计

类型	案号	裁判理由
商标异议复审行政诉讼程序中的商标反向混淆	（2014）一中知行初字第1820号	北京一中院以河南双汇投资发展股份有限公司已经大量使用，但处于申请注册阶段的商标会与腾讯公司已注册的引证商标出现反向混淆为由，维持了商评委的异议复审裁定
商标驳回复审行政诉讼程序中的商标反向混淆	（2012）一中知行初字第2008号	法院指出，在申请商标的知名度远高于引证商标的情况下，相关公众基于对申请商标的较强认知，很可能认为使用引证商标的商品或服务系由申请商标所有人提供，此种混淆亦属于《商标法》（2001）第28条规制的混淆，即反向混淆。并强调之所以认为反向混淆亦属于《商标法》第28条所规制的范围，是因为反向混淆同样亦会对引证商标所有人的利益造成损害。在反向混淆情况下，虽然申请商标所有人并未不当利用引证商标所有人的商誉，但应注意的是，商标法所保护的不仅是商标权人已形成的商誉，同时还在一定程度上保护商标权人对该商标的预期利益，即商标法在一定条件下给商标权人预留了一定市场空间，以利于商标权人在相关公众心目中建立商标与商标权人之间的唯一对应关系，从而获得经济利益。在这一预留空间中，他人同样不得使用商标权人的商标，否则将会阻碍商标权人这种唯一对应关系的建立。而在反向混淆情形下，申请商标所有人对商标的使用行为显然已在相关公众心目中建立了申请商标与申请商标所有人的唯一对应关系，引证商标所有人将很难再建立起该商标与其之间的唯一对应关系，因此，这一行为亦造成了对商标权人预期利益的损害，当然应当予以禁止
	（2012）一中知行初字第1638号，（2012）高行终字第1497号	法院裁定认为，由于青岛啤酒公司对申请商标（炫舞激情）进行了广泛使用，使得引证商标（舞激情）权利人在相关服务上使用引证商标时，易使相关公众认为引证商标与青岛啤酒公司有关联，从而造成反向混淆，故青岛啤酒公司认为申请商标与引证商标在相同或类似服务上共存不会造成市场混淆的主张不能成立

（续表）

类型	案号	裁判理由
商标驳回复审行政诉讼程序中的商标反向混淆	（2012）一中知行初字第2714号	法院指出，由于银鹭公司通过长期使用使得申请商标在指定使用的商品上取得一定知名度，若引证商标的权利人在上述类似商品上使用引证商标时，易使相关公众认为引证商标与银鹭公司存在关联，从而造成反向混淆，因此银鹭公司认为申请商标与引证商标在相同或类似商品上共存不会造成市场混淆的主张不能成立

四、司法实践中的反向混淆（见表5、图5）

表5　判决书中对"反向混淆"这一表述的引用

判决书引用"反向混淆"情况	个数/比例
法院在判决书中明确提到"反向混淆"这一用语	14/27.45%
法院在判决书中未提到"反向混淆"这一用语	37/72.55%

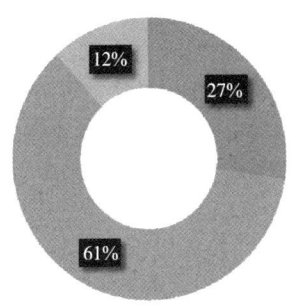

■	直接引用"反向混淆"这一概念
■	回避直接引用，但其实质所述行为即为反向混淆
■	从正向混淆视角出发，不承认反向混淆的概念

图5　司法实践中的反向混淆

　　结合表3与表4的民事、行政案例，笔者发现囿于商标法中并未明确规定反向混淆构成商标侵权，故而法院在对该行为进行表述和法律适用时出现了很大的差异，主要表现为：（1）直接引用"反向混淆"这一概念；（2）回避直接引用，但其实质所述行为即为反向混淆；（3）仅从正向混淆视角出发，不承认反向混淆的概念（如表5和图5所示）。典型案例如下。

（一）直接引用"反向混淆"这一概念

1. 法院支持构成"反向混淆"

（1）"礼享案"。

法院认为，因"泸州"作为白酒行业的驰名商标具有很高的知名度，销售区域和销售量占有白酒市场很大份额，一般消费者都会认为"泸州贡·礼享"白酒产品系泸州老窖公司生产，不会对商品来源误认。但正是因为泸州老窖品牌具有较高的知名度，其旗下"泸州贡·礼享"白酒产品占有市场并获得较高知名度后，会使一般消费者认为"礼享"系泸州老窖公司或其关联企业的注册商标，而不会认为田某是真正的商标权利人，使该商标丧失区别商品来源的功用，形成商标的反向混淆。泸州老窖公司使用他人注册商标的行为，会使商标权利人合法取得的商标失去潜在的市场机会和商业价值，给其产品商誉带来负面影响，故泸州老窖公司使用"礼享"商标的行为侵犯了田某的商标专用权。

（2）"非诚勿扰案"。

二审法院认为，由于被上诉人江苏电视台的知名度及节目的宣传，而使相关公众误以为权利人的注册商标使用与被上诉人产生错误认识及联系，造成反向混淆。❶

2. 法院并不支持构成"反向混淆"

（1）"积分宝贝案"。

一审浦东新区人民法院认为，在我国，商标固有权利源于商标注册行为，故而，对商标固有权利的保护应限定在核准注册的商标标识及核定注册的商品或服务范围内，即只有在相同的商品或服务上使用相同商标的行为才会构成对注册商标固有权利的侵犯。❷

二审上海市第一中级人民法院进一步明确指出，反向混淆与正向混淆不同，它的意义并不主要体现为划清不同商标之间的边界，而是体现为避免注册商标被其他商标的光环所淹没，从而割断该注册商标与商品或服务提供者之间的应有联系。从这个意义上来说，原审法院将损害商

---

❶ （2015）深中法知民终字第927号。

❷ （2011）浦民三（知）初字第415号。

标固有权利作为反向混淆的核心价值来考虑并无不当。本案中，上诉人并没有提供有效的证据证明被上诉人"积（集）分宝"商标已经足以淹没"积分宝贝"商标，即没有有效的证据证明被上诉人商标的强度有多高，也没有有效证据证明相关公众把"积分宝贝"商标反向识别为"积（集）分宝"商标的较大可能性。因此，对上诉人有关反向混淆的主张缺乏事实和法律依据不予支持。❶

（2）"皇马案"。

二审法院认为，反向混淆是指在后商标使用人对商标的使用过程中，通过大量的广告宣传等手段，使之获得了较高的知名度，以至于消费者会误认为在先的商标使用人的商标来源与在后商标使用人或两者之间存在许可等关联关系。反向混淆属于商标侵权的情形之一，须满足侵害商标权的构成要件。如前所述，"恒大皇马足球学校"并非商标性使用，其与上诉人的商标标识既不相同也不相近似，不会使相关公众对上诉人与被上诉人之间发生混淆误认，不构成对上诉人商标权的侵害。不论相关公众是否会对"恒大皇马足球学校"与皇家马德里足球俱乐部之间法律关系发生混淆误认，上诉人并未举证证明恒大足球学校的行为使其自身受到了直接损害。不能简单地以相关公众可能产生上述与上诉人无关的误导性后果而代替上诉人对自身受到损害的证明责任。发展权并非商标法或反不正当竞争法上的一种法定权利，即使作为一种可以受到反不正当竞争法保护的法益，亦应符合不正当竞争的构成要件。上诉人主张恒大足球学校损害其发展权，没有依据。综上，本案不能得出被上诉人恒大足球学校使用"恒大皇马足球学校"名称进行招生宣传的行为构成不正当竞争的结论。❷

（二）回避直接引用，但其实质所述行为即为反向混淆

1. "优比速案"

重审法院认为，由于被告方的实力远超过原告方，对于原告方的经营活动和宣传行为，反而会使得相关公众误认为是被告的行为，原告方

---

❶ （2012）沪一中民五（知）终字第109号。

❷ （2013）粤高法民三终字第630号。

利用其商标扩展经营非常困难，故被告方的上述行为将严重挤压原告方的市场空间，应认定被告的行为构成不正当竞争。❶

2. "奥普案"

二审法院认为，固然与新能源公司的涉案注册商标相比，奥普公司的电器类奥普注册商标具有较高的知名度，消费者将奥普公司生产、许诺销售的被控金属扣板误认为来源于新能源公司的可能性较小，但将新能源公司生产销售的金属扣板误认为来源于奥普公司或认为二者之间存在某种关联的可能性较大。这必然会降低乃至于消灭涉案注册商标在消费者心目中的影响，妨碍新能源公司合法行使涉案注册商标专用权，对其合法利益造成损害。因此，奥普公司和杨某关于其在金属扣板上使用"AUPU奥普"标识不会造成相关公众的混淆误认，其不应当承担侵权责任的主张没有依据，本院不予支持。❷

（三）法院仅从正向混淆视角出发，不承认反向混淆的概念

1. "奥普案"

一审法院认为，本案中，新能源公司对其涉案注册商标是否享有较高知名度，举证不足。考虑以上因素，以消费者的一般注意力判断并进行合理的逻辑推论，将涉案奥普公司生产、杨某销售的被控金属扣板误认为来源于新能源公司和凌普公司的可能性较小。因此，对新能源公司主张以奥普公司在金属扣板产品中所获得的所有利润作为侵权所得赔偿的观点，不予支持。❸

2. "红盖头案"

原告临邛实业公司也未能提交其持续使用该商标生产销售商品的证据，没有证据证明该商标因实际使用取得了较强的显著性。反而"白水杜康红盖头酒"这一商品名称经过杜康酒业公司较大规模的持续性使用，已经具有一定的市场知名度，已形成识别商品的显著含义，应当认为已与原告涉案商标产生整体性区别。加之杜康酒业公司生产的白水

---

❶ （2010）深中法民三重字第1号；（2010）粤高法民三终字第511号。
❷ （2011）苏知民终字第0143号。
❸ （2010）苏中知民初字第0312号。

杜康红盖头酒瓶正面显著标注其"白水杜康"文字、拼音及图形组合商标及"中国驰名商标"字样，酒瓶上还清晰标注杜康酒业公司名称、产地、由被告黄马甲公司进行全国总经销等字样，以一般消费者的注意力标准判断，容易辨别白水杜康红盖头酒的来源，应认为不足以产生混淆或误认。而且由于原告涉案商标尚未实际发挥识别作用，消费者也不会将白水杜康红盖头酒与原告临邛实业公司相联系。❶

五、反向混淆的法律适用

关于对反向混淆类案件的法律适用，不同法院同样存在不同的认识，主要表现为：（1）认为反向混淆仅理论有，法律未规定；（2）适用《商标法》（2001年）第52条第1款认定侵权；（3）适用《商标法》第28条，多集中于商标异议及驳回复审行政程序中；（4）依据《商标法》（2001年）第52条第5款、《商标法实施条例》第50条、《最高人民法院关于审理商标民事纠纷案件适用法律若干问题的解释》第1条第1款以及《最高人民法院关于审理注册商标、企业名称与在先权利冲突的民事纠纷案件若干问题的规定》第4条认定侵权，主要针对商标与商品名称或企业名称等商业标识发生反向混淆（见图6）。典型案例如下。

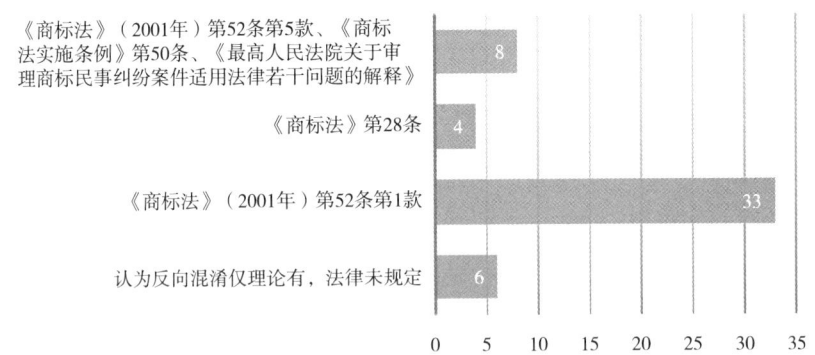

图6　法院对反向混淆类案件法律适用情况

---

❶ （2010）渝五中法民初字第109号，（2011）渝高法民终字第280号。

（一）仅理论有，法律未规定

1．"优比速案"

广东省深圳市中级人民法院祝建军认为，我国商标法及司法解释并未对反向混淆予以规制，鉴于此，应根据商标法的立法精神，通过司法判决的方式，认定被告的行为侵犯原告的注册商标专用权。因为反向混淆一般发生在在先的注册商标权人实力弱小，而在后的商标使用人比较知名，实力雄厚，对消费者而言，其不太可能会认为商标使用人提供的商品或服务来源于注册商标权人，反而可能会误以为注册商标权人提供的商品或服务来源于商标使用人，反向混淆发生。商标法如果不制止反向混淆，就会使知名企业在使用他人的注册商标时毫无顾忌，从而发生弱肉强食的不公平竞争后果，扰乱了正常的社会竞争秩序。将反向混淆作为商标法规制的一种侵权样态，有利于维护公平的市场竞争秩序。❶

2．"双汇案"

法院认为，2001年《商标法》并未就反向混淆进行明确规定，原审法院的相关认定法律依据不足，二审最终也以原判决的最终结论正确为由维持了一审判决。❷

（二）适用《商标法》（2001年）第52条第1款认定侵权

1．"龙太子案"

法院最终依据依照《商标法》第3条，第52条第（1）项、第（2）项，《商标法实施条例》第3条，《最高人民法院关于审理商标民事纠纷案件适用法律若干问题的解释》第9条、第10条、第11条、第12条、第21条之规定做出判决。❸

2．"New Balance案"

一审法院最终依据《中华人民共和国商标法》（2001年修订）第52条第（1）项、第56条第1款，《中华人民共和国商标法实施条例》（2002年施行）第3条作出判决。❹

---

❶ 祝建军："反向混淆侵权的认定"，载《人民司法》2011年第24期。

❷ （2014）高行（知）终字第2363号。

❸ （2009）杭滨知初字第29号。

❹ （2013）穗中法知民初字第547号。

　　（三）适用《商标法》第28条，多集中于商标异议及驳回复审行政程序中

　　在前述河南双汇投资发展股份有限公司与商评委商标异议复审行政纠纷❶以及耐克国际有限公司❷、青岛啤酒股份有限公司❸、厦门银鹭食品集团有限公司与商评委商标驳回复审行政纠纷❹等案中，法院均是依据《商标法》（2001年）第28条规制申请注册商标与引证商标之间的反向混淆问题。

　　（四）依据《商标法》（2001年）第52条第5款、《商标法实施条例》第50条、《最高人民法院关于审理商标民事纠纷案件适用法律若干问题的解释》第1条第1款以及《最高人民法院关于审理注册商标、企业名称与在先权利冲突的民事纠纷案件若干问题的规定》第4条认定侵权，主要针对商标与商品名称或企业名称等商业标识发生反向混淆

　　1. "冰点案"

　　审理"冰点"案的重庆市第一中级人民法院法官杨光明认为，我国商标法并无关于"反向混淆"的明确规定，但《商标法》第52条第（5）项和《商标法实施条例》第50条的规定实际上包含了正向和反向混淆两种情况。所指的引起相关公众误认的情况实际上就是指造成混淆。因此在司法实践中可以依据《商标法》及其实施条例对反向混淆予以禁止，判定"反向混淆"的侵权者也要承担法律责任❺。

　　2. "游龙案"

　　法院认为，依照《商标法实施条例》第50条的规定，在同一种或者类似商品上，将与他人注册商标相同或者近似的标志作为商品名称或者商品装潢使用，误导公众的，该行为构成对商标专有使用权的侵犯。根据上述法律规定，判断两被告是否侵犯原告商标专有使用权应解决下列问题：（1）海尔公司注册商标核准使用的商品类别与两被告销售的手机

---

❶　（2014）一中知行初字第1820号。

❷　（2012）一中知行初字第2008号。

❸　（2012）一中知行初字第1638号，二审：（2012）高行终字第1497号。

❹　（2012）一中知行初字第2714号。

❺　《重庆必扬冰点水有限公司诉青岛青啤朝日饮品有限公司商标侵权案》，载http://sifaku.com/falvanjian/10/zad0b19f359a.html，2016年5月16日访问。

是否为同一种或者类似商品；（2）两被告的该行为是否误导公众。法院最终也是依据《商标法》第52条第（5）项和《商标法实施条例》第50条第（1）项作出裁判。❶

3．"优比速案"

法院认为，本案中由于被告方的实力远超过原告方，对于原告方的经营活动和宣传行为，反而会使得相关公众误认为是被告的行为，原告方利用其商标扩展经营非常困难，故被告方的上述行为将严重挤压原告方的市场空间，应认定被告的行为构成不正当竞争。❷ 故而其根据最高人民法院《关于审理商标民事纠纷案件适用法律若干问题的解释》第1条第（1）项、《关于审理注册商标、企业名称与在先权利冲突的民事纠纷案件若干问题的规定》第4条作出判决。❸

六、反向混淆的侵权认定标准

（一）商品或服务相似性

1．"冰点案"

审理本案的重庆市第一中级人民法院认为，根据《最高人民法院关于审理商标民事纠纷案件适用法律若干问题的解释》第12条的规定，认定商品是否类似，应当以相关公众对商品的一般认识综合判断，《商标注册用商品和服务国际分类表》和《类似商品和服务区分表》可以作为判断类似商品的参考。首先，由于相关公众一般认为水和茶在主要功能和用途以及销售渠道等方面基本相同，如水和茶一般都是用来解渴的，在市场上也一般都摆放在同一货架上销售等，故根据《最高人民法院关于审理商标民事纠纷案件适用法律若干问题的解释》第11条第1款的规定，原告的"冰点水"与被告的"青啤冰点红茶"应属类似商品。其次，原告注册商标时核定使用的商品范围第32类涵盖了被告"青啤冰点红

---

❶ （2003）青民三初字第19号。

❷ （2010）深中法民三重字第1号。

❸ （2007）海民初字第4917号民事判决书，（2010）深中法民三重字第1号。

茶"所属的茶饮料，虽然2002年1月1日开始实施的第八版《商标注册用商品和服务国际分类》（尼斯分类）将茶饮料由原来的第32类调整到第30类，但是并不能影响原告"冰点"注册商标此前已经在茶饮料商品上取得的专用权保护。❶

2. "游龙案"

青岛市中级人民法院首先认定，两被告未将"游龙"文字作为其所生产、销售的手机的商标使用，而是将"厦新"或"Amoisonic"作为商标使用，"游龙"应被认定为是该型号手机的商品名称。其次法院在比较两者商品是否属于同一类时认为，厦新公司使用"游龙"作为其生产手机的商品名称，而海尔公司注册的"游龙"商标被核准使用的商品类别包括电话机等十类，其中电话机与手机最为相似。判断电话机与手机是否构成商标法意义上的类似商品，应当根据两种商品的功能、用途、生产部门、销售渠道、消费对象或者相关公众的一般认识综合判定。电话机属于《类似商品和服务区分表》中规定的第九类中通信导航设备类，手机作为移动无线电话应当属于该通信导航设备类中的成套无线电话。两者的功能用途均为通信，其生产部门均为通信设备制造商，从被告网页上可以看出，被告也同时生产手机与电话机。两者在生产销售渠道也未有任何不同，都以面向消费者销售、以消费者使用为最终目的。在移动电话日益普及的当今时代，两者的消费对象也为具有通信意图的普通消费者，消费群体没有任何职业或身份的区别。综上，根据对两种商品有关特点的分析本院认为，手机与电话机为类似商品。❷

3. "蓝色风暴案"

在涉案二者的商品是否相同的问题上，法院认为蓝野酒业公司的"蓝色风暴"注册商标核准使用的商品为第32类：包括麦芽啤酒、水（饮料）、可乐等，虽然蓝野酒业公司只是在啤酒上实际使用了"蓝色风暴"注册商标，但根据《商标法》第3条的规定，经我国商标局核准注册的商标为注册商标，商标注册人享有商标专用权，受法律保护。蓝野酒

---

❶ （2002）渝一中法民初字第533号。

❷ （2003）青民三初字。

业公司是否在核准使用的可乐产品中实际使用了"蓝色风暴"商标，并不影响其商标专用权的行使。两者相对比，百事可乐公司使用"蓝色风暴"商标的"可乐"与蓝野酒业公司核准使用的商品"可乐"，构成商品相同。❶

4. "龙太子案"

在判断涉案二者商品是否构成相同或类似时，法院认为，成都市武侯区龙太子服装店龙太子注册商标核准使用的商品为第25类：包括婴儿服装、游泳衣、领带、围巾等，虽然尚无证据证明其在婴儿服装上实际使用了该注册商标，但经商标局核准注册的商标为注册商标，商标注册人享有商标专用权，受法律保护。成都市武侯区龙太子服装店是否在核准使用的婴儿服装中实际使用了"龙太子"商标，并不影响其商标专用权的行使。本案诉争的两被告使用龙太子商标的商品"童装"与成都市武侯区龙太子服装店核准使用的商品"婴儿服装"，根据国家商标局《类似商品和服务区分表》的规定"童装与2502商品类似"，而2502商品即为婴儿纺织用品；同时，从商品功能、用途、生产部门、销售渠道、消费对象等方面看，作为相关消费者，一般认为童装和婴儿服装没有明显差别并存在特定联系，故童装和婴儿服装应构成商品类似。❷

5. "任我游案"

在关于网络通信设备与车辆用导航仪器是否属于相同或者类似商品的问题上。法院认为，原告将其商标使用在非核定使用的车辆用导航仪器产品上，属于超过核定使用的商品范围使用注册商标。鉴于原告商标的显著性不强、知名度不高，对其专用权的保护不应延及非核定使用的商品范围。而且在原告未规范使用注册商标的情况下，即便相关公众产生反向混淆，即相关公众误认为原告的商品与被告知名度较高的商品存在关联关系或者来源于被告，责任也在原告自己。换言之，法院在此认为原告由于自身原因对商标的使用超过了核准的范围，那么即便构成反向混淆也不应予以保护。❸

---

❶ （2005）杭民三初字第429号；（2007）浙民三终字第74号。

❷ （2009）杭滨知初字第29号。

❸ （2009）丰民初字第25278号。

6. "积分宝贝案"

一审法院在判断涉案被控服务是否构成相同或类似服务时认为，首先，相同或类似服务的认定，应当以原告注册商标所核准的服务为基准，而非原告所实际从事的服务。不能仅因原告实际从事的服务与"积分"相关，就认定"积（集）分宝"服务构成相同或类似服务；其次，相同或类似服务的认定，应根据服务的具体情况，结合服务目的、内容、方式、功能等因素，进行判断。本案中，诉争的原、被告实际从事的服务都与"积分"有一定关系，但"积分"并不是一种商标法意义上的服务类别，与"积分"有关的具体服务内容多样，性质、目的也不尽相同；再次，从两者的服务对象、相关市场情况及相关公众对诉争服务的一般认识来看也都并不相同；最后，相同或类似服务的认定，应根据被控商标的实际使用情况而非被控商标的申请注册情况进行判断。本案中，被告的关联公司至少在七大类商品或服务上申请了商标注册，其中某类上的申请行为不能作为认定服务相同或类似的依据。故而法院认定，"积（集）分宝"所标识的服务与原告注册商标所核定的服务，在目的、内容、方式、功能、对象、市场定位等方面均不相同，且原告注册商标的知名度不高，相关公众不会误认为两服务存在联系，产生混淆。因此，"积（集）分宝"所标识的服务不构成相同或类似服务。❶

7. "大众点评案"

在判断涉案二者所指向的服务是否相同时，法院认为，大众点评网是一个独立第三方消费点评网站并为网友提供餐饮、购物、休闲娱乐及生活服务等领域的商户信息、消费优惠以及发布消费评价的互动平台。同时，大众点评网亦为中小商户提供一站式精准营销解决方案，包括团购、电子优惠券、关键词搜索推广、签到推广等。大众点评网提供的团购属于高效的短期营销工具，可以在短期内迅速提高知名度和客流量、有效锁定目标客户，提升回头率、迅速积累口碑；电子优惠券能够精确传递优惠、持续刺激消费，具有受众面广、传播针对性强、方便快捷引导消费和低成本的特点；关键词搜索推广可以让目标消费者首先看到商

---

❶ （2011）浦民三（知）初字第415号，（2012）沪一中民五（知）终字第109号。

户，可以让商户在竞争中脱颖而出，大幅提升曝光度；签到推广活动，可以让商户的顾客主动帮商户打广告；城市通是商户专属的营销分析管理系统，页面中有商户信息的个性化展示，及时与消费者互动沟通，具有强大的客户数据分析能力和市场数据分析能力。由此可见，某某公司虽然未向普通消费者、注册会员及收录的普通商户收取费用，但其提供关键词搜索推广、签到推广等服务时会向合作商户收取一定的信息费，为合作商户进行优先或特别的宣传及推广；团购和优惠券则直接向消费者介绍特定商户提供的服务的内容和价格，符合商业广告的一般特征。因此，本院认定，大众点评网存在向相关公众提供广告服务的行为，与原告商标核定使用的服务项目中的广告构成相同服务。❶

8．"New Balance案"

广州市中级人民法院认为，被告与原告所经营的商品类似。因为第865609号"百伦"注册商标及第4100879号"新百伦"商标的核准使用范围包括"鞋（脚上的穿着物）"，且原告的注册商标亦已被使用在鞋类产品上，而被告新百伦公司亦将"新百伦"用于其运动鞋产品，两者属于类似产品。❷

广东省高级人民法院在二审时认为，周某请求保护其享有的第865609号"百伦"、第4100879号"新百伦"注册商标，该两商标核定使用的商品均包括"鞋"，且周某已将该两商标实际使用在鞋类产品上，而新百伦公司亦在销售或者广告宣传其运动鞋产品时商标性使用了"新百伦"标识，因此新百伦公司被诉侵权商品与周某涉案注册商标核定使用的商品均属于《类似商品和服务区分表》中第25类中第2507类似群的商品，两者属于相同商品，原审法院认定两者属于类似商品，属认定不当，本院予以纠正。❸

9．"非诚勿扰案"

在关于两者是否属于相同或者近似服务问题上，法院认为，在本案中金某"非诚勿扰"核定服务项目为第45类，包括"交友服务、婚姻

---

❶ （2012）徐民三（知）初字第539号。

❷ （2013）穗中法知民初字第547号。

❸ （2015）粤高法民三终字第444号。

介绍所"等。江苏电视台的《非诚勿扰》为相亲、交友节目。所以，江苏电视台的《非诚勿扰》节目，从服务的目的、内容、方式、对象等判定，其均是提供征婚、相亲、交友的服务，与上诉人第7199523号"非诚勿扰"商标注册证上核定的服务项目"交友、婚姻介绍"相同。❶

（二）商标相似性

1. "蓝色风暴案"

二审法院认定涉案两商标构成近似，首先，蓝野酒业公司注册的是"蓝色风暴"文字、拼音、图形组合商标，其显著部分是文字，与百事可乐公司使用的"蓝色风暴"商标相比，两者的字形、读音、含义相同。其次，百事可乐公司使用"蓝色风暴"商标的行为，已经使相关公众对"蓝色风暴"产品的来源产生误认。再次，是否会使相关公众对商品的来源产生误认或混淆的判断，不仅包括现实的误认，也包括误认的可能性；不仅包括相关公众误认为后商标使用人的产品来源于在先注册的商标专用权人；也包括相关公众误认在先注册的商标专用权人的产品来源于后商标使用人。本案中，百事可乐公司使用的"蓝色风暴"商标与蓝野酒业公司的"蓝色风暴"注册商标已然构成近似。❷

2. "G2000案"

一审和二审法院认为，首先对于两商标所核定使用的产品类别问题，因北京市高级人民法院已在（2005）高行终字第350号判决中认定上述两商标所核定使用的产品不属于类似产品，故法院便直接作为判决依据。其次，在认定商标相同或相近似时法院是按照以下原则进行：（1）以相关公众一般注意力为标准；（2）既要进行对商标的整体比对，又要进行对商标主要部分的比对，比对应当在比对对象隔离的状态下分别进行；（3）判断商标是否近似，应当考虑请求保护注册商标的显著性和知名度。首先，赵某拥有的第1094814号"2000"注册商标的显著部分是阿拉伯数字"2000"，与"G2000"商标相比，两者均包含有阿拉伯数字"2000"，且均为主要部分，因此，虽然后者多了一个字

---

❶　（2013）深南法知民初字第208号，（2015）深中法知民终字第927号。
❷　（2005）杭民三初字第429号，（2007）浙民三终字第74号。

母"G"，但两者整体视觉效果仍属近似；其次，从读音上来看，两者呼叫主要均体现为"2000"，显然在读音上亦属于近似；再次，根据已经生效的北京市高级人民法院（2005）高行终字第350号判决所认定的事实，纵横公司确认两者属于近似商标。可见，"G2000"商标与赵华的商标"2000"相比较，两者无论是字形、读音还是其各要素组合后的整体结构均构成了近似，易使相关公众对产品的来源产生误认或者认为其来源与赵华注册商标的产品有特定的联系，故应当认定"G2000"商标与赵华的第1094814号"2000"注册商标属于近似商标。❶

3．"龙太子案"

在判断涉案二者商标是否构成相同或类似时，法院认为，本案中两被告在童装合格证上使用的商标为楷体简化字，成都市武侯区龙太子服装店的注册商标为行草繁体字，两者的读音、含义相同，虽然存在繁体和简体的字体区别，以及外观排列略有不同，但整体构成依然相似，易使相关公众对龙太子商品的来源产生误认，故应为近似商标。❷

4．"任我游案"

在涉案两商标是否构成相似的问题上。法院认为，从两商标的构成要素而言，两者均以汉字作为商标的核心部分，且首字与尾字相同，文字的字形、读音、含义及文字组合后的整体结构相似。因此，两者商标标识构成近似。但在判断商标近似时，还应从动态角度考虑相关公众是否会产生混淆、误认。这就需要以相关公众的一般注意力为标准，同时还应当考虑请求保护的注册商标的显著性和知名度。❸

5．"奥普案"

法院认为，在本案中奥普公司在金属扣板产品上显著标注了"AUPU奥普"标识，与涉案注册商标相比，其中的汉字"奥普"完全相同，英文字母"AUPU"与涉案注册商标中的"Aopu"仅一个字母之差，从商标呼叫功能判断，均为"奥普"，读音相同；从字形来看，"AUPU奥普"与"Aopu"两者应属于近似，以一般消费者的注意力往往容易

---

❶ （2006）杭民三初字第131号，（2008）浙民三终字第108号。

❷ （2009）杭滨知初字第29号。

❸ （2009）丰民初字第25278号。

造成混淆和误认，故杨某和奥普公司在金属扣板商品上使用"AUPU奥普®"商标标识的行为构成对新能源公司涉案注册商标专用权的侵犯。❶

6．"积分宝贝案"

一审法院在判断被控商标是否构成近似商标时认为，原告的注册商标由卡通图案、汉字、英文域名共同组成，且卡通图形和汉字部分均占整个商标的较大面积，而"积分宝"商标仅由3个汉字组成，整体上不构成近似。❷

7．"大众点评案"

在判断涉案商标是否相同或近似时，法院认为，标识的主体结构为竖直站立的平面小人图形，头部为地球，上肢和下肢均为标准等长的半个圆圈，上肢和下肢紧密结合。原告标识的主体结构为向左倾斜、右脚离地的橙色小人图形，头部为实心的小球，上肢为半个圆圈，下肢为半径更大的半个圆圈，且下肢较上肢更为粗壮。左脚接地的阴影显示其为立体造型。经比对，原告主张的商标与被控侵权标识并不相同。关于原告与被告标识是否构成近似，本院认为，两者亦不构成近似，理由如下：（1）使用部分浏览器浏览大众点评网网页时，浏览器地址栏内的网址前有被告某某公司自行制作的一个橙底白色的小人形ICO图标，但该图标是与www.dianping.com等网址结合使用，相关公众不会产生混淆和误认，况且ICO图标本身即为小型图标，无法容纳完整的原告商标。被告某某公司使用橙底白色的小人形ICO图标虽与注册商标中小人图形指定的橙色不同，但并不构成相关公众的混淆或误认；（2）被告某某公司在绝大部分的网页信息和图片中使用的商标，部分团购信息存在单独使用标识的行为，但并未与其他完整使用商标的相关信息分离，整体上不属于突出使用；（3）用户头像及大众点评微博头像上单独使用标识亦受制于用户头像的空间有限，难以用加上中文文字和网址的注册商标替代；（4）大众点评网的互联网移动客户端图标虽然为橙底白色的，但图标下配有"大众点评"的字样，相关公众看到此类图标，结合

---

❶ （2010）苏中知民初字第0312号。

❷ （2011）浦民三（知）初字第415号，（2012）沪一中民五（知）终字第109号。

文字说明，不会与原告的商标产生混淆或误认；（5）依据本案查明的事实，头部为小球型，四肢为半个圆圈的小人图形结构较为简单，不同表达的演绎空间较小且案外人亦在不同类别的商品或服务上注册了其他类似商标，小人图形的固有显著性较弱，但被告某某公司及大众点评网通过长期经营取得了较大的商业成就，获得了众多行业内外的褒奖和荣誉，被告商标图形的知名度远远大于原告刘某注册的商标，相关公众已将被告图形与大众点评网建立了固定而持续的联系，对原告商标和被告图形的区别有着清晰的认知和判断，而附加了中文文字和网址的标识与原告商标的区别则更为明显；（6）从图形的使用时间来看，原告图形虽然以美术作品的形式进行了著作权登记，刘某在著作权登记申请表中填写该作品创作完成于2003年10月1日，但并未提供其他证据佐证；而相关网站的记录显示被告商标最迟于2004年5月在线使用，早于原告商标的申请注册时间及核准注册时间，被告主观上无依附原告商标的可能和故意。❶

8．"New Balance案"

两审法院均认为，原告"百伦"及"新百伦"商标在文字上均无通用含义，属臆造性词组，被告新百伦公司使用的"新百伦"表示与原告的"百伦"注册商标相似，更与原告的"新百伦"注册商标相同，进而认定原被告之间的商标构成相似。❷

9．"ONE ESSENTIAL案"

无锡巾中级人民法院通过对商标进行比对后认为，从商标构成要素的比对情况来看，"ONE ESSENTIAL""红色一号"标识与"ONE"注册商标之间不构成近似。一方面，商标发挥区分来源的作用是基于相关公众对该商标的整体视觉，而非商标的个别构成要素，故应将"ONE ESSENTIAL"标识整体与"ONE"商标进行比对，两者在文字组成、排列、含义以及字体上均存在明显区别，不构成近似；另一方面，"ONE ESSENTIAL"标识包含"ONE""ESSENTIAL"两部分，虽然"ONE

---

❶　（2012）徐民三（知）初字第539号。

❷　（2013）穗中法知民初字第547号，（2015）粤高法民三终字第444号。

ESSENTIAL"标识中的"ONE"与注册商标"ONE"为相同的字母，但二者字体不同，且"ONE ESSENTIAL"标识中的"ONE"也并非对被诉侵权商品来源起主要识别作用；因此无法认定"ONE ESSENTIAL"标识与"ONE"注册商标构成近似。关于"红色一号"标识与"ONE"商标，二者不论在整体或商标主要部分方面，文字、发音、字体等均存在明显不同。虽然被控侵权商品与"ONE"注册商标的核定使用商品为类似商品，但相关公众不会对二者的来源产生混淆或误认，综合考虑"ONE"注册商标与被控侵权"ONE ESSENTIAL""红色一号"标识的文字组成、排列、含义以及"ONE"注册商标的显著性程度和知名度、实际使用情况等因素，"ONE"注册商标与"ONE ESSENTIAL""红色一号"标识不构成近似。❶

10．"非诚勿扰案"

法院认为，原告的文字商标"非诚勿扰"与被告江苏台电视节目的名称"非诚勿扰"是相同的，因此两者的商标也是相同的。❷

（三）主观意图

1．"游龙案"

法院认为，被告在收到原告法律函后依然实施该侵权行为，主观过错程度较大因此在判决赔偿损失上予以考虑该因素。

2．"蓝色风暴案"

一审法院认为百事可乐公司的商标相较于"蓝色风暴"标志更加醒目，主观上没有利用"蓝色风暴"牟取不正当利益、误导公众的意图。二审法院则认为商标侵权不要求侵权人主观过错，百事可乐公司构成侵权。❸

3．"优比速案"

在本案中，法官认为，被告方与原告方的经营住所地均在珠江三角洲地区，被告方的经营业务与原告方的经营业务相同，因此，被告方与原告方存在同业竞争关系。原告方优比速＋ues＋图商标核定使用的服

---

❶ （2014）锡滨知民初字第0069号，（2015）锡知民终字第0040号。
❷ （2013）深南法知民初字第208号，（2015）深中法知民终字第927号。
❸ （2005）杭民三初字第429号，（2007）浙民三终字第74号。

务项目为第39类，包括运输、包裹投递等。原告方随后在其营运的快运车、工作人员名片、快递单、广告宣传上使用了"优比速ues"商标或"优比速"标识。通过上述使用行为，原告方已在其优比速＋ues＋图商标上建立起了商誉。被告广东优比速公司成立时间晚于原告注册商标核准日，因此，原告方对涉案注册商标享有在先权利。同时，原告方亦将"优比速"登记为自己的商号并在商业活动中使用，因原告方的该行为在先，因此，原告对其登记的"优比速"商号亦享有在先权利。2002年12月26日，中外运空运发展有限公司华南分公司美国联合包裹部（合同代表人杨某）与原告深圳优比速公司（合同代表人黄某）签订了代理服务协议。从该事实来看，被告方明知或应知原告方已通过在先的"优比速ues"商标之使用建立起了商誉，但被告方在后仍将"优比速"登记为自己的商号，并在商业活动中使用，这表明被告方在主观上存在明显的侵权恶意。❶

4．"红盖头案"

由于被告杜康酒业公司开发"白水杜康红盖头酒"的目的就是开发婚宴市场，在其使用的商品名称中含有"红盖头"文字有一定的合理性；从杜康酒业公司实际使用在其产品的瓶贴及外包装上的"白水杜康红盖头酒"商品名称的情况来看，被告杜康酒业公司主观上不具有造成与原告临邛实业公司的涉案注册商标相混淆的不正当意图。❷

（四）商标性使用

1．"蓝色风暴案"

一审法院认为，百事可乐公司在产品瓶贴和瓶盖上均使用了"蓝色风暴"标识，但"蓝色风暴"标识是与促销主题与蓝色基色、百事可乐商标、促销活动规则等其他要素同时使用，其目的在于通过"蓝色风暴"标识的标注来表示商品的某种个性或者意境特征，从而吸引更多的消费者。纵观百事可乐公司多年来的营销策略，其以不间断的方式，以各种不同的主题形成不同的营销口号来积极推动产品的市场销量，

---

❶ （2010）深中法民三重字第1号。

❷ （2010）渝五中法民初字第109号，（2011）渝高法民终字第280号。

如"全能挑战，百事群星""世界足球相扑赛""百事超级星阵营""百事群英会""百事节奏狂飙""突破渴望群星汇"到2005年的"蓝色风暴"。作为"百事可乐"产品的相关公众，已经了解或习惯该公司的此种营销方式，相关公众也会顺应已经形成的思维习惯，按照惯例将其视为一种宣传口号或装潢。同时，由于百事可乐商标的巨大驰名程度以及突出的显著特征，百事可乐公司在使用"蓝色风暴"标识的同时已将百事可乐商标在商品醒目位置突出使用，并在促销规则中也明确标注着"蓝色风暴"系指促销活动，这些已足以使消费者区分商品来源，即消费者会以百事可乐商标作为区别百事可乐公司产品与其他产品，已不需要"蓝色风暴"标识来区分其商品来源。因此，"蓝色风暴"在百事可乐商品上的使用不能起到区分商品来源的作用，并不属于商品商标使用，其应属于为识别与美化而在商品和包装上附加的文字，即为商品包装装潢。❶

二审法院在修正一审法院观点的同时指出，百事可乐公司不仅将"蓝色风暴"商标用于宣传海报、货架、堆头等广告载体上，还在其生产的可乐产品的容器包装上直接标注"蓝色风暴"商标，百事可乐公司的上述行为，明显属于商标的使用行为。❷

2．"G2000案"

二审法院认为，根据《商标法实施条例》第3条"商标法和本条例所称商标的使用，包括将商标用于产品、产品包装或者容器以及产品交易文书上，或者将商标用于广告宣传、展览以及其他商业活动中"之规定，本案被诉侵权产品及其包装上使用"G2000"商标标识或被控侵权产品、包装上单独使用"G2000"商标标识，均属于商标法上的商标使用。❸

3．"龙太子案"

法院认为，在本案中，两被告生产的童装上有三张吊牌，吊牌中的龙太子漫画系列、龙太子性格属性、产品营销理念阐释中涉及的龙太子

---

❶ （2005）杭民三初字第429号。

❷ （2007）浙民三终字第74号。

❸ （2008）浙民三终字第108号。

文字，系与龙太子卡通形象等要素的配合使用，通过展示《龙脉传奇》中的龙太子角色的卡通形象并介绍其性格属性、喜好、随身法宝等，并结合系列漫画，使龙太子角色形象更符合儿童群体的心理需求，传递出某种积极向上、个性时尚的理念，更易于为相关公众所接受。相关公众看到以上龙太子文字，应该知晓其系基于龙太子卡通角色的描述性使用，将其视为一种营销方式。如果仅限于以上使用方式并不能起到区分商品来源的作用，应为合理使用行为，而不是商标使用。但是，吊牌之一的合格证上标示有"品牌TRADEMARK"文字，这里的品牌，应指在某个行业中具有一定美誉度和知名度的商标，不仅反映了品牌下的商品或服务来源，而且包含其承载的文化或价值观，可见商标是品牌的应有之义；"TRADEMARK"即为"商标"。作为相关消费者，看到有该合格证标识的童装即自然产生其商标为"龙太子"的联想，将该童装与其生产者产生了特定联系。两被告将其生产的童装投入市场销售，商场开具的发票上也明确商品名称为"龙太子童装"或"龙太子服装"，可见龙太子标识已经在消费者、经营者心中产生深刻印象，龙太子已经成为区别于同类或其他产品的一个特征表示，这些已足以使相关公众区分商品来源，即龙太子区别商品来源的功能已经得到充分彰显。因此，两被告在产品吊牌的合格证上使用标识，并宣传销售，已经使龙太子事实上成为一种商标，应属于商标使用行为。❶

4．"奥普案"

法院认为，被控侵权金属扣板的保护覆膜通体印制有"AUPU奥普®"，该标识虽由奥普公司在产品包装中另行加贴半透明塑料条覆盖，但依然可辨别，且产品上还有未覆盖的"AUPU奥普®"标识清晰可见。奥普公司在被控侵权产品上标注"AUPU奥普®"的行为，应当视为商标使用。❷

5．"New Balance案"

法院认为，首先被告新百伦公司在其"天猫"旗舰店及"京东商城"

---

❶ （2009）杭滨知初字第29号。

❷ （2010）苏中知民初字第0312号，（2011）苏知民终字第0143号。

旗舰店上销售商品时在商品图片下方的文字介绍中使用"新百伦"字样属于商标性使用；其次被告新百伦公司的分公司销售鞋类产品时，在销售小票中使用"新百伦"字样属于商标性使用；最后被告新百伦公司在其官方网站、新浪微博、宣传手册及视频广告中宣传商品时使用了"新百伦"字样也属于商标性使用。❶

6．"礼享案"

法院认为，被控侵权产品"泸州贡·礼享"白酒使用了泸州贡、泸州两种商标，其中泸州贡占据外包装正面的主要部分，"新礼享"三字使用在包装盒下方，镶嵌于一幅烫金插图之间，从字体的大小、颜色对比、使用位置等方面比较，"新礼享"确实明显没有"泸州贡"，"泸州"两个商标醒目。尽管如此，并不能否认泸州老窖公司、柒泉公司在商品的外包装之上使用"礼享"标识具有区分商品来源的作用，仍属于将"礼享"文字作为商标使用的行为。❷

7．"非诚勿扰案"

法院认为，"非诚勿扰"既是被告江苏台电视节目的名称，也是一种商标，一种服务商标。如果仅仅将"非诚勿扰"定性为节目名称，而不承认其具有标识服务来源的功能，与大量节目名称注册为商标（包括被告江苏电视台也将电视节目名称注册为商标）的客观事实不相符，与被告江苏电视台在该电视节目中反复突出使用"非诚勿扰"并且进行广告招商等客观事实不相符。因此，被告江苏电视台使用"非诚勿扰"是商标性使用。❸

（五）商标显著性

1．"浓浓案"

法院认为，被告所有的"阿尔卑斯"商标在涉案包装中具有显著性。❹

---

❶ （2013）穗中法知民初字第547号。

❷ （2014）郑知民初字第489号。

❸ （2013）深南法知民初字第208号。

❹ （2006）金中民三初字第51号。

2．"游龙案"

法院认为，商标持有人海尔公司尚未将其注册商标"游龙"在电话机上进行使用，因此海尔"游龙"商标目前尚未被相关公众所知晓。而两被告将"游龙"作为手机的商品名称进行广泛使用，在手机行业和消费群体有了一定知名度，相关公众在看到"游龙"时，会将该名称与厦新公司生产的手机相联系，认为"游龙"是厦新公司手机所独有的商品名称。作为区分商品或服务提供者的商业标识，商标应当具备显著性的特点，两被告的该使用行为使得"游龙"作为商标的显著性明显降低，原告海尔公司将"游龙"商标用于其生产的电话机产品上的目的已经难以实现，应当认为海尔公司的商标专用权受到侵害。❶

3．"任我游案"

法院认为，在判断商标近似时，还应从动态角度考虑相关公众是否会产生混淆、误认。这就需要以相关公众的一般注意力为标准，同时还应当考虑请求保护的注册商标的显著性和知名度。由于"任意游"一词有随心所欲活动的暗示性涵义，本身是通用词汇，故原告在车辆用导航仪器上使用该商标时缺乏显著性。此外，从目前证据来看，原告未通过实际使用和宣传使"任我游"商标获得一定知名度，而被告的商标则具有一定知名度，相关公众并不会将"任意游"与原告及其产品联系起来，进而也不会将被告的产品误认为与原告存在关联关系或者来源于原告。❷

4．"红盖头案"

法院认为，原告的图形注册商标是文字与图形的组合商标，"红盖头"是文字商标。两个商标中的文字"红盖头"是指中国传统婚礼上新娘头上所蒙的大红绸缎，是代表婚礼喜庆装饰的通用词汇，不是臆造词语，作为商标其固有的显著性不强。原告临邛实业公司也未能提交其持续使用该商标生产销售商品的证据，没有证据证明该商标因实际使用取得了较强的显著性。❸

---

❶ （2003）青民三初字第19号。

❷ （2009）丰民初字第25278号。

❸ （2010）渝五中法民初字第109号，（2011）渝高法民终字第280号。

5. "积分宝贝案"

法院认为，从商标显著性来看，原告商标与被控侵权商标构成近似的汉字部分——"积分宝贝"，由两个非臆造词组成。其中，"宝贝"有"珍贵的东西"之意。"积分"是当前常见的一种商业模式，即用户通过某些消费行为获得一定分值的奖励，并可根据分值的多少获得相应的礼品或其他服务。"积分"二字直接表示了服务的内容和特点。可见，原告商标标识与被控商标标识构成近似的汉字部分——"积分宝贝"，本身的显著性程度并不高，亦未通过使用取得较高的显著性。❶

6. "皇马案"

本案中原告作为商标权人，从2009年注册"皇馬"商标以来，除了在向一审法院起诉后举办过一场"皇馬"杯乒乓球比赛外，未能提交其持续使用"皇馬"商标的证据及能够证明该商标信誉的证据，没有证据证明该商标因原告的实际使用取得了较强的显著性和知名度，因而，一审法院认为，原告注册的商标因为没有实际投入使用，没有建立作为商标应有的商标信誉及具有较强的识别功能和显著特征。❷

7. "ONE ESSENTIAL案"

一审法院认为，从商标显著性、知名度角度来看，"ONE"注册商标的显著性不强，贝丽丝公司亦没有提供证据证明该商标具有较高的知名度。商标的主要功能在于区分商品或服务来源，防止消费者混淆，因此商标的显著性越强，其区分来源的作用也越大。本案中，"ONE"注册商标的构成要素是字母"one"及字体，该商标构成要素本身为常用英文单词及常规字体，不具有较强的显著性。虽然贝丽丝公司提供关于"ONE"商标具有知名度的证据，但上述证据内容指向的商标为"望"，商标"望"的知名度与"ONE"没有关联性，因此贝丽丝公司实际上并未提供"ONE"商标本身具有知名度的证据。同时，从涉案标识的使用性质角度来看，路威酩轩公司在涉案商品瓶身上单独使用"ONE ESSENTIAL"标识时，瓶身下方同时标注品牌标识"Dior"，路威酩

---

❶ （2011）浦民三（知）初字第415号，（2012）沪一中民五（知）终字第109号。

❷ （2013）清中法民三初字第3号，（2013）粤高法民三终字第630号。

轩公司使用"ONE ESSENTIAL"标识与"红色一号"标识的网页中均有"Dior"标识，"Dior"作为具有较高知名度的商标、品牌，对反映商品来源发挥了主要作用，"ONE ESSENTIAL""红色一号"标识则主要体现为对相关产品名称、功能的描述、指代，公众在购买"ONE ESSENTIAL""红色一号"相关产品或浏览涉案网站时，均易识别相关产品品牌为"Dior"，不会对产品来源产生混淆，故也无法认定路威酩轩公司具有攀附贝丽丝公司"ONE"商标知名度而混淆商品来源的不正当意图。❶

二审法院在维持原判的同时也认为，虽然被诉侵权商品外包装、产品说明书首页在"CAPTURE TOTALE"处印有较大字体浅色的"CD"文字，在"ONE ESSENTIAL"与"Dior"中间有较小字体的外文字符，但上述添加文字的字体、颜色均与第8881969号注册商标的文字存在明显区别，没有改变第8881969号注册商标的显著特征，亦未影响到该商标作为整体的可识别性，不属于对第8881969号注册商标的滥用。其次，法院认为在本案中，"ONE ESSENTIAL""红色1号"标识与"ONE"商标相比较，两者在文字的组成、含义及整体结构上，均存在明显的差异，并且，"ONE ESSENTIAL""红色一号"标识主要是对相关商品名称、功能的描述、指代，公众在购买"ONE ESSENTIAL""红色一号"相关商品或浏览涉案网站时，均易识别相关商品品牌为"Dior"，不会对商品来源产生误认，或者认为其来源与贝丽丝公司注册商标的商品有特定的联系。❷

（六）混淆可能性

1. "冰点案"

法院认为，被告在类似商品上将与原告注册商标"冰点"相同或近似的标志作为商品名称使用，且"冰点"二字在"青啤冰点红茶"中明显大于其他文字，故在施以一般注意力的情况下，不仅易造成相关公众对"冰点水"或"青啤冰点红茶"的来源产生误认或者认为二者有特定联

---

❶　（2014）锡滨知民初字第0069号。
❷　（2015）锡知民终字第0040号。

系，而且易产生被告与原告之间存在某种特殊联系的错误认识。所以，被告的这种使用行为已经误导了公众，造成公众对相关商品的来源发生混淆。❶

2．"游龙案"

法院认为，商标持有人海尔公司如果在其生产的电话机上使用"游龙"商标，基于相关公众对"游龙"与厦新公司的联系，会对海尔公司生产电话机的来源产生混淆，造成误认。❷

3．"永得丽案"

一审法院认为，立邦中国公司自1997年以来将"永得丽"注册商标作为其自己产品的标识，进行大量的广告宣传。即使是在其关联企业提出的商标撤销申请被国家商标评审委员会驳回后，已明知其继续使用的理由不能成立时，仍未停止使用，并凭借其实力继续在全国范围进行市场宣传和扩张 。同时，由于立邦商标在国内享有较高知名度，立邦中国公司将"永得丽"与立邦商标合并使用进行广泛宣传，从而使相关公众在看到"永得丽"时，自然而然地会将保赐利公司使用"永得丽"商标的商品认知为立邦中国公司的产品。立邦中国公司的行为，已使其产品与保赐利公司的"永得丽"商标产生实际混淆，且这种混淆已不是一般的混淆，而是颠覆性混淆 。立邦中国公司的行为造成保赐利公司利用"永得丽"商标作为其商品的标识功能受到严重损害，足以导致保赐利公司丧失对该注册商标合法的市场独占性。❸

二审法院改变了看法，认为并不会对消费者造成混淆和误认的结果，其主要从商标的使用方式、使用目的以及普通消费者的认知能力三方面进行考虑。首先，就使用方式而言，立邦中国公司在包装容器或广告宣传单上并没有单独突出使用"永得丽"文字。其次，就使用目的而言，立邦中国公司采用上述方式使用"永得丽"文字是为了区分立邦旗下不同系列的产品。立邦油漆和涂料产品众多，有不同系列。立邦中国公司以此文字方式命名其不同系列的产品，符合市场上许多知名品牌命

---

❶　（2002）渝一中法民初字第533号。

❷　（2003）青民三初字第19号。

❸　（2005）通中民三初字第0007号。

名不同系列产品的惯常做法。最后，就普通消费者的认知能力而言，立邦中国公司的使用方式不会导致消费者的混淆和误认。立邦商标本身享有较高知名度和广泛影响力，已足以起到区分不同商品来源的作用。因此，普通消费者系主要依据立邦商标而非"永得丽"文字来对立邦系列产品进行识别。其在购买油漆或涂料产品时依据立邦商标能够对立邦产品与其他厂商的产品加以区分，故立邦中国公司的使用方式不会导致消费者的混淆和误认。❶

4. "蓝色风暴案"

一审法院认为，商标法上的"误导""混淆"应当同时具备主客观要件，即主观上具有谋取不当利益、误导公众的意愿，客观上会使普通消费者将两者产品产生混淆或误导。就本案而言，百事可乐公司在产品上使用"蓝色风暴"标识的行为并不构成对公众的误导，也不会造成公众的混淆。❷

二审法院则认为，百事可乐公司通过一系列的宣传促销活动，已经使"蓝色风暴"商标具有很强的显著性，形成了良好的市场声誉，当蓝野酒业公司在自己的产品上使用自己合法注册的"蓝色风暴"商标时，消费者往往会将其与百事可乐公司产生联系，误认为蓝野酒业公司生产的"蓝色风暴"产品与百事可乐公司有关，使蓝野酒业公司与其注册的"蓝色风暴"商标的联系被割裂，"蓝色风暴"注册商标将失去其基本的识别功能，蓝野酒业公司寄予"蓝色风暴"商标谋求市场声誉，拓展企业发展空间，塑造良好企业品牌的价值将受到抑制，其受到的利益损失是明显的。❸

5. "浓浓案"

法院认为，被告所有的"阿尔卑斯"商标在涉案包装中具有显著性，"浓浓奶香情"字体较小，不会引起相关公众混淆，加之原告平分场"浓浓"商标为固有形容词，显著性特征较弱，故被告不凡帝梅勒公

---

❶ （2005）苏民三终字第0129号。

❷ （2005）杭民三初字第429号。

❸ （2007）浙民三终字第74号。

司属于合理使用，不构成侵权。❶

6．"慧之眼案"

一审法院认为，慧之眼公司使用与涉案商标近似的文字作为企业字号，在经营中使用企业字号作为简称，属于突出使用的方式，且用于相同的服务项目，足以造成相关公众误认慧之眼公司与使用"慧眼"商标的经营者属于同一主体或存在一定的关联。而将"慧之眼"用组合商标或者将"慧眼""慧之眼"用于宣传等并不会导致二者间发生混淆。❷

二审法院认为，慧之眼公司省略其企业名称中的其他部分，将"慧之眼"单独使用于其店堂装饰，属于突出使用的方式。且慧之眼公司从事的是眼镜销售服务，与鲍某注册商标核定使用的服务类别具有相同的服务内容，属于相同的服务类别。慧之眼与慧眼仅有一字之差，且之字本身无具体含义，两者使用在相同服务上易使相关公众对服务来源产生误认。因此，慧之眼公司的行为已经侵犯了鲍某的注册商标专用权，应当承担停止侵害、消除影响、赔偿损失的民事责任。❸

7．"龙太子案"

法院认为，具体到本案中是否会使相关公众对商品的来源产生误认或混淆，两被告相对于成都市武侯区龙太子服装店而言，在生产能力、营销网络、经营理念等方面明显处于优势，两被告生产销售龙太子童装，使其龙太子商标具有较强的显著性，配合《龙脉传奇》中龙太子卡通形象的传播使用，容易被市场及相关公众所接受。当成都市武侯区龙太子服装店在自己的产品上使用自己合法注册的龙太子商标时，从一般消费者的注意力角度出发，往往会误认为其生产的龙太子产品与处于市场优势的两被告存在特定联系，即会对商品来源产生混淆，使成都市武侯区龙太子服装店与其注册的龙太子商标的特定联系被割裂，"龙太子"注册商标将失去其基本的识别商品来源的功能。法律为商标权人预留的注册商标使用空间受到侵害或侵占，商标权人寄予龙太子商标拓展市场空间，塑造品牌形象的期待将受到抑制，利益受到损害。故两被告

---

❶　（2006）金中民三初字第51号。

❷　（2007）海民初字第4917号。

❸　（2007）一中民终字第7743号。

的行为会造成公众混淆，构成商标侵权。这里所谓的损害实质即为反向混淆，只是法院并未直接引用"反向混淆"这一概念。❶

8. "红盖头案"

法院认为，"白水杜康红盖头酒"这一商品名称经过杜康酒业公司较大规模的持续性使用，已经具有一定的市场知名度，已形成识别商品的显著含义，应当认为已与原告涉案商标产生整体性区别。加之杜康酒业公司生产的白水杜康红盖头酒瓶正面显著标注其"白水杜康"文字、拼音及图形组合商标及"中国驰名商标"字样，酒瓶上还清晰标注杜康酒业公司名称、产地、由被告黄马甲公司进行全国总经销等字样，以一般消费者的注意力标准判断，容易辨别白水杜康红盖头酒的来源，应认为不足以产生混淆或误认。而且由于原告涉案商标尚未实际发挥识别作用，消费者也不会将白水杜康红盖头酒与原告临邛实业公司相联系。❷

9. "积分宝贝案"

法院认为，相关公众容易辨识出"积分宝"服务来源于"×××"，不易产生服务来自原告或与原告有某种关联的混淆。同时法院也提到，原告为证明"积分宝"与原告注册商标造成混淆，提供了警告函、赵某证人证言及张某的私信对话截图，但由于均未有证人出庭作证，证明内容也无其他证据佐证，故法院不予采信。而且，构成商标侵权的"混淆"，应为较大可能性的混淆。关于混淆可能性的认定，应根据商标及所标识的商品或服务的对比情况，并结合商标的显著性、知名度等因素进行综合认定。实际混淆的证据只能作为参考因素。仅凭实际产生过混淆并不足以证明较大的混淆可能性。❸

10. "皇马案"

一审法院认为，首先，即使本案被告存在一定的不实宣传，但根据相关公众的一般注意力，不会误认为被告使用的"皇马"为原告的注册商标，或误认为二者之间有其他特定关系。即不会使相关公众产生"误解"。其次，根据《反不正当竞争法》第2条第2款"本法所称的不正当

---

❶ （2009）杭滨知初字第29号。

❷ （2010）渝五中法民初字第109号，（2011）渝高法民终字第280号。

❸ （2011）浦民三（知）初字第415号，（2012）沪一中民五（知）终字第109号。

竞争，是指经营者违反本法规定，损害其他经营者的合法权益，扰乱社会经济秩序的行为"及第20条第2款"被侵害的经营者的合法权益受到不正当竞争行为损害的，可以向人民法院提起诉讼"的规定。原告应以与被告存在竞争关系的同行业经营者的身份提起诉讼，而不能以被告的宣传行为损害消费者的权益为由对被告提起不正当竞争诉讼，因为消费者不属于《反不正当竞争法》规定的经营者范畴。因此，原告主张的因被告对其服务来源的提供者予以虚假宣传可能导致消费者产生的误认，因不是对被告方与原告注册商标及被告新范公司之间的误认，所以并不会造成原告权益受损。❶

11．"New Balance案"

一审法院认为，被告销售的运动鞋与原告商标核准使用的类别"鞋"相似，被告使用的"新百伦"字样与原告"新百伦"商标相同。原告"新百伦"商标为臆造词，被告的使用会导致混淆，故判定构成侵权。❷

（七）商标正当使用

1．"冰点案"

针对被告提出自己的使用行为属于对商标合理、善意使用的问题，法院指出，被告在其商品名称"青啤冰点红茶"中，并不是在功能意义上使用"冰点"二字，不属于《中华人民共和国商标法实施条例》第49条规定的正当使用的情形，且由于"冰点"二字在"青啤冰点红茶"中明显大于其他文字，故更不应属于正当使用。❸

2．"ONE ESSENTIAL案"

本案一审无锡市滨湖区人民法院认为，第8881969号注册商标显著性较强。该商标构成要素为文字"CAPTURE TOTAL""ONE ESSENTIAL""Dior"，以及"ONE"与"ESSENTIAL"中间的横线，上述构成要素以特定顺序组合，使第8881969号注册商标具有较强的显著特征，便于识别。此外，虽然涉案商品外包装在"CAPTURE

---

❶ （2013）清中法民三初字第3号。
❷ （2013）穗中法知民初字第547号。
❸ （2002）渝一中法民初字第533号。

TOTAL"处印有较浅颜色的"CD"文字、"ONE ESSENTIAL"与"Dior"中间部分印有较小的外文字体，但上述添加文字系品牌LOGO及产品描述，且字体、颜色均与第8881969号注册商标文字存在明显区别，亦未影响第8881969号注册商标作为整体的可识别性，故上述添加文字与第8881969号注册商标共同印刷于外包装正面的情形，系对产品包装盒进行的视觉设计，而不是以改变商标显著性为目的的组合使用方式，不属于对第8881969号注册商标的滥用。

综上法院认为，无锡商业大厦销售的涉案商品外包装对于第8881969号注册商标的使用，没有超出核定商品的范围，也没有以改变显著特征、拆分、组合等方式使用，故依据《最高人民法院关于审理注册商标、企业名称与在先权利冲突的民事纠纷案件若干问题的规定》第1条第2款之规定，贝丽丝公司以涉案商品外包装上的注册商标与其公司在先的注册商标近似为由主张侵权责任的，可向有关行政主管机关申请解决。❶

（八）商标的使用性质

"ONE ESSENTIAL案"的一审法院认为，从涉案标识的使用性质角度来看，路威酩轩公司在涉案商品瓶身上单独使用"ONE ESSENTIAL"标识时，瓶身下方同时标注品牌标识"Dior"，路威酩轩公司使用"ONE ESSENTIAL"标识与"红色一号"标识的网页中均有"Dior"标识，"Dior"作为具有较高知名度的商标、品牌，对反映商品来源发挥了主要作用，"ONE ESSENTIAL""红色一号"标识则主要体现为对相关产品名称、功能的描述、指代，公众在购买"ONE ESSENTIAL""红色一号"相关产品或浏览涉案网站时，均易识别相关产品品牌为"Dior"，不会对产品来源产生混淆，故也无法认定路威酩轩公司具有攀附贝丽丝公司"ONE"商标知名度而混淆商品来源的不正当意图。❷

---

❶❷ （2014）锡滨知民初字第0069号。

（九）商标实际使用情况

在"ONE ESSENTIAL案"中，法院认为，从商标的实际使用情况来看，涉案商品与贝丽丝公司商品对涉案标识的使用存在明显区别。贝丽丝公司虽然提供其公司使用"ONE"商标的相关产品照片，但上述照片仅是对产品外观的拍摄，拍摄内容无法反映产品的来源，在贝丽丝未提供与照片中产品一致的实物进行比对的情况下，照片中的产品不足以作为比对的样本，故应将贝丽丝公司提供的其公司两盒香水与公证书封存物品进行商标实际使用情况的比对。贝丽丝公司两盒香水包装以及瓶身上主要起识别商品来源作用的标识为"PARIZINO"和"望"，并没有突出使用"ONE" 注册商标，而是以改变字体的方式，使用"One"标识。路威酩轩公司在涉案商品正面中间部位突出使用"ONE ESSENTIAL"标识，因此贝丽丝公司对于"ONE"商标的使用，与路威酩轩公司涉案商品对"ONE ESSENTIAL"标识的使用在视觉上存在明显不同，不会引起消费者混淆。❶

七、商标反向混淆侵权的救济措施

（一）停止侵害

1. "龙太子案"

法院判决被告太子龙控股集团有限公司、浙江太子龙文化传播有限公司于本判决生效之日起，立即停止在涉案童装的合格证上使用第1040648号（龙太子）注册商标文字标识的行为。❷

2. "游龙案"

法院判令被告厦门厦新电子股份有限公司、厦门厦新电子股份有限公司济南分公司于本判决生效之日起立即停止在其生产、销售的手机商品、手机包装物、宣传材料中使用"游龙"文字并销毁侵权标识及制造

---

❶ （2014）锡滨知民初字第0069号。
❷ （2009）杭滨知初字第29号。

模具。❶

3．"慧之眼案"

法院判决北京慧之眼眼镜连锁服务有限责任公司应到工商行政管理部门办理停止使用含有"慧眼"的企业名称的相关核准手续，自核准之日起停止使用含有"慧眼"的企业名称。❷

4．"蓝色风暴案"

法院判决百事可乐公司于本判决送达之日起，立即停止带有"蓝色风暴"商标产品的生产、销售、广告、宣传行为。❸

5．"优比速案"

法院判决被告广东优比速公司及分公司在原告深圳优比速公司、黄某第1759121号注册商标核定使用的第39类服务项目上立即变更并停止使用"优比速"商号，包括立即停止在货运单、运送约定条款、发票、货运车上使用"优比速"标识。❹

6．"奥普案"

法院判决杨某和奥普公司立即停止侵犯涉案注册商标专用权的行为。❺

7．"礼享案"

法院判决被告泸州老窖股份有限公司、泸州老窖柒泉金池酒业有限责任公司、被告河南亿佳实业有限公司、被告河南亿佳实业有限公司第二分公司停止侵犯原告田某第8034260号"礼享"文字商标商标专用权的行为。❻

8．"New Balance案"

法院判决被告新百伦贸易（中国）有限公司于本判决发生法律效力之日起立即停止将"新百伦"用于标识及宣传其商品的侵害原告周某第

---

❶（2003）青民三初字第19号。

❷（2007）一中民终字第7743号。

❸（2007）浙民三终字第74号。

❹（2010）深中法民三重字第1号，（2010）粤高法民三终字第511号。

❺（2010）苏中知民初字第0312号，（2011）苏知民终字第0143号。

❻（2014）郑知民初字第489号。

865609号"百伦"、第4100879号"新百伦"注册商标权的行为。❶

9．"非诚勿扰案"

法院判决被上诉人江苏省广播电视总台立即停止侵害上诉人金某第7199523号"非诚勿扰"注册商标行为，即其所属的江苏卫视频道于本判决生效后立即停止使用"非诚勿扰"栏目名称。❷

（二）消除影响、赔礼道歉

1．"冰点案"

法院要求被告在全国发行的报纸上公开向原告重庆必扬冰点水有限公司赔礼道歉（内容须经本院审查），消除影响、恢复名誉。❸

2．"游龙案"

法院判决被告厦门厦新电子股份有限公司、厦门厦新电子股份有限公司济南分公司于本判决生效之日起10日内在《法制日报》上向原告海尔集团公司赔礼道歉。赔礼道歉的内容须经本院审核，逾期未刊登，本院将选择在该刊物上刊登本判决书的主要内容，有关费用由两被告共同承担。❹

3．"慧之眼案"

法院判决被告北京慧之眼眼镜连锁服务有限责任公司在《中国眼镜》杂志上刊登声明，以消除影响（内容须经本院审核，逾期不履行，本院将在相关媒体上公布判决书主要内容，费用由被告北京慧之眼眼镜连锁服务有限责任公司负担）。❺

4．"蓝色风暴案"

法院判决百事可乐公司在本判决书送达之日起10日内在《浙江日报》上刊登声明，消除影响。❻

---

❶ （2013）穗中法知民初字第547号。

❷ （2015）深中法知民终字第927号。

❸ （2002）渝一中法民初字第533号。

❹ （2003）青民三初字第19号。

❺ （2007）一中民终字第7743号。

❻ （2007）浙民三终字第74号。

5．"龙太子案"

原告请求法院判决被告赔礼道歉，但法院认为，本案中两被告的行为属侵犯原告注册商标的财产权利，不直接涉及其人身权利，故原告要求赔礼道歉的诉请于法无据，故而未予支持。❶

6．"奥普案"

法院判决奥普公司就本案所涉侵犯注册商标专用权事项在《中国消费者报》刊登启事一次，消除影响。❷

7．"New Balance案"

法院判决被告新百伦贸易（中国）有限公司于本判决发生法律效力之日起30日内在其开设的"新百伦（中国）官方网站"首页及其在"天猫商城"开设的"New Balance旗舰店""newbalance童鞋旗舰店"的首页刊登声明消除影响（内容须经本院审定，刊登的字体不得小于网页首页正文字体）。❸

8．"礼享案"

法院认为关于是否应当赔礼道歉的问题，因田晓明没有提供证据证明四被告的侵权行为给其商誉带来不利影响，故对赔礼道歉诉讼请求的不予支持。❹

（三）支付合理费用

1．"游龙案"

法院在计算赔偿额度时认为，被告的侵权行为造成原告"游龙"商标显著性下降，致使原告在其电话机产品上使用"游龙"商标以区别其他同类产品的目的已经难以实现，其潜在市场价值不能实现，该损失的计算应当酌定计算。除上述因素外，在酌定损失数额时，本院认为还应考虑下列因素：被告在收到原告法律函后依然实施该侵权行为，主观过错程度较大。此外，从已知的被告厦新公司手机销售数量、手机型号可以看出，被告厦新公司该款手机销量较大。因此，在对上述三个因素

---

❶ （2009）杭滨知初字第29号。

❷ （2010）苏中知民初字第0312号，（2011）苏知民终字第0143号。

❸ （2013）穗中法知民初字第547号。

❹ （2014）郑知民初字第489号。

综合考虑后，本院酌定判决被告厦新公司赔偿原告经济损失30万元。被告厦新公司还应承担原告因制止侵权支出的购机费、公证费及律师费24760元。❶

2．"蓝色风暴案"

法院在计算赔偿数额时，综合考虑百事可乐公司的市场声誉、营销能力、生产销售时间、销售范围、2005年企业整体利润及蓝野酒业公司注册、使用商标及维权费用等因素，最终确定百事可乐公司应赔偿蓝野酒业公司的经济损失为人民币300万元。❷

（四）依照商标在后使用人获利数额赔偿损失

在赔偿数额方面，经笔者统计，原告获得赔偿的概率约为34.04%。由图7可知，在原告获得赔偿的案件中，有接近一半的原告在胜诉后可获得100万元以内的赔偿，而另一半则可能获得的更多。例如在"New Balance案"中，一审法院判决被告赔偿9800万元而经二审又将其改判为500万元；在"G2000案"中，一审法院判决被告纵横公司赔偿原告经济损失2000万元，二审改判其赔偿原告12570163.20元。笔者认为，导致原告获赔率较低的原因主要是：第一，在多数反向混淆的案件中，被告使用的商标与原告的商标并不完全一致，又加之其提供的商品或服务与原告也存在差别，故而法院认为其并不会造成消费者混淆，进而做出不侵权的认定；第二，即便法院认定被告侵权成立，但在多数反向混淆的案件中原告很难证明自己的经营因为被告的行为而受到了损失，甚至在部分情况下原告的商标及商品反而因被告的行为得到了推广，进而获得了收益。因此，法院并未支持原告的请求。典型案例如下。

---

❶ （2003）青民三初字第19号。

❷ （2007）浙民三终字第74号。

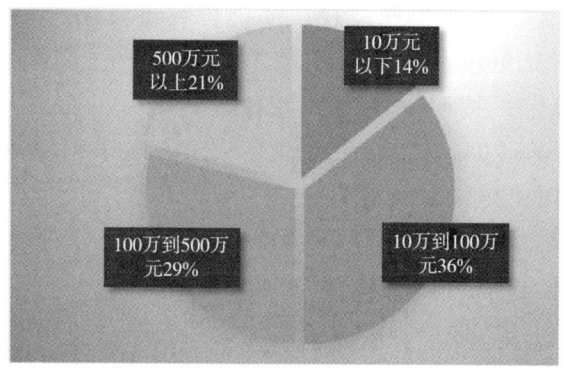

图7 赔偿金额

1．"永得丽案"

法院准许原告的申请按照被告获利进行赔偿，鉴于被告没有提交其获利证据，法院按照使用"永得丽"这一名称商品在被告销量中所占比重判决。经查明被告年度报告显示的净利润9000万元，故判决赔偿180万元。❶

2．"New Balance案"

法院判决赔偿9800万元，判决依据为《商标法》（2001）第56条。该案中原告明确以被告新百伦公司的获利来确定赔偿数额，被告新百伦公司在原告所主张的侵权期间所获利润1.958亿元，法院考量被告仅在销售过程中使用了"新百伦"标识来介绍和宣传其产品，但是在所销售的产品上并无该标识，认定被告应该向原告赔偿其利润的一半。法院在判决书中解释到被告新百伦公司负有审慎使用的义务，应善意主动避免使用他人商标，但是新百伦公司在知晓原告注册商标存在的情况下，仍然使用该商标，主观具有恶意，故应该承担该赔偿责任。❷

3．"G2000案"

一审法院认为，根据《最高人民法院关于审理民事纠纷案件适用法律若干问题的解释》第14条"《商标法》第56条第1款规定的侵

---

❶ （2005）通中民三初字第0004号，（2005）苏民三终字第0131号。

❷ （2013）穗中法知民初字第547号。

权所获得的利益，可以根据侵权产品销售数量与该产品单位利润率乘积计算，该产品单位利润率无法查明的，按照注册产品的单位利润率计算"之规定，按照上述三种计算方式确定的侵权所得利润分别为：2622880000×20%＝524576000元、217946300×20%＝43589260元、194538240×20%＝38907648元。由此可见，上述三种计算方式得出的侵权获利数额都远远超过了赵华要求的2000万元赔偿数额，因此确定纵横公司赔偿赵华2000万元。❶

二审法院认为，原审判决关于赔偿金额的前两种计算方法中确有配比率的认定，由于本院在二审中并未采用上述两种计算方法确定赔偿金额，而是对原审判决的第三种计算方法进行了修正从而确定了合适的赔偿金额，并未采用配比率作为确定赔偿金额的参数，因此对于配比率的问题，无须再作论述。关于利润率，本院认为，根据原审法院前往越秀两千店所调取的侵权产品进货金额和销售金额的数额来看，侵权产品的利润率均超过了30%，因此原审法院将20%作为侵权产品的利润率计算原审被告侵权获利基本合理，纵横公司就利润率所提出的上诉理由不能成立，本院不予支持……纵横公司赔偿赵华12570163.20元……❷

（五）调解或和解

在"游龙案"中，一审法院判决厦新公司立即停止销售侵权产品、赔礼道歉并赔偿原告30万元。随后厦新公司提起上诉，最终双方以40万元和解。❸

国　　外

反向混淆起源于美国的司法判例中，并最终形成了一套相对完整的理论体系。笔者就发生在美国的有关反向混淆的典型判例作一简要梳理，详见表6。

---

❶ （2006）杭民三初字第131号。

❷ （2008）浙民三终字第108号。

❸ （2003）鲁民三终字第29号民事调解书。

❸ International News Service v.Associated Press，248 U.S.215 .

表6 美国反向混淆典型案件梳理

时间	原告	被告	是否构成反向混淆	判决理由
1918	International News Service	Associated Press	否	通常案件中是被告仿冒原告产品，但是我认为相反方向的混淆——通过文字或者其他暗示使得消费者认为原告的产品来自于被告也同样具有可归责性。虽然这种混淆相较于通常的混淆更为微妙，它所带来的损失也不直接，但我认为应该对这种混淆加以规制❸
1968	Westward	Ford	否	原告并不拥有强势商标，因而无侵权可言❶
1977	Big O	Goodyear	是	本案的事实不同于通常的商标侵权案件……侵权人使用原告的商标，造成了原告产品来源上的混淆……接受"固特异"观点的逻辑结果必将是，一个拥有公众熟知的商号的公司，当他从竞争者那里窃取了一个产品名称并且有经济力量作密集广告时，可以免除不正当竞争的责任。如果法律责任仅仅局于期满，那么任何具有相当规模和资源的人，都可以采纳任何一个商标并且就该商标开发出新的含义，以之作为在后使用者的产品的标识。本案中"固特异"不当使用商标的行为毫无疑问是不正当竞争，必须受到起诉❷

---

❶ Westward Coach Mfg .Co.v .Ford Mot or C o.388 F.2d 627 （7th Cir.1968）.

❷ 李明德：《美国知识产权法》，法律出版社2014年第2版，第590页。

（续表）

时间	原告	被告	是否构成反向混淆	判决理由
1983	Plus Products	Plus Discount Foods	是	美国第二巡回上诉法院明确商标反向混淆和正向混淆适用同样的标准，都由两步分析构成：其一，存在一个受保护的商标；其二，原告必须证明有混淆的可能 即消费者就两商品的来源会发生混淆。具体到商标反向混淆，其构成要件包括：一、商标在后使用者的市场地位强于在先使用者；二、消费者会就原被告商标发生来源混淆❶
1987	Ameritech	American Information Technologies Crop	是	反向混淆的侵权主张，不同于通常的来源混淆或认可混淆的侵权主张。在后商标人不是寻求从在先商标人的商誉中获取利益，而是以一个相似的商标对市场进行饱和轰炸，并且淹没在先商标人。公众开始认为，在先商标人的产品确实是在后商标人的，或者在先商标人在某种程度上与在后商标人相关。结果则是在先商标人丧失了其商标的价值，也即它的产品的身份，企业的身份，他对自己商誉和名誉的控制，以及它进入新的市场的能力❷
1988	Banff	Federated Department Stores	是	《兰哈姆法》的目的是通过让公众免于商品来源上的混淆而保护商标所有人的利益，并且确保公平竞争。与通常的商标侵权相比，这一目的在反向混淆的案件中同样重要。如果反向混淆不是《兰哈姆法》加以制止的充足理由，那么大公司就可以不受惩罚地侵犯小公司在先使用的商标❸

---

❶ Plus Products v. Plus Discount Foods，Inc.，722 F.2d 999，222 USPQ 373，378（2d Cir. 1983）.

❷ Ameritech，Inc. v. American Information Technologies Crop.，811 F. 2d 960（6th Cir 1987）.

❸ Banff. Ltd. v. Federated Department Stores，Inc.，841 F. 2d 486（2d Cir. 1998）.

（续表）

时间	原告	被告	是否构成反向混淆	判决理由
1990	Worthington Foods	Kellogg	是	在一个反向的认可混淆诉讼中，原告的起诉依据于这样的主张，即在后商标人以其商标进行饱和式的广告宣传，因而造成了消费者的混淆。尤其重要的是，消费者错误地相信在先商标人的产品是在后商标人的，或者在先商标人在某种程度上与在后商标人相关联……《兰哈姆法》第43条第1款暗示了反向认可上的混淆的法律责任。法律条文涉及了使用商标造成商品"隶属关系上、联系上和认可上"的混淆。由于法律条文没有以它表面的语言限定于这样的情形，即消费者认为原告认可了被告的产品，本院裁定这一条文要求被告承担法律责任，因为它在消费者的头脑中造成了一种错误看法，被告认可了原告的商品。换句话说，本院裁定，认可混淆的侵权主张和反向认可混淆的侵权主张，都可以依据《兰哈姆法》第43条第1款提起❶
1990	Pump	Collins	是	原告起诉的理由就是Pump乐队反对毒品的滥用，而Aerosmith乐队的形象为享乐主义、放纵毒品滥用，Pump乐队不想希望相关消费者误会其与知名乐队Aerosmith的存在关系，影响其声誉❷

---

❶ Worthington Foods, Inc. .v. Kellogg Co., 14 USPQ2d 1577（S.D. Ohio 1990）.
❷ Pump, Inc. v. Collins, Inc, 746 F. Supp. 1159.

（续表）

时间	原告	被告	是否构成反向混淆	判决理由
1992	Sand，Taylor&wood	Quaker Oats	是	尽管"Thirst-Aid"在很大程度上是描述性商标，但是在先商标使用者已经通过使用使该商标具有了第二含义。同时，为了保护商标拥有者在利用与商业信誉紧密联系的商标进入新的市场时，避免被公众误以为是侵权者。因为消费者更为熟悉在后商标使用者的商标，在这种情况下，当在先商标使用者打算进入新的市场时，发现在后商标使用者在该市场中已经就自己的商品与该相同或者近似商标建立起了强有力的联系。那么消费者就会误以为在先商标使用者来源于在后商标使用者或者与其有某种联系❶
1995	ERNST HARDWARE COMPANY	ERNST HOME CENTER	否	原告的调查没有说服力，也没有证明其名称具有第二含义。同时Oregon州上诉法院也认为，原告的两份调查显示了不同的结果，在第一份调查中，75%的人认为"Ernst"就是原告的名称，但在第二份调查中，这个比例只有5%。另外，还有其他证据表明，原告的名称没有获得第二含义：原被告双方无异议的数据表明，在St. Paul还有两家同样以"Ernst"命名的公司。在Oregon州，更是有20多家以其命名的公司……因此，没有证据能够证明，"Ernst"在公众中已经建立了独特的涵义足以是其与原告的商品和服务联系起来。所以原告的"Ernst"名称不存在保护性利益❷

❶ Sand，Taylor&wood co. v. Quaker Oats Co，978 F 2d 949（7th Cir. 1992）.

❷ ERNST HARDWARE COMPANY v. ERNST HOME CENTER，INC.，134 Ore. App. 560; 895 P.2d 1363; 1995 Ore. App. LEXIS 778.

（续表）

时间	原告	被告	是否构成反向混淆	判决理由
1998	Dreamwerks production	SKG Studio	是	在先商标使用者通过使用该商标建立起来的信誉可能掌握在在后商标使用者的手中，如果在后商标使用者失足或者使自己的信誉失去光泽，那么在先商标使用者通过使用该商标建立起的商业信誉也会受到损害❶
2000	A&H Sportswear	Victoria's Secret	是	美国第三巡回上诉法院根据"Lapp 十点测试法"，在重点比较了商标相似性、商标的强度、被告的意图以及与实际混淆相关的因素等之后作出认定反向混淆成立的判决❷
2005	Surfvivor medla	Survivor productions	否	美国第九巡回上诉法院认为，原告在本案上诉中并没有主张"前向混淆误认"，故此点不在探讨的范围。而在探讨原告的"反向混淆误认"主张时，第九巡回上诉法院依据"斯里夸夫特因素"进行了验证，并最终判定原告反向混淆的诉讼请求不成立❸
2005	M2 Software	Madacy Entertainment		美国第九巡回上诉法院审理后认为，地方法院前述的认定标准主要是依据第九巡回上诉法院以往在"反向混淆误认"案例中所认定的标准，故认定地方法院无须考虑原告所提出的消费者误认为两者存在某种联系的主张；也认为地方法院使用"使市场饱和"一词无误。据此，第九巡回上诉法院认可地方法院做出有利于被告的判决❹

❶ Dream Production, inc. v. SKG Studio, 142 F. 2d 958（7th Cir. 1992）.

❷ A&HSportswear, inc. V. Victoria' sSecret, 237F.3d198（3rd Cir. 2000）.

❸ Surfvivor Media, Inc v. Survivor Productions, （9th Cir. 2005）.

❹ M2 Software, Inc. v. M2 Communications, L.L.C., 281 F. Supp. 2d 1166（C.D. Cal.2003）.

（续表）

时间	原告	被告	是否构成反向混淆	判决理由
2006	Attrezzi.LLc	Maytag	是	被告Maytag公司使用" Jenn Air Attrezzi" 这一商标渗透市场，会使原告的代表其主体资格，控制其信誉的商标在市场上失去价值，更有可能出现被告吞噬原告的场景❶

---

❶ Attrezzi. LLc. v. Maytag Crop，436 F 3d 32，40，77（1st Cir. 2006）.

检视与重塑：
商标反向混淆法律适用检讨文献综述

■ 毕文轩

指导老师：王莲峰

【摘要】商标反向混淆案件近年来层出不穷，从最早的"蓝色风暴案"到最近的"New Balance案"与"非诚勿扰案"。因此，学界对于反向混淆相关问题的研究也从未停止。笔者以从"中国知网"搜索到的81篇将"反向混淆"作为研究对象的文献为基础，分别从反向混淆的概念、产生原因、适用前提、表现形式、构成要件、美国法院对反向混淆的认定标准、我国司法实践中出现的认定标准、禁止反向混淆的正当性分析以及绝对禁止在后使用人继续使用可能引发的问题等方面对所收集到的文献进行分类整理，以期将学界的研究现状呈现出来，以飨读者。

一、反向混淆的概念

学者李明德认为，反向混淆是在某些特定的情况下，由于在先的商标人在市场上处于弱势地位，在后的商标人在市场上处于强势地位或者非常著名，可能就会出现"反向混淆"。在这种情况下，在后的商标所

有人可能让消费者产生一种错误印象，在先商标所有人所提供的商品或服务是来源于在后商标所有人的现象。❶

学者彭学龙认为，反向混淆与正向混淆相反，指由于在后商标的存在，消费者可能误认为在先商标所有人的商品或服务来源于在后使用者或与之相关。在反向混淆案件中，在先商标权人一般属于中小企业，在市场上寂寂无名或者影响较小，而侵权者则大多是相关行业的"龙头老大"，虽无意假冒原告商标，却通过大规模的广告宣传或市场营销将原告商标据为己有。❷

法官祝建军认为，反向混淆一般发生在在先的注册商标权人实力弱小，而在后的商标使用人比较知名，实力雄厚，对消费者而言，其不太可能会认为商标使用人提供的商品或服务来源于注册商标权人，反而可能会误以为注册商标权人提供的商品或服务来源于商标使用人，反向混淆发生。❸

美国学者托马斯·麦肯错（Thomas McCarthy）认为，反向混淆是指虽然在后的商标使用人在相同或类似商品上使用了与在先的注册商标权人相同或近似的商标，但消费者误认为在先的注册商标权人提供的商品来源于在后商标使用人。❹

综合上述学者的论述，我们不难发现，传统的商标侵权表现为一种"小攀大"现象，而反向混淆则与之相反，表现为一种"大吞小"现象。质言之，在后商标使用人往往是享有广泛声誉和口碑的大公司，其通常会利用饱和的商业宣传与广泛的社会影响模糊在先商标与公众间的联系，进而阻碍其发展。

---

❶ 李明德："美国商标法中的'反向混淆'"，载《中华商标》2002年第6期。

❷ 彭学龙、张奕峰："'蓝色风暴'考量'反向混淆'"，载《中华商标》2006年第11期。

❸ 祝建军："反向混淆侵权的认定"，载《人民司法》2011年第24期。

❹ J.Thomas McCarthy. McCarthy on Trademarks and Unfair Competition （Fourth Edition），http:// international. Westlaw. com.

二、反向混淆的产生原因

学者蔡建敏、张正光从心理学的角度分析了商标反向混淆产生的原因，其认为激活扩散模型解释了人们把商标与相应经营者对应起来的心理机制，它也是思维定式得以形成的基础。思维定式则是人们大脑中商标与相应经营者的联系得以强化定型的路径。由于人们大脑中得以建立的关于商标的思维定式往往是商标与强势企业相联系，当实践中出现强势企业侵犯弱势企业商标权时，商标的外界信号刺激使思维定式下的激活扩散模型发生作用，使人们认为附着某商标的商品或服务来自于强势企业或者至少与之有着某种联系，而不会认为该商品或服务来自于真正的商标权人——弱势企业。❶

三、适用前提

杜颖认为，反向混淆适用的前提有两个：第一是存在商品来源混淆的可能性，及消费者就原告和被告的产品来源会发生错误认识；第二是这种混淆和正向混淆的次序不同，是消费者会误以为原告的产品来源于被告。❷

律师杨静安认为，认定反向混淆需以"服务相同"为前提，因为反向混淆与传统的"正向"混淆不同，并不着眼于保护在先强商标上的商誉，而是确保在先弱商标不丧失基本的识别功能，从而保障在先弱商标所有人的发展空间。根据《商标法》第56条规定，"注册商标的专用权，以核准注册的商标和核定使用的商品为限"。简言之，就是保护已注册商标能够在其固有权利范围内正常使用的机会。因此，适用反向混淆的思路时应限定在"相同服务"上为宜。商标注册取得制度带来的商标抢注、商标囤积等现象愈发严重，在这种情况下，司法应当在鼓励正当注册和诚实使用方面发挥导向作用，基于此，采用反向混淆的思路去

❶ 蔡建敏、张正光："苹果公司与深圳唯冠公司iPad商标之争——从心理学角度论商标反向混淆产生的原因"，载《法制与社会》2013年第5期。
❷ 杜颖："商标反向混淆构成要件理论及其适用"，载《法学》2008年第10期。

保护已注册商标时，一般给予"相同服务"上的保护，保障其基本的发挥识别作用的空间即可，而不应该扩大到类似的服务上，给予过强的保护。❶

综上所述，适用反向混淆通常应当考虑商品或服务是否相同，否则可能会扩大其保护范围，影响他人的其他合法权利。

四、反向混淆的表现形式

重庆市第一中级人民法院法官杨光明认为，反向混淆可能存在以下几种情形：第一种是使消费者对商品的来源造成了误认，以为"在先"商标人的商品是来自于"在后"商标人；第二种情形是以为"在先"商标人和"在后"商标人之间存在特定的联系，比如认为"在先"商标人是"在后"商标人的代理或分支机构等；第三种情形是消费者对两种商品及其各自的商标人都有了解，但对何者拥有正当的在先商标权产生了混淆，想当然地认为名气较小的"在先"商标人是在搭名气大的"在后"商标人的便车，是不道德的侵权者。以上三种情形都在事实上构成了不正当竞争，剥夺了"在先"商标人的名誉和商誉，使"在先"商标人丧失了其商标的价值，对自己商誉的控制，以及进入市场的能力。❷

五、反向混淆的构成要件

学者杜颖认为，商标反向混淆的构成要件要满足：（1）商标在后使用者的市场地位强于在先使用者；（2）商标在后使用者是否存在恶意不是判断是否构成商标反向混淆的关键要素；（3）消费者会就原被告商的来源等其他问题发生混淆，包括①商标的强度，②商标及商品之间的相似程度，③商标在线所有人跨越产品之间距离的可能性，④消费

---

❶ 杨静安："认定反向混淆需以服务相同为前提"，载http://www.zhichanli.com/article/22747，2016年5月6日访问。

❷ 杨光明："重庆必扬冰点水有限公司诉青岛青啤朝日饮品有限公司商标侵权案"，载http://sifaku.com/falvanjian/10/zad0b19f359a.html，2016年5月15日访问。

者发生实际混淆，⑤原被告双方的产品质量与价格，⑥消费者的成熟程度。

学者孙松认为，就反向混淆而言，其与正向混淆的不同点主要表现为以下三点：一是侵权目的的差异性。正向混淆的侵权目的主要在于通过"搭便车"的方式而进行牟利，而反向混淆的侵权目的主要在于实力雄厚的侵权人试图淹没商标权人的商标所指功能，并意图剥夺其进入新市场的空间和能力。二是侵权主体的特殊性。反向混淆中提起侵权之诉的原告往往是实力较为弱小的企业，而侵权主体往往是实力比较雄厚的大企业。三是损害后果的多样性。在反向混淆的侵权案件中，商标的侵权行为不仅会割裂商标权人事先建立起来的在一定消费者心中的稳定认知，而且会剥夺其进一步开拓市场的空间和能力。❶

律师张伟认为，构成反向混淆的要素包括：（1）商标的在先使用者的市场地位必然要弱于在后使用者；（2）不以商标在后使用者存在恶意为必要条件；（3）消费者对商标在先使用者与在后使用者的商品来源发生混淆，并切实造成了危害结果；（四）在先商标使用者与在后商标使用者的商品或服务存在近似或相近。❷

学者张耕认为，商标反向混淆的构成要件包括：（1）存在受保护的在先商标；（2）双方当事人实力悬殊；（3）在后商标使用人对在先商标的不当使用行为；（4）消费者对商品的来源发生了混淆或误认，在反向混淆的案件中，被告往往心存恶意。❸ 李琛认为，反向混淆成立的前提必须是"在后使用人知悉在先商标，其大规模使用存在恶意"的情形。❹ 在美国1977年"Big Foot"商标侵权纠纷案中，被告Goodyear公司辩称其无利用原告商誉的主观意图，也无欺诈行为导致消费者将其商品误认为是原告的商品，故不应承担法律责任。第十巡回上诉法院未采纳被告的诉辩主张，其理由为"如果法院支持被告的观点，将法律

---

❶ 孙松："论商标反向混淆侵权判定的司法适用"，载《电子知识产权》2016年第3期。

❷ 张伟："论商标侵权中的反向混淆"，载《法制与社会》2012年第10期。

❸ 张耕、游楠："商标反向混淆研究"，载《重庆理工大学学报（社会科学版）》2012年第5期。

❹ 李琛："对'非诚勿扰'商标案的几点思考"，载《知识产权》2016年第1期。

责任仅限于欺诈，势必造成一个商誉广为人知的大公司盗取他人商业标识，并有经济实力作广泛宣传获利，却可以免除不正当竞争的法律责任"。❶尽管如此，恶意也并非反向混淆的构成要件，在后商标使用人选择在先商标并不必然出于利用他人商标的企图，也可能是商标注册和使用之前检索不周的结果。如果坚持恶意要件，则不少反向混淆案件就难以得到法院的支持。❷因为反向混淆理论侧重保护的是在先使用者未来的市场拓展空间、独立市场主体地位和身份，故而在反向混淆侵权认定中对于侵权人主观是否具有过错不作考虑。法院应通过判断商标的强度、两个商标之间的相似程度、产品的相似程度、商标在先所有人跨越产品之间距离的可能性、实际混淆、原被告产品的质量和价格以及购买者的成熟程度等要素，来确定商标反向混淆是否存在。❸此处需要明确的是反向假冒则不然。反向假冒中，侵权人主观上认识到行为的非正当性且希望通过侵权行为获得不法利益，所以是故意的；而在反向混淆中，只要侵权人客观上造成了对商标在先权利人的商标禁用权与使用权的侵害，因其"混淆的可能"造成消费者将权利人的商品误认为来源于侵权人，致使权利人商品的主体身份的丧失，就构成商标侵权，而对于侵权人具有主观认知与否在所不问。换言之，反向混淆侵权人可能存在主观故意，或主观过失，或根本无过失，但对于商标侵权的认定并无影响。❹

学者刘洋进一步细化构成要件，其认为商标反向混淆的构成要件还应满足在先商标应合法注册或使用在先，具有合法性与在先性。如果不顾合法性和在先性的限制，反向混淆理论将成为滋长商标抢注的帮凶，造成更大的不公平，反而影响正常的市场竞争秩序。❺

学者李琛认为，构成商标方向混淆实质就表明，在后使用与商标

❶❹ 张玉敏、李杨："商标反向混淆探微——由'蓝色风暴'商标侵权案引起的思考"，载《江西社会科学》2008年第5期。

❷ 彭学龙、张奕峰："'蓝色风暴'考量'反向混淆'"，载《中华商标》2006年第11期。

❸ 杜颖："商标反向混淆构成要件理论及其适用"，载《法学》2008年第10期。

❺ 刘洋："从非诚勿扰案看商标反向混淆的构成要件"，载《中华商标》2016年第3期。

权人的使用处于竞争性市场，❶也即两商标所指向的商品或服务相同或类似。

学者曹清指出，反向混淆不局限于商标之间，在注册商标与其他商业性标识之间也仍然可以适用。商号、商品名称等商业性标识都具有表彰之功能，通过大量使用都能使企业与其产品或服务建立特定联系。因此，当后使用人把在先商标权人的商标作为商号、商品名称大肆使用，使在后的商号、商品名称的知名度超过在先商标时，也会导致消费者对商品或服务来源产生混淆。❷

在"张春龙诉北京合众思壮科技股份有限公司侵犯商标专用权纠纷案"❸中，法院认为反向混淆的构成除了对被告行为有要求外，也对原告的行为有一定要求，如其必须规范地行使自己注册的商标，不应延及非核定使用的商品范围，否则即便构成反向混淆，责任也在商标人自己。❹

上述学者的论述已给我们大致框定了反向混淆的构成要件，需要注意的是，反向混淆并不需要以商标在后使用人恶意为构成要件。行为人的主观意图仅仅影响其是否承担赔偿责任以及赔偿数额的大小，与其是否侵权则毫无关系。

六、美国法院对反向混淆的认定标准

由于反向混淆产生和表现的特殊性，使得制定法并未对其作出明确的规定，法官只得依据在司法判例中不断总结提取最终形成一套认定反向混淆相对完整的体系。同时我们也注意到，反向混淆这一概念仅仅是美国判例法确立的概念，而欧洲法的原则并不将"反向混淆"视为与常规混淆有区别的概念。因为是基于混淆的事实，而不是它产生的方向，来决定着责任的承担。只是"反向混淆"的事实会影响禁令救济的适

---

❶ 李琛："对'非诚勿扰'商标案的几点思考"，载《知识产权》2016年第1期。
❷ 曹清："商标反向混淆法律问题探析"，载《法制与社会》2013年第2期。
❸ （2009）丰民初字第25278号。
❹ （2009）丰民初字第25278号。

用、损害赔偿金额以及利润返还救济措施的可适用性。❶直到近期，美国所有巡回上诉法院都接受了反向混淆理论，而且部分巡回上述法院已经有了分析反向混淆的框架，但尚未形成统一规则。❷

（一）"Polaroid因素"审查标准

第一次被用来审查是否构成反向混淆的标准是第二巡回上述法院的"八要素"标准，也称为"Polaroid"审查标准❸：（1）原告商标的显著性；（2）商标的相似程度；（3）市场中商品的类似程度；（4）原告进入新市场的可能性（被告在该相关新市场中对自己商品的销售）；（5）实际混淆证据；（6）被告的侵权故意；（7）被告商品质量；（8）相关消费者。在Plus Productsv. Plus Discount Foods案中，该标准被第一次用于审查是否存在反向混淆。❹上述8项判定标准中没有一项是决定性的因素，且皆须在个案中得以验证。法院在审理商标侵权案件时，若验证后认为两个商标会构成混淆误认，则通常判决侵权成立；反之，若验证后不可能构成混淆误认或程度相当轻微，则判决侵权不成立。

（二）七要素判定标准

在Sullivan v. CBS Corp案，法院采用七要素判定商标混淆的可能性：（1）商标的近似程度；（2）产品的类似程度；（3）共同使用的领域和方式；（4）购买者可能的注意程度；（5）原告商标的强度；（6）是否存在实际混淆；（7）被告搭原告产品便车的故意。

（三）"Sleekcraft因素"审查标准

---

❶ 杰里米·菲利普斯著，马强译：《商标法实证性分析》，中国人民大学出版社2014年版，第311页。

❷ Nancy Del Pizzo，Comment，Developing a Uniform Test for "Reverse Confusion" Trademark Cases in the Sports & Entertainment Industries，14 Seton Hall J. Sports & Ent. L. 175-177，186（2004）（列举了各巡回上诉法院判断的独立要素）。Also see Deborah F. Buckman，Annotation，Reverse Confusion Doctrine Under Lanham Trademark Act，187 A.L.R. Fed. 288（2003）。

❸ Polaroid Co. v. Polarad Electronics Corp 287F.2d 492（2d Cir 1961）。

❹ Molly S. cusson，Reverse Confusion:Modifying the Polaroid Factors to Achieve Consistent Results（1996）。

在2005年的"Surfvivor media，Inc. v. Survivor productions案"中，美国第九巡回上诉法院就采用了"斯里夸夫特因素"（Sleekcraft factor）进行判断。"斯里夸夫特因素"：（1）两个商标识别性的强度；（2）产品或服务的关联性；（3）两个商标的近似程度；（4）实际混淆的证据；（5）所使用的销售管道；（6）消费者在选择商品时的注意程度；（7）被告的意图；（8）商品种类扩张的可能性。❶但第九巡回上诉法院在后续案件中陆续确认，此8项判定标准是流动的概念，某些因素可能远比其他因素重要，而各项标准相对的重要性须视个案事实而定。

（四）"Lapp 十点测试法"

第三巡回上诉法院在修改正向混淆的认定标准基础上，提出适用于反向混淆的十因素标准：（1）原商标与被诉侵权商标的近似程度；（2）商标所有者的商标的显著性；（3）商品的价格或者其他因素显示出消费者在购买该商品时对该商品的注意程度；（4）在缺乏实际混淆证据的情况下被告使用该商标的时间长度；（5）被告采用该商标的目的；（6）实际混淆证据；（7）在相同的销售渠道下和使用相同的广告媒体时，商品之间是否存在竞争；（8）原被告之间销售计划目标的相同程度；（9）消费者认为原被告商品之间存在的某种关系，是否因为商品几乎一样，基本功能一样，还是其他因素；（10）并且该其他因素导致消费者认为在先商标使用者在被告的市场上销售其商品，认为在先商标使用者挤进了被告的市场。❷

迄今为止，第二、第三、第七和第八巡回上诉法院在考虑了特殊情形后归纳了分析反向混淆的一些规则；而第一、第四、第九、第十、第十一巡回上诉法院则对各自的正向混淆分析框架设定统一的例

---

❶ AMF Inc. v. Sleekcraft Boats，599 F.2d 341 （9th Cir.1979）。

❷ Malla Pollack，Suing for Reverse Confusion under the Federal Lanham Act.American Jurisprudence Trials，W.L.D.B（2009）relate to the case Interpace Co.V.Lapp.inc721F2d460（3dCir.1983），转引自"论商标反向混淆的认定标准"，载《国际商报》2010年10月13日第16版经济与法。

外情形。❶虽然判定反向混淆的标准未被完全统一，但法院普遍在以"Polaroid审查方法"作为依据判定反向混淆的同时，也根据案情适当地调整每一个要素所占的比重。

（五）法院实践

例如在1994年美国第三巡回区的"Fisons"案中，（1）法院在判定"被告侵权意图"时指出，在该案中，地区法院应当查明被告可曾通过名称检索查询"Fairway"标识是否已被其他公司使用？在查明存在上述情况后，被告有没有作进一步调查？被告有没有考虑使用该标识可能导致与其他公司商标混淆的发生？被告有没有尝试与使用近似标识的公司（例如"Fisons"公司）进行交涉？被告在评估是否存在混淆可能性时，是否存在过失？❷（2）在"跨越产品之间距离的可能性"上则参考"Lapp"案，❸美国地区法院认为还应当考察消费公众是否期望在先商标权人进入被告产品所属市场，或是否认为在先商标权人有可能进入该市场，仅有拓展计划并不能证明原告确有拓展的可能，因而不足以证明其有跨越产品界限的可能。在传统的正向混淆案件中，如果双方产品不具有直接竞争关系，原告跨越产品界限进入被告产品市场的可能性将成为认定"混淆"的一个重要因素。但在"反向混淆"案件中，在先商标权人进入商标在后使用人市场领域的可能性不应当成为"反向混淆"侵权的判定标准。此外，如果现实中客观存在一家公司同时销售争议双方的产品，那么这一证据就有着极大的参考价值，其证明力也会因这家公司市场知名度的不同而不同。因为对于相关公众而言，如果印象中有一知名大公司同时销售争议双方的产品，那么他们就极有可能会联想到市场知名度也较高的商标在后使用人同样会销售这两种产品。（3）在"实际混淆证据"上，"反向混淆"案件某些情况下，原告销售额增加也同样可以成为存在实际混淆的重要证据。有多少产生了混淆的消费者数量比例

---

❶ Christina P. Mott, Multifactors, Multiconfusion? Refining "Likelihood of Confusion" Factors for Reverse-Confusion TrademarkInfringement Claims to Achieve More Consistent and Predictable Results, Suffolk University Law Review 2014, 442.

❷ Fison Horticulture, Inc. v. Vigoro Indus, Inc, 30F. 3d 466（3d Cir. 1994）.

❸ Interpace Corp. v. Lapp, Inc, 721 F 2d 460, 462（3d Cir. 1983）.

才能证明存在混淆？一般美国法院认为，11% ～ 49%都可以被认为存在混淆。❶（4）在"商标在后使用人的意图"上，如果能够证明商标在后使用人是为了获得市场垄断地位而恶意使用侵权商业标识对市场进行饱和轰炸，恶意造成消费者混淆，损害中小竞争对手商业信誉，并最终达到将在先商标权人排挤出市场的情况，那么也应按照"正向混淆"中的处理方式，直接推定存在"混淆可能性"。在不以侵权故意为必要条件的情况下，实践中有这样一些因素可作为考察"反向混淆"条件下存在"混淆可能"的标准：①商标在后使用人事先有无进行名称检索，以确认该标识上是否存在在先权利或存在其他企业相似标识；②经检索确认在先使用情况后是否做了进一步调查；③是否考虑自己所选用的标识会与其他企业产品和商标产生混淆的可能；④是否尝试与相关在先商标权人就商标使用问题进行沟通协商；⑤商标在后使用人在评估混淆发生可能性问题时是否存在过失。❷（5）在"市场营销渠道相关性"上，与传统"正向混淆"案件的考察分析方法相似，审理法院应具体分析诉讼双方产品销售渠道的相关性，并查明是否存在产品之间具有直接的竞争关系或者相同的销售渠道。（6）在"产品质量"上，与"正向混淆"中的方法相同。审理法院应当查明商标权人是否因商标侵权人的劣质产品或服务而遭受商誉危机。然而，在多数"反向混淆"案件中，这种情况一般不会发生，因为被告作为强势公司，产品质量通常不是问题，原告产品质量与被告产品质量相比倒可能还存有一定差距。（7）在"产品或服务类型与顾客注意力"上，同"正向混淆"一样，法院在"反向混淆"案件中必须查明这类产品购买者的辨别能力，并根据产品价值大小来判断消费者在购买该产品时的谨慎程度。❸

---

❶ Humble Oil & Refining Co. v. American Oil Co. ，405 F. 2d 803，160 U. S P. Q. 289（8th Cir. 1969），cert. denied，395 U. S. 905（1969）.

❷ Fison Horticulture，Inc. v. Vigoro Indus，Inc，30F. 3d 466（3d Cir. 1994）.

❸ 沈禹钧、葛璐萍："论商标'反向混淆'侵权的构成要件"，载《海大法律评论》2008年第11期。

七、我国司法实践中出现的认定标准

（一）有在先商标

学者张耕、游楠认为，我国商标采用注册取得，只有合法取得商标权，法律才能够提供保护。在商标反向混淆侵权认定中也是如此，必须存在在先商标权，这是构成商标反向混淆侵权的前提。该注册商标必须符合法律要求，不抢注他人使用在先的商标，不侵犯其他在先权利。❶

（二）商标在后使用人对在先商标使用

学者张玉敏、李杨认为，《商标法》（2013）第48条❷对于"商标使用"有明确的规定，如果在后使用人使用涉案商标的方式与该法条规定的相同，则在后使用人构成"商标性"使用，此时在后使用人使用在后标识就有可能导致相关公众的混淆，有可能构成商标反向混淆侵权。有的学者认为在后使用人的不当使用行为还包括二次不当商业行为（如商业促销、宣传、经营等商业活动），该行为会导致相关公众的混淆。❸

（三）使用双方经济和市场竞争地位悬殊

学界大多认为涉案双方实力悬殊为反向混淆的认定考量因素之一，认为只有两方经济地位相差悬殊才有可能存在在后使用人凭借自身雄厚实力大力宣传使得相关公众认为涉案商标为在后使用人所有的情况，这是反向混淆存在的前提。但也有学者认为涉案双方经济地位相差悬殊并不是认定反向混淆的前提，在"游龙"案中涉案的双方"厦新"与"海

---

❶　张耕、游楠："商标反向混淆研究"，载《重庆理工大学学报（社会科学版）》2012年第5期。

❷　《商标法》第48条规定：本法所称商标的使用，是指将商标用于商品、商品包装或者容器以及商品交易文书上，或者将商标用于广告宣传、展览以及其他商业活动中，用于识别商品来源的行为。

❸　张玉敏、李杨："商标反向混淆探微——由'蓝色风暴'商标侵权案引起的思考"，载《江西社会科学》2008年第5期。

尔"经济实力相差并不悬殊，但也存在混淆的情形。❶

（四）在后使用人意图

对于这一问题学界有比较多的争议，一种观点认为反向混淆的保护强度应与正向混淆一致。正向混淆认定时并不要求侵权人的主观恶意，只要该侵权人进行了侵权行为即可构成侵权，故反向混淆中应该也不要求侵权人具有恶意。而且反向混淆中在后使用人多为商誉较好的大企业，并不会恶意攀附商标权人的商誉，如果考虑其意图，则多数反向混淆得不到制止，不利于保护商标权人的利益。还有学者认为，即使在后使用人完全不知道该注册商标的存在，也应该承担检索不力，注意义务未履行带来的不良后果，此时可以认为在后使用人主观上有过失。有的学者觉得虽然在后使用人的主观意图不是构成反向混淆侵权判定的决定性因素，但是如果在后使用人主观上存在故意或者过失，可以推断有混淆的可能性，辅助认定混淆的成立。

另一种观点认为在后使用人须明知或者应知在先商标的存在，否则与规制反向混淆的目的——防止恶意进行弱肉强食不相符，也有违市场经济的公平与效率。❷有学者认为反向混淆的非正当性在于在后使用人以一个相同或者相似的商标对市场进行饱和轰炸，淹没了商标权人。❸因此反向混淆的成立必须满足两个条件：（1）在后使用人知悉涉案商标，其大规模使用存在恶意；（2）在后使用人与商标权人的使用处于竞争性的市场。若不具备前述两个条件，在后使用人无可指责。

（五）混淆可能性

虽然在修法之前我国商标法中并未明确规定"混淆"作为认定侵权的考量因素，但是学界一直认为"避免相关公众混淆"是商标保护的一个重要方面。有的学者认为"混淆可能性"既是侵权认定的主要依据，

---

❶ （2003）青民三初字第19号。

❷ 阮开欣："'非诚勿扰'商标侵权案之我见——申请商标的延迟公开问题"，载《中华商标》2016年第1期。

❸ 李明德：《美国知识产权法》，法律出版社2014年版，第589页。

又是商标审查的重要尺度。❶有的学者建议构建以混淆认定为核心的侵权认定标准，即从各个方面考查是否有混淆的存在，如果存在就应该对相关行为加以规制。❷混淆可能性应为一种明显的真实可能性，而不是一种抽象的可能性，❸学界认为商标反向混淆中混淆可能性的认定应该从以下几个方面进行考量。

1. 涉案商标的显著性

商标的显著性是指商标应该具有的独特性，商标的构成要素要立意新颖、独具风格，消费者容易识别。❹其中有些商标在用于特定商品或者服务时，从一开始就具有显著性，即具有固有显著性。有些商标则是经过多年市场销售以及广告宣传之后，消费者意识到该商标指向特定生产商，该商标通过使用获得了显著性，即获得显著性。❺

有的学者认为反向混淆中应该考虑在后标识的获得显著性强弱，该标识显著性越强，相关公众对在后标识越熟悉，越有可能导致相关公众认为该标识为在后使用人所有，引起对于该标识的混淆。因为人们倾向于把不熟悉的标识误认为比较熟悉的标识或者将其看作比较熟悉标识的变体。❻也有学者认为应该考虑涉案商标的固有显著性，如果涉案商标的固有显著性较弱，在后使用人只是使用涉案商标的描述性含义，在后使用人不构成侵权。但无论是获得显著性抑或固有显著性，商标显著性都是不可或缺的一个重要因素。正如美国第三巡回上诉法院在一个反向混淆的案件当中所说的那样："法院应关注的是在后商标的商业显著性，以确定在后商标的宣传是否达到使相关公众充分意识其商标的

---

❶ 彭学龙："论'混淆可能性'——兼评《中华人民共和国商标法修改草稿》（征求意见稿）"，载《法律科学》2008年第1期。

❷ 沈禹钧、葛璐萍："论商标'反向混淆'侵权的构成要件"，载《海大法律评论》2008年第11期。

❸ 邓宏光：《商标法的理论基础——以商标显著性为中心》，法律出版社2008年版，第219页。

❹ 王莲峰：《商标法学》，北京大学出版社2014年版，第64页。

❺ 王迁：《知识产权法教程》，中国人民大学出版社2014年版，第388页。

❻ 张爱国："商标'反向混淆'理论初探——以案例为视角"，载《电子知识产权》2007年第8期。

程度。"❶

"ONE ESSENTIAL"案一审主审法官无锡市滨湖区人民法院法官杨某认为，对于显著性较弱的商标，在正向混淆的情况下，在先权利人一般已通过长期经营活动使其显著性获得增强，且在后使用人通常系出于"搭便车"的目的使用，故商标本身的显著性对近似认定的影响较小。但在反向混淆的情况下，在后商标使用人往往是具有较高知名度的大规模企业，其在市场竞争中的强势品牌效应远大于其某种商品中单一商标所发挥的识别来源作用，降低了相关公众产生混淆的可能性，故此时商标自身的显著性强弱将对近似认定产生重要影响。❷

2. 商标、商品相同或者相似程度

学者张耕认为，首先在后使用者的标识与在先商标是否相同或近似，应以商标整体呈现的印象为判断原则，并注重在隔离状态下的主要部分比对。其次，对商品类似的认定应在考量商品物理近似的基础上，结合商品销售渠道和宣传方式综合判断。实践中，若双方当事人的商品类似程度较高，其上又附着近似商标，产生混淆可能性的机率也就更大。❸

还有学者指出，反向混淆中应该降低对于产品关联度的要求，因为商标反向混淆中，在后使用人知名度较高，其使用使得在后标识具有很高的商誉，相关消费者看到商标权人在不同种类的商品上使用涉案商标也有可能会认为是在后使用人在拓展新业务。如果一味的强调商品种类的相似性，可能会导致商标权人的权利无法保障。❹

3. 商品进行拓展的可能性

商品进行拓展的可能性是指经营者以商标为依托扩大商标的使用领域，以更好拓展新领域、新业务。我国商标法中仅规定保护驰名商标的

---

❶ Checkpoint Systems, Inc. v. Check Point Software Technologies, Inc., 269 F.3d 270, 60 U.S.P.Q.2d 1609 (3d Cir.2001).

❷ 《商标固有显著性对反向混淆侵权认定的影响》，载http://ip.people.com.cn/n1/2016/0517/c136655-28357499.html，2016年5月27日访问。

❸ 张耕、游楠："商标反向混淆研究"，载《重庆理工大学学报（社会科学版）》2012年第5期。

❹ 侯丽娜：《商标反向混淆法律问题研究》，首都经贸大学2015年硕士学位论文，第31页。

跨类混淆。学界对于商标反向混淆中的是否使用跨类混淆存在争议。

一种观点认为，反向混淆中应该重点考虑商标权人是否有进行商标拓展的意愿。规制反向混淆的一个重要原因就是为了保护商标权人的现有市场地位以及将来拓展市场的能力。通常发生反向混淆时商标权人现有的市场不会受到太大的打击，甚至会因为在后使用人的大规模宣传使得商标权人的商品销量有所提升，这也是反向混淆初期没有被认为是侵权的重要原因。但随着在后标识知名度的提升，越来越多的消费者认识到在后标识，导致越来越多的消费者误认为涉案商标为在后使用人所有，使得商标权人对涉案商标失去控制，不能进入新的市场甚至失去原有市场。在商标权人有意愿拓展新领域时，在后使用人对于在后标识的使用会增大商标权人进入新领域的难度，损害了商标权人未来发展的空间。❶

另一种观点认为应该重点考虑在后使用人拓展新领域的意图，尤其是在后使用人是否有意图进入商标权人核准使用商标的领域，原因如下：（1）在后使用人多为实力雄厚的大企业，其进行新领域拓展较为容易，而且更容易引起消费者的混淆，导致反向混淆的产生；（2）重点考虑在后使用人的意图能够降低商标权人的举证难度，更好地保护中小企业的利益。❷

学者张耕认为，由于反向混淆旨在保护在先商标使用人进一步拓展市场的可能。如果商标使用人不可能在其已经使用的商品之外拓展市场，则保护其免受反向混淆的意义便会大打折扣。❸

4. 涉案商品的性质、价格以及消费者种类和注意程度

学者杜颖认为，如果涉案商品价格高昂，为高档耐耗品或者与人体健康等重大事项相关的物品，或者该商品的消费对象为专业人士，相关消费者在购买时会给予较高的注意力，混淆的可能性就会减小。反之，

---

❶ 李薇：《商标反向混淆法律问题研究》，中国政法大学2011年硕士学位论文，第26页。

❷ 游楠：《对商标反向混淆的探讨》，西南政法大学硕士学位论文，2012年，第24页。

❸ 张耕、游楠："商标反向混淆研究"，载《重庆理工大学学报（社会科学版）》2012年第5期。

则混淆可能性增大。❶

学者夏朝羡认为，在考查消费者的注意程度时应该主要关注购买商标权人商品的消费者。❷因为在反向混淆中，在后标识的知名度高，相关消费者进行识别较为容易，涉案商标知名度低，购买商标权人商品的消费者需要花费更多的注意力才能够识别。若存在购买商标权人商品的消费者混淆的情况，就可认定构成反向混淆。

5. 实际混淆的证据

虽然学者普遍认为具有混淆的可能性就可以认定侵权，但是若存在实际混淆的证据则可更直接地证明侵权的存在。商标反向混淆中的实际混淆是指现实中已经出现相关消费者对于涉案商标的权属发生误认，或者认为两者存在关联，甚至认为商标权人是仿冒在后标识的情况。

学者邓宏光认为，一般而言，只要能证明消费者很有可能对商品来源产生混淆即可。但若能证明实际混淆的存在，则商标侵权会得到更迅速的认定。但认定时还应结合实际混淆发生的概率，综合判定。❸

学者杜颖认为，实际混淆证据的主要形式有：直接混淆证据和问卷调查。直接混淆证据主要包括消费者误打咨询电话或者投诉电话，快递公司对货物来源误认，市场监督部门对商品真伪发生误判等，如"蓝色风暴案"❹中，质检部门误认为蓝野公司的"蓝色风暴"啤酒为假冒商品。问卷调查是指由特定机构依据特定的程序与规则设计出一系列问题组成问卷以了解相关消费者对于某一特定商标或者特定商品的了解情况，主要目的为调查相关公众对于该商标是否存在混淆。❺ 问卷调查这一方式在美国许多法院普遍应用，尤其在考虑多种因素之后仍不可确定混淆时调查问卷可作为强有力的证据。❻ 我国"蓝色风暴案"中，百事可乐公司提供了经过公证的77份有效调查问卷，该调查问卷得到法院的

---

❶ 杜颖："商标反向混淆构成要件理论及其适用"，载《法学》2008年第10期。

❷ 夏朝羡："美国商标反向混淆理论与实践及对我国的借鉴"，载《中华商标》2011年第1期。

❸ 邓宏光：《商标法的理论基础———以商标显著性为中心》，法律出版社2008年版，第47页。

❹ （2005）杭民三初字第429号，（2007）浙民三终字第74号。

❺❻ 杜颖："商标纠纷中的消费者问卷调查证据"，载《环球法律评论》2008年第1期。

认可，辅助证明了混淆可能性。

6. 市场销售渠道的相似性

有的学者认为在认定商标反向混淆时应该考虑涉案双方销售渠道的相似性，对于这一问题的考虑与正向混淆相同，如果涉案双方销售渠道相同，或者有直接的竞争关系，相关公众混淆的概率增大。❶

八、禁止反向混淆的正当性分析

（一）遏制小企业发展，破坏正常商业秩序

反向混淆一般发生于原告注册商标比被告的商标知名度低时，这种反向混淆会显著削弱原告利用涉案商标建立商业声誉和开拓市场的目的，导致原告注册商标的识别力被扭曲或遮蔽。如果不制止，就会使知名企业在使用他人的注册商标时毫无顾忌，从而发生弱肉强食的不公平竞争后果。❷ 被告大规模的广告宣传和市场销售活动却使得原告无法正常开发和利用其注册商标。原告确有可能最终失去"蓝色风暴"商标。从这个意义上讲， 反向混淆对商标权人造成的损害远胜于正向混淆。❸ 反向混淆不仅降低在先使用者商标的价值，而且还会导致在先使用者丧失对其商标的控制权。如果法院对反向混淆采取放任态度，大公司就可以不受惩罚地侵犯小企业在先使用的商标。从法经济学的角度若反向混淆成立，则会鼓励大公司、大企业随意侵害小企业商标，在事实上催生起一种不公平的市场竞争现象，不符合法律公平正义、平等保护各个市场主体利益的基本原则。❹ 反向混淆在给小企业的发展机会造成损害的同时，最终也损害了以消费者利益为代表的社会公共利益。❺

---

❶ 沈禹钧、葛璐萍："论商标'反向混淆'侵权的构成要件"，载《海大法律评论》2008年第11期。

❷ 杨河："'广州新百伦'大胜'美国NB'"，载《消费电子》2015年第9期。

❸ 彭学龙、张奕峰："'蓝色风暴'考量'反向混淆'"，载《中华商标》2006年第11期。

❹ Joel R. Feldman， Reverse Confusion in Trademarks， 8 J. Tech. L. & Pol'y 163.

❺ 郑其斌：《论商标权的本质》，人民法院出版社2009年版，第214页。

（二）直接经济损失

学者沈禹钧和葛璐萍认为，特定的商标标识必然和特定企业的特定产品相关联，从而使商标权人得以凭借商标这一载体在市场上积聚企业产品的商誉、信誉和知名度。在出现"反向混淆"情况下，"商标在后使用人"作为商标侵权人，往往凭借自己的强势和市场知名度，将商标权人的商标标识与自己的产品或服务联系起来，对市场进行强有力的促销，导致真正商标权人最初希望建立起的商誉与商标价值完全被商标在后使用人的产品淹没，在先商标权人及其产品与相关消费者之间的联系遭到破坏和扭曲。对于真正商标权人而言，其注册商标的价值也因在后商标使用人对该商标的大肆使用而被抑制甚至灰飞烟灭。更为严重的是，消费者对产品来源的混淆，势必导致真正商标权人蒙受不白之冤。例如，假设真正商标权人是一家小企业，当消费者误以为自己本应购买商标在后使用人的产品，而不是像商标权人这样一家不知名小企业的产品时，他会想当然地认为真正商标权人这家小企业假冒了知名大企业商标在后使用人的商标。一旦出现这种情况，本应用来保障并表彰商标权人商誉的商标反倒一时让商标权人背上了假冒他人商标的恶名，从而致使商标权人企业产品一时大量滞销、被退货等，从而给商标权人造成巨大的直接经济损失。❶

（三）侵害消费者利益

学者彭志强等认为，反向混淆不仅仅对商标持有人造成危害，同样也会对消费者造成危害，因为反向混淆模糊了消费者的选择，消费者应该享有区分商品和选择商品的权利，反向混淆本身就是一种扰乱市场秩序稳定的违法行为，所以最终受害的还是广大消费者。❷

学者吴立鼎认为，消费者在市场交易中享有对商品来源的知情权、商品选择权及求偿权。而商标法的根本宗旨是保护商品和服务的来源，

---

❶ 沈禹钧、葛璐萍："论商标'反向混淆'侵权的构成要件"，载《海大法律评论》2008年第11期。

❷ 彭志强、姜渝、陈隽："商标反向混淆的危害与对策"，载《重庆与世界》2014年第7期。

使消费者免于对商品来源产生混淆、误认。当在后商标使用人大肆宣传并使用他人商标抢占市场份额时，消费者客观上已认同该商标与在后商标使用人之间的联系，并误认为在先商标权人的商品来源于商标在后使用人。反向混淆行为引起了"混淆的可能性"，模糊了商品的真实来源，使消费者对商品来源产生了错误认知，并可能基于此误认而作出错误的商品选择，进而导致消费者不能及时有效地行使求偿权。因此，反向混淆侵害了消费者对商品真实来源的知情权、对商品的自由选择权及求偿权，无益于对消费者合法权益的保护，更无益于对市场秩序稳定安全的维护。❶

（四）商标专用权被侵害

注册制是我国商标法的基本制度，规制反向混淆恰恰是这一制度的应有之义。商标权通过注册而获得，并以申请注册的先后来确定权利归属。那么市场上所有的经营主体都有平等的机会获得商标注册，通过使用商标积累声誉，发展企业，壮大力量。❷ 商标专用权是赋予商标权人排他地使用其已经注册商标的一种权利，若允许反向混淆的发生则将会架空《商标法》第4条规定的商标注册获得制度，使其沦为一纸空文。

（五）市场开拓受阻

学者孙松认为，从已有的"反向混淆"案例看，商标在后使用人，也即商标侵权人，大多为规模较大、经济实力雄厚的公司，因此占有较大市场份额和享有较高市场知名度，如果商标侵权人产品抢先进入某一新市场，并通过市场推广手段使该商标标识与侵权人产品的关联性充斥消费者头脑，结果必然导致真正商标权人商标和产品的关联性被市场误以为假冒伪劣，真正商标权人的产品几乎无法进入该市场，真正商标权人商标的市场开拓功能几近完全丧失。❸

（六）商标逐渐被视为一项财产权保护的客体

学者杜颖认为，对传统商标混淆侵权的认识是以抵制"搭便车"行

---

❶ 吴立鼎："商标侵权的反向混淆及应对策略"，载《中华商标》2013年第3期。
❷ 刘洋："从'恒大'之争看商标反向混淆"，载《中华商标》2015年第3期。
❸ 孙松："论商标反向混淆侵权判定的司法适用"，载《电子知识产权》2016年第3期。

为为中心建立起来的，其主要目的是为了防止欺诈。但是，随着商标功能的变化，商标所具有的广告和宣传功能突出，商标上的商誉价值越来越受到重视，商标本身也逐渐被更多的人视为一种受财产权保护的东西。❶商标法的保护重点从最初的保护商标使用者不受恶意假冒，逐渐转向保护潜在的消费者，保护最初使用商标的先使用者，这种现象被称为商标法的财产化（propertization）。❷这样，不论是否存在欺诈、搭便车等不正当竞争行为，只要商标本身所具有的财产利益受到侵害，法律就要提供救济，这是反向混淆侵权成立的理论基础。❸

（七）法律保护商标除了保障、激励商标权人以外，还旨在维系市场秩序的稳定安全，以促进市场经济的持续健康发展

从广义上理解，这种秩序强调在社会进程中存在着某种程度的一致性、连续性与确定性，正是这种秩序为人们提供了安全指导。就市场经济秩序而言，除了规范经营主体之间的经营自由和公平竞争关系以外，调整经营主体和消费者之间的交易关系、充分维护消费者利益也是法律的重要功能趋向。就消费者而言，交易中应享有对商品来源的知情权、商品选择权及求偿权，而反向混淆行为引起"混淆的可能"，模糊了消费者认识上的确定真实性，侵害了消费者对商品真实来源的知情权，进而使消费者对商品的自由选择权无法实现，以至于出现商品质量问题时，消费者选择赔偿对象无所适从。总之，反向混淆行为造成了消费者对商品来源的认知混淆，将无利于对公众消费者利益的维护，更不利于对市场秩序稳定安全的维护。❹

---

❶ 杜颖："商标淡化理论及其应用"，载《法学研究》2007年第6期。

❷ Daniel D. Domenico, Mark Madness: How Brent Musburger and the Miracle Bra May Have Led to a More Equitable and Efficient Understanding of the Reverse Confusion Doctrine in Trademark Law, 86 Virginia Law Review 597, 601（2000）.

❸ 杜颖："商标反向混淆构成要件理论及其适用"，载《法学》2008年第10期。

❹ 张玉敏："商标反向混淆探微——由'蓝色风暴'商标侵权案引起的思考"，载《江西社会科学》2008年第5期。

（八）基于科斯定理的分析

学者张爱国根据经济学中科斯定理❶提出，第一，在选择把全部可交易权利界定给一方或另一方时，政府应该把权利界定给最终导致社会福利最大化或损失最小化的一方。第二，此时法律应最大程度地降低交易成本，使私人在资源配置上达成合作协议的障碍降到最低，以达到"帕累托"最优，即在资源分配的过程中在没有使任何人境况变坏的前提下，使得至少一个人变得更好。根据实证资料表明，作为侵权者的大企业往往愿意支付巨额费用给在先使用系争商标的小企业。❷因为通常情况下作为商标在先使用者的小企业往往缺乏资金开发商标和市场，如果双方能够达成交易，那么大企业得到了商标的使用权，小企业得到了资金，交易对双方来说是一个双赢的局面，根据科斯定理此时交易成本最低、效率最高。由于一般情况下，诉讼的成本要比双方在庭外达成的交易的成本高昂得多，禁止反向混淆的法律规定将首先迫使商标在后使用者的大企业与在先使用者的小企业协商，无论是商标许可还是商标转让协议的达成对双方、对消费者都是有利的，这也就是科斯定理所要真正表达的：法律应最大程度地降低交易成本。❸

反向混淆虽然并非传统的商标侵权，但其危害性却显而易见。因此，运用适当的法律对其进行有效规制方为正解。

九、绝对禁止在后使用人继续使用可能引发的问题

（一）变相激励原告不认真经营自己的商标

如果不存在恶意，合理的许可使用费就足以反映在后使用者的不当

---

❶ "科斯定理是指法定权利的最初分配从效率角度看是无关紧要的，只要交换的交易成本为零。"但在现实生活中交易成本为零的情形是不可能存在的，所以科斯定理的真正目的或者引申的科斯定理应该是：法定权利的最初分配对资源配置效率将产生重要影响，只要交易成本大于零。转引自赵守国："科斯定理的实质及其学术纷争"，载《经济学家》2004年第3期。

❷ 张爱国："商标'反向混淆'理论初探——以案例为视角"，载《电子知识产权》2007年第8期。

❸ Joel R . Feldman . Reverse Confusion in Trade -marks:Balancing the Interests of the Public，the TrademarkOwner，and the Infringer. J.Tech. L. & Pol'y，2003，163（8）.

得利或者在先使用者因侵权受到的损害。这样，原告要么获得合理的许可使用费，要么赢得被告利润的10%～30%。这一比例对于原告而言，无异于飞来横财，一般都高于许可使用费。这种数额巨大的赔偿金往往会激励原告提起诉讼。❶

（二）违背民法的"填平原则"

反向混淆理论既可以是小公司保护商标权利的武器，也可以是与大公司商谈的有力筹码，小公司或不知名的企业有可能借助反向混淆大发横财。我国民事侵权赔偿坚持"填平原则"，此种因反向混淆诉讼所得的超额赔偿违背了我国民事立法的基本原则。因此美国法院也开始对"反向混淆误认"理论加以反思。❷

（三）商标抢注

正如"专利渔翁"，近年来商标抢注热潮已催生了一条产业利益链：抢注、胁迫赎回或者转卖。林书豪商标❸、屠呦呦商标抢注事件就是如此。市场上可能会出现许多抢注并大量囤积，以期在日后以高价卖给他人的商标权人。但他们实际并不会为商标创造价值，而且也将会在社会上形成一种商标抢注的不尚风气。

（四）不符合经济效益原则

法官杨丽霞认为，简单地下发禁令责令停止使用商标无论对使用人还是社会，都是一笔可观的财产损失，不利于资源的最有效利用。有时在后使用也并非心存恶意，也许是在商标注册和使用之前由于检索不周等其他原因所致；在反向混淆中有必要考虑一种利益的平衡关系，这里的利益主体由在先使用者、在后使用者以及相关产品的消费者构成。在先使用者有着商标法所赋予的商标权，在后使用者因其对该商标混淆使

---

❶ Joel R. Feldman，Reverse Confusion in Trademarks，8 J. Tech. L. & Pol' y 163.

❷ 张小琳、姚新超："美国商标'反向混淆误认'的判定及其对中国的启示"，载《国际贸易》2013年第5期。

❸ "林书豪商标遭中国商人抢注名字市值超1亿"，载http://sports.sohu.com/20120221/n335390978.shtml，2016年5月20日访问。

用过程中的巨大投入，同时也存在着某种意义上的经济利益。❶

（五）不符合民法中禁止权利滥用的基本原则

禁止权利滥用原则与民法上的诚实信用原则相对应地发展，正反而合，依附于传统私法理论，也符合近现代社会的转换。而这一原则在知识产权领域中的适用，又契合美国判例法上发展的一套规则，经历了由较为被动的抗辩事由向具有主动性的诉因之转化。知识产权滥用现象主要表现为拒绝许可或不实施专利、采取过渡的技术措施、专利联营、滥用市场优势地位的行为（如搭售）、延长保护期（如将专利期限延长至法定期限之外）、滥发警告函、滥用诉权等。大致可分三类：一是以权利之绝对性为基础的拒绝许可、不实施或实施不充分的行为、过渡的技术保护措施等；二是以权利之相对性为基础的排除或限制竞争的市场行为；三是以程序性权利为基础的规则滥用。❷ 而在部分反向混淆的案件中，在后使用人为商标已经投入了大量的人力、物力、财力。同时多数情况下商标在后使用人对于在先商标使用也非基于故意，如果一概判定禁止在后商标权人使用商标的话，势必不利于商标的发展和社会整体经济水平的进步。

（六）若权利人将商标再行许可第三人使用，客观上又会使第三人获得在后使用人长期经营所获得的经济利益❸

虽然反向混淆会对在先商标使用人的利益造成很大的危害，但是片面的禁止该行为既违反法律的基本原则，也不利于促进社会效率，更难谓最优选择。因此，需要探寻一条可以实现各方利益最大化的解决路径。

---

❶ 杨丽霞："商标侵权判定中的重要考量因素"，载《人民司法》2012年第4期。

❷ 易继明："禁止权利滥用原则在知识产权领域中的适用"，载《中国法学》2013年第4期。

❸ 杨丽霞："商标侵权判定中的重要考量因素"，载《人民司法》2012年第4期。

十、解决方案

（一）法院先行调解

学者王海英提出，现今有两种发展趋势可供我们借鉴弥补传统解决方法的不足：通过权利制约达到权利衡平；❶通过权利配置实现权利通约。❷其建议在具体处理此类纠纷时可以适当引入权利衡平和权利通约理论。依据这种理论处理此类纠纷首选的方式是由法院主持采用调解结案。合则两利，分则两败，调解中当事人最有发言权。当事人是自己利益的最佳判断者，双方都会做出符合理性的、对自己效用最大化的选择，从而达到资源配置的最优化。在交易成本很低的情况下，如果能达成对双方都有益的交易，那么双方当事人就应该进行交易。即当双方能够一起谈判并通过合作解决其争端时，无论法律的基本规则是什么，他们的行为都将是有效率的，这个被称为实证的科斯定理的命题是对法律的经济分析中最著名的论断之一。❸

（二）停止侵权+赔偿

学界普遍认为，对于商标反向混淆类型的案件不应该简单笼统地直接使用"停止侵害 + 损害赔偿"的裁判方式，还应当根据案件具体情况做出最为合适的选择。

杨丽霞法官认为，（1）如果在后使用者基于侵权的故意而使用该商标，则可以认定构成商标侵权，判决在后商标使用人停止使用商标标识，并依据侵权情节适当地提高赔偿金标准，以促进当事人诉前协商、防止滥诉；（2）如果在后使用者不是基于侵占商标的故意而使用该商

---

❶ 所谓权利衡平是根据权利制约原理，当不同权利产生冲突时，采取利益平衡方法，使不同权利在合理限度内都能受到法律保护，尽量使权利冲突所产生的损害减少到最低限度。我们在进行权利衡平时，还应当按照一种能避免较为严重的损害的方式来制约权利，或者反过来说，这种权利制约能使效益最大化。

❷ 所谓权利通约是指不同权利发生冲突后当事人通过和解或诉讼方式由法院主持调解，采用某种救济措施（通常是经济补偿），互相约定将一种权利转化为另一种权利，并加以比较和交换，以这样的方式平息纠纷。

❸ 王海英："商标侵权中的反向混淆"，载《福建师范大学学报（哲学社会科学版）》2008年第6期。

标，则可以被认定为商标侵权，被告应停止使用商标，视侵权及有无故意等情形适当减少赔偿金额；（3）如果判决构成侵权，但原告注册商标后并未对商标进行使用，则应当判决被告停止使用商标，只赔偿诉讼产生的合理费用。由于原告未对其注册商标进行积极有效的使用，使其未能发挥商标的识别功能，已经违背商标法关于推动市场良性发展的初衷，故法院可以在认定在后使用人侵犯在先商标专用权的前提下，判决其停止使用商标，但是只赔偿由本次诉讼产生的合理费用，以避免注册商标人故意注册商标牟利的行为。❶

学者彭学龙认为，应当根据具体时间的不同作出不同的裁判，一般说来在案发初期，被告对于系争商标的使用尚未在消费者心目中留下深刻印象，法院应维护在先商标所有人的利益，禁止被告继续使用，并赔偿原告损失。但是，如果原告放任被告使用其商标的行为一旦使消费者在心理上将系争商标与被告联系在一起，则该商标事实上已经成为被告的商标。此时，法院只能承认既成事实，允许被告获得商标所有权，并视案件具体情形如被告过错大小等判令被告给予原告适当补偿。❷

美国学者莉亚（Leah）提出，可以在侵权损害赔偿额的计算上，不考虑侵权人的主观状态，依据商标许可使用费来计算损害赔偿额，同时配合禁令的救济形式。❸此种方式即是法院在原告与被告之间假定存在一种强制商标许可使用合同的关系，假设这种关系成立并计算被告应该支付给原告的许可使用费用，以此确定损害赔偿金额。学界目前对于赔偿金的适用存在较大争议，具体表现在以下两个方面。

1. 反向混淆赔偿适用原则

虽然正向混淆侵权认定采用的是"无过错责任"，但该归责原则只适用于侵权认定，在判定是否适用赔偿时还需要考虑被控侵权人是否存在主观过错。有的学者认为在反向混淆中，对在后使用人苛以赔偿责任

---

❶ 杨丽霞："商标侵权判定中的重要考量因素"，载《人民司法》2012年第4期。

❷ 彭学龙："商标反向混淆探微——以'蓝色风暴'商标侵权案为切入点"，载《法商研究》2007年第5期。

❸ Leah L. Scholar, Righting the Wrong in Reverse Confusion, 55 Hasting Law Journal 737, 741（2003-2004）.

时，应该与正向混淆一样，要求在后使用人存在主观过错，否则对于已经履行了注意义务的在后使用人来说所需承担的责任过重，同时可能会引来抢注风潮。

有的学者认为采用过错原则就需要商标权人证明在后使用人主观具有恶意或者过错，这一举证责任对于中小企业来说十分困难，为了能够更好地实现利益平衡，建议适用过错责任时采取举证责任倒置，这样可以更好地分配双方的责任，实现公平，同时防止滥诉。❶有的学者认为应该区分在后使用人的主观状态，分为故意和过失，针对不同的主观意图采用不同的赔偿标准。在有证据证明在后使用人故意或者在后使用人经商标权人提醒仍不停止侵权时可以判决在后使用人支付较高的赔偿金，赔偿金可以包括一定的惩罚性赔偿，这样可以给在后使用人一定惩罚同时警示他人。如果在后使用人主观状态为过失，应该依据在后标识与涉案商标的相似程度分别考虑。如果在后标识与涉案商标完全相同，在后使用人检索到该涉案商标较为容易，在这种情况下应该判定在后使用人支付一定赔偿金，但无须支付惩罚性赔偿。如果在后使用人使用的标识与涉案商标构成相似，在后使用人证明自己已经尽到了检索的义务，没能认识到自己使用的在后标识会与涉案商标构成混淆，在此情况下应考虑到商标近似判断的主观性以及市场变化的不可控性，免除在后使用人赔偿责任。

2. 反向混淆赔偿适用标准

学界不仅对于商标反向混淆侵权救济措施的适用原则有着不同的认识，对确定赔偿金所应考虑的因素也有着不同的观点。正向混淆的案件中法院通常依据《商标法》（2013）第63条确定赔偿数额。如前文所述，虽然第63条规定了不同的赔偿金计算方法，但是在具体适用时由于证据较难取得，通常采用法定赔偿方式。在确定法定赔偿的数额时法院通常会考虑以下方面：（1）侵权行为的持续时间；（2）侵权行为的性质及范围；（3）侵权产品的利润率，在无法具体确定被诉侵权人的利

---

❶ 叶赟葆：《抗辩视角下商标权限制体系研究》，华东政法大学2014年博士学位论文，第48页。

润时法院会参考该行业内平均利润或者与被诉侵权人相近规模经营相似产品的公司的利润；（4）侵权产品的销售总额，在没有具体证据证明销售总额时法院会结合被诉侵权人的销售范围、销售门店、销售时长以及门店销量等进行估计。

由于反向混淆自身的特殊性，在后使用人通常具有较高声誉并且没有借助涉案商标的商誉，附有在后标识的产品的销售利润并不单纯来自在后标识的使用，在后使用人产品的热销与其自身的商誉、在该产品上的宣传投入、该产品的质量优良等有很大的关系。因侵权所获利润较难确定，这也是"新百伦"案中法院判定新百伦公司将一半利润赔偿给周乐伦时引起广泛争议的原因。国内学者认为，确定"商标反向混淆赔偿数额"还需考虑以下几个方面：（1）商标权人自身的经营状况，如果商标权人自身经营状况较差，商标使用较少，在确定赔偿额时应该适当减少；（2）在后使用人自身获利能力，在后使用人本身具有良好的企业声誉、优良的产品质量，投入了较大规模的宣传，其产品热销所带来的获利与其自身获利能力息息相关，在确定赔偿额时考虑在后使用人自身获利的能力；（3）涉案双方的主观意图，如果商标权人是恶意抢注，或者故意延迟起诉以谋取高额赔偿，法院在判决时应该适当降低赔偿额度，如果在后使用人是故意使用或者虽然起初为过失但提醒后仍继续使用，应该提高赔偿金额度。在赔偿金额难以确定时还可以引入评估机构进行评估。

（三）商标共存

学者李玉香、刘晓媛认为，考虑到社会福利最大化，尽量维护现有各方的利益，可以借鉴商标共存制度。反向混淆发生的根本原因在于在后标识与涉案商标相同或者相似，如果在在后标识上附加显著性标识，使得两者可以区分，消除消费者的误认，就可以杜绝混淆，不侵犯商标权人的利益。❶

（四）商标许可使用许可制度

学者王海英认为，虽然制止反向混淆有重要的意义，但对于反向混

❶ 李玉香、刘晓媛："构建我国商标共存制度的法律思考"，载《知识产权》2012年第11期。

淆侵权的处理却不必一刀切，一律禁止在后使用人停止使用在后标识。应该针对案件的具体情况具体分析。❶

在某些情况下，对商标权人进行经济补偿的前提下允许在后使用人继续使用在后标识更有效率。❷有的学者认为可以不考虑侵权人主观状态，依据商标许可使用费来计算损害赔偿额，同时配合禁令救济。❸如果在后使用人已经占领了较大的市场，消费者已经完全认可了在后标识，商标权人行使自己商标权的空间过小时，强制要求侵权人承担停止侵权、消除影响的责任对于在后使用人、商标权人、社会公众均无意义，对于社会整体财富来说也是一种减少，不符合利益平衡原则。此时可以谈判协商转让商标所有权或者许可使用。在后使用人可以以高于市场价格购买商标所有权或者支付许可使用费，以实现社会利益最大化。在后使用人购买商标所有权后还可以许可原商标权人在限定范围内使用商标。❹法律经济学上的科斯定理认为，只要产权明晰，交易成本较低，经过当事人自愿协商和谈判，就可以获得一种有效率的结果。❺

如果不能够达成和解协议，法院应该通过权力制约达到权力衡平或者通过权力配置实现权利通约。❻权利通约是指在发生权利冲突无法平衡利益时，当事人通过和解或者法院调解的方式约定通过给与补偿将一种权利转化为另一种权利以平息纠纷。权利通约会牺牲一方的利益，用另一方的既得利益进行平衡。具体到商标反向混淆侵权中就是指允许在后使用人继续使用商标同时给予商标权人一定的补偿。若经调解、和解

---

❶ 王海英："商标侵权中的反向混淆"，载《福建师范大学学报》2008年第6期。

❷ 彭学龙："商标反向混淆探微——以'蓝色风暴'商标侵权案为切入点"，载《法商研究》2007年第5期。

❸ Leah L. Scholar, Righting the Wrong in Reverse Confusion, 55 Hasting Law Journal 737, 741（2003-2004），转引自杜颖："商标方向混淆构成要件理论及其使用"，载《法学》2008年第10期。

❹ 张小琳："美国商标'反向混淆误认'的判定及其对中国的启示"，载《国际经贸》2013年第5期。

❺ 袁博："'非诚勿扰'案微评：'蚂蚁吃大象'有理吗？"，载《中华商标》2016年第1期。

❻ 陈欣新："法理学研究状况"，载http://www.china.com.cn/zhuanti2005/txt/2004-06/02/content_5577920.htm，2016年3月27日访问。

双方仍不能达成合意，则法院可以借鉴专利法、著作权法中的强制许可制度，以判决的形式强制允许在后使用人使用涉案商标，同时要求在后使用人支付商标权人一定赔偿金，以求得公正和正义。但这种法定许可应该严格地限定在在后使用人有证据证明其确实付出了相当的努力和投入，并使原告商标因被告的行为而发生了较大的增值的场合，同时以被告在诉讼中一次性及时结清其所应支付的许可使用费或者赔偿金为执行条件。❶

---

❶ 江苏省高级人民法院民三庭："商号权与商标专用权冲突的法律问题研究"，载《人民司法》2004年第11期。转引自王海英："商标侵权中的反向混淆"，载《福建师范大学学报》2008年第6期。

商标反向混淆构成要件研究案例综述

■ 彭 敏 刘 迪 苏 桀 朱小芳
指导老师：黄武双

【摘要】商标反向混淆的概念并未直接出现在我国商标法的相关法律条文中，而美国商标反向混淆的概念却在案件审判中不断成熟。通过对美国商标反向混淆典型案例的分析，得出美国法院在进行相关案件审判时所采取的认定标准。同时，对于我国近5年来出现的司法审判中有关商标反向混淆的案件进行检索，了解到我国法院对于反向混淆理论还没有完全的接受，有些法院还处于观望状态，而对于反向混淆理论的认定还停留在构成要件分析的阶段。我国司法实践中在运用反向混淆理论时，往往是借鉴了正向混淆的构成要件来进行判断的。而美国法院更多的是在进行反向混淆要素的判断与分析，与我国实践中的分析方式，存在差异。我国司法实践在认定反向混淆时主要考虑的构成要件为：在后商标知名度，实际混淆，商标相同或近似，商品或服务的相同或类似。

一、美国商标反向混淆典型案例

美国联邦商标法《兰哈姆法》中没有明确的关于"反向混淆"的规定。"反向混淆"规则是由法院的一系列判例所确定的。

（一）Polaroid案❶（1961年正向混淆可能性判定的8要素）

原告拍立得Polaroid向纽约东区地区法院提起诉讼，主张被告使用相似商标"Polarad"的行为构成商标侵权和不正当竞争。上诉法院在判决中阐述了判定混淆可能性的8个因素。

当产品不同时，在先权利人胜诉的可能性是由许多不同因素确定的：（1）商标强度；（2）两个商标之间的近似程度；（3）产品之间的相似程度；（4）在先所有人弥补差距的可能性；（5）真正的混淆；（6）被告在确认标识时的善意程度；（7）被告产品的质量；（8）消费者的注意力程度。

尽管法院提出了考虑混淆可能性的经典标准，但其并没有将该清单中的8个因素进行深入探讨，因此分析和适用其中的决定因素成为后续法院的任务。虽然如此，美国第二巡回上诉法院在该案中归纳的8要素对于混淆可能性的判断仍然影响巨大。

（二）Big O案❷（1977年首次认定反向混淆）

美国第十巡回上诉法院在1977年判决的Big O Tire Dealers, Inc. v. Goodyear Tire & Rubber Co.案中正式接受反向混淆理论。案件中，被告主张自己没有利用原告商誉的意图，也没有将自己的商品假冒原告商品，如果仅仅造成了原告商品来源上的混淆，不应当承担法律责任。

法院认为，接受被告逻辑的结果必将是，一个知名公司从竞争者那里窃取了一个商标，并且有经济实力做密集广告时，便可以免除不正当竞争责任。那么任何具有相当规模和资源的人，都可以采纳他人的商标并开发出新的含义，以作为在后使用者的产品标识，这显然是不公平的。本案中不当使用商标的行为毫无疑问是不正当竞争，必须受到起诉。

该案被称为美国反向混淆的起源性判例。法院承认"反向混淆"是基于保护较弱势的先商标使用人正当使用其商标的权利，否则后商标使用人可凭借其强大的经济实力而损害先商标使用人的商标权益。尽管在Big O案中法院接受了反向混淆理论，但尚未形成判断反向混淆侵权的

---

❶ In Polaroid Corp. v. Polarad Electronics Corp., 287 F.2d 492.

❷ Big O Tire Dealers, Inc. v. Goodyear Tire & Rubber Co., 561 F.2d 1365.

标准。

（三）Plus Products v. Plus Discount Foods，Inc.案❶（1983年）

Polaroid检验标准被首先运用到反向混淆中是在Products v. Plus Discount Foods，Inc.案中。美国第二巡回上诉法院明确指出，在确定原被告的非竞争性产品之间的混淆可能性时，最恰当的方法就是考虑和权衡Polaroid案中所列举的经典公式。并且8个因素中没有任何一个因素是具有决定性的，必须综合考虑所有因素，并对其进行权衡。

在全面审查Polaroid案的8个要素之后，法院认为由于两者产品质量和销售风格差别巨大，消费者注意力较高，商标整体不相似等原因，不足以产生混淆可能性，因此没有理由对被告的非竞争产品颁发禁令，禁令只针对双方交叉的特定三种产品。

该案中美国第二巡回上诉法院在反向混淆侵权分析中沿用与正向混淆相同的思路，即采用正向混淆的标准来判断是否存在混淆可能性。

（四）Sands，Taylor & Wood Co. v. Quaker Oats Co.案❷（1992年）

1992年，曾经否认反向混淆概念的美国第七巡回上诉法院，首次在本案中承认了商标反向混淆。1980年，原告Sands，Taylor & Wood在试销市场中使用涉案商标"Thirst-Aid"，而被告于1981年开始使用涉案商标"Thirst-Aid"，并于1984年对该商标进行大规模的市场宣传活动。

美国第七巡回上诉法院提出了禁止反向混淆的原因在于，消费者更熟悉在后商标，保护在先商标拥有者在利用商标进入新市场时，避免被公众认为是侵权者。同时，美国第七巡回上诉法院认为在商标反向混淆中，故意仿冒的"搭便车"意图并不重要，反向混淆的成立与搭便车的主观故意没有直接联系。因此，美国第七巡回上诉法院认为在审查反向混淆是否成立时，不应当考虑"搭便车"的侵权故意。

（五）W.W.W. Pharmaceutical Co.，Inc. v. Gillette Co.案❸（1993年）

该案中，美国第二巡回上诉法院结合案情，将Polaroid的检验标准

---

❶ Plus Products v. Plus Discount Foods，Inc.，722 F.2d 999.

❷ Sands，Taylor & Wood Co. v. Quaker Oats Co.，978 F.2d 947（1992）.

❸ W.W.W. Pharmaceutical Co.，Inc. v. Gillette Co.，984 F.2d 567.

逐一进行详尽的分析、验证，并作为判断反向混淆成立与否的根据。

首先针对商标的强度，其确定了两个检验标准：（1）商标固有的显著性；（2）市场中的显著性程度。针对商标相似性因素，第二巡回上诉法院很大程度上采用了同Plus案相同的方式，分析产品的整体印象是由大小、标识、外观和包装设计所决定的，认为除了名字相似以外，商标本身并不构成混淆性的相似。作为实际混淆的证据，法院引用了第十一巡回上诉法院的观点，认为用来证明混淆的证人必须是潜在购买者。针对被告的善意因素，法院认为被告已经选择了一个与其产品的外形很匹配的名字，已经作了商标检索，并且信赖法务的意见。因此，被告已经证明了自己的善意勤勉，但原告未能提出任何被告意图促使混淆的证据。法院认为原告未能证明反向混淆的可能性，因此不支持其反向混淆的主张。

（六）Universal Money Centers，Inc. v. American Telephone & Telegraph Co.案❶（1994年）

本案中，原告UMC开展电信银行服务，并注册了4个商标，都是"Universal"的派生词。之后在学术颁奖的电视广告时间引入了电话和零售信用卡"AT&T Universal Card"。

美国第十巡回上诉法院的多数意见认为，被告没有任何利用原告商誉的企图，不是故意从原告的商誉中盈利。同时，报告中显示的实际混淆的例子是微小的。因此，此次法院支持了被告的诉讼主张。

（七）Sunenblick v. Harrell and MCA，Inc.❷案（1996年）（试图修正Polaroid标准）

在本案中，纽约南部法院认为Polaroid标准最初是从直接混淆中发展来的，并不是最合适的反向混淆检测标准。因此，法院驳回了被告要求法院受第二巡回上诉法院先例束缚的辩诉，表达了在反向混淆中创建新的规则的意愿。

本案中，法院审查反向混淆的标准为：商标的强度，由固有显著性

---

❶ Universal Money Centers，Inc. v. American Tel. & Tel. Co.，22 F.3d 1527.

❷ Sunenblick v. Harrell and MCA，Inc.，101 F.3d 684.

和商业显著性二者结合决定；商标的近似程度；商品的近似性，即商品之间的竞争性；进入新市场的可能；实际混淆；被告的主观意图；产品质量；消费者的注意程度。最后，法院认为，有必要对Polaroid标准进行全面的改革，尤其是在处理反向混淆的法律模式上。

二、美国商标混淆案件分析

在美国判例中，最初提出反向混淆概念，到Big O案商标混淆第一案，到之后适用混淆可能性判定的Polaroid 8要素标准，再到之后的修正混淆可能性判定的Polaroid 8要素标准，也经历了几十年漫长的发展。在美国不同的巡回上诉法院，对于商标反向混淆的认定及混淆可能性判定的要素，也存在差异，并没有形成完全统一的运用规则。反向混淆理论最初是从商标正向（传统）混淆理论引申而来，对几个特殊的混淆要素进行了调整。目前，各巡回上诉法院较为支持的是美国第二巡回上诉法院的Polaroid标准，即混淆可能性判定的8要素。混淆判断的所有要素，并不是决定性的，而是综合各要素最终判断商标是否构成反向混淆。

1. 不同法院的适用标准

美国第二巡回上诉法院适用了最广为人知的，号称为"Polaroid"因素的标准，并且与第一、第六、第九和华盛顿巡回上诉法院一样，分析8个因素。其他巡回上诉法院，例如第七、第四，一般适用7个要素，然而第三巡回上诉法院普遍使用Lapp 10个因素，联邦巡回上诉法院用13个因素。仍有其他的巡回上诉法院，包括第八和第十，使用6因素测试。确实存在一些各个巡回上诉法院都交织使用的因素，但是使用的因素以及法院对每个因素的权重仍旧有较大的不同。

2. 判断混淆的通用要素

虽然不同的法院在判断反向混淆时适用的标准和考虑的要素并不完全一致，但是从整体来说，还是有相似和通用的要素，在个别要素上法院有不同的态度和看法。各法院通用的要素主要有：商标的强度；商标的相似程度；商品或服务的近似程度；实际混淆的证据；被告的主观意图；消费者的注意程度；商品种类扩张的可能性。

（1）商标强度。商标与商品之间联系的程度越密切，商标的强度就越大。一般较强的商标，商标所有人对于商标进行宣传和经营，在市场上的影响力和竞争力较大。

（2）商标的相似程度。以消费者的一般注意力来看，商标的相似程度越大，越容易造成一般消费者对于在先商标和在后商标的混淆。

（3）商品或服务的近似程度。商品或服务存在竞争、可以互相替代、具有相同的功能或用途、销售渠道相似，都容易造成商品或服务近似，也更容易造成消费者混淆。

（4）实际混淆的证据。在正向混淆中，具有混淆可能性便可能构成侵权。但在反向混淆中，混淆可能性已经不能满足要求，一般要求在先商标权人提出造成消费者实际混淆的证据。

（5）被告的主观意图。判断混淆一般要求在后商标权人具有搭便车或者仿冒的主观意图，利用在先商标权人所累积的商誉，属于主观恶意。

（6）消费者的注意程度。相关公众具有的一般、合理的谨慎程度，消费者对于商品和商标的注意程度越高，混淆的可能性就越大。

（7）商品种类扩张的可能性。即跨越鸿沟的可能性，这是反向混淆中最重要的考虑因素，在先商标权人利用其商标进入新的市场，扩展商标使用范围的可能性，这是值得保护的在先商标权人的法益。

3. 被修正的因素

不论各法院判断混淆的标准是什么，几乎都是以Polaroid标准为基础的。而Polaroid标准最先是源于正向混淆理论，因此最初提出的判断标准是比较粗糙的，并没有经过太多实践的检验。各法院在适用反向混淆案件时，对Polaroid标准进行了一些修正。

（1）主观意图。

正向混淆一般会考虑到侵权人的主观故意，即侵权人"搭便车"的主观故意，因此在最初侵权人的主观故意也影响到反向混淆的侵权判断。后来，法院对这一要素的认定逐渐发生变化，对于主观要素的认定，法院倾向于考察侵权人淹没在先商标的主观故意，或者不考虑侵权人的主观故意。在Sands，Taylor & Wood Co. v. Quaker Oats Co.和

Sunenblick v. Harrell and MCA， Inc.两案中均认为"搭便车"的主观故意并不是最重要的，主观因素对于反向混淆的判决并没有直接的联系。

（2）商标的强度。

对于商标的强度，不应该仅关注在先商标，更应该关注在后商标的强度。同时，也并不仅仅指商标的固有显著性，同时还包括企业的商业实力及其在商业活动中对商标进行的宣传、经营所具有的企业实力。在W.W.W. Pharmaceutical Co.，Inc. v. Gillette Co.案中，美国第二巡回上诉法院试图判断商标的强度，主要考察了商标固有显著性以及市场中的显著性程度。商标仅仅具有显著性，并不代表商标具有很强的经济价值，当商标背后所指代的产品和企业具有较强的市场竞争力，才是反向混淆侵权人所看重的。

三、国内商标反向混淆案例

在知产宝及北大法宝数据库中输入"商标反向混淆"的关键字，共检索出30起商标反向混淆案例。

图1为商标反向混淆案件的时间分布图，从图1中可以看出，涉及反向混淆理论的案件并不多，主要是在近5年不断涌现，并呈现出增长的趋势，因此反向混淆理论也得到了学界关注。

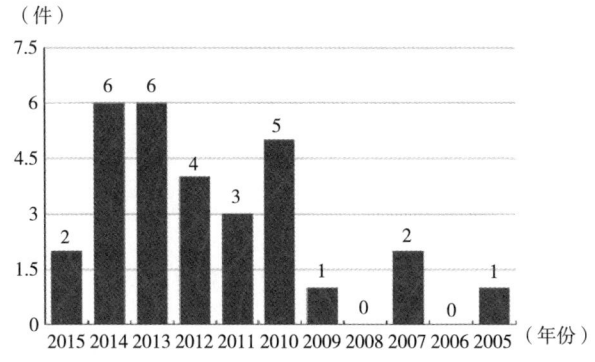

图1　法院态度统计

图2为法院在商标反向混淆案件中的基本态度统计图，从图2可以看出，在涉及反向混淆理论的案件中，法院采用了反向混淆理论的数量不到一半，有相当数量的法院采取观望态度或者不予认定态度，甚至有小部分法院直接否认反向混淆理论。

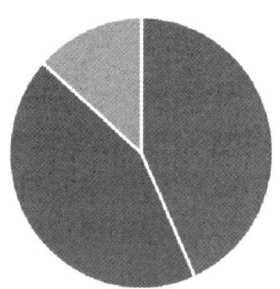

■采用了反向混淆理论　　　　　■对于反向混淆理论不予认定

■否定了反向混淆理论

图2　商标反向混淆案件时间分布

我们在检索出来的国内案例中，选出几个具有代表性或者是对反向混淆理论有较多阐述的案件进行分析。

1. "蓝色风暴案"

2007年浙江省高级人民法院"蓝色风暴案"❶是我国首例反向混淆案件，法院依据《商标法》第52条"未经商标注册人的许可，在同一种商品或类似商品上使用与其注册商标相同或近似的商标"，认定被告的反向混淆行为构成了商标侵权。被告的行为虽未通过原告的商誉获取利益，但在长期的促销"轰炸"中造成公众将原告商品误认为是侵害人生产的商品，导致原告的经营生存空间遭受挤压、商誉与企业身份逐渐流失。

2. "土豆案"

在"土豆案"❷中，法官对反向混淆说理较为充分。法官认为：申

---

❶　（2007）浙民三终字第74号。

❷　（2011）一中知行初字第2507号。

请商标的知名度远高于引证商标。此种情况下，相关公众虽不会误以为使用申请商标的商品或服务系由引证商标所有人提供，但这并不代表不具有混淆的可能性。在申请商标的知名度远高于引证商标的情况下，相关公众基于对申请商标的较强认知很可能认为使用引证商标的商品或服务系由申请商标所有人提供，此种混淆亦属于《商标法》第28条规制的混淆，即反向混淆。在这种可能存在的情况下，其后果就是会导致引证商标所有人的预期利益受损，因为其损害了引证商标所有人与商标之间的唯一对应关系。

3．"银鹭案"

在"银鹭案"一审❶中，法院在引证商标使用情况不明的情况下，认为由于银鹭公司通过长期使用使得申请商标在指定使用的商品上取得一定知名度，若引证商标的权利人在上述类似商品上使用引证商标时，易使相关公众认为引证商标与银鹭公司存在关联，从而造成反向混淆，因此银鹭公司认为申请商标与引证商标在相同或类似商品上共存不会造成市场混淆的主张不能成立。在此种情况下，法院的观点实际上为原告的论证义务为证明实际上完全不存在混淆的可能性。如果原告不能说明，则认定这种混淆可能是存在的。

4．"积分宝案"

而在上海的"积分宝案"❷中，法院认同反向混淆的概念，但在认定上不同于上述案例。而是将反向混淆构成商标侵权的根本基础限定在对注册商标固有权利的保护上，即只有在相同的商品或服务上使用相同商标的行为才会构成对注册商标固有权利的侵犯。从而能认定被告不构成侵权。该案中，关于混淆可能性的认定，应根据商标及所标识的商品或服务的对比情况，并结合商标的显著性、知名度等因素进行综合认定。实际混淆的证据只能作为参考因素。仅凭实际产生过混淆并不足以证明较大的混淆可能性。较之于上诉案例，法院对反向混淆的认定则严苛很多。

---

❶ （2012）一中知行初字第2714号。

❷ （2011）浦民三（知）初字第415号。

四、反向混淆司法实践

1. 反向混淆理论运用现状

在30个案例中，有16个民事案例，14个行政案例，行政案例中，13个案例被告为工商评审委员会。

反向混淆理论借鉴美国商标实践中形成的理论，在我国的判决中并没有形成统一的定义，对于反向混淆的概念也是在逐渐摸索。在2013年"皇马案"❶中对反向混淆的概念比较明确，法院对于反向混淆的定义是：反向混淆是指在后商标使用人对商标的使用过程中，通过大量的广告宣传等手段，使之获得了较高的知名度，以至于消费者会误认为在先的商标使用人的商标来源于在后商标使用人或两者之间存在许可等关联关系。

在目前的国内判决中，大多数法院对于商标反向混淆理论的适用还是很混乱的，已经有当事人提出对反向混淆理论进行抗辩，但也有当事人认为目前反向混淆理论只是学术观点，暂时不能在司法实践中运用。法院在司法实践中，运用商标反向混淆理论时，援引《商标法》第52条第1款、第5款，以及《商标法》第28条。运用不同的条款都需要法官进行大量的解释。目前我国法院大多数都承认商标反向混淆理论，都是运用正向（传统）混淆理论的思维逻辑进行类推适用。但是在侵权判断的时候，却并不常见将商标反向混淆的理论作为判决理由。

在法官的判决书中，基本上没有法官直接对反向混淆进行否定，但是很少有法官对反向混淆进行细致的推理说明，通常只是在判决书中直接提到反向混淆一词，或是用"反向吞噬"❷等词。其中，北京市第一中级人民法院在反向混淆的认定中，则呈现越来越清晰的过程。❸ 在北京市第一中级人民法院的几个判决书中，法官对于反向混淆作出直接引

---

❶ （2013）粤高法民三终字第630号。

❷ （2014）高行终字第456号。

❸ 在营养快线商标案（（2010）一中知行初字第3517号）和爱马仕商标案（（2011）一中知行初字第190号）中，法院对于反向混淆的论证部分说理不够充分。但在之后的一些案件中，则对此进行了较为细致的推理过程。

用，并将反向混淆概念直接纳入《商标法》第28条的保护体系内。

2．构成要件分析

我国司法实践中在运用反向混淆理论时，往往是借鉴正向混淆的构成要件进行判断。而美国法院更多的是在进行反向混淆要素的判断与分析，与我国实践中的分析方式存在差异（见表1）。

表1　法院判定反向混淆时考虑因素的情况

法院考虑的因素	数量统计（件）
在后商标知名度	11
实际混淆	6
商标相同或近似	9
商品或服务相同或类似	6

（1）在后商标知名度。

反向混淆与正向混淆的最大区别在于知名度，即在后商标的知名度远远大于在先商标，因此会使得一般公众认为在先商标来源于在后商标。"蓝色风暴案"❶"非诚勿扰案"❷等反向混淆经典案件之所以在全国引起广泛影响，无一不是因为在后商标在全国范围内具有知名度和影响力。

（2）实际混淆。

法院在认定反向混淆时，往往会化大量的篇幅分析商标是否构成混淆，认定混淆的情况是重中之重。在这一点的认定中，我们发现，法院对于混淆的标准，已经不仅仅局限在混淆可能性，而更多的追求相关公众对于商标已经产生误认。实际上，混淆可能性的标准要比实际混淆的标准低很多，在反向混淆理论中，需要提出更多的证据证明商标已经发生了实际混淆的证据。在泸州老窖"礼享案"中❸，法院认为"泸州贡·礼享"使得一般消费者误认为"礼享"是泸州老窖的注册商标。在

---

❶　（2007）浙民三终字第74号。

❷　（2015）深中法知民终字第927号。

❸　（2014）郑知民初字第489号。

北京市第一中级人民法院"银鹭案"一审中，❶若引证商标的权利人在上述类似商品上适用引证商标时，易使相关公众认为引证商标与银鹭公司存在关联，从而造成反向混淆。在一审中，法院显然采用混淆可能性的标准。但在北京市高级人民法院"银鹭案"二审中，❷法院推翻了混淆可能性的标准，追求实际混淆的标准。法院认为，如果市场上实际并未发生混淆，应当对市场予以尊重，不能以裁判者认定的混淆的可能性来推翻市场上不混淆的实际情况。

（3）商标相同或近似。

商标相同或近似是正向混淆理论和反向混淆理论中最基础的一个构成要见，正是两商标的近似程度越高，造成相关公众混淆的可能性就越大，越容易构成反向混淆。在2015年北京知识产权法院"苹果案"中❸，法院认为，"在诉争商标与引证商标的标识高度近似的情况下，诉争商标与原告形成一一对应关系不仅不意味着其能够和引证商标相区分，而且会使相关公众误认为在先的引证商标的商标权人提供的商品与在后的诉争商标的商标权人存在某种联系，形成反向混淆，从而不能发挥商标识别商品来源的功能，同样对在先商标权人的合法利益造成侵害"。

（4）商品或服务的相同或类似。

在我国首例反向混淆案——"蓝色风暴"二审案中，❹法院对于百事可乐公司使用"蓝色风暴"商标的"可乐"与蓝野酒业公司使用"蓝色风暴"商标的"可乐"，经对比后发现构成相同的商品，因此二审改判，原告胜诉。在2010年营养快线三起案件中，❺由于两商标未在类似商品上构成近似商标，因而已无须再判断是否构成反向混淆了。而在2016年年初引起轩然大波的"非诚勿扰案"中，❻不少学者对于原告使

---

❶ （2012）一中知行初字第2714号。

❷ （2013）高行终字第63号。

❸ （2015）京知行初字第2809号。

❹ （2007）浙民三终字第74号.

❺ （2010）一中知行初字第3517、3518、3519号。

❻ （2015）深中法知民终字第927号。

用在婚介所的"非诚勿扰"商标与被告使用在电视节目的"非诚勿扰"的商标,到底是否属于相同或类似的商品或者服务,也进行激烈的争论。

五、总　　结

美国对于反向混淆理论经历了长期的发展,法院对于反向混淆的要素经过不断的修正,呈现出稳定的状态。而我国在近5年才涌现出一些反向混淆的案例,法院对于反向混淆理论还没有完全的接受,有些法院还处于观望状态,而对于反向混淆理论的认定还停留在构成要件分析的阶段。特别是在反向混淆案件中,最重要的混淆判断要素,国内的法院不如美国法院形成了比较完整的体系,往往都是倾向于靠法官的主观判断或者是双方当事人提供的证据。这样的混淆判断显然不够精细,反向混淆的判断也存在很大漏洞。国内的反向混淆理论还需要长期的发展,法官在审理反向混淆案件时,也可以借鉴美国反向混淆审理的经验。

商标反向混淆构成要件研究文献综述

■ 彭 敏 刘 迪 苏 粲 朱小芳
指导老师：黄武双

【摘要】关于商标反向混淆，美国在此方面的理论和实践研究较为成熟。通过相关判例的分析和理论基础延续，美国已经形成对于反向混淆的认定和判断标准。而在我国，反向混淆概念首先立法上并没有对此进行明确规定，其次学术界的意见没有统一，对于构成混淆的要件各有标准。在认识和理解反向混淆上，因为实际上有相关案件的审判而形成了理论上需要厘清相关概念的需求。目前法院在实际案例中因为判断混淆理论的同时夹杂着侵权法和商标法的规定而显得逻辑混乱。如何在繁杂的实际案件中获得相对统一的判断标准，尤为重要。

引　言

反向混淆来源于美国，是通过司法判例逐渐建立起来的。美国著名学者托马斯·麦肯锡（Thomas McCarthy）认为，"反向混淆，是指购买在先使用商标者的商品时，客户错误地认为自己购买了在后使用商标者的商品，其仅出现于在后使用者所做的广告和促销会淹没在先使用者的市场声誉，致使相关公众因混淆而误解为在先使用者的商品来源于在

后使用者的情形。它与传统'正向混淆'情形刚好相反"。**❶**

在成立反向混淆情况下，在后使用者并不是想从在先使用者商标上获取利益，而是为了渗透进入市场并排挤在先使用者。其结果往往是，在先使用者的商标价值、产品识别度、商誉和声誉控制力、进入新市场的能力等都将丧失。**❷** 在美国，如果发生反向混淆，权利人可以依据各州的普通法提起诉讼，也可以依据联邦商标法提起诉讼，甚至可以依据联邦反不正当竞争法即《兰哈姆法》第43条第1款提起诉讼。

如无特别说明，本次文献综述的检索时间都为2016年5月29日。

一、外　　国

（一）样本文献的获得

在样本文献的来源上，选取了华东政法大学图书馆购买的两个十分重要的外文文献及判例数据库Heinonline和Westlaw。首先，通过Heinonline高级检索，在标题中输入"reverse confuion"（反向混淆）进行检索，共有15条结果，文献类型涉及notes、articles、comments和decisions，根据数据库的相关性、引用次数、发表时间的排名功能，选取了2篇作为样本，分别为：MULTIFACTORS，MULTICONFUSION? REFINING "LIKELIHOOD OF CONFUSION" FACTORS FOR REVERSE-CONFUSION TRADEMARK INFRINGEMENT CLAIMS TO ACHIEVE MORE CONSISTENT AND PREDICTABLE RESULTS**❸** 以及REVERSE CONFUSION: MODIFYING THE POLAROID FACTORS

---

❶　J. Thomas McCarthy, McCarthy on Trademarks and Unfair Competition § 23:10 （4th ed.）, "I. Test of Likelihood of Confusion" "A. Keystone of Infringement".

❷　Ameritech, Inc. v. American Information Technologies Corp., 811 F.2d 960, 1 U.S.P.Q.2d 1861 （6th Cir. 1987）;Imperial Toy Corp. v. Ty, Inc., 48 U.S.P.Q.2d 1299, 1998 WL 601875 （N.D. Ill. 1998）. Long & Marks, "Reverse Confusion: Fundamentals and Limits, " 84 Trademark Rep. 1, 28–29 （1994）.

❸　Christina P. Mott, Copyright （c）2014 Suffolk University; Christina P. Mott47 Suffolk U. L. Rev. 421 Suffolk University Law Review 2014 Note.

TO ACHIEVE CONSISTENT RESULTS。❶ 其次，通过Westlaw下载相关文章。如表1所示。

表1　主要检索过程

数据库	检索方式	文献类型	筛选要素	选取样本/总数
Heinonline、westlaw	Heinonline高级检索标题中输入"reverse confusion"利用检索到的结果，在westlaw中下载相应的word版本	Notes（7）Articles（5）Comments（2）Decisions（1）	相关性（relevance）、被引用的次数（the number of cited）、时间（Date）	2/15

　　两篇文章首先都对反向混淆理论涉及的商标法知识作了不同程度的梳理，包括商标侵权的构成要件、正向混淆（direct confusion）及其考量因素、反向混淆与正向混淆的不同，接着从巡回法院的典型判例出发，论述美国司法实践对这一理论从不予认定到认定，再到对混淆可能性因素的讨论与反思的过程，最后都不同程度地表达对反向混淆理论未来适用的建议与思考，REVERSE CONFUSION: MODIFYING THE POLAROID FACTORS TO ACHIEVE CONSISTENT RESULTS的最后结语为，"虽然20年前司法系统就认定了反向混淆理论，然而也是从那时起，法院在专门针对此法律范例形成分析机制上，少有建树……随着小公司对保护商标愈加激进的演变，以及反向混淆诉求变得日益流行的趋势，法院必须采取更革新的措施，翻新Polaroid测试以将其精确地与反向混淆联系在一起。一些法院已经开始通过将反向混淆作为其自己的法律现象，以独立和区别于直接混淆，并试图重新定义一些传统的直接混淆测试。现在到了依赖有建树的法院继续形成专门针对反向混淆测试的时刻"。

　　从这两篇较为有影响力的论文来看，美国文献对反向混淆可能性因

---

　　❶　Molly S. Cussona Copyright （c）1995 Fordham Intellectual Property，Media and Entertainment Law Journal Molly S. Cusson. 6 Fordham Intell. Prop. Media & Ent. L.J. 179 Fordham Intellectual Property，Media and Entertainment Law Journal Autumn，1995 Note.

素的研究与讨论正处于对其多要素认定合理分析框架的构建中，而这一分析框架与正向混淆的多因素分析密切相关，各巡回法院都在进行积极地探索。

（二）反向混淆的历史

反向混淆理论来源于霍姆斯法官在1918年International News Service v. Associated Press案件中的反对意见。在Big O Tire Dealers，Inc.，案中，美国第十巡回上诉法院认可了原告的反向混淆争辩，然而法院未能确立分析反向混淆诉求的方法。自此以后，所有的法院都认可并接受这个理论。

在Big O案过后6年，当美国第二巡回上诉法院在Plus Products v. Plus Discount Foods，Inc.案中判定针对反向混淆侵权的分析应当采用与正向混淆相同的形式时，才有法院认为有必要确立针对反向混淆诉求的测试。从此，不同巡回法院开始了探索反向混淆构成，尤其是反向混淆可能性因素的过程。

（三）对混淆可能性的因素分析

无论是正向混淆还是反向混淆，其构成要件之一就是存在混淆的可能性（likelihood of confusion），在这一要件的判断上，美国通过判例的发展，逐渐形成了广为各巡回法院接受的Polaroid测试8要素、Sleekcraft测试以及Lapp测试十要素，各巡回法院在作判断时，均会在此基础上根据个案考量，形成各个法院的不同特点。详情如表2所示。

表2　混淆可能性要件判断考虑因素

名称	Polaroid标准	Sleekcraft因素	Lapp 十点测试法
提出法院	第二巡回上诉法院	第九巡回上诉法院	第三巡回上诉法院
内容	（1）商标的强度； （2）两个商标之间的相似程度； （3）产品之间的相似程度；	（1）两个商标识别性的强度； （2）产品或服务的关联性； （3）两个商标的近似程度；	（1）原告的商标与被诉侵权商标之间的相似性程度； （2）原告商标的强度； （3）当消费者购买时，其所考虑的商品价格或其他消费者关心和注意的因素；

（续表）

名称	Polaroid标准	Sleekcraft因素	Lapp 十点测试法
内容	（4）在先所有人跨越产品之间距离的可能性； （5）真正的混淆； （6）被告在采纳和使用自己商标中的真诚性； （7）被告产品的质量； （8）购买者的经验和世故	（4）实际混淆的证据； （5）所使用的销售渠道； （6）消费者在选择商品时的注意程度； （7）被告的意图； （8）商品种类扩张的可能性	（4）没有证据表明发生实际混淆的、被告使用涉案商标的时间长度； （5）被告使用涉案商标时的意图； （6）实际混淆的证据； （7）尽管原被告商品不产生互相竞争，这些商品是否通过同一商业渠道营销，并且通过同一媒体宣传； （8）双方当事人为销售所做的努力的目标的相似程度； （9）消费者心目中涉案商品之间的关系，无论是因为商品的相似性、其功能的相似性，或其他因素； （10）其他显示消费者可能认为原告（在先商标人）同时生产了这两种商品，或原告在被告的市场生产了一种商品，或其有意进入被告市场的因素

而两篇文献从正向混淆可能性以及反向混淆与正向混淆的不同之处入手，指出认定反向混淆可能的分析框架与正向混淆相似，进而通过巡回法院的典型判决，指出巡回法院在个案判定中的不同调整，最后指出在认定反向混淆的可能性时，应对正向混淆的因素作出一定的修改并且按照重要性的不同进行排序。正如在MULTIFACTORS，MULTICONFUSION? REFINING "LIKELIHOOD OF CONFUSION" FACTORS FOR REVERSE-CONFUSION TRADEMARK INFRINGEMENT CLAIMS TO ACHIEVE MORE CONSISTENT AND PREDICTABLE RESULTS中，作者指出正向混淆可能性因素中，所有巡回法院都适用共同的4要素，在文章结尾，作者对上述核心因素分别作了反向混淆下的分析与判断，详情如表3所示。

表3　巡回上诉法院普遍适用的混淆可能性分析因素与反向混淆下的修改

混淆可能性分析因素	标识的近似性	产品的相似性	实际混淆的证据	原告商标的强度	被告的意图（除联邦巡回上诉法院外，其他都适用）	备注
反向混淆下	可能不是最重要的因素	日益海量增长的商品环境，有助于使人以为两种类型的商品具有相同来源的基础	必须采用一种更加连续一致的方式去评估调查证据	应着重考虑在后使用者的，并且仅仅强调标识本身的特征	仿冒他人标识以作为自己标识，并非要考虑在后使用者的意图	总体来看，一个统一的反向混淆多因素分析（按重要性的高低来排序），可能看起来是：实际、潜在或最终使用者的实际混淆，被侵权的商标强度，消费者对商品近似程度的感受以及消费者对标识相似的感受

二、中　　　国

（一）样本文献的获得

通过中国知网数据库，选择关键词这种较为全面的检索方式，输入"反向混淆"，共检索出273篇文献（见表4），主要来源于期刊、研究生毕业论文库以及相关报纸，在按照年份区分后，依据与本次研究主题的相关性、被引用的次数、来源、作者等，在273篇中共确认135篇具有实质相关性，继而挑选56篇作为分析的主要材料（见表5）。

表4　主要检索过程

数据库	检索方式	筛选要素	选取样本数量/实质相关数（篇）
中国知网	选择"关键词"检索方式，输入"反向混淆"，共有273篇结果	相关性、被引用的次数、来源、作者、发表年份等	56/135

表5　各年份实质数量与选取数量

年份	2000	2001	2002	2003	2004	2005	2006	2007	2008	2009	2010	2011	2012	2013	2014	2015	2016	总计（篇）
有效数量	0	0	1	1	0	1	4	9	8	10	10	15	17	20	9	20	10	135
选取数量	0	0	1	1	0	1	2	4	5	6	4	7	4	4	7	5	5	56

在检索过程中，笔者发现了一个十分典型的现象，每一年的文献大都与当年某一个典型案件相关，如2016年的"非诚勿扰案"，2015年的"New Balance"和"微信商标案"等。而且，从中国知网的检索结果可知，在2000年以前，没有以"反向混淆"为关键词的文献，由此可知，我国对"反向混淆"理论的研究历史较短，开始于21世纪，且研究特点是司法先行，司法中每出现一次典型案例就会引发一场研究热潮。当然从文献本身来看，学者的研究属于比较接地气的，是建立在中国司法判决的基础上，属于因地制宜。

（二）反向混淆的定义

黄晖博士认为，"反向混淆是一些大公司故意使用小公司的商标，通过对市场的猛烈营销，这些小公司就不可能再自主地使用其拥有的商标"。❶ 冯晓青教授在其《商标法第三次修改若干问题》一文中提道，"根据有些学者的阐释，所谓反向混淆，就是指一些知名度较大的公司使用较小公司的商标，通过对市场进行狂轰滥炸，消费者一般不会将大公司的商标与小公司的商标混淆，但却有可能认为小公司是大公司的子公司，因此小公司不能再自主地使用自己的商标"。中南大学法学院副教授罗凯认为，"反向混淆是指实力雄厚的企业在后大规模使用实力较弱的企业在先注册的商标，并且在知名度上盖过了前者"。❷ 中国人民大学法学院教授李琛认为，"反向混淆"，是指商标权人的商标被在后使用者广泛使用之后，商标与在后使用者的联系更为密切，使消费者误

---

❶　黄晖：《商标权利范围的比较研究》，中国社会科学院研究生院2000年博士学位论文。

❷　罗凯："从非诚勿扰案看商标侵权的判定"，载《检察日报》2016年1月16日第003版。

认为商标权人的商品或服务源自在后使用人。❶

由于我国商标法并没有引进"混淆"的概念，立法上自然就没有对"反向混淆"进行界定。事实上，在理论及实务界也还没有形成统一或权威的定义，多数解释是将美式定义进行引申，仅仅对常见的反向混淆现象作了相关描述。

（三）反向混淆的构成要件

有学者❷在对美国文献分析的基础上，概括了反向混淆的构成要件，如表6所示。

表6　反向混淆的构成要件

一、存在受保护的在先商标	二、双方当事人实力悬殊	三、在后使用人对在先商标的不当使用行为	四、消费者对商品的来源发生了混淆或误认	备注
事实上存在一个在先的受一国商标法认可的商标权，且实事上该在先商标必须具备固有显著性	商标在后使用人往往早已具有优势的市场地位，并拥有长期在市场上进行饱和式宣传的实力，而且其拥有的商标知名度也较高，在消费者心中留下了深刻的印象。而在先商标权人则是一些旨在通过自己的商标谋求发展的中小企业	行为人未经权利人许可不法使用在先商标的行为	具有一般谨慎程度的相当比例的普通消费者由于在后商标使用人的行为，从而有极大可能误认为在先商标使用人的商品来自于在后商标使用人或者两者存在其他经济上的联系，进而产生观念上的误认状态	在反向混淆的构成要件中有两个问题值得注意：第一，在后商标使用人的主观意图不会影响反向混淆侵权的成立。但若在后使用人存在明显的恶意，便更有助于混淆可能性及侵权的认定。第二，法官在具体案件的混淆可能性判断中，应尽量站在普通消费者视角，模拟特定市场上消费者的心态，按照是否有相当数量的典型消费者发生混淆进行理性判断

该组构成要件的提出系以反向混淆的定义为主要依据，而且要件一和四同一般正向混淆侵权中的构成要件相同，要件二尤其凸显了反向混淆的特色，但对要件三的理解，笔者认为不仅应该包括将在先商标进行

---

❶ 李琛："对非诚勿扰商标案的几点思考"，载《知识产权》2016年第1期。
❷ 张耕、游楠："商标反向混淆研究"，载《重庆理工大学学报》2012年第5期。

商标性使用的行为，也应包括将在先商标作为商品包装装潢、宣传口号或商品名称等发挥区分来源功能使用的行为。

（四）反向混淆中混淆可能性的考察因素

有学者❶在对美国文献分析的基础上，概括了反向混淆中混淆可能性的考察要素，如表7所示。

表7　反向混淆中混淆可能性的考察要素

标识的显著性	商标的近似程度	商品的近似程度	在先使用人进入新市场的可能性	实际混淆证据	产品质量和价格	消费群体的种类和产品性质
着重考察在后商标使用人使用标识的商业显著性强弱。❷ 但也应考虑在先商标是否已实际使用	以商标整体呈现的印象为判断原则，并注重在隔离状态下的主要部分比对	在考量商品物理近似的基础上，结合商品销售渠道和宣传方式综合判断	反向混淆旨在保护在先商标使用人进一步拓展市场的可能	通常只要能证明消费者很有可能对商品来源产生混淆即可。但若能证明实际混淆的存在，则商标侵权会得到更迅速的认定。但认定时还应结合实际混淆发生的概率，综合判定	通常只有在双方当事人的产品质量和价格相差不大的情况下，才会有可能发生混淆	当具备专门知识的特殊消费群体消费属于高档耐耗品的产品时，消费者在购买时施加的注意程度较高，发生混淆的可能性就相对较小。反之，发生混淆的可能性变大

李琛教授与华东政法大学黄武双教授都认为，竞争市场与主观意图是反向混淆的必要特征❸，"若双方不存在竞争关系，在先使用者的消费者很少被在后使用者的广告和促销活动营销，反向混淆不太可能发生；在不扩张产品种类和销售地域的情况下，在先使用者无法利用已有

---

❶　张耕、游楠："商标反向混淆研究"，载《重庆理工大学学报》2012年第5期。

❷　张玉敏、李杨："商标反向混淆探微——由'蓝色风暴'商标侵权案引起的思考"，载《江西社会科学》2008年第5期。

❸　李琛："对非诚勿扰商标案的几点思考"，载《知识产权》2016年第1期；黄武双："反向混淆理论与规则视角下的'非诚勿扰'案"，载《知识产权》2016年第1期。

商标进入新市场，反向混淆也不可能发生；反向混淆成立与否，与在后使用者是否具有免费搭乘在先使用商标声誉便车的主观意图没有关联，在后使用者选定拟使用的商标时，是否已经为防止侵权进行了适当检索，是认定被告存在疏忽的主要考量"。❶ 有学者对在后使用人的恶意认定与前述相同，但指出在后使用者的主观过失通常与确定侵权后的赔偿有关。❷

我国学者在对反向混淆中混淆可能性因素的考察上，基本上也还是借鉴了外国的多要素测试分析方法，在理论上作了一定的概括和总结，但笔者认为中美两国在认定商标侵权时的逻辑思路是不同的：美国为存在值得保护的在先商标+混淆的可能性；而中国除建立在大陆法系的侵权构成要件外，还有商标法中具体规定的侵权行为类型，被控侵权者的行为还需符合商标法中某一项规定的要件。在关于反向混淆上，中国的文献大多也只是断章取义，并没有在司法适用的逻辑上提供一个很好的解决之道。

（五）反向混淆对中国的影响

1. 对中国商标注册的延迟公开制度的反思

在就商标在后使用者的主观意图上，大多数学者都认为是否履行了在先的合理检索义务是判断其恶意与否的重要因素。在后使用人在使用商业标识（没有预先申请注册商标的情况）之前，企业都应具有进行商标清查检索的义务，在履行合理注意义务的情况下则不具有过错。因此，有学者在检索了世界上主要国家的延迟日期后，提出中国的延迟公开制度的弊端。国外对于商标申请都严格实行及时公开，美国申请商标的延迟时间大约为5天，韩国为4天。申请欧洲商标几乎没有时间迟延，

---

❶ 阮开欣："非诚勿扰商标侵权案之我见：申请商标的延迟公开问题"，载《中华商标》，2016年第1期；彭学龙："商标反向混淆探微——以'蓝色风暴'商标侵权案为切入点"，载《法商研究》2007年第5期；张爱国："商标'反向混淆'理论初探——以案例为视角"，载《电子知识产权》2007年8月；王海英："商标侵权中的反向混淆"，载《福建师范大学学报（哲学社会科学版）》2008年第6期；张玉敏、李杨："商标反向混淆探微——由'蓝色风暴'商标侵权案引发的思考"，载《江西社会科学》2008年5月。

❷ 张爱国："商标'反向混淆'理论初探——以案例为视角"，载《电子知识产权》2007年8月。

加拿大为10天。❶

2．司法裁判对待其他法域的法律术语的考量

李琛认为："反向混淆不是我国学理或立法已经接受的概念，在缺乏法律依据、充分研究和法学界共识的前提下，就将此概念写入判决书并作为认定侵权的依据，是极其不妥当的……假如法院在特殊情况下确有必要引入一个于法无据的新概念作为判决基础，必须要格外详尽地阐述理由，判决书中只一句'而使相关公众误以为权利人的注册商标使用与被上诉人产生错误认识及联系，造成反向混淆'，实难具有说服力。"❷

3．反向混淆的救济方式及赔偿数额的计算

有学者认为，基于反向混淆的特殊性，传统侵权的停止使用、赔偿损失的救济方式有很多不足，建议反向混淆的救济方式为，首选是法院主持调解结案，若无法调解，可根据案情对停止侵权、支付许可费、赔偿损失等选择适用。❸

美国有参照更正广告费用和商标许可费确定赔偿额的判例，为确定反向混淆中的赔偿金提供了先例。特别是在采用被告从侵权中所获得的利润或者原告由于侵权所遭受的损失确定商标反向混淆赔偿额存在不足时，在先商标所有人与第三人达成的商标许可使用费标准比较客观，参照商标许可使用费确定赔偿额有合理之处。❹

目前学界还提供了一种强制许可商标使用的设想，即如果在后使用者向法院提出书面申请要求继续使用该涉案商标，则法院可以借鉴专利法、著作权法等法律中的强制许可制度，直接以判决的形式，强制在先商标人允许在后使用者使用其商标，在后使用者向在先商标人支付一定使用费或赔偿金，以求得公正和正义。❺

---

❶ 阮开欣："非诚勿扰商标侵权案之我见：申请商标的延迟公开问题"，载《中华商标》2016年第1期。

❷ 李琛："对'非诚勿扰'商标案的几点思考"，载《知识产权》2016年第6期。

❸ 杨丽霞："商标侵权判定中的重要考量因素"，载《人民司法》2012年第4期。

❹ 王娜、程丽元："商标反向混淆的认定及解决"，载《中华商标》2013年第12期。

❺ 王海英："商标侵权中的反向混淆"，载《福建师范大学学报（哲学社会科学版）》2008年6月。

三、总　　结

反向混淆理论源自美国，它的产生、发展与美国判例法息息相关，我们相信反向混淆系应运而生，而且对其的研究与适用也正逐步成熟。当前，中国也越来越多地出现反向混淆相关的案件，学者的研究也只是寻根溯源，试图用其在美国法上获取的资料来解决中国的反向混淆问题。

然而，事实上中美两国在判断侵权的逻辑上不甚相同：美国司法形成了体系性、统一性较强的围绕混淆可能性的多因素分析法，出现案件时，按照相关要素分析过去即可得出比较有依据的判断；而我国在判断商标侵权上遵循大陆法系的判断规则，既要符合民法上的侵权四要件，还得再结合商标法的具体法条规定，实际导致得出判断结果的逻辑混乱。因而我们不禁思考，我国学界在认识和理解反向混淆问题上，较多的以美国逻辑为主的借鉴与适用是否能够带来法律上的公平与效率，我们相信这一思考需要得到更多人的回应。

网络平台服务商的商标侵权责任案例综述

■　汤　韬　蔡宇超
　　指导老师：黄武双

【摘要】近年来，涉及网络平台服务商的商标侵权诉讼日益增多，在认定网络平台服务商的侵权责任时，各地法院的做法并不统一。时值北京市高级人民法院发布《涉及网络知识产权案件审理指南》，首次就涉及网络平台中商标权侵权案件作了全面而详细的规定。通过筛选出国内外涉及网络平台服务商商标侵权的典型案件，总结出各地在审判此类案件时的"最大公约数"——影响审判的主要因素为何，从而明晰我国目前的司法实践中关于此类型案件的基本审判路径。

一、前　　言

近年来我国电子商务发展迅猛，如淘宝、京东、1号店等网络平台渐次兴起，随着这些网络平台的兴起，相关的知识产权问题也接踵而至，其中涉及商标权侵权的案件尤其众多。2011年4月25日，上海市第一中级人民法院首次对于网络平台中存在的商标侵权责任问题作出了认定；其后各地法院均对类似案件作出了判决。至2016年4月13日，北京市高级人民法院发布了《涉及网络知识产权案件审理指南》（下称《审理指南》），该《审理指南》首次就涉及网络平台中商标权侵权案件作了全面而详细的规定，这份指南既是对过往此类案件的总结，也对其他法院日后在审理类似案件起着参考作用。

在此背景下，本文拟通过对国内外司法案例的分析整理，揭示国内外审判此类案件时的主要观点，对网络平台服务商侵权责任认定的问题进行系统的梳理。

二、中国司法实践

（一）大数据概览

自2011年上海市第一中级人民法院首次就网络平台中存在的商标侵权责任问题作出判决以来〔衣念（上海）时装贸易有限公司诉杜某、浙江淘宝网络有限公司侵害商标权纠纷一案〕，此类型案件频发，相应的判决也已频见报端。笔者利用"网络平台""商标平台""淘宝"等关键词在北大法宝上进行检索统计后发现，此类型的案件以浙沪两地法院的判决最多。究其原因，因淘宝公司的住所地位于浙江省杭州市余杭区，而上海为我国的经济中心，企业数量众多，因此受理的案件数量虽不及浙江地区的法院，但也为数不少，详见图1。

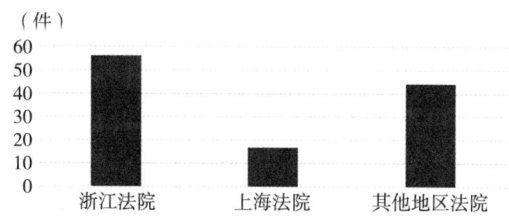

图1　2011~2016年各地区网络平台服务商的案件数量

笔者在众多案件中，综合考虑了原告的知名度、案件本身的影响、法院观点的代表性等因素，分别从三个角度对网络平台服务商在商标权侵权中的责任认定问题进行了阐述。

（二）网络平台服务商的身份

在电子商务的发展过程中，网络平台服务商的身份并不是单一的，有诸如淘宝一样的仅是提供信息发布的平台、交易的场所，也有诸如1号店、京东一样既提供网络交易平台，其本身也是网络交易主体之一，而网络平台服务商的身份直接影响着其在商标侵权案件中的责任认定。

1. "衣念诉淘宝案"❶

衣念（上海）时装贸易有限公司（以下简称衣念公司）发现被告沈某某在另一被告淘宝公司的网站上开设店铺，并出售侵犯衣念公司商标权的衣物。衣念公司认为沈某某侵犯了其商标权，并认为淘宝公司为被告沈某某的侵权行为提供便利，亦应承担侵权责任。

上海市第二中级人民法院认为，淘宝公司向网络用户提供淘宝网作为网络交易平台，其本身并不参与交易过程，也不从单笔交易中获取利益，仅仅是网络服务提供者。此外，淘宝公司在收到衣念公司的侵权投诉后，虽然暂时保留了涉嫌侵权的链接，但是同时向衣念公司提供了沈某某的身份信息，待衣念公司提起诉讼后，淘宝公司即删除了相应的商品信息链接。因此，淘宝公司作为网络服务提供者已经尽到其应负的合理注意义务。基于上述理由，不能认定淘宝公司为沈某某的侵权行为提供了便利。

2. "卡地亚诉'1号店'案"❷

卡地亚国际有限公司发现被告益实多公司在其经营的名为"1号店"的互联网网站上销售另一被告惠新公司生产的珠宝类商品时，在商品信息和发票中突出使用与原告的"卡地亚"等商标完全相同的字样。因此，卡地亚国际有限公司诉请判决两被告停止商标侵权。

上海浦东法院认为惠新公司系涉案商品的生产商，向益实多公司提供侵权商品信息，在商品包装上使用侵权商品信息，具有过错。益实多公司系具有较大经营规模的专业电子商务企业，对所售商品不侵害他人商标权等合法权益应当具有较高的认知、管理能力，其在网站上发布涉

---

❶ （2010）沪二中民五（知）终字第40号。

❷ （2012）浦民三（知）初字第330号。

案商品信息、销售涉案商品，知道或者应当知道涉案商品信息中含有侵害原告商标权的内容，具有过错。由益实多公司销售、惠新公司生产的商品信息中存在侵权内容，两被告的行为相互结合、共同作用，造成损害后果，构成共同侵权，应当承担连带责任。

（三）平台服务商免责的情形

1. "恒源祥诉淘宝案" ❶

恒源祥（集团）有限公司（以下简称恒源祥公司）发现淘宝网上被告吴某某经营的淘宝网店"佳佳名牌服饰店"未经原告许可，销售含有涉案商标的服装。恒源祥公司认为被告淘宝公司系电子交易平台的网络服务营运商，其未履行法律规定的审查义务，为被告吴某某销售侵权商品提供便利条件，构成共同侵权。

杭州市余杭区法院认为，淘宝公司是网络交易平台的提供者，淘宝网本身并不作为买家或卖家的身份参与买卖行为本身。在恒源祥公司提起了诉讼以后，涉案店铺"佳佳名牌服饰店"涉案侵权商品信息已被删除，淘宝公司履行了网络服务提供者的义务。此外，因恒源祥公司并未就其指控的侵权行为向淘宝公司投诉，故淘宝公司对涉案店铺销售侵权商品并无明知、应知的情形。基于上述理由，淘宝公司未构成共同侵权。

2. "卡地亚诉'1号店'案" ❷

卡地亚国际有限公司发现在被告人益头多公司经营的名为"1号店"的网站上一家名为"梦克拉珠宝旗舰店"的商铺出售侵犯卡地亚国际有限公司商标权的产品。卡地亚国际有限公司要求两被告停止商标侵权。

杭州市余杭区法院认为，网络服务提供者不当然对网络用户的侵权行为承担共同侵权责任，只有在网络服务提供者知道网络用户利用其网络服务实施侵权行为，未采取必要措施，仍然为侵权行为人提供网络服务的情况下，才应当与网络用户承担共同侵权责任。且"1号店"网站经营规模较大，因此不能苛求其对"1号店"网站上的众多网络店铺中

---

❶ （2015）杭余知初字第345号。

❷ （2012）浦民三（知）初字第331号。

的大量商品的知识产权权利状况进行全面有效的审核。此外，益实多公司在与梦克拉公司签订网络交易平台服务合作协议时审核了梦克拉公司的经营资质等事项，并对于梦克拉公司的网络店铺经营活动不侵害他人合法权益在事先已制定了较为合理的防范规则及权利救济渠道，已经对预防、避免侵权行为履行了较为合理的注意义务。并且，在原告的证据不足以认定其向益实多公司有效发送了有效的侵权通知的前提下，难以认定益实多公司在本案被诉之前已经知道梦克拉公司存在侵权行为。最后，益实多公司在收到本案起诉状后已经删除了"1号店"网站上的涉案侵权商品信息，故不存在益实多公司因被诉而知道侵权后仍然为梦克拉公司提供网络服务的情形。

3．"花旗参诉淘宝案" ❶

花旗参农业总会的授权律师在被告淘宝公司运营管理的"淘宝网"网络交易平台上发现存在从事网络交易经营的网络用户销售由另一被告粤珠公司总经销的"美国威斯康星花旗参"产品的情况，而在该产品外包装的显著位置印有前述原告鹰形注册商标的图案。花旗参农业总会认为，由于被告淘宝公司未采取任何措施或技术手段制止侵权行为，致使被告吕某某仍在其网络交易平台上销售由被告粤珠公司生产的涉嫌侵权的产品。因此，淘宝公司需对其他侵权人的侵权后果承担连带责任。

珠海市中级人民法院认为，首先，被告淘宝公司作为网络服务提供者，为淘宝网的用户提供交易平台，交易平台上的相关商品信息均由用户自行发布。且被告淘宝公司对于被告吕某某在淘宝网上的注册及销售商品并未收取任何费用，亦未介入原告花旗参农业总会与被告吕某某之间的交易过程。因此，被告淘宝公司并无共同的侵权故意。其次，被告淘宝公司在其网站内明确登载了网络交易平台管理规章制度，并对被告吕某某的真实身份信息进行了审核登记，合理履行了与其管理能力和技术能力相应的监督和管理职责。因此，被告淘宝公司在事先审查义务方面不存在主观过失。再次，《中华人民共和国侵权责任法》第36条第2款的规定中的"通知"，应参照国务院《信息网络传播权保护条例》第

---

❶ （2012）珠中法知民初字第1号。

14条的规定。而被告淘宝公司在事后无法及时采取必要措施是因原告花旗参农业总会怠于履行通知义务而致，并且被告淘宝公司在收到本案起诉状及附随证据后及时删除涉案商品的信息，断开侵权网络链接地址，已履行了相应监管义务，不存在主观过错。基于上述理由，原告花旗参农业总会要求被告淘宝公司承担连带责任的主张不能成立。

4. "彪马诉淘宝案" ❶

鲁道夫·达斯勒体育用品彪马股份公司（以下简称彪马公司）在淘宝网上发现由第二被告所经营管理的网络商店大量销售附着有该公司下属"PUMA"商标的侵权产品，侵犯了原告注册商标专用权，给原告造成了损害。

广州市中级人民法院认为，首先，淘宝公司是经营性互联网信息服务商，即通过其开办的淘宝网为其用户发布信息提供技术服务。其次，彪马公司虽然向淘宝公司指出包括其他被告的网络商店侵权情况，但其三次致函都没有提交侵权方面的证据，而且在淘宝公司要求其提交这些证据的情况下明确答复暂不提交，淘宝公司在此情况下没有删除其指定的信息并没有违反事后补救义务。再次，网络服务商与网络商店的关系不同于商场与专柜的关系，网络服务商仅仅为网络商店提供网上交易的平台，并不作为买家或卖家的身份参与买卖行为本身。此外，网络服务商不可能对网络商店所售商品商标的合法性进行当面审查，这超出了其能力范围。基于上述理由，彪马公司指控淘宝公司违反其事前审查义务及事后补救义务，协助其他被告售假，侵犯了其注册商标权的主张缺乏依据。

（四）平台服务商被追责的情形

"衣念诉淘宝案" ❷

衣念（上海）时装贸易有限公司（以下简称衣念公司）认为淘宝网上存在大量卖家发布涉及该公司的侵权商品信息。衣念公司针对商家杜某某向淘宝公司进行了7次投诉，淘宝公司接到衣念公司的投诉后即删

---

❶ （2006）穗中法民三初字第179号。

❷ （2010）浦民三（知）初字第426号；（2011）沪一中民五（知）终字第40号。

除了杜某某发布的商品信息，但同时淘宝公司也未对杜某某采取处罚措施，直至1年后淘宝公司才对杜某某进行扣分等处罚。衣念公司认为，淘宝公司明知杜某某存在侵权行为，仍未采取任何措施以防止再次侵权行为的发生，其为侵权行为提供了网络服务帮助。

上海市第一中级人民法院认为，网络服务提供者接到通知后及时删除侵权信息是其免于承担赔偿责任的条件之一，但并非是充分条件。网络服务提供者删除信息后，如果网络用户仍然利用其提供的网络服务继续实施侵权行为，网络服务提供者则应当进一步采取必要的措施以制止继续侵权。但淘宝公司除了删除商品信息外没有采取其他任何处罚措施。在7次有效投诉的情况下，淘宝公司应当知道杜某某利用其网络交易平台销售侵权商品，但淘宝公司对此未采取必要措施以制止侵权，杜某某仍可不受限制地发布侵权商品信息。因此，淘宝公司对杜某某继续实施侵权行为的放任、纵容，故意为杜某某销售侵权商品提供便利条件，构成帮助侵权，具有主观过错，应承担连带赔偿责任。

三、中国司法实践总结

根据中国的司法实践，笔者整理出了一份表格，以更清晰地展现我国法院在判决此类案件时，会考虑哪些因素（见表1）。

表1 同类案件分析

	平台性质	事前注意义务	全面审查义务	明知与否	通知-删除	其他补救措施	侵权与否
衣念诉淘宝（2010）沪二中民五（知）终字第40号	网络平台	P	/	×	P	P	否
卡地亚诉1号店（2012）浦民三（知）初字第330号	自营＋第三方	/	P	P	/	/	是
恒源祥诉淘宝（2015）杭余（知）初字第345号	网络平台	/	/	×	/	P	否

（续表）

	平台性质	事前注意义务	全面审查义务	明知与否	通知-删除	其他补救措施	侵权与否
卡地亚诉1号店（2012）浦民三（知）初字第331号	网络平台	P	×	×	P	P	否
花旗参诉淘宝（2012）珠中法知民初字第1号	网络平台	P	/	×	P	P	否
彪马诉淘宝（2006）穗中法民三初字第179号	网络平台	P	×	×	P	P	否
衣念诉淘宝（2010）浦民三（知）初字第426号；（2011）沪一中民五（知）终字第40号	网络平台	P	/	P	P	×	是

从表1可以清楚地看出，中国的司法实践主要呈现以下特点。

（一）网络平台服务商的身份认定

网络平台服务商的身份对于其责任的认定有着直接的作用，即便是在服务商尽了审查义务的前提下，由于其身份的原因仍需承担侵权责任。这是因为在现今电子商务领域，网络平台服务商的形态并不是唯一的，既有类似淘宝这样的纯网络平台服务商，又有类似1号店这样的兼做平台和卖方的网络平台服务商。这就要求主审法院在审判时不能一概而论，首要任务是先对网络平台服务商身份作出个案认定，下一步才是判定责任分配的问题。

（二）免责因素

根据表1可知，在不做卖方的前提下，网络平台服务商如欲免责，往往需要满足以下几个条件。

1. 事前注意义务

网络平台服务商免责的前提之一即是需要尽到事前注意义务，这包括建立维权系统（如淘宝网上的知识产权保护平台）、与卖方明确知识产权条款、对卖方进行实名制审查，等等，这些行为旨在表明网络平台服务商已为避免可能出现的商标侵权尽了能力范围之内的努力，而非从一开始即放任侵权的发生。

2．不"明知"或不"应知"

所谓不"明知"或不"应知"，是指在收到权利人明确、具体的通知之前，网络平台服务商并不知道具体的侵权人是谁、具体的侵权链接为何。从权利人角度来说，如果想让网络平台服务商"明知"，其通知应明确、具体，否则即便其向网络平台服务商发出了通知，由于通知本身不具有指向性，使得网络平台服务商并不能定位到侵权人、侵权链接，此时网络平台服务商亦可免责。

3．配合权利人维权

这是指网络平台服务商在知道侵权人或侵权链接后，应积极作为，配合权利人维权，这既包括收到权利人通知之后立即删除侵权链接的措施，也包括其他如提供侵权人信息、惩罚侵权人继续侵权等。如果网络平台服务商虽然删除了某些侵权链接，但却并未进行其他的补救措施，导致侵权人可以继续侵权，这依然不能为网络平台服务商免责。

（三）网络平台服务商的全面审查义务

在我国的司法实践中，涉及网络平台服务商是否具有全面审查义务的问题时，各类判决均保持了高度一致，即不宜给网络平台服务商加以全面审查的义务。这是因为网络平台上的商品信息极为庞杂，从网络技术、管理成本、认知甄别能力等角度出发，让网络平台服务商实行全面的审查是不切实际的。而在现有的保护体系下，权利人发现侵权人、侵权链接后，通知网络平台服务商，由网络平台服务商删除侵权链接、惩戒侵权人，这一模式在保护权利人利益和网络平台服务商义务之间取得了有效平衡。

四、美国司法实践

美国的司法实践中，关于网络平台服务商的责任是通过判例逐步确立起来的。值得注意的是，那些发生于互联网尚不发达时的线下案例，由于与后来发生的网络平台服务商商标侵权案件具有实质上的共通性，因而也成为了后续案件审判中的法律渊源。因此，对于美国有关网络平台服务商责任的司法实践将以具有重大参考意义的判例为主，举纲而张目。

（一）前网络时代的司法判例

1982年，在美国联邦最高法院所审理的Inwood Laboratories v. Ives Laboratories[1]案中，被告生产了与原告过期专利药品在外观上相同的药品并出售给药店，并且在明知其会在所售药品上贴上侵权标签的情况下，依然将药品出售给该药店。因此原告认为被告意在引诱药店将被告的药品假冒为原告药品向消费者提供。

在本案的审理过程中，奥康纳大法官确立了著名的"Inwood原则"，亦即被告的行为如果满足以下条件即构成商标的帮助侵权：（1）故意引诱他人侵犯商标；或（2）明知或应当知道他人将产品用于商标侵权活动仍向其提供产品。基于上述理由，最高法院确认了生产厂商或分销商对于由此而产生的损害负有帮助侵权责任。

1996年，美国联邦上诉法院（第九巡回上诉法院）审理了Fonovisa v. Cherry Auction[2]案。原告作为本案权利人认为在某一旧货交易市场贩卖盗版录音制品的案件中也应承担版权侵权及商标权侵权的责任。被告作为一个旧货交易市场的经营者，市场内设有个体展位。个体卖主与被告签订展位租借合同，根据合同约定，被告按天收取个体卖主的租金，并向卖主提供停车位及广告服务，同时合同还约定被告有权利以任何理由驱逐任何卖主。

在认定被告作为旧货交易市场的经营者是否有义务监控个体卖主出售侵犯原告版权的作品时，法院支持了原告的主张。法院认为，一方面，由于被告根据租借合同，可以任何理由驱逐任何卖主，故被告对个体卖主具有主观控制能力；另一方面，由于个体卖主所售的侵权作品具

---

[1]　456 U.S. 844（1982）.

[2]　76 F.3d 259（9th Cir. 1996）.

有吸引客流的作用，而被告通过被吸引的客流可以直接向顾客收取入场费、停车费、餐饮费等直接经济利益。因此，被告从个体卖主的侵权活动中获得收益，却不控制本可以去控制的侵权行为。基于上述理由，被告作为旧货交易市场的经营者应当承担替代侵权责任。

（二）网络时代的标杆案例

2010年的Tiffany Inc. v. eBay Inc.❶ 案具有承前启后的意义，在该案之前没有任何直接针对网络平台服务商商标侵权责任的判决，而该案明确了前述两个基于传统经济的案件中有关侵权责任的认定原则可以适用于电子商务时代的网络平台商的商标侵权责任认定。

本案中，原告Tiffany是一家全球知名的珠宝供应商，而被告eBay是一家网络平台服务商，在其经营的网络平台上注册会员之间可进行交易。为了防止侵犯商标权的商品在其经营的网络平台上交易，被告采取了相关的防范措施，包括建立VeRO（Verified Rights Owner）系统、NOCI侵权报告系统（Notice of Claimed Infringement form）等，如果有权利人发现被告的网络平台上出售的商品是侵权产品，可以立即通过NOCI系统通知eBay方面以采取包括删除商品、取消交易、通知出卖人等方式来制止商标侵害行为的发生。但即便如此，原告发现从被告的网络平台上购买的Tiffany商品，75%均是仿品。为此，原告主张被告的行为构成了商标直接侵权、商标辅助侵权、商标淡化以及不实广告，并以此理由对被告提起诉讼。

联邦第二上诉法院认为，根据"Inwood原则"中所规定"知道"必须是明确、具体的知道，而不能只是大概知道。因此，当被告只是大概知道有仿品在其网络平台上销售，且被告在得知特定交易涉及仿品时便立即删除了侵权产品，在此种情况下很难认定被告有侵犯原告商标权的主观故意。此外，即便当被告eBay笼统地知道其网络平台上有侵权产品时，也不能因此认定被告是对侵权行为的"故意视而不见"，理由同样是当被告在得知特定交易涉及仿品时便立即删除了侵权产品。并且，被告所建立的维权系统、与卖方签订合同中的知识产权条款、被告向权利

---

❶　600 F.3d 93（2d Cir. 2010）.

人披露侵权人的信息等行为均表明，被告已经尽到了事前注意义务和采取了事后补救措施。基于上述理由，联邦第二上诉法院认为，被告不应承担协助卖家销售原告仿品的商标侵权责任。

五、美国司法实践总结

在网络平台服务商商标侵权责任这一问题上，美国的司法实践是将过去司法判例中蕴含的实质审判原则适用到新形势下的电子商务领域中，由Fonovisa案和Inwood案确立的审判原则，均在Tiffany案中得到了体现。三个案件之间的关系如图2所示：

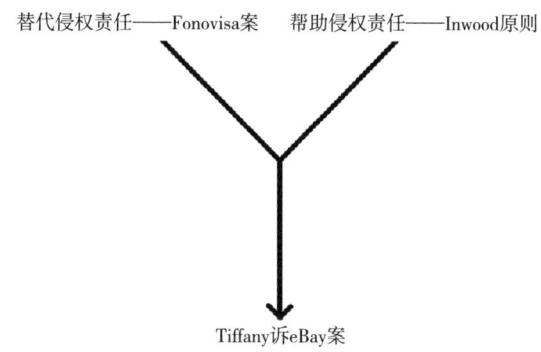

替代侵权责任——Fonovisa案　　帮助侵权责任——Inwood原则

Tiffany诉eBay案

图2　案件审判原则关系图

值得注意的是，在美国的司法实践中，网络平台服务商是否构成商标侵权的理论基础一直都是间接侵权理论。即平台之中的卖方为直接侵权人，而如果网络平台服务商在有权利且有能力监督直接侵权人的侵权行为的前提下，又从侵权行为获取了直接经济利益，则网络平台服务商应当承担替代侵权责任；而如果网络平台服务商明知或应知他人从事直接侵权行为而诱使他人侵权，则应负帮助侵权责任。在认定网络平台服务商是否构成间接侵权的时候，法院考虑了如下因素：

第一，网络平台服务商在接到权利人通知后是否删除了侵权商品。

第二，权利人的通知是否为有效通知，这要求权利人的通知须包含侵权人、侵权产品的具体信息，使得网络平台服务商足以根据这些信息定位到侵权人、侵权产品。

第三，网络平台服务商是否尽到了事前注意义务，这主要包括对卖家的真实身份进行审核、与卖家的合同中包含保护知识产权条款等。

第四，网络平台服务商是否真诚地协助权利人维权，这主要体现在：向权利人披露侵权人的信息、是否对侵权人采取惩戒措施以制止继续侵权行为的发生。

网络平台服务商的商标侵权责任
文献综述

■ 汤　韬　蔡宇超
　指导老师：黄武双

【摘要】通过整理和分析国内外文献资料，笔者发现网络平台服务商在我国法律上的地位尚未明确，一般适用《侵权责任法》第36条的"网络服务提供商"进行广义上的定位。同时，在划分网络平台服务商商标侵权责任时，要界定直接侵权责任和间接侵权责任，分析间接侵权责任的构成要件，尤其是考虑"通知与移除"规则在间接侵权中的特殊作用及其适用性问题。直接移植著作权领域的"通知与移除规则"到网络商标侵权责任认定中并不合适，需要转化适用。

一、问题的提出

近年来，我国电子商务市场高速发展，2015年度电子商务市场数据显示，中国电子商务交易额达18.3万亿元，同比增长36.5%。在网络环境下，商品信息的呈现方式发生了改变，人们的消费方式也从传统的有形市场转变为无形的网络服务平台。随着这类新技术、新模式的产生，在为企业、消费者提供商业便利的同时会产生许多新型的知识产权侵权问题，其中，涉及网络的商品侵权案件增幅显著，但不论是网络平台服务商的法律性质，还是侵权责任的认定问题，依据我国现有的法律体系很难得到解决，这对我国知识产权司法保护工作提出了挑战。

鉴于如此突出的网络知识产权问题，北京市高级人民法院于2016年4月13日发布了《北京市高级人民法院关于涉及网络知识产权案件的审理指南》（以下简称《审理指南》），指南内容的第17～28条主要是针对网络商标侵权案件中网络平台服务商责任的划分进行展开的。明确规范了网络平台服务商的间接侵权及其责任（第21条）、合理通知的内容及形式（第22条）、相应必要措施及其判断（第23条），而且还规定如果网络平台服务商采取必要措施过错或不当的赔偿责任（第24条）、权利人"错误通知"导致发生损害的赔偿责任（第25条）、网络平台服务商"知道"包括明知与应知的确切范围（第26条），以及网络平台服务商所涉及"经济效益"内容（第27条）。《审理指南》为今后网络商标侵权纠纷提供了司法指引，但是这类个案总结出的侵权责任规定是否能够得到普遍适用，需要我们在理论和实践中予以完善和发展。

本文将针对我国相关市场的发展现状，系统性梳理国内外商标保护的案例和文献，并对网络平台服务商的概念、法律性质以及侵权责任认定的问题进行比较分析。

二、网络平台服务商的概念及法律性质问题

（一）网络平台服务商的概念

"网络平台服务商"是指为交易信息和交易行为提供网络服务的主体。❶ 现行的网络交易模式下，销售者需要在虚拟空间中展示其商品或服务的相关信息，而消费者通过网络渠道获取这些信息。在这过程中，

---

❶ 《北京市高级人民法院关于涉及网络知识产权案件的审理指南》第17条。目前国内理论和实践中对于网络交易平台主体的称谓并不明确。有学者依据《消费者权益保护法》第44条称其为"网络交易平台提供者"，也有的依据《第三方电子商务交易平台服务规范》称为"第三方交易平台经营者"，本文认为，就目前的网络技术发展趋势而言，《审理指南》提出的"网络平台服务商"更为合适。

网络平台服务商所搭建的网络交易平台成为联系销售者与消费者的桥梁。所谓网络交易平台是指为促成网上交易而建立的一套通过计算机程序控制，由计算机自动完成的在线交易系统，买卖双方可以通过这一系统提供的相应功能完成商品或服务的交易。目前很多服务商专门从事网络交易平台建设，为没有自建网络交易平台的企业和个人提供相关服务，国外最著名的是eBay，国内的有易趣、雅宝以及淘宝等。❶

（二）对网络平台服务商法律性质的不同观点评述

目前对于网络平台服务商的法律性质问题，研究中存在较大争议，学界大致有以下几种观点。

（1）"卖方"说，又称"合营者"说。有的学者认为，网络平台服务商在网络交易活动中与销售者联系紧密，经常会包装、宣传销售者的产品信息和服务信息，实质上扮演着一个"卖方"的角色。这种说法，将虚拟的网络购物与现实购物等同，将网络交易平台提供者视为买卖合同的一方当事人，认为其作为卖方或合营方与消费者签订了买卖合同。❷

（2）"代理人"说。民法上的代理是指代理人在被代理人授权范围内，以被代理人名义与相对方进行交易活动的行为。有的学者认为，"在这种交易平台上，不是网络交易平台提供商代替用户办理交易事务，而是由用户自己达成交易"。❸ 具体分析，在现有的网络商品、服务交易过程中，首先卖家在网络平台服务商所专门建设的一个网络交易平台上发布商品信息或服务信息。然后买家通过浏览商品信息进而选择自己认可的商品，并且通过"确认订单"和"完成付款"来进行交易。最后，卖家将交易货物转交物流公司，再由物流公司运送给买家。那么，通过此过程推论得出，交易行为实际上是由买家和网络平台服务商完成，而交易行为所产生的法律后果则由卖家承担。

---

❶ 徐好："网络交易平台提供商在电子商务纠纷中的定位"，载《仲裁研究》2008年第15期。

❷ 杨立新、韩煦："网络交易平台提供者的法律地位和民事责任"，载《江汉论坛》2014年第5期。

❸ 沈吉利："浅析网络交易平台提供商的法律定位"，载《广东商学院学报》2003年第3期。

（3）"柜台出租者"说。有学者认为，"网络交易平台提供商是为网络交易买卖双方提供交易场地和交易服务的法人。这就像现实交易中商场向销售者出租销售场地或者柜台一样"。❶ 杨立新教授也认为，网络交易平台提供商与网络用户（其中的经营者）为柜台租赁关系存在合理性。❷ 依据我国现有法律规定，消费者在展销会、租赁柜台购买商品或者接受服务，其合法权益受到损害的，可以向销售者或者服务者要求赔偿。这实际上是要求网络平台服务商与销售者承担连带侵权责任。

（4）"居间人"说。根据我国《合同法》第427条的规定，居间合同是居间人向委托人报告订立合同的机会或者提供订立合同的媒介服务、委托人支付报酬的合同。居间人给他人提供交易机会或促成交易双方达成交易，提供居间服务活动。持该观点者认为，网络平台服务商实际上为网络用户提供了一个交易平台，对于交易双方交易人负有如实报告义务，只是不负有积极调查的义务，符合居间人特性。同时，"有义务采取合理措施确保平台上销售主体的真实性和合法性，对于利用其平台的商家的营业执照、法定代表人证明、经营许可证、授权委托书、经营商品的质量证明等材料进行形式审查，以确保其网络用户的真实存在并具有合法的经营主体资格"。❸

（5）"新型交易中介"说。这是现阶段比较受到支持的观点，认为网络平台交易作为一种新兴的交易模式要从客观的实际情况进行分析，不能直接套用传统观念和适用现有的争议解决方式。分析网络平台交易的特点，一是网络平台服务商不直接参与买卖双方之间的交易活动，是独立于买卖双方的中介；二是网络平台服务商会对买卖双方进行一定程度的资格审查，尤其是对销售者进行经营主体资格的严格审查，并制定相关的市场准入规则，为交易活动提供安全保障；三是网络平台服务商未从网络交易活动中直接获取经济利益，但会从为卖方提供增值服务、收取广告费、提供搜索排名等方式赚取利润。网络平台服务商的这种运营模式，符合《侵权责任法》第36条中"网络服务提供者"的法律

---

❶ 邱业伟等编：《信息网络与民法前沿问题研究》，法律出版社2009年版，第215页。

❷ 杨立新主编：《电子商务侵权法》，知识产权出版社2005年版，第235页。

❸ 同上书，第233页。

性质。因此，也有学者认为"在网络侵权法律关系中，网络服务提供者提供讨论平台，任何网民都可以在该平台上自由发言。网民在网站上实施侵权行为，被侵权人可以行使通知的权利，保护自己，网络服务提供者只是提供平台，并不参与其中。尽管网络交易行为与网络侵权行为不同，但网络平台在其中所起的作用相似，网络服务提供者和网络交易平台提供者的法律地位基本相同"。❶

上述五个观点分别从不同角度对网络平台服务商的法律性质进行分析，"卖方"说直接立足于交易本身，注重网络平台服务商与卖方之间的紧密联系，两方承担连带侵权责任，更为有效制约了网络平台服务商的行为；"代理人"说和"居间人"说都适用了现行民事法律的相关规定来定义网络平台服务商的法律性质，即独立于买卖双方的第三方主体；"柜台出租者"说实际上将网络平台服务商类比"出租柜台"，适用《消费者权益保护法》，网络平台服务商承担补充责任；"新型交易中介"说认为，网络环境下，交易方式发生转变，与传统有形市场的交易方式存在很大不同，应当依据《侵权责任法》有关"网络服务提供者"的规定对网络平台服务商的责任进行划分。

三、网络平台服务商商标侵权责任认定现状

目前，学界在网络知识产权侵权责任是否分为直接侵权和间接侵权，以及间接侵权责任的认定上存在分歧和不同意见。

（一）直接侵权责任及其认定标准

网络环境下，网络平台服务商直接侵犯商标权人权利的认定理论颇具争议。第一种观点认为网络平台服务商不涉及直接侵权。支持这一观点的学者提出，《侵权责任法》第36条第1款规定："网络用户、网络服务提供者利用网络侵害他人民事权益的，应当承担侵权责任。"该条款明确对网络交易平台实施直接侵权的行为作出了规定，这也是规定网络

---

❶ 杨立新、韩煦："网络交易平台提供者的法律地位和民事责任"，载《江汉论坛》2014年第5期。

侵权责任的一般规则。 在目前网络交易平台提供商仅仅为买卖双方提供交易平台，其并未参与到买卖双方的交易活动中，并未直接对产品的商标进行使用和交易。因此， 网络交易平台提供商并未直接涉及侵犯商标权， 不适用于直接侵权。❶

第二种观点认为可以认定网络平台服务商构成直接侵权， 因为，"在这片专属于商标权人的'权利版图'内，未经商标权人许可，在同类或类似商品上使用相同或近似商标，导致消费者对商品来源产生混淆的行为，在无"合理使用"等免责事由存在的前提下，可视为对商标权人的'直接侵权'行为"。❷ 同时，《审理指南》也对网络平台服务商的直接侵权行为进行认定，"原告有初步证据证明平台服务商提供被控侵权交易信息或者实施交易行为侵害其商标权，但平台服务商能够证明该交易信息或者交易行为系由网络卖家提供或者实施，平台服务商无过错的，不应认定平台服务商承担侵权责任。平台服务商不提供证据或者无法举证证明，被控侵权交易信息或者交易行为系由网络卖家提供或者实施的，可以认定其直接提供了被控侵权交易信息或者实施了交易行为"。❸

（二）间接侵权责任及其认定标准

在我国的司法实践中，网络平台服务商在绝大多数时候并没有直接实施侵犯商标权的行为，但是却为他人实施的侵权行为提供了便利或者扩大了损害后果。在这种情况下，需要考虑其是否构成间接侵权。尽管我国立法并未区分商标直接侵权与间接侵权，但《商标法实施条例》第50条规定："故意为侵犯他人注册商标专用权行为提供仓储、运输、邮寄、隐匿等便利条件的属于侵犯商标权的行为。"这事实上就是立法对商标间接侵权行为的一个原则性规定，但是没有明确规定间接侵权的构成要件。根据目前理论通说和司法实践中的主要观点，网络平台服务商

---

❶ 罗如梦、刘明新、何志喜、张俊祥、张婷："网络交易平台提供者商标侵权责任研究"，载《合作经济与科技》2014年第10期。

❷ 王柯："'衣念诉淘宝案'：浅析C2C模式下商标'间接侵权'"，载《电子知识产权》2010年第11期。

❸ 《北京市高级人民法院关于涉及网络知识产权案件的审理指南》第20条第1款、第3款。

商标间接侵权责任的构成要件包括以下几个方面。

1．构成商标间接侵权的各种行为并没有侵犯商标"专有权利"

商标直接侵权和间接侵权的首要区别在于是否直接侵犯商标权人所享有的"专有权利"。一旦一种行为落入专有权利的控制范围，比如商标权中的使用权，除非商标权利人及其授权的人可以实施上述行为，否则任何未经授权人都不得实施上述行为，否则就构成商标的直接侵权。❶

2．商标间接侵权行为成立以直接侵权行为实施或即将实施为前提

"间接侵权"的行为目的为辅助并促进"直接侵权"行为的实施，设立商标"间接侵权"制度的原意亦在于补充"直接侵权"模式下的法则缺失。在C2C模式下，侵权成本的降低导致网络交易平台上销售假冒或未授权商品的行为层出不穷，权利人自然可以向销售者追究"直接侵权"责任，但由于交易是通过网络虚拟进行的，权利人往往无法得知销售方的身份资料，维权过程中无疑需要借助交易平台提供者的协助，若提供者故意包庇或消极对待导致权利人权益受损，则可追究提供者侵权责任。由此可知在正常交易过程中，平台提供者与权利人并无直接接触，只有在出现销售者"直接侵权"行为的情况下，平台提供者才有可能承担侵权责任，其侵权责任的承担是对直接侵权责任的补充与保障，因此对"间接侵权"行为追究责任不可越俎代庖，需以"直接侵权"责任的存在为前提。❷

3．主观上存在过错

通过研究发现，目前学界的主流观点认为，在知识产权间接侵权认定中，采用过错责任原则。王迁、王凌红认为："对于知识产权直接侵权而言，无论行为人是否具有主观过错，都可以构成对知识产权的直接侵权。而与此相反，构成间接侵权的各种行为均不在专有权利的控制范围之内，其受到法律规制系出于适当加强知识产权保护的需要。因此，要将不受专有权利控制的行为定为侵犯知识产权行为，该行为必须

---

❶ 王迁、王凌红：《知识产权间接侵权研究》，中国人民大学出版社2008年版，第4页。

❷ 王柯："'衣念诉淘宝案'：浅析C2C模式下商标'间接侵权'"，载《电子知识产权》2010年第11期。

具备可责备性，即行为人具有主观故意。"❶ 陶恩萍、黄金菊主张，英美法系的直接侵权、间接侵权理论中，直接侵权责任不要求直接侵权人在主观上存在过错，而在间接侵权责任下则需要间接侵权人主观上存在过错。在我国的共同侵权理论之下，共同侵权人只有在主观上存在过错时，才有可能对其课予共同侵权责任。因此，不管是从英美法系还是从大陆法系考察，网络交易平台提供商要对他人的商标侵权行为承担责任，必须在主观上存在过错。❷

法律上对这种主观过错存在两种标准，一是《商标法实施条例》使用的"故意"标准，是指行为人对于构成侵权行为的事实，明知并有意使其发生，或预见其发生而其发生不违背其本意。二是《侵权责任法》中使用的"知道"标准，虽然在外延上宽于前者，不必行为人具备追求或放任的心理态度。在司法实践中，在间接责任认定时，多采用"知道"标准来界定网络平台服务商的主观过错，《审理指南》第26条明确指出："平台服务商'知道'网络卖家利用其网络服务实施侵害商标权行为，包括'明知'和'应知'。"而且认定平台服务商知道网络卖家利用网络服务侵害他人商标权，可以综合考虑以下因素：（1）被控侵权交易信息位于网站首页、栏目首页或者其他明显可见位置；（2）平台服务商主动对被控侵权交易信息进行了编辑、选择、整理、排名、推荐或者修改等；（3）权利人的通知足以使平台服务商知道被控侵权交易信息或者交易行为通过其网络服务进行传播或者实施；（4）平台服务商针对相同网络卖家就同一权利的重复侵权行为未采取相应的合理措施；（5）被控侵权交易信息中存在网络卖家的侵权自认；（6）以明显不合理的价格出售或者提供知名商品或者服务；（7）平台服务商从被控侵权交易信息的网络传播或者被控侵权交易行为中直接获得经济利益；（8）平台服务商知道被控侵权交易信息或者交易行为侵害他人商标权的其他因素。这实际上是将"知道"作为网络平台服务商主观过错的认定标准，并且通过列举的方式在个案中进行单独认定。

---

❶ 王迁、王凌红：《知识产权间接侵权研究》，中国人民大学出版社2008年版，第4页。
❷ 陶恩萍、黄金菊："网络交易平台提供商商标侵权责任研究"，载《沈阳大学学报（社会科学版）》2012年第6期。

（三）"通知与移除"规则在网络商标侵权中的适用性问题

"通知与移除"规则由美国《千禧年数字版权法》首创，并被我国《信息网络传播权保护条例》所借鉴。分析国内关于网络平台服务商商标侵权案件，可以发现大部分服务商会援引著作权领域的"通知与移除"规则进行抗辩，而且法院最终作出的判决也不尽相同，这直接引出一个问题："通知与移除"规则能够在网络领域普遍适用？至少在网络商标侵权中得到适用？对目前学界研究进行分析，分为以下两种观点。

1. 支持适用"通知与移除"规则

张今提出："发轫于网络著作权领域的'通知与移除'规则，对网络服务提供者侵权纠纷具有普适性，其在网络商标侵权纠纷中的立法目的、适用模式和法律依据等方面与网络著作权侵权纠纷具有极大的相似性。"[1]

王莲峰教授也认为："国际社会密切关注互联网中介商在商标领域的作用和责任问题，一些国家的立法提供了互联网中介绍'安全港'免责的解决方案。"[2]我国的立法机构也倾向于在侵犯民事权益纠纷处理中推广使用该规则。[3]

刘润涛认为："网络著作权侵权纠纷领域的'通知—移除'规则对网络商标权侵权纠纷的解决具有一定的参考价值，但网络商标权侵权纠纷不能简单地照搬网络著作权侵权纠纷领域'通知—移除'规则的相关规定。""根据网络商品信息和相关交易行为属性上的特点，修改《商标法》和制定网络商标纠纷法律适用的司法解释，规定网络领域商标使用的目的和形态，明确网络交易平台的定义和类型，对网络商标侵权领域的'通知—移除'规则进行更加精细化的立法，适应互联网领域商标保护的特点和需求，平衡不同主体之间的利益，为网络商品交易提供更

---

[1] 张今："避风港原则在电子商务商标侵权行为中的应用"，载《电子知识产权》2012年第3期。

[2] 王莲峰："商标领域互联网中介商的作用和责任之新发展——世界知识产权主张第二十七届SCT会议综述"，载《东方法学》2013年第2期。

[3] 王胜明主编：《中华人民共和国侵权责任法解读》，中国法制出版社2010年版，第183页。

加明确的指引，促进网络领域商务活动的有序开展。"❶

朱玲凤主张："在我国，侵权法框架下的共同侵权是用于认定网络服务提供者的责任的基本依据，但网络环境下各个条件的认定存在困难，避风港原则是应网络而生的，是对共同侵权责任的补充和细化。《侵权责任法》第36条为在商标法中引入避风港原则提供立法空间，同时司法实践也普遍认可了避风港原则的适用。因此，建议引避风港原则入商标司法，用于判断电子商务中涉及商标侵权的网络服务提供者责任的认定。"❷

2. 反对适用"通知与移除"规则

陈锦川提道："《侵权责任法》将《信息网络传播权保护条例》规定的网络服务提供者的免责条件从正面规定为网络服务提供者侵权责任构成要件，只要符合侵权责任构成要件，就难以符合《信息网络传播权保护条例》规定的免责条件。《侵权责任法》从正面规定了网络服务提供者的侵权责任构成要件，排除了'避风港'的适用空间。"❸

有的学者也主张，"通知与移除"规则之所以能有效保护著作权权利人的利益，是因为在网络中多数的被侵权对象都是需要大量人力、物力、财力才能完成的作品，继而可以假设网络上所传播的上述作品涉嫌侵权的盖然性极高。而在商标领域，由于判断商标侵权本身就是一个非常复杂的过程，而商标领域又存在大量的非侵权性使用，因此类似的高度盖然性几乎无法仅仅通过附带权利证明的一纸通知就能达到。为了使网络服务提供商删除涉嫌侵权信息或断开相关链接，商标权利人不得不花费更多的经济成本和时间成本进行举证。因此，通知与移除规则在商标领域也就随之失去了其本应有的高效性和简便性。❹

---

❶ 刘润涛："'通知—移除'规则在网络交易平台商标侵权中的适用"，载《电子知识产权》2015年第11期。

❷ 朱玲凤："避风港原则在电子商务侵犯商标权中适用的根据"，载《网络法律评论》2012年第2期。

❸ 陈锦川："关于网络服务中'避风港'性质的探讨"，载《法律适用》2012年第9期。

❹ 叶建豪：《网络交易平台商标侵权的法律规制》，华东政法大学2012年硕士学位论文。

3. 国外司法实践借鉴

欧盟在普通法侵权原理的基础上，考虑到电子商务侵权的特殊性，制定了《电子商务指令》，其中第二章第四节规定"中间服务提供者的责任"。❶《电子商务指令》不仅可以适用于著作权侵权，而且可以适用于其他类型的侵权。该指令也规定了类似于"通知与移除"规则的制度，以限制网络服务提供者的责任。该指令第14条第1款规定，提供信息存储服务的网络服务提供者在以下条件下对信息内容不承担责任："（1）如果服务提供者对于有关的行为或者信息为非法并不知情，并且对于损害赔偿诉讼而言，这种不知情使得它对有关行为或者信息表现出违法性的事实或者具体环境亦不知情；（2）在得知有关事实之后立即清除有关信息或者阻止获取有关信息。"此外，第14条第2款规定："若受送达者在提供者的授权或控制下行事。"则不能适用第1款的规定免责。❷

美国的司法实践中，虽然《兰哈姆法》（美国现行商标法）并没有关于网络商标侵权中认定网络平台服务商责任的规定，也没有具体规定"通知与移除"规则。但是在法院审理的判例中充分考虑了"通知与移除"规则在网络环境下的作用。如Tiffany Inc. v. eBay Inc.案中，法院对网络平台服务商是否使用"通知与移除"规则进行认定。

四、研究结论

基于上诉文献资料的分析，网络平台服务商作为为交易信息和交易行为提供网络服务的主体，在我国法律上的地位尚未明确，一般适用《侵权责任法》第36条的"网络服务提供商"进行广义上的定位。同时，在划分网络平台服务商商标侵权责任时，要界定直接侵权责任和间接侵权责任，分析间接侵权责任的构成要件，尤其是考虑"通知与移除"规则在间接侵权中的特殊作用及其适用性问题，理论和实践普遍认

---

❶ 朱玲凤："避风港原则在电子商务侵犯商标权中适用的根据"，载《网络法律评论》2012年第2期。

❷ E-Commerce Directive，Article14.

为，直接移植著作权领域的"通知与移除"规则到网络商标侵权责任认定中并不合适，需要转化适用。

商标反向混淆侵权及赔偿问题研究案例综述

上官凯云　　沈一萍

指导老师：王莲峰

【摘要】本文以美国和中国关于商标反向混淆的侵权认定与赔偿问题的案例为基础，从中国司法实践中对反向混淆侵权认定的标准与损害赔偿认定方法入手，发现中国司法实践中认定反向混淆的要素包括：（1）是否构成商标性使用；（2）商品或服务的相同类似性；（3）是否具有混淆可能性，从而淹没商标所有人的商誉。在损害赔偿上，法院通过适用《商标法》第63条的损害赔偿计算方式进行损害赔偿数额认定，在损害赔偿的适用规则上与正向混淆情形的损害赔偿计算方法相同，从而导致商标在先注册者通过反向混淆诉讼获得高额的赔偿费。随后，以美国为代表进行比较法研究，研究发现美国对反向混淆的考量因素包括Polaroid八要素法、Sleek Craft七因素法等，在混淆可能性认定上注重因素考虑，关注竞争关系的影响，在证据搜集上重视消费者调查的作用。在损害赔偿上，采用利润、损害赔偿、诉讼费用、律师费用进行考量，也会适用假冒标志的三倍赔偿金及广告更正费进行认定。最后，比较分析中美两国在司法实践中对反向混淆认定标准、赔偿数额认定上的异同。

一、中国司法实践

通过梳理国内涉及商标反向混淆的案例，发现商标反向混淆案件的争议焦点集中于：被诉侵权人是否构成商标性使用、是否属于相同或类似的商品或服务类别、争议商标是否为相同或近似商标、是否造成相关公众的混淆或误认。由此可见，反向混淆与正向混淆的共同点在于均以混淆可能性为构成要件，两者的区别在于所误认、混淆的方向不同。

（一）反向混淆认定的标准

1. 是否为商标性使用

进行混淆可能性认定的前提是构成商标性使用行为，关于是否为商标性使用，法院会结合当事人提交的证据，按照证据所证明的被诉侵权人对争议商标的使用方式来进行认定。根据《商标法》第48条对于"商标使用"的规定，如果证实被告将商标用于商品、商品包装或者容器以及商品交易文书上，或者将商标用于广告宣传、展览以及其他商业活动中，用于识别商品来源则其对标识为商标性使用。

（1）属于商标性使用。

在"蓝色风暴案"中，原告浙江蓝野酒业有限公司享有"蓝色风暴"文字、拼音、图形组合注册商标，被告上海百事可乐饮料有限公司在其饮料罐的瓶贴、瓶盖上均标有"蓝色风暴"文字和红白蓝三色组成的图形商标标识，原告向法院起诉，请求判令被告停止侵权，消除在同类商品上带有"蓝色风暴"的商标标识，停止带有"蓝色风暴"商标的生产、销售、广告、宣传行为；消除影响，赔偿300万元及合理开支。

一审法院认为"蓝色风暴"在百事可乐商品上的使用不能起到区分商品来源的作用，并不属于商品商标使用，其应属于为识别与美化而在商品和包装上附加的文字，即为商品包装装潢。因此，百事可乐公司在产品上使用"蓝色风暴"标识的行为并不属于商标使用。❶ 二审法院则认为考量一种标识是否属于商标，主要应审查该标识是否具有区别商品或服务来源的功能。百事可乐公司投入大量的资金，通过多种方式，长

---

❶ （2005）杭民三初字第429号民事判决书。

时间地在中国宣传"蓝色风暴"产品的促销活动，"蓝色风暴"标识已经在消费者心中产生深刻印象，消费者一看到"蓝色风暴"标识自然联想到了百事可乐公司产品，特别是在其海报宣传中突出显示"蓝色风暴"标识，在其产品的瓶盖上仅注明"蓝色风暴"标识等行为，其区别商品来源的功能已经得到充分的彰显。百事可乐公司通过其一系列的促销活动，已经使"蓝色风暴"标识事实上成为一种商标。百事可乐公司不仅将"蓝色风暴"商标用于宣传海报、货架、堆头等广告载体上，还在其生产的可乐产品的容器包装上直接标注"蓝色风暴"商标，百事可乐公司的上述行为，明显属于商标的使用行为。❶

在认定商标性使用时，也会涉及商标与企业名称、字号的冲突问题，如被告是否为合理使用字号、是否突出使用字号从而构成商标侵权行为、使用是否构成不正当竞争等问题。关于商标与企业名称的冲突构成商标侵权，法院的法律依据为《最高人民法院关于审理商标民事纠纷案件适用法律若干问题的解释》的第1条第（1）项："将与他人注册商标相同或者相近似的文字作为企业的字号在相同或者类似商品上突出使用，容易使相关公众产生误认的。"在"新百伦案"❷"优比速案"❸中，如果案件涉及使用企业名称，则其将与商标相同或类似的企业名称使用在销售小票、发票、官方网站、微博、宣传手册、广告上的行为，法院认定为构成商标性使用。

（2）非商标性使用。

在"恒大皇马案"中法院认为"恒大皇马足球学校"并非商标性使用，其与上诉人的商标标识既不相同也不相近似，不会使相关公众对上诉人与被上诉人之间发生混淆误认，不构成对上诉人商标权的侵害。不论相关公众是否会对"恒大皇马足球学校"与皇家马德里足球俱乐部之间法律关系发生混淆误认，上诉人并未举证证明恒大足球学校的行为使

---

❶ （2007）浙民三终字第74号民事判决书。

❷ （2013）穗中法知民初字第547号民事判决书。

❸ （2008）深中法民三初字第119号民事判决书；二审：（2009）粤高法民三终字第91号民事判决书；重审一审：（2010）深中法民三重字第1号；重审二审：（2010）粤高法民三终字第511号民事判决书。

其自身受到了直接损害。不能简单地以相关公众可能产生上述与上诉人无关的误导性后果而代替上诉人对自身受到损害的证明责任。发展权并非商标法或反不正当竞争法上的一种法定权利，即使作为一种可以受到反不正当竞争法保护的法益，亦应符合不正当竞争的构成要件。❶

在"功夫熊猫案"中，法院认为电影和电影制作的相关公众为电影观众和电影产业的经营者。从相关公众的一般认识角度来看，相关公众具有甄别电影名称与电影制作公司（导演、演员）关系的常识、意识和能力，其从电影制作公司（导演、演员）的角度识别电影的来源，而并非通过电影名称。因此，电影名称不能起到商标所具有的区分服务来源的功能，在涉案被诉电影及宣传材料中使用"功夫熊猫"作为电影名称并非商标性的使用，不构成侵权。❷

2. 是否属于相同或类似的商品或服务

关于商品或服务类别的判定标准问题，法院会依据《最高人民法院关于审理商标民事纠纷案件适用法律若干问题的解释》第12条："人民法院依据《商标法》第52条第（1）项的规定，认定商品或者服务是否类似，应当以相关公众对商品或者服务的一般认识综合判断；《商标注册用商品和服务国际分类表》《类似商品和服务区分表》可以作为判断类似商品或者服务的参考。"

在"非诚勿扰案"中，金某某拥有第45类交友服务、婚姻介绍上的"非诚勿扰"注册商标，其认为被告江苏省广播电视台、珍爱网公司将其商标作为相亲节目的节目名称，构成商标侵权，请求法院判定两被告停止侵权。一审法院认为从服务的目的、内容、方式、对象等方面综合考察，被告江苏电视台的《非诚勿扰》电视节目虽然与婚恋交友有关，但终究是电视节目，相关公众一般认为两者不存在特定联系，不容易造成公众混淆，两者属于不同类商品（服务），不构成侵权。❸而二审法院则认为，江苏电视台的《非诚勿扰》节目，从服务的目的、内容、

---

❶ （2013）粤高法民三终字第630号民事判决书。

❷ （2011）二中民初字第10236号，（2013）高民终字第3027号，（2014）民申字第1033号。

❸ （2013）深南法知民初字第208号民事判决书。

方式、对象等判定，其均是提供征婚、相亲、交友的服务，与上诉人第7199523号"非诚勿扰"商标注册证上核定的服务项目"交友、婚姻介绍"相同，二审法院认为：不能只考虑《非诚勿扰》在电视上播出的形式，更应当考虑该电视节目的内容和目的等，客观判定两者服务类别是否相同或者近似。❶

3．是否具有混淆可能性，淹没商标所有人的商誉

对于反向混淆的认定，在诉争商标构成在相同或类似商品服务上使用的相同或近似商标后，法院就会考量混淆可能性问题。

"蓝色风暴案"中，法院认为，被告使蓝野酒业公司与其注册的"蓝色风暴"商标的联系被割裂，"蓝色风暴"注册商标将失去其基本的识别功能，蓝野酒业公司寄予"蓝色风暴"商标谋求市场声誉，拓展企业发展空间，塑造良好企业品牌的价值将受到抑制，其受到的利益损失是明显的。❷

在"慧之眼"商标纠纷案中，由于慧之眼公司的宣传或经营规模大，导致公众误认"慧之眼"商标由慧之眼公司所有或使用，即使鲍某某通过自身努力使"慧之眼"商标具备了一定的营业信誉，其亦无法享受相应的利益，实际上限制了鲍某某今后的发展空间，这种现象亦是一种混淆，即反向混淆。❸

在"礼享"商标纠纷案中，法院认定"泸州"作为白酒行业的驰名商标具有很高的知名度，销售区域和销售量占有白酒市场很大份额，一般消费者都会认为"泸州贡·礼享"白酒产品系泸州老窖公司生产，不会对商品来源误认。但正是因为泸州老窖品牌具有较高的知名度，其旗下"泸州贡·礼享"白酒产品占有市场并获得较高知名度后，会使一般消费者认为"礼享"系泸州老窖公司或其关联企业的注册商标，而不会认为田某某是真正的商标权利人，使该商标丧失区别商品来源的功用，形成商标的反向混淆。❹

---

❶ （2015）深中法知民终字第927号民事判决书。

❷ （2007）浙民三终字第74号民事判决书。

❸ （2007）海民初字第4917号、（2007）一中民终字第7743号民事判决书。

❹ （2014）郑知民初字第489号民事判决书。

在"龙太子案"中，法院认定两被告相对于原告成都市武侯区龙太子服装店而言，在生产能力、营销网络、经营理念等方面明显处于优势，两被告生产销售龙太子童装，使其龙太子商标具有较强的显著性。当原告在自己的产品上使用自己合法注册的龙太子商标时，从一般消费者的注意力角度出发，往往会误认为其生产的龙太子产品与处于市场优势的两被告存在特定联系，对商品来源产生混淆，使原告与其注册的龙太子商标的特定联系被割裂，"龙太子"注册商标将失去其基本的识别商品来源的功能。法律为商标权人预留的注册商标使用空间受到侵害或侵占，商标权人寄予龙太子商标拓展市场空间，塑造品牌形象的期待将受到抑制，利益受到损害。故两被告的行为会造成公众混淆，构成商标侵权，特别是其吊牌合格证上龙太子的商标使用，易造成相关公众对商品来源的混淆。❶

在"新百伦"商标纠纷案中，原告周某某拥有第25类上的"百伦"注册商标和"新百伦"注册商标，其发现被告新百伦公司未经原告许可，宣传和销售其鞋类等产品时长期、大量地使用原告的"新百伦"商标，认为被告新百伦公司的侵权行为严重损害了原告的商标权益，造成了恶劣的影响，且被告侵权具有明显的故意和恶意，因此诉至法院请求法院判令两被告停止侵权、消除影响、赔偿原告经济损失、合理开支、诉讼费用。法院认为相关公众对商品的来源产生误认和混淆的判断，不仅包括实际误认及混淆的可能性，也包括相关公众误认为后商标使用人的产品来源于在先注册的商标专用权人及相关公众误认为在先注册的商标专用权人的产品来源于在后商标使用人。该案中，被告新百伦公司通过一系列的宣传促销活动，使"新百伦"具有较强的显著性，形成一定的市场占有率。在主流网络销售平台，"新百伦"商标被链接和指向的信息和产品多数与被告新百伦公司有关，容易导致相关公众的混淆，侵犯商标权人的合法权利。❷

---

❶　（2009）杭滨知初字第29号民事判决书。
❷　（2013）穗中法知民初字第547号民事判决书。

在"非诚勿扰案"中，法院认为由于被上诉人的行为影响了其商标正常使用，使之难以正常发挥应有的作用。由于江苏电视台的知名度及节目的宣传，而使相关公众误以为权利人的注册商标使用与被上诉人产生错误认识及联系，造成反向混淆。江苏电视台通过江苏卫视播出《非诚勿扰》，收取大量广告费用，也在节目后期通过收取短信费获利，足以证明系以盈利为目的的商业使用，其行为构成侵权。❶

4. 大量广告宣传对反向混淆认定的作用

同时，部分法院在反向混淆案件中，会考量被告是否进行了大量的广告宣传工作来获得显著性。"蓝色风暴案""永得丽案"等案件中，法院认为反向混淆是指在后商标使用人对商标的使用过程中，通过大量的广告宣传等手段，使之获得了较高的知名度，以至于消费者会误认为在先的商标使用人的商标来源与在后商标使用人或两者之间存在许可等关联关系。反向混淆属于商标侵权的情形之一，须满足侵害商标权的构成要件。

例如，在"新百伦案"中，法院认为导致混淆也包括相关公众误认在先注册的商标专有权人的商标源于后商标使用人，被告新百伦公司通过一系列宣传促销活动，使新百伦具有较强的显著性，形成一定的市场占有率。❷

在"永得丽案"中，立邦中国公司自1997年以来将"永得丽"注册商标作为其自己产品的标识，进行大量的广告宣传。即使是在其关联企业提出的商标撤销申请被国家商标评审委员会驳回后，已明知其继续使用的理由不能成立时，仍未停止使用，并凭借其实力继续在全国范围进行市场宣传和扩张。同时，由于立邦商标在国内享有较高知名度，立邦中国公司将"永得丽"与立邦商标合并使用进行广泛宣传，从而使相关公众在看到"永得丽"时，自然而然地会将保赐利公司使用"永得丽"商标的商品认知为立邦中国公司的产品。立邦中国公司的行为，已使其产品与保赐利公司的"永得丽"商标产生实际混淆，且这种混淆已不是一

---

❶ （2015）深中法知民终字第927号民事判决书。
❷ （2013）穗中法知民初字第547号民事判决书。

般的混淆，而是颠覆性混淆。立邦中国公司的行为造成保赐利公司利用"永得丽"商标作为其商品的标识功能受到严重损害，足以导致保赐利公司丧失对该注册商标合法的市场独占性。❶

（二）损害赔偿的认定

反向混淆的赔偿数额的特点之一，便在于其数额巨大。如"新百伦案"，一审法院认定赔偿数额为9800万元；在"蓝色风暴案"中，法院认定赔偿数额为300万元；在"G2000案"中，一审法院判定的赔偿数额为2000万元，二审改判为1200万元；在"永得丽案"中，一审法院酌情确定立邦中国公司的赔偿数额为200万元。

法院在认定构成商标侵权后，会综合考虑被告的市场声誉、营销能力、生产销售时间、销售范围、被告企业整体利润，及权利人注册、使用商标及维权费用等因素，确定赔偿数额。

在"慧之眼案"中，法院认为关于侵权赔偿数额，应依据鲍某某的主张，考虑慧之眼公司实施侵权行为的性质、侵权主观过错、侵权后果等情节酌情予以确定，并主张慧之眼公司赔偿诉讼合理开支。

在"永得丽案"中，由于被告拒绝提供获利情况；法院便结合立邦中国公司2001年度、2003年度年报中显示的净利润合计达人民币217726033.19元，计算其年平均利润。并考量立邦商标本身的知名度，消费者购买同一种商品时较多地关注立邦商标；存在明显的侵权故意；产品销售地域比较广；对侵权赔偿数额应自保赐利公司起诉之日起向前推算二年计算赔偿数额。但是，二审中由于法院认为被告并非商标性使用而撤销原判，驳回原告诉讼。❷

在"新百伦案"中，一审法院认定在2011年7月～2013年11月，被告的净利润达1.958亿元，考虑到被告在产品本身上并未附加"新百伦"标识，仅仅在销售过程中使用"新百伦"来宣传和介绍其产品，属于"销售行为侵权"，法院酌情按照被告获利的50%作为向原告的赔偿。法院的具体考虑因素包括：被告作为大型企业，应当负有审慎使用商标的义

---

❶ （2005）通中民三初字第0007号民事判决书。

❷ （2005）通中民三初字第0007号民事判决书。

务，善意地主动避免侵权；由于经过行政程序，可以认定被告的行为有悖于诚信且不利于经济市场的健康有序发展；使用新百伦作为"New Balance"的中文译名并非善意、两者之间的翻译不具有必然性；混淆情况严重；被告的销售渠道多、销售范围广；被告的宣传模式多样、影响大；被告侵权获利大，以及原告的维权合理费用。❶

在G2000商标纠纷案中，原告赵某系商标注册号为第1094814号"2000"注册商标专用权人，被告纵横公司等未经商标注册人的许可，在同一种产品或者类似产品上使用与其注册商标相同或相近似的商标均属侵犯注册商标专用权。法院认为纵横公司作为"G2000"注册商标所有人，明知其商标核准的产品范围并未包括涉案的"袜、领带、围巾、皮带"等产品，仍自行生产、销售或通过授权许可专门店或销售专柜经销侵犯赵某第1094814号"2000"注册商标专用权的产品，其行为侵犯了赵某的"2000"注册商标专用权，应当承担相应的法律责任。❷

一审法院采用了三种计算方式，得出其计算结果均大于原告所诉求的2000万元，故判定赔偿数额为2000万元；而在二审中，法院认为一审的计算方式存在不合理性，重新计算并判决赔偿数额1200万元。二审法院认为："以地处发达地区的杭州市的超大型百货公司的商业数据进行推算不具有代表性。用2004~2005年的数据代表1998~2005年的平均数，不具有合理性。根据纵横公司在本案中提供的专卖销售合同84份以及公证的网上资料记载纵横公司至今在全国有专门店或专柜436家计算的平均值作为纵横公司专门店或专柜的计算基数，缺乏事实依据。根据纵横公司提供的其在1997~2000年中40%的年递增，来推定代替此后的年递增，也缺乏合理理由。二审法院认为第三种方法的推定数值较少，也相对较为合理。关于利润率，其根据法院调取的侵权产品进货金额和销售金额的数额，侵权产品的利润率均超过了30%，采20%作为侵权产品的利润率计算原审被告侵权获利。二审法院综合本案侵权存续时间、侵权性质、侵权产品利润、侵权产品配比率、侵权产品利润率、侵权产

---

❶ （2013）穗中法知民初字第547号民事判决书。
❷ （2008）浙民三终字第108号民事判决书。

品的总销售额及侵权行为发生的范围等诸多因素，确定本案侵权所获得利益应为：93528×84×8×20%=12570163.20元。❶

二、中国司法案件经验总结

对于我国商标反向混淆的司法实践而言，通过对相关司法案例的概括和归纳，可以发现法院的审理思路为：首先认定被告行为是否构成"商标性使用"，随后从"商标相似性""商品类似性"进行考量推定，部分法院不会分析是否存在混淆可能性，法院尚未形成较为明确和统一的混淆性侵权的判定标准。对于反向混淆的定性，法院认为：反向混淆构成商标侵权的根本基础也是对注册商标固有权利的保护。❷反向混淆与正向混淆不同，它的意义体现为避免注册商标被其他商标的光环所淹没，从而割断该注册商标与商品或服务提供者之间的应有联系。反向混淆的危害在于：显著削弱原告利用涉案商标建立其商业声誉的目的，原告注册商标的识别力被扭曲或遮蔽。反向混淆在给小企业的发展机会造成损害的同时，最终也损害了以消费者利益为代表的社会公共利益。❸

在损害赔偿上，法院通过适用《商标法》第63条的损害赔偿计算方式进行损害赔偿数额认定，在损害赔偿的适用规则上与正向混淆情形的损害赔偿计算方法相同，从而导致商标在先注册者通过反向混淆诉讼获得了高额的赔偿费。

三、美国司法实践

霍姆斯大法官第一次在International new service v. associated press案中提出反向混淆概念。1968年Westward Coach Manufacturing co，Inc. v. Ford Motor co， Inc.的野马案，第一次在诉讼中提出反向混淆主张，但是审理的美国第七巡回上诉法院认为原告的商标并非强势商标，

---

❶ （2006）杭民三初字第131号民事判决书，（2008）浙民三终字第108号民事判决书。

❷ （2011）浦民三（知）初字第415号民事判决书。

❸ （2010）粤高法民三终字第511号民事判决书。

认为被告无攀附商誉、搭便车的主观意图。1977年Big O tire dealer，Inc. v. Goodyear tire & rubber案，美国第十巡回上诉法院从不正当竞争的角度，认可了反向混淆，认为反向混淆是指第二人（在后使用者）对商标的使用以及大量的广告宣传，导致一般谨慎的购买者或潜在购买者误认为在先使用者的商品来源于在后使用者或存在关联关系。随后，美国各州及巡回上诉法院均认可反向混淆的存在，为了保护商标所有权的利益及防止消费大众对其商品来源的混淆并确保公平竞争，承认在《兰哈姆法》之下，"反向混淆"是一种商标侵权的形式。

美国对反向混淆的理论发展、司法实践越来越完善，从一开始的不接受到随后的大范围接受。近些年，部分巡回法院对反向混淆认定的要求也趋于严格。例如，在2005年M2 Software， Inc. v. Madacy Entertainment案中，美国第九巡回上诉法院在审理原告主张的"反向混淆"案件时，与以往相比，已采取较为严格的标准，即后商标使用人在市场上的商标使用程度须达到已使市场饱和的程度，且混淆误认的程度也须达到相关消费者在购买先商标使用人的商品时，会误以为是购买的后商标使用人的商品。❶ 至今，美国司法体系中已经发生数百起涉及反向混淆的案件。

美国在司法实践中认为：反向混淆是指通过在后使用者对模仿性商标的积聚性使用，使得相关公众将在先使用者的产品误认为来源于在后使用者。"反向混淆"发生在较强人的后商标使用人使用与先商标使用人近似的商标强势进入市场。在该等案件中，虽然后商标使用人并无企图凭借与先商标使用人的关联而获得利益，但在先使用者的商标却因被误认为是源自后商标而受到侵害。此种"反向混淆误认"导致的结果是：先商标使用人丧失其商标的价值，即表示商品来源的价值、整合的能力、控制其商誉和名声的能力以及扩展新市场的能力。❷

---

❶ M2 Software， Inc. v. Madacy Entertainment Group， Inc. 421 F.3d 1073 （2005）．

❷ Sands， Taylor & Wood Co. v. Quaker Oats Co.， 978 F.2d 947 （1992）．

（一）反向混淆案认定的考量因素

目前，美国对于反向混淆认定的考量因素与正向混淆认定的考量因素基本相同，只是在具体考量每个因素时，结合案件对各因素的侧重点不同。笔者在梳理案件时，发现了各巡回上诉法院适用以下考量因素。

1. 适用Polaroid八要素 / Sleek Craft因素认定混淆可能性

包括：（1）原告商标的强度；（2）双方商品的关联性；（3）双方商标的相似性；（4）实际混淆的证据；（5）所使用的销售渠道；（6）消费者的注意程度；（7）被告选择该商标的用意；（8）扩大生产的可能性。

在Ameritech，Inc. v. American Information Technologies Corp案中，上诉法院在判断反向混淆的标准时，以上的八个考量因素发挥着基础性作用。在此基础上，法院就其中几条标准的判断提出了同原审法院不一样的主张。例如，就第一条原告商标的强度，原审法院认为商标的强度决定了保护的强度，而原告的商标不具备全美范围内的影响力，"Ameritech"本身也不具备固有显著性。然而上诉法院却认为，即便在先使用者的商标在全国范围内不强势，但却可能在某一地理范围或者某一产品领域强势，因此就应当获得保护，就"Ameritech"而言，原告既然已经在俄亥俄州注册了该商标，就理应获得保护。并且法院认为与传统的正向混淆相比，反向混淆的在后使用者并不是为了占有在先使用者的商誉来牟利。所以在上诉法院看来，反向混淆中对于商标显著性强度的要求并不高。再比如，在第三条双方商标相似性的判断中，原审法院认为被告的商标与原告并不相似，理由是打印和构图上存在差异，而上诉法院认为，二者都是同样的拼写，并且都运用了星形文字标识。商标的相似并不要求两者是精确的相同，只要二者之间具有较强的类似性就应当认为成立。❶

2. Lapp事实 / Scott Paper因素认定混淆可能性

适用Lapp事实主要包括以下10个方面：（1）原被告商标之间的相似程度；（2）商标的强度（包括商标固有显著性的强度和商业显著性

---

❶ Ameritech，Inc. v. American Information Technologies Corp.，811 F.2d 960（1987）.

强度）；（3）消费者购买时考虑的因素；（4）在实际混淆发生前被告使用该商标的时间；（5）被告的意图；（6）实际混淆的证据；（7）无论商品竞争与否，是否经过同一销售渠道和同一广告媒体；（8）双方实现销售目标的努力程度的相似性；（9）消费者心目中双方产品的相似程度；（10）其他的公众可能会想到的因素。

同时，反向混淆中商业强度的证据不同于正向混淆，在反向混淆中在后使用者典型地更富有、更强势，其通过大量广告侵占市场。积极的在后使用者可以通过大量的广告在短时间内获得更强的商业显著性，不同于小企业要多年经营其产品。在先使用者商标的商业强度弱于在后使用者。反向混淆侵权者的主观目的不是攀附商誉、搭便车。❶ 在适用Lapp Facts认定混淆可能性时，在四点要素上反向与正向混淆存在差异，包括在商标相似性上，免责声明在反向混淆中起到强化混淆作用；反向混淆中应当从在先使用者和在后使用者商业实力上的对比，以及在后使用者的广告和销售活动导致公众对在后商标的印象两个方面来分析；被告排挤小企业的意图；实际混淆的证据方向不同、取证困难，认真对待不匹配证据。❷

通过对比发现，Polaroid和Lapp两种考量因素虽然在表达上略有差异，但是其实际考量内容是一致的。美国司法实践中也不断强调，在利用这些因素认定混淆可能性时，不是机械化地应用，而是要结合具体案件、具体情况，对每个因素考量的侧重点及侧重程度有所不同。

3．竞争关系或关联关系对反向混淆认定的影响

在Checkpoint Systems，Inc. v. Check Point Software Technologies，Inc.案中，法院认为构成反向混淆需要商品、服务相同或近似，具有直接竞争关系。原告是一家制造和销售电子监视设备和防盗检测系统的公司，被告的经营领域是企业计算机防火墙安全软件。由于被告在推广产品时使用了Checkpoint商标，原告认为其侵犯了自己的商标权而诉至法院。法院认为："在产品是具有竞争关系或者关联关

---

❶ Fisons Horticulture，Inc. v. Vigoro Industries，Inc.，30 F.3d 466（1994）.

❷ A & H Sportswear，Inc. v. Victoria's Secret Stores，Inc.，237 F.3d 198（2000）.

系的案件中最有可能发生反向混淆。当产品相关联时，消费者很可能认为它们出自同一家公司。但是如果不相关联时，混淆可能性就会显著减少。"该案中，由于双方具有明显不同的市场，因此不存在混淆可能性。❶

在Trovan, Ltd. v. Pfizer, Inc.案中，原告是一家主要生产电子追踪装置的公司，被告因使用Trovan的名义销售抗生素遭到起诉。在认定是否构成反向混淆时，地区法院认为，"在当事人不具有直接竞争关系时，不认可反向混淆的请求"。在上诉到美国第九巡回上诉法院后，巡回法院认可了地区法院的做法，认为被告的抗生素与原告的产品并不相关，维持了地区法院的判决。❷

（二）救济措施：损害赔偿

对于反向混淆案件的侵权处理，主要包括禁令与损害赔偿金。关于禁令，1988年BANF案中禁令的范围：被告不得在销售、经营、宣传女性服装中使用标准或带状的B Wear或b Wear商标。

损害赔偿金的计算是各案件审理中的争议焦点之一。关于损害赔偿，美国法院审理的依据是《兰哈姆法》中关于对侵权权利的赔偿条款。

1. 利润、损害赔偿金、诉讼费用及律师费用

当一项在美国专利与商标局已注册标志的注册人的任何权利受到侵犯时，若在民事诉讼中侵权成立，原告有权依据《兰哈姆法》第29条和第32条以及衡平原则取得如下赔偿：①被告从侵权中所获得的利润；②原告所遭受的一切损失；③诉讼费用。法院应对上述利润和损失金额进行估算或按其指示进行估算。在估算利润时，只要求原告证明被告的销售额；被告必须对各项成本或扣除部分提供证明。估算损失时，法院可根据案情作出高于原告实际损失的赔偿裁决，但其数额不超过实际损失数额的三倍。如果法院认为根据利润的赔偿数额不足或过高，法院有

---

❶ Checkpoint Systems, Inc. v. Check Point Software Technologies, Inc., 269 F.3d 270, 60 U.S.P.Q.2d 1609（3d Cir. 2001）.

❷ Trovan, Ltd. v. Pfizer, Inc., 107 Fed.Appx.788（9th Cir. 2004）.

权根据具体情况确定其认为是公正的数额。在上述两种情况下，法院裁定的数额属于补偿金而不属于惩罚金。在某些例外情况下，法院可以判予胜诉一方合理的律师费用。

2. 适用假冒标志判罚的三倍损害赔偿金

在估算赔偿金额时，如果法院认为理由充分，可以裁定为原利润或损害赔偿金额3倍的赔偿额（两者中取数额高者）连同合理的律师费用。此种裁定适用于任何违反《兰哈姆法》第32条第1款（1）或者《美国法典》第36编第380条的情况，该违法行为包括在知道一件标志或标示为假冒标志的情况下，有意将其使用于物品的销售，提供销售、批发或者服务业上。在这种情况下，法院有权自行决定判予原告在判决前的利息，其年利率根据《美国法典》第26编第6621条确定，起算日期为权利要求请求人提交请求之日，结算日期为法院同意请求之日，或者是法院认为合理的更短期间。

在1977年Big O Tire Dealers, Inc. v. Goodyear Tire & Rubber Co.案中，地区法院认定"陪审团所裁决的赔偿金能使原告在州内进行同等数量的广告宣传，以使原告的轮胎经销商告知其客户、潜在客户和相关公众关于侵权争议的真实情况或其他必要事项来消除混淆"。法院根据原告的产品范围、被告的广告费用等因素认定纠正性广告费用作为补偿性赔偿金。同时，由于被告的主观恶意，根据惩戒性赔偿金与补偿性赔偿金的三倍比率，计算出最终的损害赔偿金。❶

在Visible Systems Corp v. Unisys Corp案中，法院根据衡平原则，通过（原告收入）和原告丧失的收入之间的差额。覆盖被告的盈利、原告的任何损害和诉讼成本来计算原告所得差额。该巡回法院理性地考虑是否依照被告侵权所得计算损害赔偿金：（1）原告损失难以计算；（2）防止被告不正当获利；（3）必要时保护原告以防恶意侵权者进一步侵权。填补性损害在于恢复被害人侵权行为发生前的原状。被告盈利所指的是因侵权而获利的数额。反向混淆并非简单的被告盈利和原告损失的等值。律师费仅在特定案件中适用，原告的损失是直接的，被告恶

---

❶ Big O Tire Dealers, Inc. v. Goodyear Tire & Rubber Co., 561 F.2d 1365（1977）.

意。❶ 而在Banff，Ltd.，v. Federated Department Stores Inc.案中，法院认为被告非恶意侵权，不授予律师费用。❷

3. 更正广告费

在Big O Tire Dealers，Inc. v. Goodyear Tire & Rubber Co.案的计算损害赔偿额方面，地方法院没有估算原告的具体生意损失，依被告故意对原告商标和商誉造成伤害的行为，法院判决被告赔偿原告以让原告发布更正广告。地方法院认为，被告实施侵权行为前后，原告商标的商誉价值并不相同。对原告商标和商誉的损害而不是对其具体生意的损失，是赔偿损失的理由，赔偿额用于原告做更正广告，以使其商誉回复至其本应取得的商誉的位置。美国第十巡回上诉法院认为，原告只在50个州中的14个州从事经营活动，无权以被告在全国的广告费用作为基础要求赔偿，并认为，美国FTC在更正广告中的25%规则暗示，发布更正广告以消除在消费者心中产生的误解和欺诈，这一行为并不需要与虚假广告等额的广告费用（a dollar-for-dollar expenditure）。法院认为，恢复原告在侵权行为发生前的商誉所需要的最大更正广告费用是678302美元。计算方法如下：被告花费了9690029美元的 14/50（28%）在14个州发布广告，依FTC的25%规则，这一数额（9690029 × 28%）的25%，即 678302美元是更正广告赔偿额。此外，还判给原告4069812美元的惩罚性赔偿数额。在Big O案后，更正广告救济措施在商标侵权诉讼中被广泛认可。❸

（三）证据（消费者调查）的重要作用

从多起案件的裁判文书中，可以看到美国在审理案件时，十分注重证据的作用。对证据的不同认知就产生不同的审理结果。例如，Sand Taylor & Wood Co. v. Quaker Oats Company案中，地区法院从4份证据中认定被告明知且具有恶意，而美国联邦第七巡回上诉法院认为这些证据不足以证明被告为恶意，根据公平衡量考虑，将损害赔偿金减少，不

---

❶ Visible Systems Corp. v. Unisys Corp.，551 F.3d 65（2008）.

❷ BANFF，LTD.，v. Federated Department Stores INC.，841 F.2d 486（1988）.

❸ Big O Tire Dealers，Inc. v. Goodyear Tire & Rubber Co.，561 F.2d 1365（1977）.

适用律师费及判决前利息。❶

在商标案件的证据中，消费者调查尤为特别。例如，在THOIP v. WALT DISNEY案中原告进行了平行状的问卷调查，2010年秋季调查在美国的18个购物中心进行，调查对象是购买T恤的女性。法院认为在先使用者提供的消费者调查并非证明消费者混淆的可靠证据。因为调查不能复制实际市场情况，缺少恰当的控制，根据需求效应，不恰当地指向产生混淆的调查结果。虽然，在后使用者的商标的显著性更强，但是没有证据证明被告使用该商标从事相关产品的广告宣传或推销。原告的书籍从1981年在全国销售，其T恤自2006年开始销售，而在后使用者的服装仅在主题公园内销售，没有证据表明两者同时出现在同一商场。没有证据证明存在实际混淆。尽管两者的产品类似、质量接近、后者的商标稍强于前者，但是缺乏实际混淆的证据和调查，在后使用者并非恶意，也没有证据证明后者的服装完全淹没了原告的商标，故不存在混淆。❷

四、中美案例比较分析

（一）反向混淆认定的标准

美国法院反向混淆认定的考量因素与正向混淆认定的考量因素基本相同，但是在具体考量每个因素时，结合案件对因素的侧重点与正向混淆有所不同，在反向混淆的认定上其更注重：被告商标的显著性，原被告双方之间商品或服务的类似性、竞争性，即商标在先使用人进入被告市场的可能性。美国法院在混淆可能性的认定上注重动态性的考量因素，对于混淆可能性的认定各巡回法院适用Polaroid要素或Lapp要素，但均涉及类似内容且较为细化、具体，其重视消费者调查等认定混淆可能性的实际证据，在司法实践中对于反向混淆的认定也日趋严格。而我国法院在司法实践中，对于反向混淆的认定停留在概念性的认知上，大部分法院仅仅依据"商品类似性""商标近似性""被告对商标使用的影

---

❶ Sands，Taylor & Wood Co. v. Quaker Oats Co.，978 F.2d 947（1992）.

❷ THOIP v. The WALT DISNEY COMPANY，788 F.Supp.2d 168（2011）.

响力"即推定构成反向混淆，忽视了混淆可能性的具体认定标准以及商标使用行为对消费者的影响。

（二）损害赔偿数额认定的依据

美国法院对于反向混淆侵权的损害赔偿数额计算方式多样化，法院对利润和损失金额进行估算，考量当事人的销售额、成本等数额确定补偿金，根据主观恶性，考量是否适用惩罚性赔偿金。在某些例外情况下，法院还可以判予胜诉一方合理的律师费用。基于反向混淆与广告宣传的密切联系，法院还引入了纠正广告费机制，根据原告的产品范围、被告的广告费用等因素认定纠正性广告费用作为补偿性赔偿金。同时，由于被告的主观恶意，适用3倍惩罚性赔偿金，确定最终的损害赔偿金。我国法院对于损害赔偿金的计算，依据《商标法》第63条，适用与正向混淆相同的计算方法，忽视了反向混淆的特性，即被告对于商标的投入等贡献，导致高额的损害赔偿金，容易催生商标抢注的不良影响。

中美两国的商标反向混淆案例比较详见附录一和附录二。

附表一　美国商标反向混淆重要案例汇编

案件	案件焦点问题
1. International new service v. associated press（1918）	现在的情况是原告是商标的合法使用者，被告是商标侵权者，广大消费者误认为原告的产品或者服务来自被告，这种情况就是我们现在所说的商标的"反向混淆"行为。霍尔姆斯法官认为虽然混淆的方向存在很大的不同，但是归根结底都是属于商标的混淆行为，商标的反向混淆行为也可以使用传统的商标侵权的规则，都应当受到法律的严格规制。但是这并没有引起美国法律界以及相关学者、社会公众的注意，这是商标"反向混淆"概念的萌芽阶段
2. Westward CoachManufacturing cp，Inc. v. Ford Motor co，Inc.（1968）	在后使用导致对在先使用者产品的混淆可能性；法院认为上诉人的商标权未延伸至对汽车上商标的使用。Mustang并非臆造词，而是通用名词，在西部汽车公司使用前已经被用于飞机、自行车等商品上，该商标已在不同类别上注册了34次，法律只保护具有显著性的商标，而上诉人知名度低，拥有的是弱商标，其不会造成混淆
3. Big O tire dealer，Inc. v. Goodyear tire & rubber（1977）	科罗拉多州法院从未考虑过，是否对商标首次使用者的商品来源产生误认的混淆可能性具有可诉性。但是，科罗拉多州上诉法院在一起裁决涉及初步印象的企业名称侵权案件中，强有力地指出科罗拉多州最高法院一贯认可并遵循保护已使用的企业名称并防止公众混淆的政策，且这种保护的范围存在扩大趋势； 当第二人（在后使用者）通过可能导致一般谨慎的购买者或潜在购买者对商品来源产生混淆的方式使用商标时，其侵犯了商标权。检测的标准不是一个实际混淆例子，而是混淆可能性； 由于在后使用者意图通过向消费公众表明他的商品与原告的商品具有同一来源，从而利用已建立商标的商誉，原告会寻求因此造成原告收入损失的补偿性救济。但是，本案却包含了由于侵权者对原告商标的使用，导致对原告商品来源产生误认的反向混淆
4. Plus products v. plus discount foods（1983）	两者虽然是非直接竞争商品，但仍可能使消费者产生混淆、联想，明确了商标反向混淆和正向混淆适用同样的标准，适用Polaroid八要素认定混淆可能性。（1）商标强度；（2）实际混淆；（3）产品质量；（4）消费者注意力；（5）善意；（6）商标的近似性；（7）商品的类似；（8）扩大生产、缩小差距的可能性

案件	案件焦点问题
5. Ameritech, Inc. v. American Information Technologies Corp.（1987）	首先，上诉法院的法官引用了地区法院法官在判断此案是否构成混淆时的方法，这一方法，从以下几个方面去考量是否构成混淆：（1）原告商标的强度；（2）双方商品的关联性；（3）双方商标的相似性；（4）实际混淆的证据；（5）所使用的销售渠道；（6）消费者的注意程度；（7）被告选择该商标的用意；（8）扩大生产的可能性。之后，上诉法院的法官指出地区法院依照该规则判断不构成混淆是不正确的，根据以上因素找寻的证据将会作为一个法律问题被上诉法院重新检视，这说明上诉法院在判断反向混淆的标准时，以上的八个考量因素依旧发挥着基础性作用。在此基础上，法院就其中几条标准的判断提出了同原审法院不一样的主张，例如就第一条原告商标的强度，原审法院认为商标的强度决定了保护的强度，而原告的商标不具备全美范围内的影响力，"Ameritech"本身也不具备显著性，许多别的公司使用该类名称。然而上诉法院却认为，即便在先使用者的商标在全国范围内不强势，但却可能在某一地理范围或者某一产品领域强势，因此就应当获得保护，就"Ameritech"而言，原告既然已经在俄亥俄州注册了该商标，就理应获得保护。并且法院认为与传统的正向混淆相比，反向混淆的在后使用者并不是为了占有在先使用者的商誉来牟利。所以在上诉法院看来，反向混淆中对于商标强度的要求并不高。再比如在第三条双方商标相似性的判断中，原审法院认为被告的商标与原告并不相似，理由是打印和构图上存在差异，而上诉法院认为，二者都是同样的拼写，并且都运用了星形文字标识。商标的相似并不要求两者是精确的相同，只要二者之间具有较强的类似性就应认为成立
6.Banff v. Federated Department stores（1988）	在此案中，原审法院就混淆可能性，提出了具体的评价标准，包括但不限于以下几点：商标的类型；原告商标的知名度，双方商标相似度；商品的形似性；在先使用权人应该证明实质混淆，被告使用该商标在诚信上所得到的实惠；另外还应考虑被告商品的质量，消费者对产品的注意程度。根据该标准，原审法院作出了上述的判决。另外，根据原审法院的评价标准，从字母组成上看，无论是小写字体或是绸带式字体的"B Wear"，同样也侵犯了原告的商标权，与标准字体的"B Wear"侵权理由是一样的。因此，上诉法院扩大了"B Wear"商标的禁止使用范围，禁止被告将标准字体、小写字体及绸带式字体的"B Wear"用于与女装有关的销售、营销或广告活动。法院在判决书中指出：法律的目的是通过让公众免于商品来源上的混淆而保护商标所有人的利益，并且确保公平竞争。与通常的商标侵权相比，这一目的在反向混淆的案件中同样重要。如果反向混淆不是充足的获得《兰哈姆法》保护的理由，那么大公司就可以不受惩罚地侵犯小公司在先使用的商标

案件	案件焦点问题
7. Sand Taylor & Wood Co. v. Quaker Oats Company （1992）	"反向混淆误认"发生在较强大的后商标使用人以与先商标使用人近似的商标强势进入市场，在该等案件中，虽然后商标使用人并无企图凭借与先商标使用人的关联而获得利益，但先商标却因被误认为是源自后商标而受到侵害。此种"反向混淆误认"导致的结果是先商标使用人丧失其商标的价值，即表示商品来源的价值、整合的能力、控制其商誉和名声的能力以及扩展新市场的能力。保护商标所有权的利益及防止消费大众对其商品来源的混淆并确保公平竞争，承认在《兰哈姆法》之下，"反向混淆误认"是一种商标侵权的形式。法院还考虑了商标的描述性特征、被告的商标性使用、原告的使用情况
8. ERNST HARDWARE COMPANY v. ERNST HOME C （1992）	从本案中可以看到，首先，并非所有的反向混淆诉讼都能得到法院的支持。要证明反向混淆的存在，在本案法院看来，双方的产品必须相同或类似，如果是没有竞争关系的两种产品，很难被法院认定具有混淆的可能性。而商标也必须具有独特性，没有独特性，或是没有通过使用获得第二含义的，不能被认作存在保护性利益。自然法院也不会支持不存在保护性利益的商标。其次，商标的反向混淆是否可以扩展到商号？本案的标的是商号而不是商标，而原告却以此提出反向混淆侵权诉求。本案的法院通过审理，一一驳斥了原告的诉求，但却是通过以商标反向混淆的原理进行评判的，由此可见，法院是接受商标的反向混淆可以扩展到商号的观点的
9. Fisons Horticulture Inc. v. Vigor Industries Inc. （1994）	商标法的目的在于保护商标权人，防止消费者混淆、确保公平竞争，基于同一目的，反向混淆防止大公司肆意侵犯小公司的在先商标，具有可诉性。适用Lapp因素主要包括以下10个方面：（1）原被告商标之间的相似程度；（2）商标的强度（包括商标固有显著性的强度和商业显著性强度）；（3）消费者购买时考虑的因素；（4）在实际混淆发生前被告使用该商标的时间；（5）被告的意图；（6）实际混淆的证据；（7）无论商品竞争与否，是否经过同一销售渠道和同一广告媒体；（8）双方实现销售目标的努力程度的相似性；（9）消费者心目中双方产品的相似程度；（10）其他的公众可能会想到的因素。反向混淆中商业强度的证据不同于正向混淆，在反向混淆中在后使用者典型地更富有、更强势，其通过大量广告侵占市场。积极的在后使用者可以通过大量的广告在短时间内获得更强的商业显著性，不同于小企业要多年经营其产品。在先使用者商标的商业强度弱于在后使用者。反向混淆侵权者的主观目的不是攀附商誉、搭便车

（续表）

案件	案件焦点问题
10. DreamWorks production，Inc. v. SKG Studio （1998）	在反向混淆侵权中，不涉及搭便车、假冒问题。其争议焦点在于是否消费者与在先使用者交易时误认为在与在后使用者交易。在本案中，就是一个理性消费者在参加原告协会时是否认为该协会是由被告赞助的。法院认为反向混淆中，即使商标的商业显著性是因为在后使用者产生的，也同样可以适用即决判决。案件的关键在：（1）商标的专有性／固有显著性；（2）商标在形、音、义上的相似性；（3）商品或服务的相关性。原告商标是一个可获得强保护、宽范围保护的臆造性商标。反向混淆商标侵权中，法院必须关注在后使用者商标的强度
11. Commerce Nat Ins Services Inc. v. Commerce Ins Agency Inc. （2000）	证明反向混淆：（1）商标是有效的并可获得法律保护；（2）原告拥有该商标；（3）被告对商标的使用导致反向混淆。在反向混淆中，原告很少需要证明第二含义。反向混淆：在后使用者使用相似商标来淹没市场并打压在先使用者。公众认为前者的产品来源于后者或有关系。结果是导致在先使用者丢失了商标识别来源的价值，损害前者的商誉以及开拓新市场的能力。防止大公司打压、淹没小公司的市场地位。Scott Paper 因素：（1）争议商标近似程度；（2）商标权人所有的商标的强度，侧重在后使用者的商业显著性；（3）商品价格等其他表明消费者购买商品时注意程度的因素；（4）无实际混淆情况下，被告使用商标的时间；（5）被告使用商标的主观意图；（6）实际混淆证据；（7）非直接竞争关系下，两者商品销售的渠道或广告媒介相同；（8）双方消费对象的努力程度相同；（9）基于功能相似性，公众对商品间关系的认识；（10）其他表明消费者可能认为在先所有者开拓被告市场的相关事实。主观意图：明知争议商标仍使用；有无进行类似服务或商品的商标检索工作

（续表）

案件	案件焦点问题
12. A & H Sportswear Inc. v Victoria's Secret Stores Inc.（2000）	第三巡回上诉法院的法官指出，与正向混淆诉求一样，反向混淆诉求中的首要问题是确定是否有存在混淆的可能，也即两种混淆的认定标准是一致的，分两步走。法官同时指出认定的考量因素在正向混淆与反向混淆中存在差异，在总结反向混淆认定考量因素前，法官首先回顾了在判定正向混淆时的考量因素，这一测试方法被称作"Lapp Facts"，主要包括以下10个方面：（1）原被告商标之间的相似程度；（2）商标的强度（包括商标固有显著性的强度和商业显著性强度）；（3）消费者购买时考虑的因素；（4）在实际混淆发生前被告使用该商标的时间；（5）被告的意图；（6）实际混淆的证据；（7）无论商品竞争与否，是否经过同一销售渠道和同一广告媒体；（8）双方实现销售目标的努力程度的相似性；（9）消费者心目中双方产品的相似程度；（10）其他的公众可能会想到的因素，如两种产品都是原告生产的，或原告在被告的市场中生产了产品，或者认为原告想进入被告的市场。其中，部分与正向混淆的适用一致，但是在四点要素上两者存在差异。在商标相似性上，免责声明在反向混淆中起到强化混淆作用；反向混淆中应当从在先使用者和在后使用者商业实力上的对比以及在后使用者的广告和销售活动导致公众对在后商标的印象两个方面来分析；被告排挤小企业的意图；实际混淆的证据方向不同、取证困难，认真对待不匹配证据
13. Macia v. Microsoft Corp（2004）	使用了Polaroid 8要素的审查标准来认定是否构成商标的反向混淆，即：（1）商标的相似程度；（2）原告商标的强度；（3）商品或服务的类似程度；（4）实际混淆；（5）在先商标权人进入被告市场的可能性（被告在该相关新市场中对自己商品的销售）；（6）被告的侵权故意；（7）被告商品的质量；及（8）相关消费者的谨慎程度。同时，第二巡回法院也明确指出，在实践中判定商标的反向混淆包括但不仅限于这8要素；并且在审判中，不可以盲目机械地使用，而是根据具体案情具体适用，同时对各个判定要素的侧重程度也不同；在反向混淆中，必须证明消费者可能认为软件来源于被告，但原告没有实际混淆的证据支持反向混淆主张。反向混淆的恶意并非攀附原告的商誉，而是使用一个明知会产生混淆的商标，如相同或接近相同的商标。两者商品的品质差距不大

（续表）

案件	案件焦点问题
14.Strange Music，Inc. v. Strange Music，Inc. （2004）	在认定反向混淆的推理中引入了认定正向混淆可能性的标准，主要包括八个考量因素：（1）商标强度；（2）双方商标的相似性；（3）双方产品之间的竞争性；（4）在先使用者缩小双方产品差距的可能性；（5）实际的混淆；（6）被告对商标的使用是否善意；（7）被告产品的质量；（8）相关消费者。法院应当注重在先使用者的消费者的混淆，而不是在后使用者的消费者，即原告的消费者购买时认为产品来源于被告。在反向混淆案件中，法院应当更关注在后使用者商标的显著性，因为反向混淆理论认为正是在后使用者商标的显著性导致了消费者的混淆，因此关注的重点是在后使用者。如果在后使用者的商标显著性大于在先使用者，则这一因素对原告有利；在双方商标相似性因素的考量上，无论哪种混淆他们关注的侧重点都是一致的，法院主要从两个方面去分析，一是彼此商标的相似是否会导致混淆，另一个是在潜在购买者眼中两者商标的相似性，即在市场中的相似性；在产品竞争性的分析中，法院应当分析产品竞争的程度和竞争对于消费者混淆的影响，产品的竞争性应当从两个方面考量，即市场的接近性（market proximity）和地理上的接近性（geographic proximity）；所谓缩小产品间差距指的是在先使用者扩张销售渠道和进入在后使用者市场的能力。原告必须证明他们有进入对方市场的意愿并且潜在消费者能感受到这种意愿。在实际混淆证据中，法官指出，原告提供的被告消费者误拨的电话和电子邮件并不能使反向混淆成立。要证明反向混淆的成立，原告需要提供原告产品的消费者认为原告的产品来源于被告的证据。对被告善意的考量法官认为这是反向混淆中必需的。在谈到善意考量时，法官提出要考虑是否有搭便车的故意，而实际上反向混淆中并不要求被告有搭便车的故意。原告提出被告在原告提出抗议后依旧使用该商标证明了被告的恶意
15. Surfvivor medla，Inc. v. Survivor productions （2005）	反向混淆在于消费者与在先商标权利人交易时，认为其在与在后使用者交易。即消费者是否认为被告是原告产品的来源或赞助商。虽然法院调查注重在后商标的强度，但是在先商标的显著性也是相关的。对于反向混淆可能性，适用Sleek Craft 8要素：（1）商标的强度；（2）商品相关性；（3）商标相似性；（4）实际混淆的证据；（5）销售渠道；（6）消费者注意力程度；（7）被告的主观意图；（8）开发产品可能性

（续表）

案件	案件焦点问题
16. M2 Software, Inc. v. Madacy Entertainment （2005）	第九巡回上诉法院在审理原告主张 "反向混淆误认" 的案件时，与以往相比目前已采取较为严格的标准，即后商标使用人在市场上的商标使用程度须达到已使市场饱和的程度；且混淆误认的程度也须达到相关消费者在购买先商标使用人的商品时，会误以为是购买的后商标使用人的商品。唱片公司使用商标不会导致正向或反向混淆，虽然原告的商标是臆造性的，且两者产品存在少量重叠，但是没有实际混淆证据、两者拥有不同的销售渠道，购买原告产品的音乐行业购买者有一定注意力，不会认为软件公司会开发其产品生产线至被告行业
17. Visible Systems Corp v. Unisys Corp （2008）	VSC选择反向混淆理论，与正向混淆相反，反向混淆理论下，消费者误认并购买在先使用者的商品，认为其为在后使用者的商品。消费者可能认为前者是未经授权的侵权者，后者对商标的使用损害前者的名誉和信誉。反向混淆的损害可能因为后者的市场饱和并压倒淹没在先使用者而导致损害，损害商标的价值和在先使用者的业务。只有证据表明在后使用者通过大型的广告宣传活动能够淹没在先使用者的商誉，反向混淆才能成立。如果缺乏证据证明存在对来源或赞助关系的混淆就不存在可诉的反向混淆。商标所有人必须证明混淆可能性，其不需要证明实际混淆，但是实际混淆可以强化侵权主张。在Attrezzi案中，我们使用反向混淆标准包括：（1）商标相似性；（2）商品或服务类似性；（3）双方贸易渠道的关系；（4）广告宣传的重叠；（5）潜在用户的阶层；（6）实际混淆证据；（7）被告使用商标的主观意图；（8）原告商标的强度。陪审团从软件产品销售收入的下降推测存在实际混淆。在反向混淆案件中，关注商标的相关强度，来评估在后使用者的商标淹没了在先使用者。原告真实、实际使用商标的证据

（续表）

案件	案件焦点问题
18. THOIP v. WALT DISNEY（2011）	反向混淆是指通过在后使用者对模仿性商标的积聚性使用，使得相关公众将在先使用者的产品误认为来源于在后使用者。反向混淆可能性的认定使用Polaroid 8要素；原告进行了平行或喷射状问卷调查，2010年秋季调查在美国的18个购物中心进行。调查对象是购买T恤的女性。法院认为在先使用者提供的消费者调查并非证明消费者混淆的可靠证据，因为调查不能复制实际市场情况，缺少恰当的控制，不恰当地指向产生混淆的回应，遭受需求效应。虽然，在后使用者的商标的显著性更强，但是没有证据证明被告使用该商标从事相关产品的广告宣传或推销。原告的书籍从1981年在全国销售，其T恤自2006年开始销售，而在后使用者的服装仅在主题公园内销售，没有证据表明两者同时出现在同一商场。没有证据证明存在实际混淆。尽管两者的产品类似、质量接近、后者的商标稍强于前者，但是缺乏实际混淆的证据和调查，在后使用者并非恶意，也没有证据证明后者的服装完全淹没了原告的商标，故不存在混淆
19. Kelly-Brown v. Winfrey（2013）	经营激励服务的原告不需要将证明竞争者商标性使用侵权标识作为证明构成公众反向混淆激励服务和出版的门槛问题；《兰哈姆法》保护所谓的反向混淆，即消费者认为在后使用者是在先使用者产品的来源；在反向混淆中，消费者可能认为在先使用者是未经授权的侵权者，而在后使用者对商标的使用可能因此损害在先使用者的名誉和信誉。合理使用抗辩的三要件：（1）并非作为商标；（2）描述性作用；（3）善意。在贸易中使用商标和作为商标使用，两者混淆性的缩语都是商标使用。原告需要在侵权主张中证明"在贸易中使用"。《兰哈姆法》的"在贸易中使用"是指在普通贸易环节中真实使用商标，而不只是保留商标的权利。以下方式属于在贸易中使用：（1）在商品上使用，使用在其商品上、容器包装上、商品展示上、标签上，或依产品性质使用在商品或其销售的文件上；商品被销售或在贸易流通环节运输；（2）在销售或广告服务上使用或展示，在贸易中提供；在多个州或多国贸易中使用；原告不需要证明被告以特定方式使用商标来满足"在贸易中使用"。只要商标以任何方式被添加于商品或服务上就满足使用商标

（续表）

案件	案件焦点问题
20. JTColby And Co Inc. v Apple Inc. （2014）	《兰哈姆法》第43条（a）款禁止商业性使用"可能导致对商品或服务的来源、赞助或许可关系产生混淆"的"任何单词、词组、名字、标志或图案"。该条款同时保护注册及未注册的商标。为了说服其侵权主张，原告必须证明：（1）其拥有可保护的商标；（2）被告的标识可能导致消费者对产品来源或赞助关系产生混淆。在本案中，原告所主张的混淆是消费者可能认为原告是苹果公司商标的未经授权的侵权者，或认为他们的书籍是苹果公司出版的。《兰哈姆法》保护反向混淆以防大型、实习雄厚的公司霸占在先使用的小型公司的商标。我们使用Polaroid 8要素检测来评估混淆可能性。这8要素是：（1）商标的强度；（2）争议商标的相似性；（3）商品种类的类似程度；（4）实际混淆；（5）原告开拓产品的可能性；（6）被告使用商标的善意；（7）被告产品的质量；（8）消费者的注意程度。这个评价过程不是一个机械化的程序，相反，我们关注"消费者是否可能被混淆"这一根本问题。原告不仅仅只是要提供消费者可能因被告的商标而产生混淆的"可能性"。被告没有出版图书，原告也没有开发购买书籍的销售市场；他们的商品并非直接竞争，没有相似的服务目的，也未出现在同一贸易渠道。原告所主张的其将缩小商品之间的差距仅仅是推测。在认定消费者混淆可能性时，适用Polaroid 8要素，而非商标性使用

附录二　中国商标反向混淆案例汇编

案名	案号	当事人	商品或服务	商标情况	反向混淆
非诚勿扰	（2013）深南法知民初字第208号	金某某	江苏省广播电视总台、深圳市珍爱网信息技术有限公司	不相同、不类似	相同	否
	（2015）深中法知民终字第927号			相同	相同	是
新百伦	（2013）穗中法知民初字第547号	周某某	新百伦贸易中国有限公司	类似	相同	是
G2000	（2006）杭民三初字第131号	赵某	纵横公司、和缘公司、千盈公司	相同	类似	是
	（2008）浙民三终字第108号					
冰点案	一审：重庆市第一中级人民法院（2002）民初字第533号	重庆必扬冰点水有限公司	青岛青啤朝日饮品有限公司	类似	相同	是
蓝色风暴	一审：（2005）杭民三初字第429号	上海百事可乐饮料	浙江蓝野酒业	相同	相同	否
	二审：（2007）浙民三终字第74号					是
慧之眼	（2007）海民初字第4917号（2007）一中民终字第7743号	鲍某某	北京慧之眼眼镜连锁服务有限责任公司	相同	近似	是
优比速	（2008）深中法民三初字第119号；（2009）粤高法民三终字第91号；（2010）深中法民三重字第1号；（2010）粤高法民三终字第511号	深圳市优比速快递有限公司、黄某某	广东优比速包裹运送有限公司及其深圳分公司	相同	近似	是
礼享	（2014）郑知民初字第489号	田某某	泸州老窖	相同	近似	是

（续表）

案名	案号	当事人		商品或服务	商标情况	反向混淆
龙太子	（2009）杭滨知初字第29号	李某某	太子龙控股集团有限公司、浙江太子龙文化传播有限公司	相同	相同	是
恒大皇马	（2013）清中法民三初字第3号	杨某某、北京新范文化有限公司	恒大足球、恒大地产	相同	不相同、不近似	否
	（2013）粤高法民三终字第630号					
"中凯"	（2008）杭民三初字第403号	王某某	浙江杭州市新华书店有限公司、广东中凯文化发展有限公司	相同	近似	是
	（2009）浙知终字第98号					是
农友、nongyou及图	（2008）厦民初字第299号	安徽省阜阳市棉花原种繁殖场	农友种苗（中国）有限公司	相同	相同	是
"任意游"	（2009）丰民初字第25278号	张某某	北京合众思壮科技股份有限公司	不相同、不类似	非近似	否
红盖头	（2010）渝五中法民初字第109号；（2011）渝高法民终字第280号	四川临邛（集团）实业有限公司	重庆华博传媒有限公司	相同	非近似	否
永得丽	（2005）通中民三初字第0007号	广州保赐利化工有限公司	李某某、立邦涂料（中国）有限公司	相同	相同	是
	（2005）苏民三终字第0129号－第0132号					否
功夫熊猫	（2011）二中民初字第10236号	陕西茂志娱乐有限公司	梦工场动画影片公司；派拉蒙影业公司；中国电影集团公司	相同	相同	否
	（2013）高民终字第3027号					
	（2014）民申字第1033号					

（续表）

案名	案号	当事人		商品或服务	商标情况	反向混淆
"积分宝、集分宝"	（2011）浦民三（知）初字第415号	钥某（中国）网络技术有限公司	浙江淘宝电子商务有限公司	不同、不类似	非近似	否
	（2012）沪一中民五（知）终字第109号			相同、类似		
大众点评图	（2012）徐民三（知）初字第539号	刘某	上海汉涛信息咨询有限公司	相同	非近似	否
	（2013）沪一中民五（知）终字第247号					
WhyMe	（2013）中区法民初字第05094号	重庆雨迷家工贸有限公司	北京李某某艺术工作室、湖南广播电视台	相同	非近似	否
	（2014）渝五中法民终字第04331号					
Baselayer	（2013）徐民三（知）初字第653号	哥伦比亚运动服装公司	上海兴诺康纶纤维科技股份有限公司	相同	相同	否
IPAD	一审：广东省深圳市中级人民法院（2010）深中法民三初字第208、233号 二审：广东省高级人民法院（2012）粤高法民三终字第8、9号	苹果公司	深圳唯冠	相同	相同	/
"五角星图"	一审：安徽省合肥市中级人民法院（2010）合民三初字第87号 二审：安徽省高级人民法院（2010）皖民三终字第77号 申请再审：最高人民法院（2011）民申字第223号	广州市红太阳机动车配件有限公司	安徽江淮汽车集团有限公司、安徽江淮汽车股份有限公司	相同	不近似	/

（续表）

案名	案号	当事人		商品或服务	商标情况	反向混淆
"大自然"	一审：（2011）杭西知初字第4号	杭州比纳实业有限公司	佛山瑞俪装饰材料有限公司	类似	近似	是

商标反向混淆侵权及赔偿问题研究文献综述

上官凯云　沈一萍

指导老师：王莲峰

【摘要】本文以国内外商标反向混淆文献为基础，探究国内外学者对反向混淆的认识情况。首先介绍商标反向混淆的概念、历史发展情况、社会危害性与其区别于正向混淆的特点。其次分析国内外学者对反向混淆存在的共识，发现学者均认同在反向混淆中在后使用者的主观意图不影响反向混淆的认定。最后剖析反向混淆研究中存在的争议问题。目前，对于反向混淆问题的争议点主要在于：（1）反向混淆是否构成侵权，存在赞成、反对、折中三种学说；（2）反向混淆侵权认定标准；（3）反向混淆的损害赔偿认定，是适用与正向混淆一致的认定规则还是采用合理使用费倍数、抑或法定赔偿基础上增加赔偿额度，这些争议点都需要进一步研究。

引　言

商标是一种市场标识，它不仅仅是由文字、图形等构成的一种符号，更重要的是凝结了实际使用者的商誉，且往往代表的是一种市场格

430

局或者市场格局的划分。❶ 在大部分的商标侵权案件中往往是侵权人利用在先商标所有人的商誉，使用与其相同或相近似的标志并在相同或相类似的商品或服务上使用造成观众的误认。但在某些情形下，在先商标人在市场中处于弱势地位，而在后的商标人在市场上处于强势地位，此时在后商标人的使用行为就可能会让消费者产生一种错误的印象，认为在先商标人提供的商品或服务来源于在后商标人，从而导致一种"反向"的混淆。❷ 我国商标法保护商标注册人的合法利益，在反向混淆的情形下，虽然侵权人没有利用商标权人的商誉搭便车，但是其利用自身强势的市场地位，强行将商品或服务与自己的商标相联系导致消费者将侵权人误认为商标权人。但同时，在后使用却能先占领市场必定也有很大的投入，采取"一刀切"的方式认定侵权是否符合市场经济效率？目前我国商标法对于反向混淆侵权没有专门的条文规定，是否有必要增加专门的条款规制这一情形？在认定是否构成反向混淆时能否采取与正向混淆一样的认定标准？这一系列问题都有较大的研究空间。

一、反向混淆的概述

（一）商标反向混淆的概念

不同于正向混淆（forward confusion），商标反向混淆（reverse confusion）是指消费者将在先商标所有人提供的商品或者服务，错误地当成了在后商标所有人的商品或者服务。❸ 在大部分商标侵权行为中都是正向混淆行为，即在后使用者利用在先使用人在商标上建立起的商誉从而产生误导、混淆消费者的可能性。但是在某些特定情形下，在后使用人的市场处于强势地位或是知名品牌，而在先使用人在市场上处于弱势地位。此时就可能出现"反向混淆"的情形。

---

❶ 孔祥俊：《商标法适用中的主观性与客观性》，中国法制出版社2012年版，第110页。

❷ 李明德："美国商标法的反向混淆"，载《中华商标》2002年第6期，第28页。

❸ 李明德：《美国知识产权法》，法律出版社2014年第2版，第589页。

（二）商标反向混淆的起源及发展

反向混淆并不是传统商标法中的概念，各国法律最初都没有对反向混淆的概念有相关规定。这一概念最早起源于美国，但是在《兰哈姆法》中也并没有明确规定反向混淆，只是规定了制止有可能发生的混淆、误导或欺骗消费者的行为。凭借这一宽泛的制止混淆可能性，美国在司法实践中逐步建立起了反向混淆的规则。❶ 研究美国反向混淆的发展对我国反向混淆的理论研究有较大的参考价值。

1. 反向混淆在美国的起源和发展

（1）反向混淆的起源。

关于反向混淆可以追溯至1918年霍姆斯法官在International News Service v. Associated Press案中首次提出了反向混淆这一概念。"通常情况下是被告仿冒原告的产品，但是在相反的情况下也会导致同样的恶果，即通过某种文字或是暗示来说明原告的产品来源于被告。"❷ 但实际上当时法院并没有对这一概念有所关注。直到1968年发生的"野马案"（Mustang）。在这一案件中，原告西部汽车公司（Westward Coach）是市场上不知名的小公司，在越野车上注册并使用了"野马"商标，被告福特汽车公司（Ford Motor Co.）则在汽车市场拥有较高的知名度和影响力。1964年福特公司大量生产和销售"野马"牌汽车，导致公众误认为原告的产品来源于被告。原告因此起诉，但是美国第七巡回上诉法院认为"野马"并非臆造词汇，在原告注册之前已经在飞机、自行车等商品上使用过，且原告知名度较低，拥有的是弱商标，相关公众不会造成混淆。❸ 这一判决作出后引起轩然大波，公众认为在具有明显侵权意图和客观存在侵权结果的情况下，仅仅由于原被告双方的经济实力悬殊就拒绝予以保护无异于弱肉强食。❹

---

❶ 李明德：《美国知识产权法》，法律出版社2014年第2版，第589页。

❷ International News Service v. Associated Press，248 U.S.215，at247（1918）.

❸ Westward Coach Mfg. Co. v. Ford Motor Co.，388 F.2d 627（1968）.

❹ Joel R. Feldman，Reverse Confusion In Trademarks: Balancing the interests of the Public，the Trademark Owner and the Infringer，Journal of technology Law & Policy，Vol8，2003，p.168.转引自：刘雯：《美国商标反向混淆理论及对我国的借鉴》，华东政法大学2008年硕士论文，第3页。

（2）确立反向混淆规则。

由于"野马案"引发了较大的争议，在随后的"Big O"案件中法院开始接受反向混淆这一概念。本案中，原告"Big O"自1974年2月开始在轮胎上使用了"Big Foot"商标。被告"固特异"（Goodyear）是美国一家著名的轮胎橡胶公司，同年7月开始在一种新轮胎上使用了"Big Foot"商标，并在全国范围内发起促销的广告活动，投入将近1亿美元的资金。美国第十巡回上诉法院从不正当竞争的角度认可了反向混淆，认为反向混淆是指第二人（在后使用者）对商标的使用以及大量的广告宣传，导致一般谨慎的购买者或潜在购买者误认为在先使用者的商品来源于在后使用者或存在关联关系。❶

此后几年法院也开始探索反向混淆案件的适用标准。在1983年的Plus products案中，美国第二巡回上诉法院明确了商标反向混淆和正向混淆适用同样的标准，适用Polaroid 8要素认定混淆可能性，即：①商标强度；②实际混淆；③产品质量；④消费者注意力；⑤善意；⑥商标的近似性；⑦商品的类似；⑧扩大生产、缩小差距的可能性。

（3）反向混淆的发展。

在1987年的"美国科技案"（Ameritech）中，美国第六巡回上诉法院深入分析反向混淆的危害，法院认为即便在先使用者的商标在全国范围内不强势，但却可能在某一地理范围或者某一产品领域强势，因此就应当获得保护，就"Ameritech"而言，原告既然已经在俄亥俄州注册了该商标，就理应获得保护。并且法院认为与传统的正向混淆相比，反向混淆的在后使用者并不是为了占有在先使用者的商誉来牟利，而是以一个相似的商标对市场进行饱和轰炸并且淹没在先商标人。

1988年的"斑夫案"（Banff）是反向混淆中一个里程碑式的案件，在本案中，美国第二巡回上诉法院从制止反向混淆的目的分析这一问题，并最终确定了反向混淆也可以受到《兰哈姆法》的保护。法院在判决书中指出："法律的目的是通过让公众免于商品来源上的混淆而保护

---

❶ Big O Tire Dealers，Inc. v. Goodyear Tire & Rubber Co.，561 F.2d 1365（1977）.

商标所有人的利益，并且确保公平竞争。与通常的商标侵权相比，这一目的在反向混淆的案件中同样重要。如果反向混淆不是充足的获得《兰哈姆法》保护的理由，那么大公司就可以不受惩罚地侵犯小公司在先使用的商标。"❶

此后，反向混淆案件逐渐得到其他法院的认可，此外美国《反不正当竞争法（第三次重述）》中也指出"反向混淆并没有跳出传统商标侵权的调整范围之外"。❷

2．我国反向混淆的发展及适用情况

2013年新《商标法》中首次将混淆概念引入商标法条文中，尽管对于反向混淆这一侵权行为没有更具体的规定，但是混淆概念的引入确立了判断商标侵权的标准，即"容易导致混淆"，从某种程度上来说对反向混淆的认定采取了肯定的态度。在此之前，法院主要依据2002年最高人民法院《关于审理商标民事纠纷案件适用法律若干问题的解释》以及《商标法实施条例》中的"混淆可能性"标准来进行审判。但是在反向混淆赔偿标准这一问题上，立法并没有考虑反向混淆案件的特殊性，因此在司法实践中，对赔偿金额的认定标准存在较大的差异，根据对我国反向混淆案件的梳理，总体上将反向混淆的发展分为三时期，即初试期、发展期、探究期。

（1）初试期。

2002年的重庆必扬"冰点案"是我国反向混淆第一案。在本案中，重庆必扬冰点水公司是"冰点"商标的所有人，被告青岛啤酒公司被发现在中国多个地方销售"青岛冰点红茶"并突出使用了"冰点"二字。最终法院支持了原告的诉请，认为被告使用"冰点"商标的行为使相关公众产生来源误认，使消费者误认为原告的"冰点水"与被告青岛公司有特定联系，属于侵犯商标专用权的行为。❸ 尽管案件完全属于反向混淆的类型，但是法院在判决书中并没有提出反向混淆这一概念，然而值

---

❶　Banff, LTD. Sweater Bee by Banff, Ltd. v. Federated Development Stores, Inc., and Bloomlngdaie's, a Division of Federated Department Stores, Inc841 F. 2d 486.

❷　811F.2d960（6th. Cir. 1987）.

❸　重庆必扬冰点水案，（2002）民初字第533号。

得肯定的是法院在出现这一颠覆性案情的情况下仍然准确地抓住了混淆理论根本要义，为今后的反向混淆案件提供了很高的参考价值。

到2005年的"永得丽案"时，法院提出了"颠覆性混淆"的说法，对反向混淆理论开始有了模糊的概念，但是在对反向混淆的定性认识上仍然不稳定。本案中，原告保赐公司是"永得丽"商标的所有人，被告立邦中国公司在其生产的产品中使用了"永得丽"这一文字。一审法院认为立邦公司的行为引起了公众的混淆，因为"立邦永得丽"中的"永得丽"三个字没有任何意义，具有强烈的识别功能。且在其明知不能继续使用他人注册商标时仍然凭借其实力在全国范围进行市场宣传和扩张，从而使观众看到"永得丽"时自然会将保赐公司的"永得丽"产品与立邦相联系，造成颠覆性混淆，足以导致保赐公司丧失对该注册商标合法的市场独占性。[1] 遗憾的是在二审中，法院认为，"立邦永得丽"中文字大小一样，并没有突出使用"永得丽"，因此对该文字的使用系商品名称性的使用，不会造成混淆，且立邦公司本身具有较高的知名度和广泛影响力，足以起到区分不同市场来源的作用。从本案可以看出，法院已经逐渐开始注意到反向混淆这一侵权行为的特征，但是由于反向混淆这一概念还没有发展起来，法院在认定是否构成混淆时仍然受到正向混淆思维的影响。

（2）发展期。

自2007年起，反向混淆的案件就开始增加，案情也开始多样化，学者们也开始广泛关注研究反向混淆案件。2007年的"蓝色风暴案"由于涉及饮料巨头百事可乐公司，也是第一个获得300万元高额赔偿的反向混淆案件，受到广泛关注。在本案中，原告蓝野公司享有"蓝色风暴"的注册商标所有权，被告百事可乐公司未经许可在其产品上使用"蓝色风暴"字样，并进行大量广告宣传。一审认为百事可乐公司在自己产品已经突出使用了知名度远远大于"蓝色风暴"的百事可乐系列商标，消费者不会因为系争商品上的"蓝色风暴"标识而将百事可乐产品与蓝野

---

[1]　"永得丽"一审，苏省南通市中级人民法院（2005）通中民三初字第0007号。

公司的产品产生混淆或误导。❶ 但是在二审中法院指出百事可乐公司通过宣传促销获得良好的市场声誉，当蓝野公司使用自己合法享有的"蓝色风暴"商标时，消费者往往会将其与百事可乐公司联系，使蓝野公司与其商标的联系被割裂，失去该注册商标的基本识别功能，限制企业发展空间，因此构成侵权。在本案中法院分析了反向混淆带来的损害以及与正向混淆的不同。在之后的G2000案中法院认为纵横两千公司与原告"2000"商标构成近似，足以造成混淆，因此侵犯商标权，并根据被告获利情况计算出1257万元赔偿额。❷

（3）探究期。

2010年以后随着反向混淆案件的增加，反向混淆这一概念开始逐渐被人们所熟悉，这一时期法院在审理类似案件时开始尝试运用反向混淆来认定商标侵权。在理论研究中也开始关注更加细节上的问题，例如反向混淆在赔偿标准上的适用等。IPAD商标案是继"蓝色风暴"案件后又一冲击大众的商标反向混淆案件，苹果公司在其IPAD平板电脑进入中国市场之际却发现IPAD商标在中国大陆的所有人是一家名不见经传的深圳唯冠公司。❸ 本案最终以苹果花6000万美元购买该商标和解结案，由于涉案标的巨大，也开始引发学者们对于反向混淆赔偿数额的认定讨论。❹ 随后2013年的"新百伦"案件索要9800万元天价赔偿又将反向混淆案件的赔偿问题推到风口浪尖。在本案中，原告周某某获得了"新百伦"的注册商标，被告New Balance公司在其商品中使用该商标，法院最终根据销售利润的一半作为赔偿额，这一做法在学界也引发了很多争议，反向混淆的赔偿与正向混淆采取一样的标准还是应该建立新的标准。❺ 最近的"非诚勿扰案"中，法院认为"由于被上诉人江苏电视台的知名度及节目的宣传而使相关公众以为权利人的注册商标使用与被上诉

---

❶ "蓝色风暴案"一审，杭州市中级人民法院（2005）杭民三初字第429号。

❷ "2000案"（2006）杭民三初字第131号、（2008）浙民三终字第108号。

❸ IPAD案（2010）深中法民三初字第208、233号，（2012）粤高法民三终字第8、9号。

❹ 王娜、程丽元："商标反向混淆的认定及解决——由深圳唯冠、苹果IPAD商标引发的思考"，载《中华商标》2013年第12期，第21页。

❺ "新百伦案"（2013）穗中法知民初字547号。

人产生错误认识及联系"，❶ 明确将反向混淆作为了判决依据，但同时在认定相同或类似服务的问题上也引发了学界较大的争议。可以看出在这一阶段的发展中，反向混淆的各个细节问题开始凸显，法院也在摸索中前进。

（三）商标反向混淆的社会危害

1. 损害在先商标使用人的利益

商标反向混淆的行为使在先商标使用人丧失了其对商标的控制权，降低了商标的价值和企业的信誉，阻碍了其进入市场发展的可能性。❷ 反向混淆的案件中，在后使用人往往实力强大，已经具有较高的市场占有率，因此，当其利用自身的市场资源来使用该商标时很容易夺取对该商标的控制权。尽管在短期内来看，原告的产品可能会因为被告的宣传而提高知名度进而增加销量，但是长期来看，原告此时的销售是建立在与被告混淆的基础上进行的，而控制市场的是被告，反而不利于原告的长期发展。注册商标的经济功能无法实现，也会挫伤商标权人通过提升商品和服务的质量来增加商标商誉的积极性。

此外，由于在后使用人的声誉往往高于在先使用人，消费者产生误认时容易认为是小企业（商标权人）仿冒大企业的商标，从而使小企业背上仿冒他人商标的恶名。❸ 再者，在后使用人如果有任何商誉上的损失，也会不可避免地直接影响权利人，从而使权利人处于被动的状态。❹

2. 损害消费者的利益

但凡发生混淆，无论是正向混淆还是反向混淆第一个受害的必定是消费者。消费者作为商品的最终使用人在选择商品时往往根据商标作为判断标准，当商标产生混淆的时候，消费者不能根据自己的真实意愿进行消费，必然会导致消费者搜索成本的增加。但是在反向混淆中，真正

---

❶ （2015）深中法知民终字第927号民事判决书。
❷ 王蕊：《论商标的反向混淆行为》，安徽大学2014年硕士学位论文，第5页。
❸ 葛璐萍：《商标侵权中"反向混淆"》，上海海事大学2007年硕士毕业论文，第10页。
❹ 刘雯：《美国反向混淆理论及对我国的借鉴》，华东政法大学2008年硕士毕业论文，第11页。

受到损害的是希望购买在先使用人产品的消费者，但是由于在后使用人的声誉往往高于在先使用者，产品替代性也较强，短暂来看不会给消费者带来太大的损失。但是从长远来看，反向混淆的行为使得大企业将小企业扼杀在生长前期，不利于整个市场的竞争，市场活力下降，容易导致产品单一，从而挫伤其对商品质量的监督而导致对消费者的不利。❶

3. 不利于商标法注册取得制度的稳定性

我国商标法规定商标以注册取得制为主，使用取得制为辅。使用取得的情形下也仅体现为不得注册他人在先使用的未注册的驰名商标、不得抢注他人在先使用并具有一定影响力的商标。❷ 在反向混淆的案件中，原告已经获得了商标所有权，被告是在没有商标所有权的情况下进行使用，并且通过大量的宣传和营销活动造成其是商标所有权人的假象，最终导致消费者将该商标与侵权人相联系。如果不禁止反向侵权行为，就容易导致大企业利用其规模优势强行霸占小企业的商标，不利于商标注册取得制度的稳定性。❸

（四）商标反向混淆的特点

1. 原被告双方实力悬殊

在反向混淆案件中，在后使用者能够利用自己的实力和市场占有率淹没商标在先使用人的市场，使得熟悉被告知名商标的公众在见到其使用原告商标时就直接将其与被告联系在一起。因此也只有在被告商标知名度很高的情况下，消费者才容易产生混淆。❹ 例如，"蓝色风暴案"中的被告百事可乐公司，IPAD商标之争案件中的"苹果"公司以及近期热门的"新百伦"案件被告New Balance公司都是家喻户晓的知名企业。而相反，拥有商标的原告都是不知名的小企业。在正向混淆案件中，原告商标在市场上的影响越大就越容易胜诉。而在反向混淆案件中正好相

---

❶ 冯晓青主编：《商标侵权专题判解与学理研究》，中国大百科全书出版社2012年版，第48页。

❷ 《商标法》第13条、第32条。

❸ 刘洋："从'恒大'之争看商标反向混淆"，载《中华商标》2015年第3期，第45页。

❹ 彭学龙："商标反相混淆微探——以'蓝色风暴'商标侵权案为切入点"，载《法商研究》2007年第5期，第142页。

反，原告商标影响越弱其越容易胜诉。这一区别也对法院在认定是否构成混淆的因素有所影响。❶

2．产生的损害后果不同

不同于正向混淆的侵权案件，反向混淆中商标的在后使用者并没有从在先使用人已经积累的商誉中搭便车，而是试图将商标据为己有。在后使用者往往投入大量的宣传进行产品"轰炸"以迅速在自己的产品或服务与该标志之间建立特定联系，从而在事实上将该商标变为自己的商标。❷ 对于正向混淆来说，混淆的结果是侵权人利用他人商誉侵占市场，危害在先商标使用人的正常经营活动。而反向混淆则不存在攀附他人商标价值的问题，而是强行在商品或服务与在后使用者之间建立联系，割裂商标与在先使用者的联系，使得在先使用者的商标使用空间受到侵害。❸

3．侵权赔偿额度较高

在反向混淆案件中，由于被告往往是知名企业，侵权产品销量也很大，因此往往涉及巨额损害赔偿金。无论是从许可费还是侵权所得来计算损害赔偿，对于原告不知名的小企业来说也是飞来横财。例如在"蓝色风暴案"中，百事可乐公司赔偿蓝野酒业300万元；IPAD商标案中苹果公司支付给唯冠公司6000万美元和解结案；"新百伦"案件中New Balance公司判决赔偿9800万元等。这样的巨额赔偿也在一定程度上激发了反向混淆的案件，现实中有许多小企业仅仅是象征性地注册使用某一商标，其最终目的仍然是阻止大公司使用该商标并趁机敲诈大笔赔偿金，这也给法院的审判增加了很多难度。

二、商标反向混淆研究中达成的共识

搭便车行为尽管不是商标法规定的认定构成侵权的要件，但该行

---

❶ 刘雯：《美国反向混淆理论及对我国的借鉴》，华东政法大学2008年硕士学位论文，第7页。

❷ 同上，第9页。

❸ 秦鹏："NEW BALANCE商标天价赔偿案"，载《中华商标》2015年第12期，第18页。

为本身具有一定的主观意图，在商标正向混淆的侵权案件中，如果能够证明被告搭便车对于认定构成混淆从而侵权是很有力的。在反向混淆案件中，原被告双方往往实力差距悬殊，被告的声誉远高于原告，消费者将原告的商标误认为被告的商标，因此也就不存在被告搭原告便车的可能了。❶

尽管反向混淆不存在搭便车的行为，但仍然存在其他的主观恶意的情形。如果能够证明商标在后使用人为恶意侵占商标而对市场进行轰炸宣传造成消费者混淆，对于混淆可能性的认定也具有很大的说服力。侵权人的主观意图可能会影响对混淆的认定，但仍然不是判断商标侵权的主要因素，也不是商标侵权的侵权要件。这一观点在司法实践和理论研究中都没有争议。❷

三、反向混淆研究中存在争议问题

（一）反向混淆是否构成侵权

在分析反向混淆是否构成商标侵权问题时主要存在三种观点，一种赞成说认为市场经济主体享有平等的受法律保护的地位，在商标法中也不应该留下任何口子，如果对这种情况不予以规制，就会严重破坏商标法的秩序价值，动摇商标法保护的根基——禁止在相同或类似商品上擅自使用与商标权人相同或近似的商标。因此应该在商标法中增加禁止反向混淆的规定。❸

第二种是反对说，这一观点主要从洛克财产论和科斯定理通过分析投入与产出以及社会效益最大化的角度来进行分析，例如彭学龙从公平原则和效率原则考量，认为当在后者无搭便车意图也不知晓在先商标时，禁止反向混淆无异于剥夺了在后使用者的投资和因此应当获得的权

---

❶ 张爱国："'商标反向混淆'理论初探——以案例为视角"，载《电子知识产权》2007年第8期，第53页；杜颖"商标反向混淆构成要件理论及其适用"，载《法学》2008年第10期，第60页。

❷ 沈禹均、葛璐萍："论商标'反向混淆'侵权的构成要件"，载《海事大学法律评论》2007年，第589页。

❸ 冯晓青："商标法第三次修改若干问题"，载《中华商标》2007年第4期，第11页。

利。且对于消费者而言，系争商标的主要含义是在后使用者，此时法院只能承认事实允许被告获得商标所有权。此外，允许在后使用者使用商标带来的收益能够超出对在先使用者的损害的情况下降低反向混淆保护强度更符合效率原则。❶ 其次，张爱国通过对科斯定理的分析认为法律应最大程度地降低交易成本。在反向混淆的情形下，作为侵权者的大企业往往愿意支付巨额费用给商标权人。这样看来，禁止反向混淆的法律规定会首先迫使商标在后使用人与商标权人协商，无论是商标转让还是许可对双方和消费者都是有利的，这也就是科斯定理所追求的法律应该最大程度地降低交易成本。❷

第三种折中说则认为不能一味地认定反向混淆行为构成侵权，也不能单单考虑效率原则而否认侵权。尽管从侵权角度来分析反向混淆确实属于商标侵权行为，但是不应该给予"反向混淆"无限的保护，更不能使其成为某些企业对抗在后商标的手段。在反向混淆案件中，在后商标使用人往往已经投入巨资进行市场营销活动，其商品或服务已经具有较大的市场影响力和知名度，商标价值也获得大幅提升，如果简单地禁止被告继续使用该商标，虽然符合法律规范但却未必是最优的处理。法院应该平衡各方利益，尽可能实现社会整体效益的公平与合理。❸

（二）反向混淆的侵权认定标准

有学者认为，在认定反向混淆案件中是否构成混淆时，应该区别于正向混淆。在正向混淆中，对比被控侵权服务与注册商标服务时，可以后退一步，否认"相同"，认定构成"类似"也能得出是否侵权的理由。但是反向混淆的目标是确保在先的弱商标不丧失基本的识别功能从而保障在先弱商标所有人的发展空间。因此，在认定是否构成反向混淆时，

---

❶ 彭学龙："'蓝色风暴'考量'反向混淆'"，载《中华商标》2006年第11期，第24～25页。

❷ 张爱国："商标'反向混淆'理论初探——以案例为视角"，载《电子知识产权》2007年第8期，第50页。

❸ 张小琳："美国商标反向混淆误认的判定及其对中国的启示"，载《国际贸易》2013年第5期，第48页。

应当限定在"相同服务"而不应扩大到"类似服务"上。❶

在司法实践中也有法官提出在反向混淆案件中，对商标显著性要求标准应当高于正向混淆案件。因为商标的主要功能在于区分商品或服务来源，防止消费者混淆，因此商标的显著性越强，其区分来源的作用也越大。在反向混淆案件中，影响力较小的商标权人若其商标显著性较弱，那么实际上其发挥的商标识别作用也较弱，在后使用人在市场竞争中的品牌效应远远大于其单一商标发挥的识别作用，也就降低了混淆可能性。❷

（三）商标反向混淆的损害赔偿认定

1. 我国目前反向混淆案件的损害赔偿适用情况

确定商标反向混淆的赔偿额是反向混淆案件的一大难题，也是目前争议较大的问题之一。目前我国商标损害赔偿额认定的相关规定主要有：《商标法》第63条规定"侵犯商标专用权的赔偿数额，按照权利人因被侵权所受到的实际损失确定；实际损失难以确定的，可以按照侵权人因侵权所获得的利益确定；权利人的损失或者侵权人获得的利益难以确定的，参照该商标许可使用费的倍数合理确定。对恶意侵犯商标专用权，情节严重的，可以在按照上述方法确定数额的一倍以上三倍以下确定赔偿数额。赔偿数额应当包括权利人为制止侵权行为所支付的合理开支"；《最高人民法院关于审理商标民事纠纷案件适用法律若干问题的解释》第15条"《商标法》第56条第1款规定的因被侵权所受到的损失，可以根据权利人因侵权所造成商品销售减少量或者侵权商品销售量与该注册商标商品的单位利润乘积计算"、第16条规定"侵权人因侵权所获得的利益或者被侵权人因被侵权所受到的损失均难以确定的，人民法院可以根据当事人的请求或者依职权适用《商标法》第56条第2款的规定确定赔偿数额。人民法院在确定赔偿数额时，应当考虑侵权行为的性

---

❶ 杨静安："认定反向混淆需以服务相同为前提"，载http://mp.weixin.qq.com/s?__biz=MjM5NzU5ODEzNw==&mid=406373252&idx=5&sn=a02da876daff97fa7d766bbcda578c6c&3rd=MzA3MDU4NTYzMw==&scene=6#rd2016年1月7日访问。

❷ 南京巴黎贝丝香水公司诉克里斯汀迪奥公司案。一审（2014）锡滨知民初字第0069号；二审（2015）锡知民终字第0040号。

质、期间、后果，商标的声誉，商标使用许可费的数额，商标使用许可的种类、时间、范围及制止侵权行为的合理开支等因素综合确定"。

统计从2002~2015年有判决赔偿的反向混淆案件可以发现，法院在反向混淆案件中的赔偿额认定标准主要采取被告获利和法定赔偿为基础（见表1）。由于反向混淆案件的特殊性，不难发现在采取被告获利为基础时赔偿额动辄百万甚至上千万元，而采取原告损失时没有一个案件超过100万元的赔偿。这一落差也使得在认定侵权人赔偿数额时存在很大的争议，寻找一个适当的赔偿认定标准迫在眉睫。

表1　反相混淆案件赔偿统计

年份	争议商标	赔偿基础	赔偿金额	案号
2002	"冰点"	法定赔偿	36万元	（2002）民初字第533号
2007	"慧之眼"	原告损失	17.75万元	（2007）一中民终字第7743号
2007	"蓝色风暴"	被告获利	300万元	（2007）浙民三终字第74号
2008	"G2000"	被告获利	1257万元	（2008）浙民三终字第108号
2009	"中凯"	原告损失	3万元	（2009）浙知终字第98号
2010	"优比速"	法定赔偿	50万元	（2010）粤高法民三终字第511号
2011	"奥普"	法定赔偿	30万元	（2011）苏知民终字第0143号
2013	"新百伦"	被告获利	9800万元	（2013）穗中法知民初字第547号

（1）以原告损失为基础。

由于反向混淆案件的特殊性，原告所受的损害实质上是商标与来源之间联系的割裂以及对该商标上所承载的发展商誉以及企业信誉期望的丧失。受损利益的抽象性直接导致在主张赔偿时的举证困难。另外，在反向混淆案件中，在后使用人的销售额远远大于在先使用人的实际损失，从某种程度上说在先使用人反而搭了在后使用者的"便车"，销售额不降反升。❶ 此时，商标损害赔偿的"填平原则"也就无法适用了。❷

---

❶ 王黎：《从百事可乐"蓝色风暴"案论反向混淆理论的完善》，华东政法大学2009年硕士学位论文。

❷ 袁博："浅析'新百伦'商标案的侵权赔偿数额"，载《中华商标》2015年第6期，第13页。

因此在司法实践中，反向混淆的赔偿很少采用原告损失来计算损害赔偿额。

（2）以被告获利为基础。

这一计算方法在所判决的案件中所占比例不低，且由于计算的损害赔偿额较高，往往引起较高的社会关注，也存在较大的争议，各个法院之间的意见也有所不一。例如，"奥普案"中，法院认为，以消费者的一般注意力判断并进行合理的逻辑推理，将被告的产品误认为来源于原告的可能性较小，不存在"搭便车"的事实，因此以被告所获得的所有利润作为侵权赔偿的基础并不合理。法院认为"结合本案中原告所受的损害是被告强行使用该注册商标，足以致使原告所拥有的注册商标失去基本的识别功能，割断注册商标与原告的联系，压制其经营空间，使其寄予在该注册商标上的谋求市场声誉、拓展企业发展空间、提升企业品牌信誉的期望受到抑制，因此其赔偿责任应当以消除这一损害并结合注册商标权利人为制止涉案侵权的合理支出费用为标准"。❶

此外，在反向混淆案件中，在后使用者往往已经是很成功的知名企业，在产品设计、宣传以及销售渠道上都有自己突出的优势，侵权人的销售额并不完全是侵权商标带来的。❷ 在这个基础上，根据侵权人所得来计算赔偿额似乎对侵权人有失公平。例如在"中凯"商标反向混淆一案中，法院认为"音像制品的市场及其利润取决于包括所承载的作品本身的受众范围等因素，也决定了'中凯'字号对消费者选择的影响力有限，原告并未获得版权作品的著作权人及邻接权人的经销授权，并无资格在作品的利润中分割获利，因此被告的侵权行为并没有给原告造成直接现实的损失。据此，赔偿额仅限于制止侵权的合理开支"。❸ 在"新百伦"案件中法院也没有单纯的将侵权人的获利作为损害赔偿额，而是考虑了多重因素，最终以侵权获利的一半作为损害赔偿额。❹

---

❶ "奥普案"（2011）苏知民终字第0143号。

❷ 王娜、程丽元："商标反向混淆的认定及解决——由深圳唯冠、苹果IPAD商标引发的思考"，载《中华商标》2013年第12期，第23页。

❸ "中凯案"，（2009）浙知终字第98号。

❹ "新百伦案"，（2013）穗中法知民初字第547号。

最后，由于反向混淆案件中的侵权人通常是知名度较高的企业，其销售额往往数倍于被侵权人，尽管考虑多重因素，最终确定的赔偿额对不知名的被侵权人来说也有可能是飞来横财。在这一程度上来看，高额的赔偿是否会导致小企业疯狂抢注商标造成商标资源浪费以及对市场秩序的影响也是法院在认定赔偿额时不可忽略的一个因素。

（3）法定赔偿为基础。

法定赔偿在商标反向混淆案件中占有较高的比重，甚至在整个商标案件的损害赔偿中都占有高达97.63%的比例。❶ 首先，由于法定赔偿中法官的自由裁量权比较大，因此类似的案件在不同的法院中判决结果差异也较大，不利于树立司法权威。❷ 其次，根据新《商标法》中规定的计算损害赔偿的顺序来看，法定赔偿作为最后一种计算方式也是立法在最大程度上降低案件审判的不稳定性。根据反向混淆案件的特殊性，法定赔偿往往容易被法院选择作为赔偿标准，这一标准是否有利于这一案件的定纷止争，能否真正平衡双方的利益仍然有待研究。最后，反向混淆案件中在后使用人往往财大气粗，而法定赔偿有最高赔偿额300万元的限定，如果法院最终的赔偿额对其不能起任何警示作用是否会导致大企业肆意抢夺小企业的标志，这一限制是否会影响赔偿损失这一目的的实现也需要进一步的研究。

2. 美国反向混淆损害赔偿

美国《兰哈姆法》第三部分对商标侵权的责任形式进行了规定："如果在后商标使用者盗用或者侵犯在先商标使用者的商标，在先商标使用者可以依兰哈姆法申请禁令或者提起损害赔偿的诉讼。"因此反向混淆案件中主要有禁令和损害赔偿两种责任形式，其中禁令又分为临时禁令和永久禁令。

与我国反向混淆司法实践遇到的困难类似，在认定损害赔偿数额时各个地区的法院也存在较大的争议。有的法院尝试以商标许可费为标

---

❶ 中南财经政法大学知识产权研究中心：《知识产权损害赔偿案例实证研究报告》，2012年8月，第18页。

❷ 孙那："我国新《商标法》下商标侵权案件损害赔偿的司法适用"，载《科技与法律》2014年第5期，第854页。

准综合考虑计算赔偿额，如Sands， Taylor & wood co. v. Quaker oats Co.案中，美国第十巡回上诉法院认为地方法院采用利润10%的计算依据不足，最终提出了以商标许可使用费来计算损害赔偿更为准确。❶

此外，美国法院在认定侵权赔偿额时通常会考虑被告的主观恶意来决定是否采用赔偿性惩罚，例如在1977年固特异案中，地区法院认定"陪审团所裁决的赔偿金能使Big O在州内进行同等数量的广告宣传，以使Big O的轮胎经销商告知其客户、潜在客户和相关公众关于侵权争议的真实情况或其他必要事项来消除混淆"。法院根据原告的产品范围、被告的广告费用等因素认定纠正性广告费用作为补偿性赔偿金。同时，由于被告的主观恶意，根据惩戒性赔偿金必须与补偿性赔偿金的三倍比率，计算出最终的损害赔偿金额。

在Visible Systems Corp v. Unisys Corp案中，法院根据衡平原则，通过（原告收入）和原告丧失的收入之间的差额。覆盖被告的盈利、原告的任何损害和诉讼成本来计算原告所得差额。该巡回法院理性的考虑是否依照被告侵权所得计算损害赔偿金：（1）原告损失难以计算（2）防止被告不正当获利；（3）必要时保护原告以防恶意侵权者进一步侵权。填补性损害在于回复被害人侵权行为发生前的原状。被告盈利所指的是因侵权而获利的数额，反向混淆并非简单的被告盈利和原告损失的等值。律师费仅在特定案件中适用，在BANFF案中，法院认为被告非恶意侵权，不授予律师费用。

3. 理论研究中反向混淆案件损害赔偿的争议

（1）适用与正向混淆一致的赔偿规则。

袁博认为"反向混淆"与一般侵权在计算侵权赔偿数额方面并不享有"特殊照顾"，原告主张"侵权所得"计算并提供相应证据的情形下完全符合法律规定。根据《最高人民法院关于审理商标民事纠纷案件适用法律若干问题的解释》第13条"人民法院可以根据权利人选择的计算方法计算赔偿数额"。❷

---

❶ Sands， Taylor & wood co. v. Quaker oats Co. 978 F.2d 949-950 （7th Cir. 1992）.
❷ 袁博："浅析'新百伦'商标案的侵权赔偿数额"，载《中华商标》2015年第6期，第13页。

（2）法定赔偿基础上增加赔偿额度。

刘小鹏指出，在不能充分证明实际损失或侵权获利的，但能证明该损失或获利明显超过法定赔偿最高限额的，可以在最高限额以上合理确定赔偿额。同时应该细化影响法定赔偿金额认定的相关因素及权重，并将其作为审理的重点。❶

（3）合理使用费的倍数。

有学者提出许可使用费本身就是原告应当从被告处获得的收入，也是被告因侵权所获不当得利所在。商标许可使用费是商标权人受损中可估算的部分，也是无形财产损失的一种外在表现，以商标权许可费作为赔偿认定基数，既考虑了商标权人损失，又兼顾了商标侵权人因侵权所获利益。❷

杜颖认为需要通过估算商标在先使用者的无形资产的损失来确定，包括对商标、商业信誉丧失控制带来的损失。❸ 同时，她赞成美国部分学者的看法，即在侵权损害赔偿额的计算上，不考虑侵权人的主观状态，依据商标许可使用费来计算损害赔偿额，同时配合禁令救济。

综上研究，目前反向混淆在我国已经得到了较广泛的认识，但在司法实践中还处于较为初级的阶段。学界对于反向混淆的认定标准以及赔偿标准仍然存在争议，具有一定的研究价值和研究空间。

---

❶ 刘小鹏："从新百伦案看我国商标侵权赔偿原则的司法适用"，载《知识产权》2015年第10期。

❷ 葛璐萍：《商标侵权中的"反向混淆"》，上海海事大学2007年硕士学位论文，第42页。

❸ 杜颖："商标反向混淆构成要件理论及其适用"，载《法学》2008年第10期，第62页。

商品状况改变后转售商品商标
侵权问题文献综述

李雨竺

指导老师：尹腊梅

【摘要】商标不仅具有来源识别功能，还具有品质保障功能。而消费者在购买商品后，在保留原商标的前提下对商品进行改变可能会损害商品的质量。则在此种情形下转售商品是否会构成侵权行为？若构成侵权行为，则应如何判定侵权行为？为解决上述问题，笔者对国内外部分学者的有关研究成果进行梳理和总结，针对商品状况改变的表现形式、商标权利穷竭原则、商品状况改变后转售商品侵权判定等问题作一简单回顾性综述。由此可知，虽然我国商标法中没有规定商标权利穷竭原则，但是学者们普遍认为商品状况改变后则不能再适用商标权利穷竭原则。但是在具体适用中却存在分歧，即商品状况的改变达到何种程度才可援引商标权利穷竭原则并没有统一认识，有待进一步讨论与研究。而在具体的侵权判定中，对于商标品质保障功能的有关问题尚未形成统一意见，由于混淆标准在侵权判定中一直处于主导地位，这就需要对混淆标准以及商标品质保障功能之间的关系予以深入研究。同时，在商品的改变达到何种程度时可认定商标的品质保障功能受到损害目前也没有深入论述。

引　言

商标权人将附有其商标的商品投入市场后，获得了经济上的回报，而商品的购买者则获得了附有商标的商品的所有权。购买者对商品进行消费，属于对物的使用，不与商标权人的权利发生冲突；但是，商品的购买者对附有商标的商品再次销售时，在外观上就会与商标权人的商标专有权发生冲突。如果此时仍然赋予商标权人干预商品转让的权利，就会影响商品的市场流通，为了平衡商标权人的商标权与商品购买者所有权之间的关系，商标权利穷竭制度应运而生。所谓商标权利穷竭，是指商品首次销售后，商标权人无权禁止中间销售商在该商标商品上使用其注册商标。❶ 即附有其商标的商品经商标权人同意投放市场后，他人转售该商品时并不会侵犯其商标权。而在现实生活中，许多消费者在转售商品时，会在保留原装商品商标的情况下对商品进行变动，导致商品状况发生了改变。商标除了具有表明商品来源的功能外，还具有品质保障功能，凝聚着企业的商誉。商品状况的改变或许会对商品质量造成不利影响，损害企业商誉，因此在此种情形下转售人是构成商标侵权还是可援引商标权利穷竭原则进行侵权抗辩涉及商标权人与消费者之间的利益平衡问题，需要予以明确。同时，在判定侵权行为时，混淆标准一直处于主导地位，若上述行为不可援引商标权利穷竭原则，商品状况改变后使用的仍然是原商标，此时应如何判定转售人的行为是否侵权？为了对前述问题进行研究，笔者对国内外部分学者的相关文献进行梳理和总结，以求在此基础上进一步探讨并提出自己的看法与建议。

一、商品状况改变的表现形式研究

卢学丽、张今认为商品状况的改变是商标未加改变，仅对部分外观

---

❶ 袁博、黄伯青："'旧物翻新'行为之刑法规制"，载《人民法院报》2012 年4 月25日第006 版。

进行了改变，或在商品外观上增加内容，或减少商品外观的信息。❶ 杨源哲、杨振洪则将商品首次出售后商品状况改变的情形总结概括为三种。即：（1）商品被"优化"， 商品被加工包装或添附了新物，更加精美或"优化"；（2）商品遭到损坏；（3）商品上的标注信息发生改变。❷ 李萍则指出，对商品予以改变的行为包括美化精致商品的行为和导致原商品品质降低的行为。❸ 袁博在其文章中举例说明了三种商品状况改变的情形：（1）改变了商品内容（此商品变为彼商品）；（2）改变商品性质（旧商品变成新商品）；（3）改变了商品性质（低档商品变成高档商品）。❹

二、商标权利穷竭原则研究

（一）商标权利穷竭原则及其适用条件研究

商标权利穷竭原则又称商标权利用尽原则，我国商标法中并没有商标权利穷竭制度的规定，学界对于商标权利穷竭原则的定义也没有统一的表述。

袁博、黄伯青认为商标权利穷竭原则指商品一旦出售，商标权人就丧失了再行处理售出商品商标的权利，即商标的流通和发行一次用尽。换言之，商品首次销售后，商标权人无权禁止中间销售商在该商标商品上使用其注册商标。❺ 张玉敏、王法强认为商标权利用尽（耗尽），又称"商标权穷竭""首次销售"原则，指附有其商标的商品经商标权人同

---

❶ 卢学丽、张今："'改变商品外观'的商标侵权行为探析"，载《中华商标》2013年第4期。

❷ 杨源哲、杨振洪："商品状况改变后的权利穷竭问题研究"，载《知识产权》2014年第1期。

❸ 李萍："商品加工后销售行为的商标法规制——对'之宝'案的反思"，载《河北法学》2016年第34卷第5期。

❹ 袁博："改变商品包装构成商标侵权吗？"，载《中华商标》2015年第3期。

❺ 袁博、黄伯青："'旧物翻新'行为之刑法规制"，载《人民法院报》2012年4月25日第006版。

意投放市场后，他人任意转销该商品，商标权人无权禁止。❶ 吴永福认为商标权利用尽是指，商标权人本人或其许可的人将带有商标的商品首次投放市场后，商标权人的使用权因此用尽，其他人可以在商品的后续流通过程中继续使用该商标。❷

对于商标权利穷竭原则的适用条件，李晓秋、吴罡中认为其需要符合四个条件：一是商标权合法存在，即商标是合法取得的，商品出让人对该商标享有权利，是合法的商标权人或许可使用人。二是商品是经标权人自己或者经其许可的他人投入流通领域。三是他人再销售时并未破坏商标与商品之间的对应关系。四是商品状态或性质未发生变化。❸祝建军在其多篇文章中均认为商标权用尽原则适用的前提条件之一是进一步销售的商品品质没有发生变化或损害，否则，将不具有适用商标权用尽原则的基本条件。袁博在其多篇文章中也认为适用商标权利穷竭原则的前提，就是中间销售商不能在销售时擅自改变商品内容或者虚构、歪曲商品和商标的联系。

许多国家在其立法中对商标权利穷竭及其适用条件也有所规定，比如《德国商标和其他标志保护法（商标法）》的第24条规定："（1）权利人或经其同意的其他人，将使用其商标或商业标志的商品投入德国、欧洲联盟其他成员国或其他欧洲经济区协定缔约国的市场之后，该商标或商业标志的权利人应无权禁止该标志在上述商品上的使用。（2）在商标或商业标志的所有权人有合法的理由反对对该商品的进一步商业利用的情况下，不应适用第（1）款，特别是在商品投入市场之后，该商品的状况发生了变化或损害。"《欧洲共同体商标条例》第13条规定："（1）共同体商标所有人无权禁止由其、或经其同意，已投放共同体市场标有该商标的商品使用共同体商标。（2）共同体商标所有人有合法

---

❶ 张玉敏、王法强：《论商标反向假冒的性质——兼谈商标的使用权》，载《知识产权》2004年第1期。

❷ 吴永福："浅析商标权利用尽制度"，载《山西省政法管理干部学院学报》2014年6月第27卷第2期。

❸ 李晓秋、吴罡中："旧货翻新销售中商标侵权判定的是与非——以商标权用尽原则的适用为分析中心"，载《重庆邮电大学学报（社会科学版）》2014年11月第26卷第6期。

理由反对商品继续销售的，尤其是商品在投放市场后，商品质量发生变化或损坏的，上述第一款不适用。"

（二）商品状况改变后转售商品是否适用商标权利穷竭原则

卢学丽、张今认为原产品的外观改变会使商品的完整性遭到破坏，原本的真实产品受到质疑，已经不是原产品，不符合商标权用尽原则。❶ 杨源哲、杨振洪认为商品状况改变之后与原商品在外观、性能、售后服务等方面已有较大不同时，则不能适用商标权利穷竭原则，并对此种情形下商标权利穷竭原则适用之困境予以阐述。❷ 袁博、黄伯青认为商品进入流通领域后性质或者内容发生改变后不再适用商标权穷竭原则。❸ 李萍认为，是否可以适用商标权利穷竭原则要看对商品的改变是否构成实质性改变，美化精致后的商品没有对商品造成实质性改变，可以适用商标权利穷竭原则。而导致商品品质降低是对商品的实质性改变，则不适用商标权利穷竭原则。其在文章中认为在ZIPPO案中被告在打火机上雕刻图案的行为并没有损害原打火机的品质，因此不属于对商品的实质性变更，可适用商标权利穷竭原则。❹ 而祝建军则认为在ZIPPO案中，被告实施的雕刻加工、改装行为使得该商标所标注的商品发生了实质性改变，不得适用商标权利穷竭原则。❺

从前述可知，无论是我国学者的研究还是国外立法的规定，都认为当商品的状况发生变化或者损害时对商品的转售不适用商标权利穷竭原则。但从前述李萍与祝建军对同一案件得出不同结论可以看出，在具体判定商品改变或者损害状况时则存在不同看法。同时从对商品状况改变

---

❶ 卢学丽、张今："'改变商品外观'的商标侵权行为探析"，载《中华商标》2013年第4期。

❷ 杨源哲、杨振洪："商品状况改变后的权利穷竭问题研究"，载《知识产权》2014年第1期。

❸ 袁博、黄伯青："'旧物翻新'行为之刑法规制"，载《人民法院报》2012年4月25日第006版。

❹ 李萍："商品加工后销售行为的商标法规——对'之宝'案的反思"，载《河北法学》2016年第34卷第5期。

❺ 祝建军："购进商品后添加图案再销售不适用'商标权穷竭原则'"——评美国之宝制造公司诉李某侵犯商标权案"，载《中国知识产权报》2014年12月31日第009版。

的形式研究中也可以看出，商品状况改变存在多种形式，每一种改变形式会涉及不同的改变或者损害程度。而杨源哲、杨振洪也提出商品状况改变之后与原商品有较大不同时，不可适用权利穷竭原则。那么应如何定义"较大不同"？这即体现出一个问题，即商品的改变需达到何种程度才不可援引商标权利穷竭原则。对此，目前学界并没有过多的研究。

三、商品状况改变后转售商品侵权判定研究

祝建军在多篇文章中认为对商品的改变会使质量保证功能遭到破坏，极有可能导致消费者对商品来源产生混淆，该行为能够被商标直接混淆侵权所涵盖，构成侵权。其在对ZIPPO的评述中也认为被告将改变了品质并仍标注 ZIPPO标识的商品投入到市场上，该行为极有可能导致消费者将原告投入到市场上的ZIPPO打火机，与被告经过雕刻改变了品质却仍标注ZIPPO标识的打火机，产生来源混淆的后果，构成侵权。❶李萍则认为，是否可以适用商标权利穷竭原则要看对商品的改变是否构成实质性改变，美化精致后的商品没有对商品造成实质性改变，可以适用商标权利穷竭原则。而导致商品品质降低是对商品的实质性改变，则不适用商标权利穷竭原则，构成商标侵权。❷卢学丽、张今从ZIPPO案出发，认为对商品进行改变但不改变商标的行为会造成消费者混淆，构成商标侵权。❸袁博认为，改变的商品对商品标识与原来的生产商的联系产生了不同程度的扭曲与弱化，从而构成消费者混淆，构成对商标权人权利的侵犯。❹同时有观点认为对商品的改变破坏了商标的品质保障

---

❶ 祝建军："购进商品后添加图案再销售不适用'商标权穷竭原则'——评美国之宝制造公司诉李某侵犯商标权案"，载《中国知识产权报》2014年12月31日第009版。
❷ 李萍："商品加工后销售行为的商标法规制——对'之宝'案的反思"，载《河北法学》2016年第34卷第5期。
❸ 卢学丽、张今："'改变商品外观'的商标侵权行为探析"，载《中华商标》2013年第4期。
❹ 袁博："改变商品包装构成商标侵权吗？"，载《中华商标》2015年第3期。

功能，而对商标品质保障功能的破坏构成商标侵权。❶

由此可知，学者们在判定商品状况改变后是否构成侵权时，多数学者以混淆标准作为依据，但也有观点认为商标品质保障功能可作为判定商标侵权的直接依据。一直以来，"混淆标准"在商标侵权的判定中处于主导地位。如前所述，大多数学者也均以混淆标准作为认定侵权的基础，即使其认为在商品状况改变的过程中商标的品质保障功能受到损害，但是最终也将其纳入到混淆的范围之内。比如祝建军认为商标的核心功能在于识别，保护商标的识别区分功能是商标法的核心任务，商标的质量保证功能和广告宣传功能作为从商标识别区分功能中派生出来的功能，仍依附于商标的识别区分功能。如此一来，对商品改变行为进行商标法定性，即判定该行为是否构成商标侵权，仍应坚持禁止混淆的标准。其认为正是由于商标品质保障功能的破坏，会使消费者产生混淆，从而构成侵权。❷ 袁博认为，商品的质量保障功能在同一商品来源的不同档次的商品间仍然发挥着识别作用，而用此档次的商品冒充彼档次的商品，恰恰是破坏这了这种档次间的差异识别，在同一商品来源的不同档次的商品之间制造混淆的行为，同样侵害了商标权的正常权能。❸

可见，应如何对商标品质保障功能进行定位以及如何判断其在商标侵权判定中的地位都是需要进一步研究的问题。

（一）商标品质保障功能的地位

梁志文认为商标品质保障功能不具有独立的地位，其仅是商标来源功能中对商品抽象来源的表述，我国商标法应该废弃商标的品质保证理论。❹ 乔启东则认为虽然商标的识别功能是商标最直接、最易见的功能，但是质量保证功能才是商标的基本功能，而不是由识别功能演变

---

❶ 尚广振："对商标品质保障功能的破坏亦构成商标侵权——评不二家食品有限公司与钱某商标侵权案"，载http://mp.weixin.qq.com/s?__biz=MzA5MjY0MDgzNA==&mid=2649532226&idx=1&sn=95f7084f1acbc4a9be4e6eebd18a8f9f&scene=1&srcid=0601HTAdpHFUp5lN6g0HDris#rd2016年6月2日访问。

❷ 祝建军："'旧手机翻新行为'的商标法定性——iPhone苹果商标案引发的思考"，载《知识产权》2012年第7期。

❸ 杨源哲、杨振洪："商品状况改变后的权利穷竭问题研究"，载《知识产权》2014年第1期。

❹ 梁志文："商标品质保证功能质疑"，载《法治研究》2009年第10期。

或衍生来的。❶ 张海认为在商标的三种功能中，识别功能是商标最初始的、最基本的功能。至于商标的其他功能，如品质保证功能、广告功能等均是在商标识别功能的基础上衍生出来的。❷ 李士林指出，商标具有识别来源的原始功能，商标鼓励商标权人形成良好商誉，提高产品质量，具有质量保证的功能。我国商标法应当坚守商标的质量保证功能。❸ 余俊认为，"品质担保功能"和"广告功能"等是在商标识别功能的基础上引申出来的，其功能发挥有赖于识别功能的正常发挥。与此同时，品质担保功能主要是"责任范畴"的概念，而商标权人既可以是产品销售者，也可能是产品的生产者，或二者兼而有之。从此程度上说，商标相当于商标权人的"代理人"，其代理商标权人与消费者签订商品买卖契约，并给予"责任担保"。在此意义上，商标实际承担了帮助消费者"识别责任主体"的功能。因此商标的功能应当复归为"识别功能"，它既包括"商品来源的识别"，亦包括"责任主体的识别"。❹

（二）商标品质保障功能可否作为侵权判定的直接依据

徐聪颖认为商标功能是商标赖以存在的基础，对商标权利益边界的划定应当建立在对商标功能进行整体把握的基础上，以商标功能作为侵权认定之基准。❺ 张海认为商标功能是商标侵权判定理论建构的基础和依据，任何一种商标侵权行为在本质上都对商标功能构成了"破坏（或妨碍）"，因此商标侵权判定应以商标功能为基础。❻ 孔祥俊指出我国在认定商标侵权行为时应当依据商标的固有权利。从商标的功能入手，认为商标的基本功能对商标侵权的认定具有基础作用。❼ 李雨峰认为将

---

❶ 乔启东："浅谈商标的质量保证功能——以商标许可制度的历史演变为视角"，载《商》，2012年4月第4期。

❷ 张海："以商标功能为基础的商标侵权判定模型构建研究"，载《兰州教育学院学报》2015年4月第4期。

❸ 李士林："商标质量功能论争与立法抉择"，载《法治研究》2013年第2期。

❹ 余俊："商标功能辨析"，载《知识产权》第19卷第114期。

❺ 徐聪颖："'混淆之虞'，抑或'显著性受损之虞'？——对我国商标侵权认定标准的再思考"，载《河北法学》第30卷第10期。

❻ 张海："以商标功能为基础的商标侵权判定模型构建研究"，载《兰州教育学院学报》2015年4月第31卷第4期。

❼ 孔祥俊：《商标与反不正当竞争法》，法律出版社2009年版。

商标的基本功能作为认定侵害商标权的基础准确把握了商标法的内核，但商标功能的不确定性会导致认定侵害商标权的行为的不确定性。❶ 日本学者田村善之认为在商品的流通过程中，若第三者的重新包装的商品与商标所有权人及其被许可人所传播的商品很难被评价为同一商品的，则可以品质相异为理由而肯定商标所有权侵害。❷ 梁志文则认为消费者并不能依赖品质保证功能而去起诉商标权人。❸

由此可以看出，无论是商标品质保障功能在商标法中的地位，还是其在商标侵权判定中的定性，学界中并没有形成一致意见。同时，从前述学者的观点中也可以看出，多数学者虽然未将损害商标品质保障功能作为判定侵权的直接理由，但其判定转售人侵权的前提也是因损害商标的品质保障功能而导致混淆。那么应如何判定对商品状况改变的行为是否损害了商标的品质保障功能？笔者从目前找到的文献资料中并没有发现对此问题的论述，因此有必要对此进行研究。

四、总　　结

从前述笔者对相关文献的梳理与总结来看，虽然我国商标法中没有规定商标权利穷竭原则，但是学者们普遍认为商品状况改变后则不能再适用商标权利穷竭原则。然而在具体适用中却存在分歧，即商品状况的改变达到何种程度才可援引商标权利穷竭原则并没有统一认识，有待进一步讨论与研究。在具体的侵权判定中，对于商标品质保障功能的有关问题也尚未形成统一意见，由于混淆标准在侵权判定中一直处于主导地位，这就需要对混淆标准以及商标品质保障功能之间的关系予以深入研究。同时，在商品的改变达到何种程度时可认定商标的品质保障功能受到损害目前也没有深入论述。因此，笔者将会以上述争议点作为研究的出发点，以期对商品状况改变后转售行为中的侵权问题予以进一步明确，提出自己的见解与看法。

---

❶ 李雨峰："重塑侵害商标权的认定标准"，载《现代法学》2010年第6期。
❷ ［日］田村善之："商标法所保护的利益"，载《法律适用》2012年第10期。
❸ 梁志文："商标品质保证功能质疑"，载《法治研究》2009年第10期。